INTERNET FINANCE

互联网金融

牛瑞芳 编著

中国财富出版社

图书在版编目（CIP）数据

互联网金融 / 牛瑞芳编著. —北京：中国财富出版社，2019.1（2020.2 重印）
ISBN 978 - 7 - 5047 - 6860 - 5

Ⅰ. ①互…　Ⅱ. ①牛…　Ⅲ. ①互联网络—应用—金融　Ⅳ. ①F830.49

中国版本图书馆 CIP 数据核字（2019）第 022845 号

策划编辑　张　茜　杜　亮　　**责任编辑**　张冬梅　沈安琪
责任印制　梁　凡　　**责任校对**　孙会香　卓闪闪　　**责任发行**　董　倩

出版发行　中国财富出版社
社　　址　北京市丰台区南四环西路 188 号 5 区 20 楼　　**邮政编码**　100070
电　　话　010 - 52227588 转 2098（发行部）　　010 - 52227588 转 321（总编室）
　　　　　010 - 52227588 转 100（读者服务部）　　010 - 52227588 转 305（质检部）
网　　址　http://www.cfpress.com.cn
经　　销　新华书店
印　　刷　北京京都六环印刷厂
书　　号　ISBN 978 - 7 - 5047 - 6860 - 5/F · 3004
开　　本　787mm × 1092mm　1/16　　**版　　次**　2019 年 3 月第 1 版
印　　张　19.25　　**印　　次**　2020 年 2 月第 2 次印刷
字　　数　422 千字　　**定　　价**　69.00 元

前　言

近年来，以云计算、大数据、区块链、人工智能、社交网络为代表的新一代互联网信息技术渗透到金融领域，基于互联网的金融服务模式异军突起，迅速承担起传统金融机构的各种功能。互联网金融，凭借其获取客户的极强凝聚力、先进的数据处理与风控机制、难以比拟的低成本优势，取得了令人瞩目的快速发展，给传统金融组织体系和金融市场格局带来了全新的变化。互联网金融蓬勃发展的今天，对开展互联网金融的教育培训和人才培养也提出了相应的要求，编写相关内容的教材并在高等院校开设“互联网金融”课程成为必然。

本书以互联网金融的发展为逻辑主线，围绕互联网金融的服务模式展开分析，较为全面地梳理了互联网金融的产生、发展、模式、风险与监管等内容。全书共分为11章，内容包括互联网金融概述、互联网支付、互联网货币、互联网银行、互联网证券、互联网保险、个体网络借贷、网络小额贷款、网络众筹、互联网消费金融、互联网金融监管。上述内容基本涵盖了当前互联网金融的主要业态模式与发展内容，形成了一个较为完整的体系。

本书充分考虑了互联网金融课程理论性与实践性相结合的教学特点，设置了“教学目标与要求”“案例导读”“背景资料”“本章小结”“思考题”“小组实训研讨题”“课外阅读”等栏目，并努力在教学内容与教学组织等方面为使用者提供创新的空间，增强本书的实践性、可读性、适用性与趣味性。同时，本书力图吸收最新的互联网金融研究成果与互联网金融发展动态，以体现本书的前沿性。因此，本书不仅可以作为高等院校金融类、财经类专业的教学和参考用书，也可以作为相关行业业界的培训教材，同时适合关注互联网金融领域的读者阅读。

本书在编写过程中，参考和引用了大量的专著、教材、分析报告和网络资料等，由于编写时间紧张加之篇幅有限，恐未能一一列出以上成果的所有出处，在此谨向诸多学者表示真挚敬意、歉意和由衷的感谢。此外，由于互联网金融是一种新兴事物，并仍处于不断发展和创新之中，加之作者能力和精力有限，不足之处在所难免，诚恳地希望读者批评指正，以便不断修改与完善。

最后，感谢我的先生、儿子及父母，在本书编写过程中给予我的巨大鼓励。感谢北京物资学院经济学院院长赵娴教授对本书出版给予的大力支持。同时，特别感谢中国财富出版社的张茜和杜亮编辑为本书出版付出的辛勤劳动。

牛瑞芳

北京物资学院经济学院

2018 年 6 月

目　录

第一章　互联网金融概述

教学目标与要求

√掌握互联网金融的基本概念

√了解互联网金融在我国迅速发展的原因

√熟悉国内外互联网金融的发展历程

√掌握互联网金融的业态类型

案例导读

“如果银行不改变，我们就改变银行。”马云的话曾经让整个传统银行界为之震动，而阿里巴巴集团推出的余额宝也带来了一场联结互联网与金融的跨界营销革命。

2013 年 6 月 5 日，支付宝联合天弘基金宣布推出名为“余额宝”的余额增值服务，并于 6 月 13 日上线，9 月初其规模已近 500 亿元，成为当时中国用户数量最多、规模最大的公募基金。天弘基金迅速从默默无闻的小基金成长为国内规模最大的公募基金，这让金融业看到了互联网和金融融合爆发出的巨大能量。余额宝对金融业的刺激从基金业开始，更多的基金从业者纷纷主动去拥抱互联网金融。

与此同时，互联网与金融不断地相互融合、金融择机借道互联网之态势不可当，一股金融创新热浪汹涌袭来，轰动事件层出不穷：融 360 完成由红杉资本领投的 B 轮 3000 万美元融资；董文标、刘永好、郭广昌、史玉柱等七位大佬联合成立“民生电商”；动画电影《大鱼海棠》在一个半月内通过众筹融资达 158 万元；华夏基金携手腾讯，4 亿微信用户迎来微理财，推动理财服务从传统渠道向移动互联网转移。

随着互联网与金融快速融合的野蛮增长、硝烟四起的发展态势，互联网金融概念随之而出，成为媒体报道不可或缺的热门话题。[①]

---

① 本文引自罗明雄、唐颖、刘勇：《互联网金融》，中国财政经济出版社，2017。

第一节　互联网金融的基本概念

现代互联网技术的崛起被公认为是继农业革命和工业革命之后，全面改变人类社会的“第三次革命”。互联网不但极大地改变了人类的信息传播方式，而且正在深刻改变着人类的生产和生活方式，它的普及和发展是一场前所未有的深刻的社会变革。当前，互联网已经渗透到经济社会的各个领域，成为经济发展和社会运行的基本要素，并与传统产业日益融合。

金融作为现代经济的核心，在互联网时代如何发挥好其功能，这就需要我们对“互联网金融”（Internet Finance）这一全新的金融概念有着充分而深刻的认识。

一、互联网金融的定义

金融行业从来都是与高科技紧密联系的行业。金融行业电子化、网络化的过程始于20世纪50年代，随着信息科技与网络技术的兴起与发展，传统金融机构通过电子化、网络化的方式开展自己的金融服务，将传统的金融业务从线下扩展到线上，打破了时间与空间的限制，提升了金融服务的深度与广度。这种过程自然而然地被称为金融互联网过程。

20世纪90年代末，随着世界各国金融管制与金融监管的放松、网络与信息技术的成熟、资本的大量集中与集聚及互联网市场的快速成长，一些非金融机构利用互联网技术、网络支付技术、网络搜索技术、移动互联技术、数据挖掘技术等在互联网中提供了一些新型的金融服务。非金融机构与行业开始向金融行业渗透，打破了原有的金融竞争格局，加速了金融脱媒，颠覆了整个金融行业的面貌，这种过程被称为互联网金融过程。

随着金融行业与互联网行业的相互融合与渗透，金融互联网与互联网金融这两个概念的界限也变得越来越模糊。一般而言，互联网金融是指利用互联网技术而实现的资金配置与提供金融服务的行为。一方面，传统金融机构利用互联网网络技术进行业务流程重组，改造传统金融服务模式；另一方面，非金融机构利用互联网平台逐渐向支付、理财、借贷等传统金融领域渗透。

而对于互联网金融概念的界定，目前国内外的专家学者尚未形成统一的观点。

在我国，首次提出互联网金融概念的学者是谢平与邹传伟（2012）。他们从融资模式的角度出发，认为互联网金融是有别于商业银行间接融资模式以及资本市场直接融资模式的第三种融资模式。同时，他们认为互联网金融利用现代信息技术，尤其是移动支付、社交网络、搜索引擎和云计算等，将对金融模式产生根本影响。

李钧（2013）从互联网思想的角度出发认为互联网金融提供了一个在信息相对对

称情况下自由平等获取金融服务的通道，而数据产生、数据挖掘、数据安全和搜索引擎是互联网金融的技术支撑。

2013 年 6 月，阿里巴巴集团董事长马云在相关媒体发表文章称未来的金融有两大机会：一个是金融互联网，金融行业走向互联网；另一个是互联网金融，纯粹的外行领导，其实很多行业的创新都是由外行进入引发的。金融行业需要搅局者，更需要外行人进入进行变革。

2014 年 4 月，《中国金融稳定报告（2014）》提出，互联网金融是互联网与金融的结合，是借助互联网和移动通信技术实现资金融通、支付和信息中介功能的新兴金融模式。广义的互联网金融既包括作为非金融机构的互联网企业从事的金融业务，也包括金融机构通过互联网开展的业务；狭义的互联网金融仅指互联网企业开展的、基于互联网技术的金融业务。

2015 年 7 月 18 日，《关于促进互联网金融健康发展的指导意见》指出，互联网金融是传统金融机构与互联网企业利用互联网技术和信息通信技术实现资金融通、支付、投资和信息中介服务的新型金融业务模式。互联网金融的主要业态包括互联网支付、网络借贷、股权众筹融资、互联网基金销售、互联网保险、互联网信托和互联网消费金融等。

从以上定义看，有些强调互联网金融呈现出去中介化和新型金融业态的特征；有些认为互联网只是一种工具，更多是为金融的发展提供支持；有些则关注互联网精神在金融中的应用。因此，准确定义“互联网金融”是一件比较困难的事情。具体原因有以下三点：第一，不同的机构以及个人会从不同的角度来理解和解读互联网金融；第二，“互联网金融”及“金融互联网”其实是动态的、阶段性的概念，需要历史地去看待和评价；第三，严格意义上的互联网金融与金融互联网其实是一个链条的两端，因此在区分时只能作一个大致的判断。

综上所述，本书认为互联网金融是指利用互联网与信息技术作为中介手段，通过对金融业务的流程重组与再造，实现资金配置，提供金融服务。互联网金融的实质是金融，而网络与信息技术是手段。对于互联网金融提供者，网络信息技术提高了金融信息的挖掘、收集、处理、集成的效率，是资金最优化配置、改善金融服务的技术基础；对于互联网金融消费者，网络信息技术减少了金融服务的中间环节，使消费者方便快捷地享受到优质高效的金融服务，是提高金融的普惠性与民主性，满足个性化金融需求的技术手段。

二、互联网金融的特点

（一）具有普惠金融属性

普惠金融，指能有效、全方位地为社会所有阶层和群体提供服务的金融体系。由于互联网的“开放、共享、平等、民主”的精神，互联网融资业务有了更加广泛的参与度与更高的透明度，交易的可能性边界大大拓展，借贷市场参与更显民主化与普及化。互联网金融通过金融创新，增加了融资渠道，使长期处于社会底端的数量庞大的“长尾客户”的投融资双方面需求得到了满足。对资金的盈余方而言，投资门槛大为降低，互联网金融集合了广大盈余方的资金，扩大了小微客户融资的供给容量。同时，对于资金需求方，小微客户的资金需求具有鲜明的个性化特点，而传统金融机构的服务主体是“二八定律”中20%的“优质客户”，而互联网金融利用普惠优势将这部分“长尾市场”中的小微客户纳入信贷市场中，提高了金融服务的宽度与广度，为享受不到传统金融服务的小微客户提供了融资可能性。

2014年数据显示，中小企业数量占我国企业总数的90%以上，对全国CDP贡献达到65%，税收贡献超过50%，出口额占比超过68%，解决了75%以上人口的城镇就业。中小企业拥有旺盛的金融需求，但却受制于企业规模与资信水平，较难从商业银行获得金融服务。而互联网金融在服务此类客户方面有着先天的优势。比如，阿里巴巴集团为小微企业和网商个人创业者提供互联网化、批量化、数据化的金融服务。蚂蚁微贷通过互联网数据化运营模式，为阿里巴巴、淘宝、天猫等电子商务平台上的小微企业、个人创业者提供可持续性的、普惠性的电子商务金融服务，向这些无法在传统金融渠道获得贷款的“弱势群体”提供“金额小、期限短、随借随还”的纯信用小额贷款服务。

2013年6月13日，支付宝和天弘基金联合推出余额宝，仅仅17天就吸引用户252万，累计存量转入资金规模达57亿元，人均投资额仅1913元，远远低于传统基金户均7万~8万元的投资额。余额宝等互联网基金的推出满足了金融消费者碎片化的理财需求，市场参与者更为大众，收益也更加普惠于消费者。尤其是对于农村居民而言，由于居住地金融机构网点稀少，较少得到金融服务，而以手机终端为主要模式的互联网金融完全能够以普惠金融形式服务广大农民。

（二）金融服务低成本化

（1）互联网金融降低了交易成本。传统金融机构的借贷交易成本包括贷款信息收集成本、签约成本、信用评价成本、贷后管理成本以及评审费、公证费、评估费等各种费用。互联网金融模式下，资金供需双方完全依赖互联网和通信网络完成融资交易，大大降低交易双方的搜寻成本与搜寻时间。而且，互联网金融主要通过数据分析完成客户的信用甄别与风险管理。因此，交易双方的信息搜寻成本、征信成本、签约成本与贷后风险管理成本等都很低。比如，阿里金融因为利用了大数据和信息流，依托电子商务公开、透明、数据完整等优势，与阿里巴巴、淘宝、天猫数据贯通、信息共享，实现金融信贷审批、运作与管理，与传统金融机构相比，在单笔贷款的审批、办公成本、信息获取等方面，成本更低、速度更快。

（2）互联网金融降低了经营成本。通过互联网的应用，金融服务实现了去网点化，互联网金融不需要建立庞大且密集的分支机构和营业网点，无须雇用众多的营业员工和销售人员。成熟的互联网技术为客户提供了虚拟网点，大大降低了互联网金融自身经营的投资成本、营业及管理成本，节约大量的人力物力。

（3）互联网金融降低了融资成本。通过互联网进行资金融通，在融资期限、资金来源、融资规模等方面有了更多选择，因此参与者可以有更多的产品选择和更灵活的方式进行投融资，从而降低融资成本。多数互联网金融机构推出了日息、月息等计息方式，而且还推出了随借随还、不限定还款时限的还款方式。同时，起息时间也并不是从资金到位开始计算，而是自金融消费者从账户中取款时开始计算，这样灵活的还款计息方式大大降低了借贷成本。比如，2012 年，阿里金融累计给 20 万户小微企业进行放贷，这些企业全年平均占用资金市场 123 天，实际付出的融资成本年化利率为 6.7%。以日息为 5‰的订单贷款产品为例，2012 年所有客户平均全年使用订单贷款 30 次，平均每次使用 4 天，以此计算客户全年的实际融资成本年化利率为 6%，仅相当于一年期贷款的基准利率。

（三）基于大数据的应用

数据，是信息时代的象征。金融行业既是大数据的生产者，又是大数据的使用者；既是信息技术的依赖者，又是数据行业发展的驱动者。互联网金融对大数据的使用，天生具有优势。互联网金融以大数据、云计算、社交网络和搜索引擎为基础，挖掘客户信息并管理信用风险，主要通过网络生成和传播信息，并运用搜索引擎对信息进行组织、排序和检索，通过云计算进行处理，以有针对性地满足用户在信息挖掘和信用风险管理上的需求。

互联网金融采集并使用了更多的信息——大数据。相比于传统金融机构不够重视对相关金融信息的收集与整理，互联网金融将相关数据信息看作自己的核心竞争力，因此格外重视对客户相关信息的收集。这些信息不仅包括客户在电子商务平台及第三方支付机构上所积累的资金流、商流、物流、信息流等交易信息数据，同时还包括社交网络、微博微信、客户评价等网络渠道中反映网络行为特征以及行为偏好的碎片化信息，再加上海关、工商、税务、电力等外部数据，汇总成为信用数据库。这些信息的单独价值很低，但利用大数据集合技术将这些信息汇总起来，就形成了对客户的财务状况、经营业绩的真实判断，以及对客户个人具有个性化特征的消费习惯与生活习惯的推断。同时，这些分散在各处的碎片化信息的伪造程度极低，往往比客户自身发布的财务信息与经营数据更为真实可信。例如，阿里金融通过分析客户在淘宝上的消费等情况，能够判断出客户可能的生活情况以及潜在的消费需求。此外，阿里金融还可以通过客户缴纳水、电、煤气费，信用卡还款，转账支付等情况的数据，对用户的住址、信用、资产等情况进行判断。

互联网金融采用了新的信息处理方式——大数据技术。互联网金融利用数据挖掘技术、搜索引擎、云计算等大数据技术在网络中实现了信息的采集、甄选、集合、处理、积累以及风险的评估。信息批量作业大大提升了信息处理的效率，信息充分透明，最终形成了具有标准化特征的时间序列数据，成为客户的风险管理与信用评级档案，构建互联网信用评价体系。从而，信用评价体系可以作为客户风险类型的甄别标准，有效识别其信用状况，缓解借贷双方的信息不对称现象，有效缓解互联网金融供给方与需求方由于信息不对称而引发的逆向选择与道德风险问题。

（四）金融服务去中介化

互联网金融本质上是直接融资，资金供求信息在网络上形成“充分交易可能性集合”，双方资金供求匹配成功后即可直接交易，在没有金融中介参与的情况下，高效解决资金融通问题。得益于互联网的普及，尤其是移动互联技术的广泛应用，互联网金融突破了时间和地域的限制，将金融服务延伸到互联网所能覆盖到的地区，使得金融产品的交易可以随时随地进行。同时，依托大数据分析技术的发展，利用计算机对业务进行批量化、快速的处理，使互联网金融能够以点对点直接交易为基础进行金融资源的配置，资金和金融产品的供需信息在互联网上发布并匹配，供需双方可以直接联系和达成交易，实现了金融服务的去中介化。

三、互联网金融的功能

从目前的发展情况来看，互联网金融的功能主要体现在提高资金配置效率、加强风险管理能力、改善支付清算体系、推进利率市场化进程等方面。

（一）提高资金配置效率

高效率的资金配置表现在两个方面：第一，资金价格是由市场供需双方共同达成的；第二，市场中的信息透明对称，资金供给方可以对资金需求方的风险类型进行有效区分与筛选，并作出合理选择，达到优化配置的状态。互联网金融本质上是一种直接融资方式，其核心是资金的供给方通过金融市场将资金的使用权让渡给资金需求方的过程。互联网可以有效识别信用风险，并且还有效降低了市场中的信息不对称，因此，基于网络平台的互联网金融明显更有利于金融资源配置功能的实现。

部分互联网金融平台采用竞拍方式确定成交利率，由资金供需双方共同决定资金价格，基本反映了市场供求关系。互联网金融通过搭建平等、开放的互联网平台在借贷前有效连接了大量的借款人和贷款人，资金供求双方直接在网络中发布信息并可以自行进行匹配交易。互联网金融模式下，借贷双方或多方的交易可以不受时间与空间的限制同时进行，供求信息几乎完全透明、对称，无须通过金融中介机构进行融资，交易成本极低，基本实现了古典经济学对一般均衡的假设，因此这种市场中的定价接近完全竞争的状态，资金的配置最有效率，达到帕累托最优状态，社会福利最大化。因此，互联网金融市场是一个接近完全竞争的市场，也是一个公平交易的市场，借贷双方都具有透明、公平的机会。

（二）加强风险管理能力

传统信贷流程中，正规金融机构只能被动接受由企业自身提供的财务报表、企业经营状况等书面材料，不能自助获取有关企业真实的经营情况、财务状况等信息，加剧了金融机构逆向选择的风险。而在贷后，由于不能实时掌握企业资金使用情况、企业经营变化情况，也就不能有效防范贷后风险，企业在无有效监督的情况下容易引发道德风险。

互联网金融模式下，互联网金融提供者借助数据挖掘与处理技术可以主动获取有关贷方的交易信息及信用状况信息，并可汇总建立数据库，甄别、筛选目标客户，有效降低贷前逆向选择风险。在贷后，利用数据分析及行为追踪技术及时、快速掌握贷方的经营变动状况以及贷款资金使用情况，随时监督、调查贷方的还款意愿和还款能力，实时监测贷方的异常状况。一旦出现违约现象，可实时处理、终止下一笔借款，减少互联网金融借方的损失。同时，降低贷方的信用等级，如果出现恶性违约行为，还可以利用互联网平台公开贷方的违约行为。互联网金融实时监控、实时处理的能力有效提高了信贷风险的防范与管理，进一步缓解了贷后道德风险的发生。

（三）改善支付清算体系

互联网金融对以银行为主体的支付系统也起到了改善作用，并为用户提供了更加便捷的支付清算服务，大幅度地提高了金融支付清算效率。这主要是因为：①互联网金融平台成本低，而用户资源来源广泛，这可以在很大程度上弥补传统金融机构，尤其是银行在零售支付服务方面的不足之处；②由于以支付宝为代表的第三方支付机构在承担支付中介的同时，为买卖双方的交易作担保，这不仅提高了网络交易中买卖双方的信任度，同时也降低了交易过程中买卖双方的风险；③互联网金融在一定程度上分担了传统金融机构的部分支付风险。互联网金融这一便捷、及时的支付清算体系，既是现有银行支付清算体系的竞争者，又是对现有支付清算体系的完善。

（四）推进利率市场化进程

互联网平台的引入，最大限度地提高了资金动员的能力和资金的使用效率，加快资金周转率，促进金融体系发展，使得资金的价格更加及时、准确地反映资金的供给和需求，进而引导资金合理流动。在互联网所创造出来的无边界交易平台下，资金的竞价机制得到了极大的完善。在这里，价格不是由外部力量约束，所有价格都是彼此之间竞价的结果。

互联网金融与市场经济互相渗透结合，使资金的供给和需求更客观地被市场接纳，融资者和投资者偏好更清晰地被反映出来。互联网金融市场上的资金价格，如利率、汇率等更好地反映了市场真实的资金需求状况。互联网金融为资金的盈余者和需求者提供了一个更透明的平台，减少了交易过程中的摩擦，加速了利率市场化时代的到来。

第二节 互联网金融的发展基础

一、互联网金融发展的理论基础

（一）网络经济学

20 世纪 80 年代以来，信息技术的发展与互联网快速普及与应用，带来了互联网经济活力的扩展与膨胀。网络经济时代，由于经济的网络化、虚拟化、跨时空性，一些在传统经济学中处于次要地位、经常被忽略的因素在网络经济新形态中发挥了重要作用，网络经济学就是从网络视角对新出现的经济现象进行分析。

1. 网络经济学的概念

Toffler（1980）预言了人类社会将出现一种不同于工业经济的经济形态。Naisbitt（1982）提出了“信息经济”这一概念。针对网络经济的研究领域，不同学者从不同角度出发进行了阐述。Katz 和 Shapiro（1985）认为在网络经济中，经济主体之间的联系是开放的、普遍的、交互的、关联的，具有网络效应，即具有网络外部性。McKnight 和 Bailey（1997）强调网络经济的网络特征，认为网络经济是一门研究网络服务市场的经济学，即数据传输过程中的经济学问题，以实现资源的最优配置，提高市场运作效率。Shapiro 和 Varian（1999）从网络经济与传统经济内部逻辑性出发，对网络经济学进行研究，认为理性人在网络经济环境下的逐利行为并没有发生变化，网络经济与传统经济的内部逻辑性是一致的，坚持“技术会变，经济规律不会变”的观点。中国学者乌家培（2000）从经济形态、产业发展、企业营销与居民消费投资三个层面对网络经济进行了界定。平新乔（2000）认为通过网络形式组织起来的新的社会生产与交换方式带来了新的经济关系。

2. 网络经济学的三大定律

（1）摩尔定律。Moore（1965）揭示了信息技术创新速度的规律，即摩尔定律。Moore 认为，每隔 18 个月，集成电路芯片上可以容纳的晶体管数目就会增加一倍，相应地，微处理器的性能也将提高一倍，其成本同比减少一半。摩尔定律一经提出就在信息科学各领域得到了广泛的验证。国内学者吴军（2011）、吴晓求等（2014）从电子计算机的计算速度、微处理器晶体管增长趋势、芯片存储容量、网络传播速度等方面验证了摩尔定律的正确性。基于摩尔定律，摩尔又从经济和成本的角度，对制造芯片的成本趋势进行了预测。摩尔定律是以信息技术创新为前提的，为新兴的网络信息技术公司提供了生存和发展的可能。

（2）梅特卡夫定律。梅特卡夫定律是根据以太网协议技术的发明者罗伯特·梅特卡夫的名字来命名的。梅特卡夫定律（1999）认为，网络节点数的平方构成网络经济的价值，也就是说网络经济效益的大小取决于联网用户数的平方。随着联网使用者越多，其网络价值就会越来越大，具有规模效应，实际上就是网络外部性问题。梅特卡夫定律表述了网络外部性的乘数效应，为一个规模庞大、潜力巨大的全球化电子商务和互联网市场的诞生奠定了理论基础。

（3）达维多定律。Davidow（1992）认为，企业要在互联网市场上占据主导地位，必须第一个开发出新一代产品，并且必须要不断更新自己的产品，这被称为达维多定律。达维多定律实际上就是网络经济中的“马太效应”，即强者更强，弱者更弱的自然垄断法则。由于互联网的开放性及高渗透性，第一个进入市场者很容易积累竞争优势并迅速占领市场，而后进入者较难超越。因此，在网络经济时代的互联网企业要不断更新换代，在技术上保持绝对优势，形成新的市场和产品标准，从而拥有制定市场规则的权利，运用马太效应赢得竞争优势。

3. 网络经济学相关问题研究

20 世纪 80 年代以来，网络经济展现出蓬勃广阔的商业发展前景，引起学术界与实务界极大的关注，同时博弈论和产业组织理论的成熟也为网络经济学研究提供了理论基础。

（1）网络外部性。Katz 和 Shapiro（1985）开创性地阐述了“网络外部性”这一概念，将其分为直接外部性与间接外部性，并提出“正的消费外部性”概念，探讨了消费外部性对社会福利和政府公共政策的影响。Farrell 和 Saloner（1985）进一步明确了直接外部性与间接外部性两种类别。David（1985）从键盘案例分析讨论了“锁定”的重要性。Arthur（1990）将正反馈、路径依赖等概念引入到网络经济学的分析之中，反映出网络外部性理论的学科交叉性。在前人研究基础上，Economides（1996）对网络外部性问题进行了深入的分析，探讨了双向网络和单向网络的区别，指出网络组件的互补性是网络外部性的根源，分析了在完全竞争、垄断竞争、寡头、垄断四种市场类型下，网络外部性对市场结构和价格的影响。众多学者进而研究了网络外部性下的市场运行规律，主要着力点是市场需求、定价、技术革新、兼容性和标准化、产品竞争及市场进入等问题。

（2）双边市场理论。Demange 和 Gale（1985）最早描述性地界定了双边市场。而对双边市场研究做出突出贡献的学者是 Rochet 和 Tirole 以及 Armstrong。Rochet 和 Tirole（2003）定义了双边市场，指出网络外部性是双边市场存在的原因，并对双边市场平台的定价策略进行分析，认为在垄断市场中，需求价格弹性越大，定价越高。Armstrong

(2004) 利用移动通信、媒体及超市等平台案例做了实证分析，表明利润最大化的价格与成本、网络外部性参数和需求价格弹性相关，同时解释了平台定价策略中所采取的给予双边平台一边用户免费或补贴的经济现象。在 Rochet、Tirole 以及 Armstrong 的研究基础上，众多学者对双边市场的特征和分类、平台定价、平台效率和规制、平台竞争等领域展开研究。Evans (2003) 利用视频游戏网站、银行卡支付系统、软件操作系统等平台案例从实证角度研究了双边市场的商业模式，并强调了定价策略在平台建设中的重要性。Rysman (2004) 通过研究美国电话黄页平台中的发行商、广告商、消费者行为，指出发行商应该采取消费者免费、广告商收费的定价策略。

(3) 网络产业研究。有关网络产业的经典著作是 Shapiro 和 Varian (1999) 的《信息规则：网络经济学的策略指导》与 Shy (2001) 的《网络产业经济学》。Shapiro 和 Varian 不仅对网络经济学中的锁定、正反馈、标准化、兼容等问题进行了阐述，而且在微观经济学分析框架的基础上，利用边际分析法、博弈论、产业组织理论等传统经济学理论工具对网络经济学的供给与需求进行了研究，尤其系统论述了信息产品定价及版权问题，给出了"信息产品边际成本趋近于零"的结论。Shy 首先将具有网络性的产业分为硬产业与软产业，利用博弈论分析方法对网络经济所涉及的竞争、兼容性、标准化、信息产品定价等问题进行了分析研究。Economides 和 Katsamakas (2006) 探讨了反垄断政策及相关法律在网络产业中的应用，涉及网络效应、市场力量、技术创新等网络产业特征。

(二) 长尾理论

1. 长尾理论的内涵

"长尾"这一概念是由 Anderson (2004) 最早提出来的。Anderson 通过对 Amazon (亚马逊公司)、Rhapsody、Netflix (网飞) 等网络零售公司的大量销售数据进行实证分析后发现，互联网商品的需求曲线与传统经济学中的需求曲线截然不同——拖着一条长长的尾巴，即呈现出统计学中的"长尾分布"的形状，如图 1-1 所示。这种需求曲线的头部较短，而尾部特别长，表明需求较小而数量众多的尾部所占的市场份额与需求较大而数量不多的头部所占的市场份额大体相同。这种拖了一条长长尾巴的需求曲线被 Anderson 称为"长尾"。

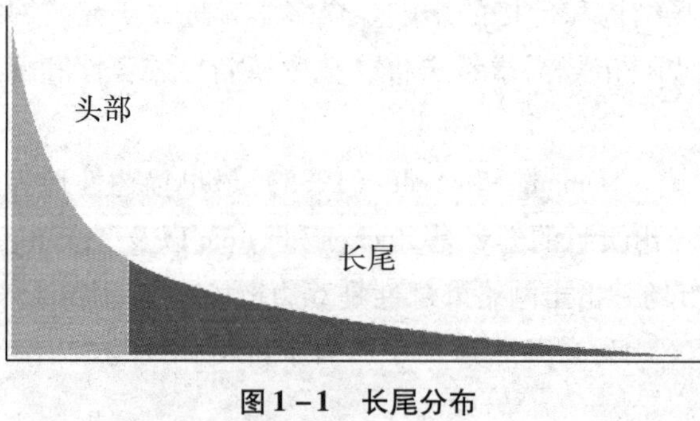

图 1-1 长尾分布

2006年，Anderson出版了《长尾理论》一书，深入探讨了互联网经济时代的商品由于存储、流通、展示渠道的扩张以及相应成本的下降，实现了个性化、定制化的新增长模式，使得原本单品需求极低但数量众多的“非热卖品”汇聚成的长尾市场能量，足以和那些数量较少的“热卖品”形成的市场力量相匹敌。传统经济时代的需求曲线是非常陡峭的；而新经济时代，需求曲线有被拉平的趋势。同时，当需求曲线的尾部越来越长的时候，其头部就会越来越短。

2. 长尾存在的原因

长尾市场是利基市场（Niche Market）。科特勒认为利基市场是具有持续发展潜力，但其需求尚未被有效满足的小市场。针对利基市场的特点，企业可以通过市场细分，集中力量于特定目标市场，并创造出产品和服务优势，获取利益。Anderson指出，互联网新经济为存在于需求曲线尾部的利基市场的有效开发创造了条件。造成需求曲线形态转变的主要有三个原因。①生产工具的普及。当今，在信息和科技高速发展的时代，每个人都可以是创造者、生产者，可以提供更加充足的产品和服务供给，消费者的消费选择空间空前膨胀，长尾更长。②传播工具的普及。在互联网时代，由于网络信息技术和数字技术的应用，传播的空间大大扩展，传播的时间与成本大大缩短，有效提高了利基产品接触到更多潜在消费者的可能性，使长尾市场更具有流动性。这种流动性带来了更多消费的同时，抬高了需求曲线尾端部分，扩大了曲线之下的面积。③有效连接供给和需求两端。虚拟经济时代，连接供给与需求的形式多种多样，可以是搜索引擎、自动推荐、商品评论，也可以是诸如博客、脸书等社交网络等形式，营销方式被彻底改变。这降低了消费者的搜寻时间与成本，进一步扩大了消费者对利基产品和市场的需求，推动需求向利基市场转移。

3. 长尾理论与“二八定律”

1897年，意大利经济学家帕累托（Vilfredo Pareto）通过研究19世纪英格兰的财富、收入、人口的统计数据发现，在英格兰，财富分配并不公平，80%的财富被20%的人口占有，即大多数的财富被少数人占有。更为重要的是，这一规律在其他许多国家和地区都普遍成立，这就是“二八定律”。“二八定律”揭示了在经济活动中的一种不平衡的关系和规律，即少数人（物）可以造成主要的、重大的影响。这一定律在传统经济模式下广泛存在，并在传统商业模式下被广泛应用。长尾理论对“二八定律”是一种冲击，更是一种补充与扩展，如表1－1所示。公司的利润不再依赖于传统的20%的优质客户，而是原先被忽略但是数量庞大的利基市场和产品。Anderson指出，企业的未来不在于传统需求曲线上的头部，而在于经常被遗忘的尾部。

表1－1　　长尾理论与“二八定律”的比较

	长尾理论	二八定律
经济基础	具有丰饶性、多样性的富足经济	稀缺经济

续 表

	长尾理论	二八定律
市场导向	需求方规模经济	供给方规模经济
目标市场	尾部的利基市场	头部的热门市场
营销战略	个性化、差异化战略	低成本、同质化战略

4. 长尾理论的动态发展

哈佛大学的 Elberse（2008）是第一个对长尾理论提出反对观点的学者。Elberse 运用数理统计的方法对文化、娱乐、媒体行业的网络零售数据与实体店零售数据进行了实证分析，发现人们在网络中的购买行为模式和在现实中一样，而且热卖品的销售依然是企业利润的主要来源，互联网的作用非但没有使热卖品的地位被削弱，还得到了加强。Curran 等（2006）、Anderson（2006）着重把长尾理论运用到管理理论与企业营销的实践分析中；Kumiko 和 Hattori and Tetsuya Hattori（2008）利用数学模型着重分析了长尾的统计学特点。中国学者姜奇平（2007）强调了需求方规模经济的作用，并提出了范围经济与长尾的连接。王海岳（2008）指出，即使在网络经济时代，商品的边际成本递减也是有条件的，无限扩大的长尾只能是武断的假定。金宏伟（2007）、李佩佩（2008）、吴青劼等（2010）认为，在一个空间无限的网络经济时代，边际生产成本和边际销售成本正趋近于零，丰饶性随处可见，长尾理论将人们之前忽略的利基产品以及由于客观条件而无法实现的利基市场推上了新的经济舞台，它事实上是对“二八定律”在新的经济环境和新的商业运营模式下的一个补充与完善。

针对有关长尾理论的各种讨论，Anderson 进一步提出了动态化的长尾理论。Anderson（2012）认为不能将头部和尾部完全割裂，头部的热门产品与尾部的利基产品可以相互转化，长尾曲线中的各种界限也变得更加模糊，具有长尾特点的需求曲线是一个动态变化的过程。头部和尾部是同一条需求曲线的前后两个部分，并不矛盾，而是相辅相成的。Anderson 强调头部并非是静止的，要动态地理解头部，并把头部的热卖品分为三类：①可信的热门，即优秀的产品并广受欢迎；②人为的热门，即较差的产品，由于轰动效应成为暂时的热门，会迅速衰落变成冷门；③“干杯”的热门，即通过口头传播获得好评的产品，最具潜力，能够快速壮大。

（三）信息经济学

“信息经济学”一词，来自 1959 年美国著名经济学家马尔萨克（Jacob Marschak）发表的《评信息经济学》一文。1961 年，斯蒂格勒（George J. Stigler）发表了题为《信息经济学》的著名论文，使信息经济学作为新兴学科进入了科学的殿堂，也标志着信息经济学的正式诞生。信息经济学是把信息和信息活动当作普遍存在的社会经济现象来加以研究的学科。其研究对象包括：信息活动的经济机制和经济规律，与信息商品的生产、分配、流通、消费全过程有关的社会关系和经济关系，影响信息活动和信息系统经济效益的自然因素和社会因素，信息作为生产要素的特征、功能以及对经济系统的作用条件和作用规律，不完全信息和不对称信息条件下经济活动及经济行为的特征与规律。从研究信息对经济行为的影响及其结果出发，将信息表述为“传递中的知识差”。在经济活动中，经济知识差是存在于信息源与用户之间经济知识度的逻辑差，它表明经济信息存在的事实和度量。

互联网金融是传统金融行业与互联网精神相结合的新兴领域。互联网以“开放、平等、协作、分享”的精神向传统金融业渗透，对人类金融模式产生根本的影响，而信息却是互联网金融的组成部分。互联网金融主要依靠信息的传播来发展，信息主要体现在互联网金融发展的四个方面。

（1）信息对经济决策的作用。人类的经济行为面临着极大的不确定性，而信息具有消除不确定性的功能。为了在信息不充分、不完备、不对称的经济环境中获取所需的信息，以保障经济决策的顺利进行，就需要研究信息与经济行为的相互作用机制、作用条件、作用范围以及与之相关联的信息成本、信息价格、信息流通、信息消费、信息收益和分配等方面的问题。

（2）信息是现代经济的重要资源和投入要素。信息作为一种新兴的资源和生产要素，在世界物质资源短缺、能源枯竭、环境污染、人口膨胀的严峻形势下，对现代社会和经济有着特殊作用。

（3）信息和信息服务正在成为商品，形成产业。信息商品已进入社会商品的生产、分配、流通和消费领域，规模越来越大，市场占有额越来越高，且上升的速率越来越快。围绕信息的生产、加工处理和传递，一个新兴产业正在形成，即信息产业。

（4）信息部门、信息服务活动需要用经济学的理论进行指导和研究，以提高管理和服务水平。所以，研究信息经济学与互联网金融的关系，对于我们学习金融知识具有重大意义。

二、互联网金融发展的技术基础

互联网技术的进步，尤其是社交网络、搜索引擎、大数据、云计算和移动支付等技术的普及，使市场信息不对称程度大大降低，通过分析、整理和设计风险控制模型，信息处理成本和交易成本大幅降低。信息技术的迅猛发展，不仅降低了处理金融交易过程的成本，而且降低了投资者获取信息的难度，这为互联网金融的产生提供了条件。

（一）大数据

大数据（Big Data）起源于2000年前后的互联网，在不断的发展过程中呈现出“4V”（即Volume，Velocity，Variety，Value）的特征。

1. 大数据的定义

“大数据”至今没有公认的统一定义，本书认为：大数据技术是新一代的技术与架构，它被设计用于在成本可承受的条件下，通过非常快速的采集、发现和分析，从大体量、多类别的数据中提取价值。在这个定义中，主要介绍了大数据“4V”特征中的三大特征，即 Volume（海量），数据容量越来越大；Velocity（速度），数据量增长越来越快，需要处理的速度和响应越来越快；Variety（多样性）则是指各种各样类型的数据出现，过去的数据更多的是结构化的，现在越来越多的数据是半结构，甚至是完全没有结构的数据，如文本、邮件，甚至语音、视频等。这三大特征是对大数据最基本特征的归纳，目前得到了业界的认可。

此外，对于大数据的应用发展而言，更重要的是第四个特征，即价值（Valuc）。当量级庞大、实时传输、格式多样的数据通过某种手段得到利用并创造出价值，而且能够进一步推动社会与商业模式的变革时，大数据才真正诞生。

2. 大数据关键技术

从数据在信息系统中的生命周期看，大数据从数据源经过分析挖掘到最终获得价值，一般需要经过五个主要环节：数据准备、数据存储与管理、计算处理、数据分析和知识展现。每个环节都面临不同程度的技术上的挑战。

（1）数据准备环节。在进行存储和处理之前，需要对数据进行清洗、转换和整理（Extracting，Transforming，Loading，ETL）。与以往的数据分析相比，大数据的来源多种多样，包括企业内部数据、互联网数据和物联网数据，不仅数量庞大、格式不一，质量也良莠不齐。这就要求在数据准备环节一方面要规范格式，便于后续存储管理；另一方面要在尽可能保留原有语义的情况下去粗取精、消除噪声。

（2）数据存储与管理环节。当前全球数据量正以每年超过 50% 的速度增长，存储技术的成本和性能面临非常大的压力。大数据存储系统不仅需要以极低的成本存储海量数据，还要适应多样化的非结构化数据管理需求，具备数据格式上的可扩展性。

（3）计算处理环节。需要根据处理的数据类型和分析目标，采用适当的算法模型，快速处理数据。海量数据处理要消耗大量的计算资源，传统单机或并行计算技术在速度、可扩展性和成本上都难以适应大数据计算分析的新需求。分而治之的分布式计算成为大数据的主流计算架构，但在一些特定场景下的实时性还需要大幅提升。

（4）数据分析环节。数据分析环节需要从纷繁复杂的数据中发现规律并提取新的知识，是大数据价值挖掘的关键。传统数据挖掘对象多是结构化、单一对象的小数据集，更侧重根据先验知识预先人工建立模型，然后依据既定模型进行分析。对于非结构化、多源异构的大数据集的分析，往往缺乏先验知识，很难建立显式的数学模型，这就需要发展更加智能的数据挖掘技术。

（5）知识展现环节。在大数据服务于决策支撑场景下，以直观的方式将分析结果呈现给用户，是大数据分析的重要环节，如何让复杂的分析结果易于理解是主要挑战。

这五个环节中，数据存储与管理、计算处理和数据分析三个环节比较关键，需要对技术架构和算法进行重构，是当前和未来一段时间大数据技术创新的焦点。

3. 大数据的意义

大数据是一场革命，它改变着人们的生活、工作和思维方式。在美国和欧洲，学者们认为企业必须广泛推行以事实为基础的决策方法，大量使用数据分析来优化企业的各个运营环节，通过基于数据的优化和对接，把业务流程和决策过程当中的每一份潜在价值都挤出来，从而节约成本、战胜对手、在市场上生存。大数据在为企业的发展提供事实依据上有无可比拟的优势。其实，大数据的意义不仅局限于数据的获取与储存，也包含数据挖掘和数据分析。大大小小的公司，其实都收集了大量数据，只不过在过去，这些数据储存在不同的系统当中，如财务系统、人力资源系统和客户管理系统，是信息孤岛。现在，这些系统彼此相连，通过数据挖掘技术，可以获得一幅关于企业运营的完整图景，从而帮助企业提高运营效率和预测未来的能力。

在互联网金融领域，大数据通过搜索引擎可以随时查询，为互联网金融提供信息。大数据使得时间序列的动态风险评价成为可能，在大数据的前提下，金融机构可以以极低的成本为资金需求者提供动态违约概率，缓解信息不对称问题，这颠覆了商业银行传统的风险定价方式。在美国，大数据不仅影响金融业和传统商业领域，在更大的社会领域，大数据揭示的是更大范围的社会平权与政府职能的优化创新以及相应法律的进步。

（二）云计算

云计算（Cloud Computing）是基于互联网的相关服务的增加、使用和交付模式，通常涉及通过互联网来提供动态、易扩展且经常是虚拟化的资源。“云”是网络、互联网的一种比喻，过去在图中往往用“云”来表示电信网，后来也用来表示互联网和底层基础设施的抽象形象。

云计算的经济效应体现在以下三种情况：①对服务需求时间分布不同的企业，通过交叉配置服务使用时间以提高服务器的使用效率，降低企业成本；②无法预测未来对服务器需求量的企业可以按需购买服务，而不用投入巨额硬件成本，由此优化企业成本；③需要对数据进行批量分析的企业能通过使用“成本结合性”云计算功能来提高分析效率。在IT行业发达的美国，云计算已经形成三种商业模式，如IBM的商业模式是卖云计算服务器，不具有对外使用的数据中心；Amazon为任何一个想通过互联网提供服务（包括电子商务）的公司和个人提供计算资源的租赁；Google（谷歌公司）为个人用户提供具有强大数据储存和信息分享的在线应用软件服务。

由于云计算具有提高运算效率和节约服务器资源等优势，国内以百度为首的互联网公司也开始开发自己的云计算商业模式，并且传统金融行业也越来越重视借助云计算技术促进自身发展。云计算技术在中国银行业的运用也有广阔的发展前景，大银行通过采用私有云，中小银行通过采用公有云，能够为银行带来降低成本、降低风险、增强数据分析能力、缩短运行时间和响应时间等竞争优势。目前，尝试云计算的金融机构以大银行为主，非银行金融机构和小型金融机构尚难以负担云计算的开发或使用成本。

背景资料

云计算

在科学飞速发展的今天，信息技术已成为20世纪最重要的科技成果。互联网是IT业中最为重要的一项发明和最为活跃的一个领域，而它最为常用的一种表示方法就是“云”。云计算的出现使得人们可以直接通过网络应用获取软件和计算能力，这一模式将会给传统的IT业带来一场巨大的变革，云计算正在成为IT业的一种发展趋势。云计算这个概念的直接起源是亚马逊EC2（Elastic Compute Cloud）产品和Google—IBM分布式计算项目，这两个项目直接使用了“Cloud Computing”（云计算）这个概念。由于这两个项目与网络的关系十分密切，而“云”的形象又常常用来表示互联网，因此云计算的原始含义即为将计算能力放在互联网上。如今，云计算早已超出了其原始含义，但至今没有一个统一的定义。随着应用场景的变化和使用技术的发展，云计算的定义还在产生新的观点。云计算将网络上分布的计算、存储、服务软件等网络软件资源集中起来，基于资源虚拟化的方式，为用户提供方便快捷的服务，实现计算与存储的分布式并行处理。但云计算并不是一个简单的技术名词，从更广的意义上来看，云计算是指服务的交付和使用模式，即通过网络以按需、易扩展的方式获得所需的服务，这种服务并不仅限于IT服务，可以是其他任意的服务。总之，云计算所秉承的核心理念是“按需服务”。综上，云计算主要有以下几个主要特征：具有“作为服务”的交付能力，以高度可扩展的弹性方式来实现交付服务，利用因特网技术和方法来开发和交付服务，资源虚拟化及资源的自动管理与配置，可实现海量数据的分布式并行处理，低成本并对用户透明。云计算中主要包含五大技术：处理器技术、虚拟化技术、分布式存储技术、宽带互联网技术以及自动化管理技术。云计算的出现表明当前互联网遇到了新的发展契机，尽管仍存在着许多不足，但在互联网、IT以及电信巨头的共同推动下，云计算仍然表现出较为乐观的前景，其市场规模仍在不断扩大。

（三）移动支付

通信设备和技术的发展大大促进了移动互联网的发展，进而促进了智能手机和掌上电脑的普及。随着移动互联网的发展和智能终端的普及，移动支付技术得到了极大提高，从而带动了移动支付业务的井喷式发展。移动支付与第三方支付的关系可以概括为：第三方支付模式下的支付方式将以 POS 机支付、网页支付逐渐转变为以移动支付为基础，通过移动通信设备、利用无线通信技术来转移货币价值以清偿债权债务关系。也就是说，移动支付是在移动支付技术的保障和互联网金融模式下产生交易的支付方式。

三、互联网金融在我国发展的环境基础

（一）行业政策地位得到显著提高

“互联网金融”首次在正式文件中被提出是在《2013 年第四季度中国货币政策执行报告》当中，报告首次明确了央行“支持互联网金融发展”的态度。2014 年《政府工作报告》中指出，要“促进互联网金融健康发展……让金融成为一池活水，更好地浇灌小微企业、‘三农’等实体经济之树”。《政府工作报告》再次明确了中央鼓励互联网金融创新的态度，并对互联网金融服务小微、“三农”实体经济的积极作用给予了肯定。2015 年 1 月，国务院总理李克强在前海微众银行亲自办理了第一笔小额贷款手续，这一举动也表明政府支持互联网金融融资发展的决心，起到了很好的示范指导作用。2015 年《政府工作报告》盛赞“互联网金融异军突起”，并提出制定“互联网 +”行动计划，“推动移动互联网、云计算、大数据、物联网等与现代制造业结合，促进电子商务、工业互联网和互联网金融健康发展，引导互联网企业拓展国际市场”。

2015 年 7 月，中国人民银行等十部委联合发布《关于促进互联网金融健康发展的指导意见》（以下简称《指导意见》）。《指导意见》按照“鼓励创新、防范风险、趋利避害、健康发展”的总体要求，提出了一系列鼓励创新、支持互联网金融稳步发展的政策措施，积极鼓励互联网金融平台、产品和服务创新，鼓励从业机构相互合作，拓宽从业机构融资渠道，坚持简政放权和落实、完善财税政策，推动信用基础设施建设和配套服务体系建设。《指导意见》按照“依法监管、适度监管、分类监管、协同监管、创新监管”的原则，确立了互联网支付、网络借贷、股权众筹融资、互联网基金销售、互联网保险、互联网信托和互联网消费金融等互联网金融主要业态的监管职责分工，落实了监管责任，明确了业务边界。总之，互联网金融的发展要以市场为导向，遵循服务实体经济、服从宏观调控和维护金融稳定的总体目标，切实保障消费者合法权益，维护公平竞争的市场秩序。

（二）金融市场不发达是互联网金融发展的动因

由于体制的特殊性，我国在金融机构的审批、金融产品的审核与发行等方面实行了严格的行业监管政策。然而，严格的金融管制造成了金融产品的稀缺以及供需失调，进而导致我国金融市场化程度不够、开放性较低、信息不对称情况普遍、资源配置效率低下等问题。

传统的金融机构（如银行、证券公司等）由于追求规模经济性，总是将有限的资源集中在利润贡献最大的客户群体和业务领域。相对于大中型企业，小微企业在向银行等金融机构申请贷款、小额理财、个人借贷担保等业务时，常常会被拒之门外。宜信公司发布的《2013 年小微企业调研报告》显示，经常性融资缺口在 50 万元以内的小微企业占 94%，而经常性融资缺口在 10 万元以内的占 64%。巴曙松等在 2013 年博鳌亚洲论坛年会上发布了《小微企业融资发展报告：中国现状及亚洲实践——2013 金融转型中的小微融资创新》，在关于融资成本的调查中，32% 的小微企业主认为银行贷款是成本最高的一种借贷方式，占比最高。虽然银行名义利率并不高，但银行在放贷过程中的一些附加性条件，推高了企业的综合借贷成本。因此，互联网金融的出现迎合了中小客户的金融需求，同时也为其未来创造了巨大的发展空间。

（三）经济发展驱动传统金融的变革

从 20 世纪 80 年代开始，我国经济就一直处于高速发展状态，GDP 年均增长速度达到 7% 以上。经济的高速发展使得居民收入持续稳定增长，全国居民人均可支配收入从 2013 年的 18311 元增长至 2017 年的 25974 元。可支配收入的增长表明中国居民的生活水平有了实质性的提高，消费领域扩大，并开始由量向质转变。消费水平的提高并没有降低我国居民的储蓄率，由于投资渠道狭窄及居民保守的消费、投资习惯，居民储蓄率依然处于高水平。而且随着物价持续上涨，较低的银行存款利率与较高的通货膨胀率之间的冲突使财富保值增值成为人民大众关心的首要问题。

随着经济形态不断演进，消费者对金融的诉求不断提高，已有金融体系不能满足消费者对金融服务日益增长的需求，而互联网金融可以实现资金的合理有效配置，提高金融服务质量，弥补传统金融服务的不足，因此获得了发展空间。

（四）互联网技术普及奠定用户基础

第 41 次《中国互联网发展状况统计报告》显示，截至 2017 年 12 月，我国网民规模达 7.7 亿，互联网普及率为 55.8%，如图 1－2 所示。超过全球平均水平 4.1 个百分点，超过亚洲平均水平 9.1 个百分点。互联网商业模式不断创新、线上线下服务融合加速以及公共服务线上化步伐加快，成为网民规模增长推动力。同时，移动互联网服务场景不断丰富、移动终端规模加速提升、移动数据量持续扩大，为移动互联网产业创造更多价值挖掘空间。

截至 2017 年 12 月，我国手机网民规模达 7.5 亿，网民中使用手机上网的人群占比由 2016 年底的 95.1% 提升至 97.5%，如图 1－3 所示。以手机为中心的智能设备，成为“万物互联”的基础，车联网、智能家电促进“住行”体验升级，构筑个性化、智能化应用场景。互联网网民数量快速增长和互联网在企业商务活动中的广泛运用为互联网金融发展奠定了用户基础。

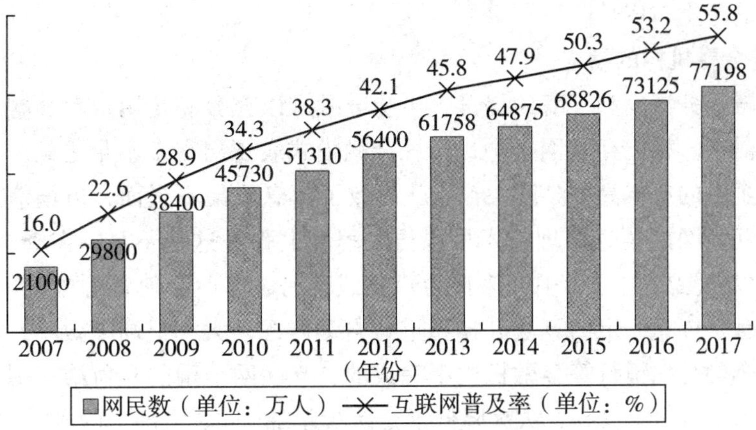

图 1-2　中国网民规模和互联网普及率

资料来源：《中国互联网发展状况统计报告（2018 年 1 月）》第 21 页。

图 1-3　中国手机网民规模及其占网民比例

资料来源：《中国互联网发展状况统计报告（2018 年 1 月）》第 22 页。

此外，光缆、互联网接入端口、移动电话基站和互联网数据中心等基础设施建设稳步推进。截至 2017 年第三季度，光缆线路总长度达 3606 万公里，互联网宽带接入端口数量达到 7.6 亿个，3G/4G 基站累计达到 447.1 万个，移动网络覆盖范围和服务能力持续提升。在此基础上，网站、网页、移动互联网接入流量与 App 数量等应用发展迅速，均在 2017 年实现显著增长，尤其是移动互联网接入流量自 2014 年以来连续三年实现翻番增长。

（五）多方需求拉动互联网金融行业发展

金融业务是人们生活中不可缺少的一项活动，也是当今社会一切交易活动的基本。人们对金融业务的需求，尤其是对大量小额金融业务的需求，极大程度上拉动了互联网金融行业的产生与成长。

1. 传统金融机构的需求

随着金融业务深度和广度的提升，传统金融难以充分满足用户对金融日益多样化和复杂化的需求。相比互联网金融，传统金融模式表现出很多不足之处：在信息处理方面，传统金融的成本高、难度大，这就导致了信息收集不全面，市场信息不对称现象严重，而互联网的信息处理技术可以很大程度上弥补这种不足；在资金供求方面，传统金融是以金融机构作为中介来撮合借贷或交易，这便会使资源配置的效率降低，而互联网金融是依靠一定的算法和模型进行自动匹配，大大提高了效率；在支付结算方面，传统金融是在银行等金融机构中完成的，互联网金融的支付结算则可以在线完成，资金供需双方直接交易，大大降低了交易双方在时间、空间上的成本。

传统金融业务通过借助互联网技术，能够实现提升运营效率、降低自身运营成本、节约客户时间成本、增加客户体验度及增值服务等目标。诸多有利因素不断推动传统金融机构向互联网方向靠拢，也激励着传统行业的变迁与改革。

2. 非金融机构的需求

在互联网发展的早期，电子商务就率先作为互联网的一大应用出现在人们的视野中。买家与卖家不再受到时空的限制，依靠互联网远隔千里便可随时完成交易，这极大地扩张了销售的地理范围和业务范围。

电子商务模式新颖，前景广阔。然而，在双方用户完成交易的过程中必然会涉及资金的转移，如何配合电子商务线上的便捷交易，在妥善安排交易过程中资金流转的同时保障交易双方的利益，成为传统电子商务发展的瓶颈。在这样的环境下，市场迫使新的互联网形态出现，推动电子商务模式的发展与创新。这个新的互联网形态就是以第三方支付为代表的互联网金融。

第三节　互联网金融的发展历程

一、国外互联网金融的发展概况

伴随着互联网技术的出现及蓬勃发展，互联网金融应运而生。20 世纪 90 年代以后，发达国家和地区的网络金融业务发展迅速，出现了从网上银行到互联网保险，从互联网证券到互联网理财的全方位、多元化的互联网金融服务。互联网金融在国外的发展大致可以分为三个阶段。

（一）准备阶段（20 世纪 90 年代前期）

传统的银行、证券、保险行业纷纷建立企业内部的自动化、信息化、电子化体系，并进行了业务流程再造，将传统的金融服务延伸到网络中，形成以网络银行、网络证券、网络保险为主要形式的网络金融新领域。这一阶段，主要是传统金融机构与金融业务信息化与网络化的过程。传统金融机构意识到金融网络化可以大大提高金融服务效率，降低金融服务成本，因而有足够大的动力将金融业务从线下推广到线上，互联网金融的优势初露锋芒。

（二）融合创新阶段（20世纪90年代中期到末期）

在这一阶段中，传统金融业务与互联网紧密融合，出现了纯粹虚拟的网上银行、网上证券和网络保险、网络理财业务等新模式。1995年10月，世界上第一家纯粹虚拟的网络银行——美国安全第一网络银行诞生，这家银行没有任何物理网点，因其开办成本较低，业务处理速度快，可以提供比传统商业银行更具有竞争力的存款利率。1995年，全球最大互联网保险公司——InsWeb成立，这家纯粹虚拟的保险公司可以提供传统保险公司所提供的各种保险品种。纯粹虚拟的网络银行、网络保险和网络证券发展迅猛，但是存在着客户黏性、风险管理等方面的问题，在2000年互联网经济进入低谷时都面临了不小的风险。世界各国在这一时期加强了对互联网金融的监管，比如美国发布了电子签名、网络信息安全、电子银行等方面的法规。在这一时期，互联网金融仅仅是对传统金融业务的升级，但是互联网金融已经显示出强大的生命力并呈现出相对独立的形态。

（三）加速发展阶段（21世纪以来）

在传统金融机构不断推行金融服务网络化的过程中，一些实力雄厚并带有互联网性质的企业利用电子商务平台、社交网络、搜索引擎等网络信息新技术将自身业务范围扩展到支付、借贷、信用卡、理财等金融领域，从而降低了金融服务的门槛，拓展了金融服务的边界。同时，移动支付、大数据金融、云计算等新的互联网技术被广泛深入地应用到金融领域的发展中，加上智能终端的普及，诸如网络借贷、网络众筹、移动支付、智能理财、垂直搜索等新的互联网金融模式层出不穷、蓬勃发展，打破了固有的金融格局。2005年，全球第一家网络借贷平台——Zopa在英国成立；2009年，全球规模最大的网络众筹平台——Kickstarter在美国纽约正式上线。互联网技术的创新发展是非金融机构涉足互联网金融领域的关键，互联网金融显示出强大的生命力。互联网金融的提供者，包括传统金融机构与非金融机构，都十分重视互联网金融业务的发展，并将其作为核心发展战略和占领未来市场份额的关键点。互联网金融在这一阶段显示出无穷的活力与魅力，互联网金融创新成为未来金融行业领域发展的方向与重点。

二、我国互联网金融的发展概况

在国外发展的基础上，互联网金融逐渐被引入到中国，虽然我国金融机构的互联网化起步较晚，但是互联网金融在我国的发展势头迅猛。我国互联网金融的发展大致可以分为三个阶段。

（一）传统金融机构的互联网化（2005 年之前）

金融与互联网的结合主要体现在互联网为传统金融机构提供了网络信息技术支持，帮助传统金融机构将金融业务互联网化，这一阶段还没有出现真正意义上的互联网金融业态。1996 年，中国银行率先构建网上银行系统；1997 年，招商银行推出了“一网通”业务；2002 年底，国内商业银行基本全部建立了网上银行。1998 年，国内网上证券交易开始起步；2000 年，证监会颁布《网上证券委托暂行管理办法》，投资者通过互联网就可以方便、快捷、安全地进行证券交易。1997 年，我国陆续出现网上保险。1999 年，中国人民银行牵头，联合国内 12 家商业银行共建国家金融认证中心。随着传统金融业的互联网化程度不断加深，我国金融业的互联网时代宣布到来。

（二）电商平台、第三方支付机构迅速发展（2005—2012 年）

随着电子商务的迅速发展、第三方支付机构逐渐成长，网络借贷出现萌芽，金融与互联网的融合开始从技术领域深入到金融业务领域。自 2005 年以来，我国电子商务市场交易规模快速增长，电子商务基础环境不断成熟。部分商业银行也纷纷自建了电商平台，比如 2012 年，中国建设银行推出了“融善商务”，交通银行推出了“交博汇”平台；2010 年，阿里巴巴集团率先成立了自己的小贷公司，标志着小额贷款模式的创新与突破；2010 年，中国人民银行出台了《非金融机构支付服务管理办法》；2011 年，中国人民银行开始发放第三方支付牌照。

（三）互联网金融模式异军突起（2013 年以后）

2013 年是中国互联网金融发展的“元年”。互联网金融的发展呈现“爆炸式”增长，网络借贷、众筹融资、直销银行、互联网理财、互联网保险等各种互联网金融模式竞相发展，迅速改变了我国金融业的面貌，成为金融创新的主力军。作为我国第一家网络借贷平台，拍拍贷于 2007 年 8 月在上海成立；2013 年后，网络借贷市场在我国蓬勃发展，平台数量与交易规模迅速扩大。2011 年 7 月，我国第一家网络众筹平台点名时间成立，标志着我国网络众筹行业的起步；随后追梦网、天使汇等奖励式和股权式众筹平台相继成立。2015 年，作为纯互联网银行的深圳前海微众银行和浙江网商银行正式开业。在这一阶段，我国政府不仅提出了推进互联网金融发展的指导意见，也积极发挥了监督管理的主导作用，陆续出台了若干管理办法。

概括起来，互联网金融在我国的发展可以从两个方面来进行分析：一是金融业务互联网化；二是互联网业务金融化。如图 1－4 所示。

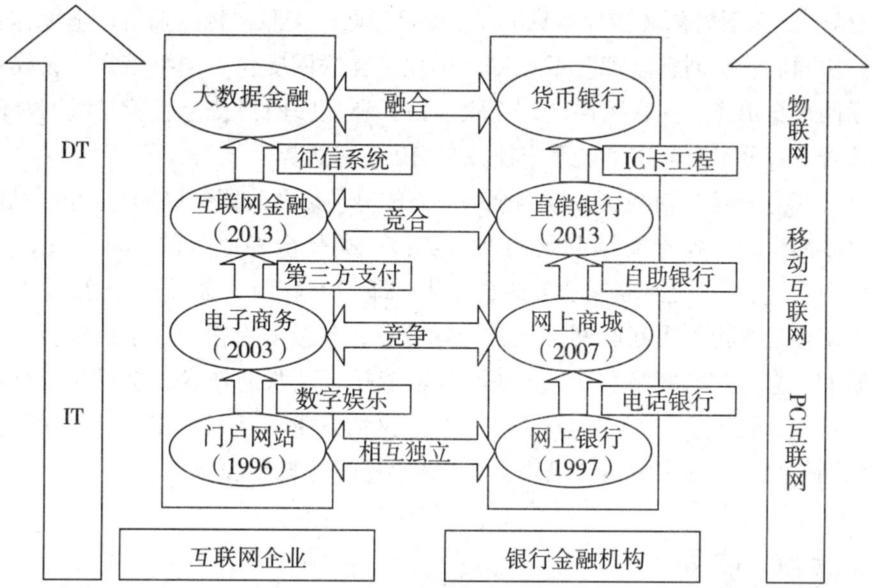

图1－4　互联网金融发展架构

金融业务互联网化就是将金融业务通过互联网来完成，其发展主要经历了四个阶段：网上银行、网上商城、直销银行和货币银行。这四个阶段也恰恰映射了互联网发展的三个时代，即PC互联网时代、移动互联网时代和物联网时代，表明金融机构与互联网企业的结合越来越紧密。网上银行阶段就是将传统金融柜台服务扩展到线上，另外电子银行、手机银行都属于传统金融服务的互联网延伸范围。随着技术发展及境内电子商务的迅速发展，传统金融机构开始涉足电子商务领域，开展电子商务业务。伴随互联网技术特别是大数据、云计算等技术发展，银行凭借已有的各种资源开展各种互联网金融业务，直销银行就是在这样的背景下发展起来的。未来，传统金融机构从事网络货币交易及混业经营将是其发展方向。

互联网业务金融化就是互联网企业通过网络信息技术涉足金融领域，提供众多投融资服务，对传统金融机构的统治地位构成了挑战。其发展主要经历了四个阶段：门户网站、电子商务、互联网金融和大数据金融，完成了从IT（Information Technology，信息技术）到DT（Data Technology，数据技术）的转换。互联网业务金融化的发展初期体现为门户网站，而伴随我国电子商务的兴起，在激烈的竞争中生存下来的门户网站开始转型并朝着电子商务方向发展。近年来，在互联网技术包括大数据、云计算等技术的带动下，移动支付、网络借贷、众筹融资等互联网金融业务迅速崛起，未来大数据金融成为其主要的发展方向。

第四节　互联网金融的业态类型

2015年7月，中国人民银行等十部委联合出台了《关于促进互联网金融健康发展的指导意见》（以下简称《指导意见》）。《指导意见》按照“依法监管、适度监管、分类监管、协同监管、创新监管”的原则，确立了互联网支付、网络借贷、股权众筹融资、互联网基金销售、互联网保险、互联网信托和互联网消费金融等互联网金融主要业态的监管职责分工，落实了监管责任，明确了业务边界。

根据《指导意见》对我国互联网金融业态的分类以及我国互联网金融的发展特点，本书将互联网金融的业态类型归纳为两大类：一类是金融业务的互联网化，即“金融＋互联网”；另一类是互联网业务的金融化，即“互联网＋金融”。金融业务互联网化就是传统金融机构利用互联网开展其金融业务，包括网上银行、手机银行、直销银行、互联网证券、互联网保险等；互联网金融依托于互联网技术，是互联网行业在金融领域的延伸，包括互联网支付、网络借贷、网络众筹、互联网银行、互联网基金销售、互联网信托和互联网消费金融等主营金融业务的互联网服务。

一、金融互联网

（一）银行互联网化

1. 网上银行

网上银行是指银行利用互联网技术以及通信信息技术，通过互联网向客户提供各种传统银行业务以及因信息技术应用带来的新兴业务。1995 年 5 月，根据美国的《在线银行报告》，富国银行（Wells Fargo）成为世界上首家向客户提供网上账户查询的银行。我国各大商业银行从 20 世纪 90 年代中后期开始构建自己的网上银行体系，到 2002 年底，国内商业银行基本全部建立了各自的网上银行体系。

2. 手机银行

手机银行又称为移动银行，是利用移动通信网络及移动终端办理相关银行业务的简称。作为一种结合了货币电子化与移动通信的崭新服务，手机银行业务不仅可以使人们在任何时间、任何地点处理多种金融业务，而且极大地丰富了银行服务的内涵，使银行能以便利、高效而又较为安全的方式为客户提供传统和创新的金融服务。手机银行是继网上银行、电话银行之后又一种方便银行用户的金融业务服务方式。2000 年 5 月，工商银行、中国银行率先推出了 SIM（Subscriber Identification Module，也称为用户身份识别卡、智能卡）卡技术的手机银行。目前，对于 90% 的客户来说，手机银行完全可以覆盖常用的网上银行功能，而且其安全性、便捷性和实用性都已全面超过了以语音播报为主的电话银行。

3. 直销银行

直销银行是互联网时代应运而生的一种新型银行运作模式。在这一模式下，银行没有营业网点，不发放实体银行卡，客户主要通过电脑、手机、固定电话等远程渠道获取银行产品和服务。由于没有网点经营费用和管理费用，直销银行可以为客户提供更有竞争力的存贷款价格及更低的手续费率。

2013 年，北京银行推出我国首家直销银行后，直销银行迅速崛起，包括城市商业银行、农村商业银行、股份制商业银行乃至国有商业银行均已涉足直销银行业务。比如，兴业银行直销银行，客户可以使用非兴业银行的银行卡，通过电脑、手机等设备直接在兴业银行直销银行上购买理财产品及存款等服务，免去了繁复的注册、登录、跨行资金划转等手续，随时随地“一站式”享受在线金融服务。

（二）互联网证券

互联网证券是证券业以互联网等信息网络为媒介，为网络客户提供的一种全新的商业服务模式。互联网证券是在电子商务与互联网技术条件下的证券业务创新，包括市场资讯发布、网络证券发行、在线证券交易和投资咨询顾问等多种投资理财服务。

美国嘉信理财（Charles Schwab）1995 年率先推出了互联网在线交易系统，成为第一家涉足证券电子商务的经纪商，不到一年客户达到 100 万户。美国亿创理财公司（E*Trade）是纯粹的网上证券经纪商，于 1996 年建立了自己的网上证券交易站点，开始了证券交易的电子化革命。2014 年，中国证券业协会首批 6 家券商开展互联网证券业务试点；截至 2015 年 3 月，我国共有 55 家券商获得开展互联网证券业务试点资格。

（三）互联网保险

2015 年 7 月，中国保监会①发布了《互联网保险业务监管暂行办法》，对互联网保险业务进行界定，认为互联网保险业务是指保险机构依托互联网和移动通信等技术，通过自营网络平台、第三方网络平台等订立保险合同、提供保险服务的业务。中国人民银行等十部委《关于促进互联网金融健康发展的指导意见》中规定，保险公司开展互联网保险业务，应遵循安全性、保密性和稳定性原则，加强风险管理，完善内控系统，确保交易安全、信息安全和资金安全。专业互联网保险公司应当坚持服务互联网经济活动的基本定位，提供有针对性的保险服务。保险公司应建立对所属电子商务公司等非保险类子公司的管理制度，建立必要的防火墙。保险公司通过互联网销售保险产品，不得进行不实陈述、片面或夸大宣传过往业绩、违规承诺收益或者承担损失等误导性描述。同时，互联网保险业务由中国保监会负责监管。

近年来，我国保险业积极顺应新形势、加快运用新技术、大胆探索新模式，互联网保险已经走上迅猛发展的快车道。中国保险行业协会发布的《2017 中国互联网保险行业发展报告》显示，2016 年，经营互联网保险业务的保险公司数量达到了 124 家，同比增加 14 家，行业参与率稳步提升。

---

① 中国保险监督管理委员会，简称中国保监会。2018 年 3 月组建中国银行保险监督管理委员会，简称中国银保监会。后同。

二、互联网金融

（一）互联网支付

《指导意见》中规定，互联网支付是指通过计算机、手机等设备，依托互联网发起支付指令、转移货币资金的服务。互联网支付应始终坚持服务电子商务发展和为社会提供小额、快捷、便民小微支付服务的宗旨。银行业金融机构和第三方支付机构从事互联网支付，应遵守现行法律法规和监管规定。第三方支付机构与其他机构开展合作的，应清晰界定各方的权利义务关系，建立有效的风险隔离机制和客户权益保障机制。要向客户充分披露服务信息，清晰地提示业务风险，不得夸大支付服务中介的性质和职能。同时，《指导意见》规定互联网支付业务由中国人民银行负责监管。

中国人民银行2010年出台的《非金融机构支付服务管理办法》将第三方支付业务定义为，在收款人和付款人之间作为中介机构提供货币资金转移服务，提供网络支付、预付卡、银行卡收单以及中国人民银行确定的其他支付服务。中国人民银行2015年发布的《非银行支付机构网络支付业务管理办法（征求意见稿）》中规定，第三方支付机构是指依法取得《支付业务许可证》，获准办理互联网支付、移动电话支付、固定电话支付、数字电视支付等网络支付业务的非银行机构。第三方支付自2004年出现以来在我国一直呈现快速增长态势，截至2017年6月，271家机构获得《支付业务许可证》，我国第三方支付市场已经趋于成熟。

（二）网络借贷

《指导意见》指出，网络借贷包括个体网络借贷（即P2P网络借贷）和网络小额贷款。同时规定，网络借贷业务由中国银监会[①]负责监管。

1. 个体网络借贷

《指导意见》中规定，个体网络借贷是指个体和个体之间通过互联网平台实现的直接借贷。在个体网络借贷平台上发生的直接借贷行为属于民间借贷范畴，受合同法、民法通则等法律法规以及最高人民法院相关司法解释规范。个体网络借贷要坚持平台功能，为投资方和融资方提供信息交互、撮合、资信评估等中介服务。个体网络借贷机构要明确信息中介性质，主要为借贷双方的直接借贷提供信息服务，不得提供增信服务，不得非法集资。

2005年3月，英国Zopa网站开通，标志着网络借贷模式的诞生。2007年5月，美

---

① 中国银行业监督管理委员会，简称中国银监会。2018年3月组建中国银行保险监督管理委员会，简称中国银保监会。后同。

国的 Lending Club 通过社交网站 Facebook 推出网络借贷服务，并于2014年12月在纽约证券交易所成功上市。2006年5月，宜信公司在北京成立，并将网络借贷概念引入我国；而我国第一家网络借贷平台——拍拍贷于2007年8月在上海成立。网贷之家发布的《2017年中国网贷行业年报》显示，截至2017年年末，个体网络借贷行业正常运营平台数量为1931家，总成交量突破2.8万亿元。

2. 网络小额贷款

《指导意见》中规定，网络小额贷款是指互联网企业通过其控制的小额贷款公司，利用互联网向客户提供的小额贷款。网络小额贷款应遵守现有小额贷款公司监管规定，发挥网络贷款优势，努力降低客户融资成本。2010年，阿里巴巴集团率先成立了小额贷款公司，为自己电商平台上的小微企业客户提供无抵押、低门槛、快速便捷的融资服务。这种网络小额贷款融资方式可以有效降低融资成本、提高融资效率、丰富融资渠道，同时可以充分利用电商平台上的大数据进行征信服务，防范信用风险。目前，"电商+小贷"模式的网络小额贷款规模持续扩大，服务对象逐渐多元化，融资效率大大提升。截至2017年6月，全国共有129家网络小额贷款公司。

（三）网络众筹

网络众筹是指融资者通过互联网平台面向众多投资者募集资金的直接融资方式，用于满足创新项目或创业小微企业的资金需求。由于较低的准入门槛和行业广泛的包容性，网络众筹成为一种低成本、方便快捷的创业融资和投资方式。《指导意见》中规定，股权众筹融资主要是指通过互联网形式进行公开小额股权融资的活动。股权众筹融资必须通过股权众筹融资中介机构平台（互联网网站或其他类似的电子媒介）进行。股权众筹融资业务由中国证券监督管理委员会（简称中国证监会）负责监管。

网络众筹的兴起始于2009年美国 Kickstarter 众筹平台的设立。美国将众筹模式视为拓宽小微企业和创业企业融资的一种积极方式，并于2012年通过《乔布斯法案》（Jumpstart Our Business Startups ACT），确立了网络众筹平台的合法地位，推动了众筹行业在美国的快速发展。欧洲各国也非常重视网络众筹对于缓解初创企业与创新项目融资难的积极作用，纷纷进行了立法尝试与探索，为网络众筹平台在欧洲的发展提供法律保障。

2011年7月，点名时间的成立，标志着我国网络众筹行业的起步。2014年12月，中国证券业协会发布《私募股权众筹融资管理办法（试行）（征求意见稿）》，承认了网络股权众筹的合法地位，为股权众筹行业的规范化良性发展提供了方向。据盈灿咨询的统计数据，截至2017年年末，我国正常运营的众筹平台为209家，成功筹资总额突破220亿元。

（四）互联网银行

互联网银行是指借助现代数字通信、互联网、移动通信及物联网技术，通过云计算、大数据等方式在线实现为客户提供存款、贷款、支付、结算、汇转、电子票证、电子信用、账户管理、P2P 金融、投资理财、金融信息等全方位、无缝、快捷、安全和高效的互联网金融服务的机构。与传统银行相比，互联网银行没有分行，并通过互联网技术超越了时间约束和空间限制，真正实现了“AAA”式服务，即在任何时间、任何地点，以任何方式为用户开展相关业务和服务。除此之外，与传统银行不同，互联网银行以客户体验为中心，将互联网精神融入金融行业中，提供更加标准、多样、个性化的服务。

1995 年 10 月，世界上第一家纯粹虚拟的互联网银行——安全第一网络银行开始营业，为客户提供 24 小时的全天候服务。2015 年，深圳前海微众银行和浙江网商银行的正式开业，标志着我国互联网银行的诞生。

（五）互联网基金销售

互联网基金可分为狭义的互联网基金和广义的互联网基金。所谓狭义的互联网基金是指通过互联网等电子工具，实现基金的申购、赎回、营销、服务、信息安全等基金所需的常规业务活动。而广义的互联网基金则是指基金公司一切通过互联网平台实现的直接借贷。《指导意见》规定，基金销售机构与其他机构通过互联网合作销售基金等理财产品的，要切实履行风险披露义务，不得通过违规承诺收益方式吸引客户；基金管理人应当采取有效措施防范资产配置中的期限错配和流动性风险；基金销售机构及其合作机构通过其他活动为投资人提供收益的，应当对收益构成、先决条件、适用情形等进行全面、真实、准确表述和列示，不得与基金产品收益混同。第三方支付机构在开展基金互联网销售支付服务过程中，应当遵守中国人民银行、中国证监会关于客户备付金及基金销售结算资金的相关监管要求。第三方支付机构的客户备付金只能用于办理客户委托的支付业务，不得用于垫付基金和其他理财产品的资金赎回。互联网基金销售业务由中国证监会负责监管。目前我国的基金业已经由互联网货币市场基金主导，互联网基金以其较高的预期回报率不断吸引着越来越多的投资者。

（六）互联网信托

互联网信托是指通过互联网平台进行的信用委托，即通过互联网实现个人和企业之间的投融资。《指导意见》规定，信托公司通过互联网进行产品销售及开展其他信托业务的，要遵守合格投资者等监管规定，审慎甄别客户身份和评估客户风险承受能力，不能将产品销售给与风险承受能力不相匹配的客户。互联网信托业务由中国银监会负责监管。目前信托已经发展成为金融行业的第二大子行业，所以在互联网金融蓬勃发展的背景下，信托业发展互联网金融已经成为必然的趋势。

（七）互联网消费金融

互联网消费金融是将传统的消费金融实现了线上化，通过“线下＋线上”的方式来为居民个人提供以消费为目的的贷款，这是传统的消费金融在互联网金融大背景下的又一实践创新。《指导意见》规定，消费金融公司通过互联网开展业务的，要严格遵循监管规定，加强风险管理，确保交易合法合规，并保守客户信息。互联网消费金融业务由中国银监会负责监管。

2013 年以来，我国陆续出现了一些具有消费信贷性质的互联网金融平台，“京东白条”“蚂蚁花呗”相继上线；2015 年初，我国首家互联网消费金融公司——马上消费金融股份有限公司正式成立。在互联网金融的背景下，消费金融行业在业务方面得到了很大的扩展，同时也进一步丰富了互联网金融的内涵。

本章小结

本章主要介绍了互联网金融的定义、特点及功能，互联网金融迅速发展的理论、技术及我国的环境基础，互联网金融在国内外的发展概况以及互联网金融的主要业态类型。

思考题

1. 互联网金融概念被提出后，产生了哪些新的金融产品和服务？
2. 互联网金融的产生和兴起，对我们的生活产生了哪些影响？
3. 从不同行业和个体的需求角度分析互联网金融兴起的必然性。
4. 互联网金融的发展给传统金融业带来了哪些机遇和挑战？

小组实训研讨题

1. 借助互联网技术和网络平台，金融业今后还会发生哪些变化？互联网金融未来的发展趋势是什么？

2. 为了能够了解我国互联网金融发展的现状及特点，梳理我国互联网金融发展的总体情况，请通过网络搜索，查找我国互联网金融发展的起源、进程及现状，总结我国互联网金融发展的总体情况，分析其发展的特点。

3. 通过上网查找相关资料，了解我国互联网金融的主要业态类型及典型代表，根据自己的兴趣，分析一种互联网金融业态的典型代表。

课外阅读

互联网金融的主要优势

互联网金融的主要优势是利用互联网、大数据、云计算技术，开创新的金融服务模式。互联网突破传统线下服务网点模式，P2P、众筹等融资模式服务覆盖面更广，显著降低了交易成本，减少了信息不对称。

互联网金融最重要的三个优势是运行机制、思维方式、大数据技术。①相对于银行等传统金融机构，互联网金融机构体制机制非常灵活，有利于开展创新业务，可以根据市场需求的变化迅速调整经营策略。②由于基因不同，传统金融和互联网金融对待市场的敏感度有很大差异。而且就算是银行感受到市场的变化，由于其体制非常庞大、层级多、决策链条长，从制定战略到执行层层传递将耗费大量时间，组织结构调整的成本高、阻力大，从而会失去一定的市场机遇。互联网的思维方式和精神是平等、开放、共享，因此更加关注普通客户的用户体验。余额宝、理财通等金融产品的核心竞争力就是方便、快捷、实用。③基于互联网产生的实时动态大数据进行精准营销和风险控制，这是互联网机构拥有的核心优势。这些数据是直接从商户、企业、消费者的交易中得到的，因此，具有真实、动态、连续的数据特征，是信用评价和风险定价的有效基础。这些信息又通过计算方法成为互联网企业开展金融业务创新的基础。利用互联网，可以分析客户行为，评估风险，从而进行科学的管理；在线下可以进行客户关系管理和维护。在金融监管方面，可以运用互联网、大数据、云计算技术监控金融欺诈行为，识别欺诈模式，管理交易行为，保护金融消费者权益；在金融交易领域，互联网、大数据、云计算技术可以为投资者提供信用计算评估、快速供需匹配、在线财富管理、提高运营效率、降低交易成本。互联网金融让更多的资金进入实体经济，这正是互联网金融存在的价值。[①]

---

① 本文引自霍学文：《新金融，新生态》，中信出版社，2015。

第二章　互联网支付

教学目标与要求

√掌握互联网支付的相关基本概念
√了解互联网支付在我国的发展
√掌握桌面在线支付的类型
√熟悉远程支付与近场支付的类型与应用

案例导读

猛攻支付宝、微信！这才是中国银联的最大优势

我国线下支付领域的“老大”——中国银联，即将发起对线上支付的猛攻。

2015 年 12 月 18 日上午，中国银联在官方网站宣布将与苹果公司合作，在中国推出 Apple Pay。苹果公司 CEO（Chief Executive Officer，首席执行官）蒂姆·库克（Timothy D. Cook）当天上午也在新浪微博上传了一个 6 秒钟的短片，演示通过苹果手机实现线下移动支付“就这么简单”，确认了与中国银联的合作。当天中午，中国银联还宣布将与 Samsung Pay① 实现同样的合作。

《中国经营报》记者获悉，其实不止 Apple Pay② 和 Samsung Pay，Android 阵营的华为 Pay 等，也将成为中国银联的合作伙伴。

中国银联股份有限公司一位人士告诉记者，银联正在打造线下移动支付业务闭环，

---

① Samsung Pay（官方为：Samsung PAY）是韩国三星电子的一种基于 NFC 与 MST（Magnetic Secure Transmission）技术的移动支付、电子现金以及管理会员卡服务，让消费者可以使用三星 Galaxy S6 Glaxy Edge、三星 Galaxy Note 5、三星 Galaxy A 系列中的 Galaxy A9、Galaxy AT（2016）、Galaxy A5（2016）以及 Galaxy A3（2016）进行款项支付。

② Apple Pay 是苹果公司在 2014 苹果秋季新品发布会上发布的一种基于 NFC 的手机支付功能，于 2014 年 10 月 20 日在美国正式上线。

在B端，也就是商户端，银联与合作伙伴一起发动了互联网POS（Point of Sale，销售终瑞）运动，即将线下商户使用的传统POS机换为支持银联NFC（Near field communication，近场通信）“云闪付”的智能POS机；在C端，通过与苹果、三星、华为等手机巨头合作，手机用户只需将银联卡账户与内置在手机中的Apple Pay、Samsung Pay、华为Pay客户端绑定，即可在应用场景中靠近智能POS机、实现一“闪”而付。

随着O2O的快速发展，以支付宝和微信支付为代表的扫码支付在线下场景中应用越来越广泛，中国银联的目标是基于NFC支付的“云闪付”，在移动支付时代与支付宝、微信支付“三分天下”。①

第一节 互联网支付概述

当支付遇上互联网，一场革命自然不可避免。银行业金融机构以及第三方支付机构推出的各种各样的支付平台大大方便了人们的生活，互联网支付终端也从桌面电脑扩展到移动终端，使互联网支付无处不在。

一、互联网支付的定义及分类

《指导意见》中规定，互联网支付是指通过计算机、手机等设备，依托互联网发起支付指令、转移货币资金的服务。互联网支付机构主要包含银行业金融机构和第三方支付机构，如图2－1所示。银行业金融机构支付通常包含网上银行、手机银行

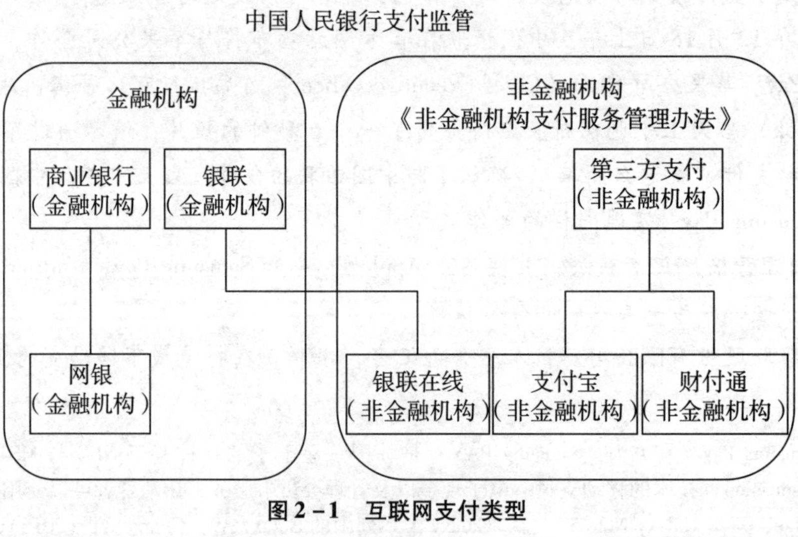

图2－1 互联网支付类型

① 本文引自快科技：《猛攻支付宝！这才是中国银联的最大优势》，ZOL新闻中心，2015年12月27日，http：//news.201.com.cn/560/5601679.html。

（WAP[①] 或 App 形式）、电话银行、短信银行、微信银行、自助终端等多种接入或使用方式，其中网银是最重要也是最主流的支付方式。第三方支付，它通过在买家、卖家之间引入第三方的模式，为买卖双方提供了支付信用担保，目前在互联网支付方面占据主导地位，比如银联在线、支付宝、财付通、快钱、中金支付等。其中，银联在线是由中国银联控股的子公司，因此银联在线在第三方支付公司的阵营中具有非常特殊的地位和作用。根据中国国情，互联网支付可以分成三大类型：网银、银联和其他第三方支付。本章重点讨论的是非金融机构提供的第三方支付服务。

二、第三方支付的界定与业务模式

（一）第三方支付的界定

20 世纪 90 年代后期，我国银行系统开始逐步开展网上银行业务，并开通了网银支付业务，但对于网络商家而言，网银支付的便利度显然不足。网络商家若想简化其客户的支付流程，需要与多家商业银行达成支付结算协议，而中小商家显然不具备这样的谈判能力，第三方支付解决了上述问题。从支付便利性角度看，商户只要和第三方支付平台达成支付结算的协议，并在第三方支付企业开设结算账户，就可以解决与众多商业银行网银支付体系的对接。从这个意义上说，第三方支付机构事实上外包了网络商家与各个商业银行分别进行结算的环节。此外，在开展电子商务过程中，卖家与买家之间缺少一种保障机制。为保障买卖双方的利益，第三方支付作为交易的中间人，可以保障交易的顺利进行。

中国人民银行 2010 年 6 月发布的《非金融机构支付服务管理办法》规定，非金融机构支付服务是指非金融机构在收付款人之间作为中介机构提供下列部分或全部货币资金转移服务：①网络支付；②预付卡的发行与受理；③银行卡收单；④中国人民银行确定的其他支付服务。

其中，网络支付是指依托公共网络或专用网络在收付款人之间转移货币资金的行为，包括货币汇兑、互联网支付、移动电话支付、固定电话支付、数字电视支付等。目前，在第三方支付领域中，应用最为广泛的是互联网支付和移动支付。

预付卡支付是指采用磁条、芯片等技术，以卡片、密码等形式的电子支付卡片为介质，以实现在发行机构指定范围内购买产品或服务的预付价值兑现。预付卡包括礼品卡、福利卡、会员卡、公交卡等。

银行卡收单是以 POS 机为介质，实现银行向商户提供的本外币资金结算服务。持卡人在商户刷卡消费时，先由银行结算给第三方支付服务机构，最终支付给商户。

① Wireless Application Protocol，无线应用通讯协议。

（二）第三方支付的业务模式

1. 互联网支付模式

目前，互联网支付模式是第三方支付企业使用最为广泛的支付形式。第三方支付企业通过打通与各个银行之间的网络结构，为个人和企业提供一个统一的支付平台，进而实现在线货币支付、现金流转、资金清算以及查询统计等服务，为电子商务和其他服务提供便捷的金融支持。第三方支付模式的业务操作流程如图2－2所示。

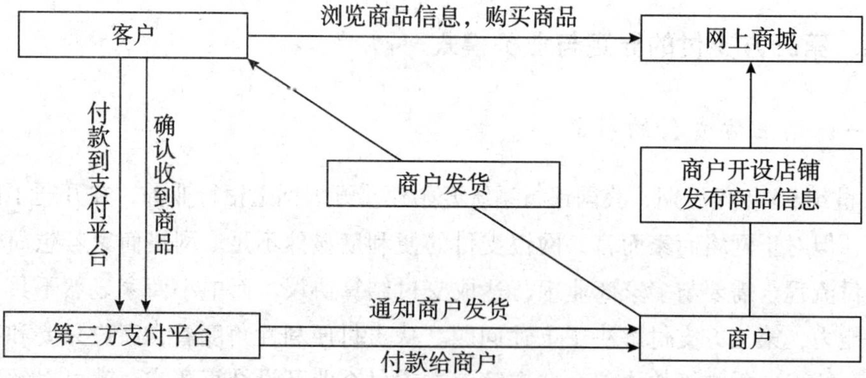

图2－2　第三方支付模式的业务操作流程

第一步，客户在线浏览商品，在线下单；第二步，客户通过第三方支付平台进行付款；第三步，第三方支付平台收到货款并核实无误后便给商户发送发货通知；第四步，商户接到第三方支付平台的通知后，立即发货给客户；第五步，客户收到货物后，检查无误后确认收货；第六步，第三方支付平台收到客户确认收货的指令后将货款划至商户账户。

2. 移动支付模式

移动支付也称移动电话支付，是指用户通过手机等智能移动终端通过 SMS（Short Message Service，短信通群发系统）、WAP、USSD（Unstructured Supplementary Service Data，非结构化补充数据业务）、K-Java、蓝牙、NFC、RFID（Radio Frequency Identification，射频识别或无线射频识别）、客户端软件等技术，对其消费、购买的商品或服务进行账务支付的一种服务方式。目前，移动支付主要包括远程支付和近场支付两种。

三、第三方支付在我国的发展历程

从世界范围来看，PayPal 公司是最早提供网络支付业务的公司，同时也是目前全球最大最成功的第三方支付平台，处于行业领先地位。根据 PayPal 官方网站的数据，其活跃用户超过1亿，并在世界上190个国家及地区开展相关业务，支持币种高达24

种。近年来，随着移动支付方式的兴起，国外很多公司相继推出了相关服务，如Google推出了Google Wallet（谷歌钱包），Apple（苹果公司）、Amazon等公司也纷纷布局移动支付行业，另外还涌现出Square、Figcard、Zetawire、Boku等移动支付企业。

1999年，中国诞生了第一家第三方支付公司——首信易支付，首开中国第三方支付的先河。到2004年，第三方支付行业开始受到高度关注，各种具有特色的第三方支付工具纷纷推出。2004年12月，支付宝开始正式独立上线运营；2005年腾讯旗下的支付公司“财付通”成立。随后又出现了多家网络支付服务公司，如银联在线、快钱在线等。总体来看，我国第三方支付行业发展经历了三个阶段。

（一）探索阶段（1999—2005年）

在这一阶段，虽然第三方支付企业数量较少，但其掀起的支付业务革命迅速吸引了资本市场上的大量投资，具有典型的资本驱动特征。但迅速扩张的直接后果是，产品和服务严重同质化，市场环境的不成熟使市场发展空间有限，竞争加剧，第三方支付行业出现了第一次调整。2005年，《中华人民共和国电子签名法》的实施为电子商务与支付活动的发展提供了重要的制度保障。2005年，第三方支付业务总额突破150亿元。

（二）启动阶段（2006—2010年）

经历探索阶段后，第三方支付行业开始走向理性增长。第三方支付企业开始根据自身特点，进行新产品研发和新的细分应用行业拓展，通过技术与产品创新推动行业发展，一些企业确立了行业主导地位，出现了成熟的商业模式。但此时支付行业处于监管空白期，挪用沉淀资金、信用卡非法套现等乱象丛生。2009年，第三方支付行业市场规模超过5700亿元。

（三）快速发展及规范阶段（2011年至今）

2010年6月出台的《非金融机构支付服务管理办法》，标志着我国确立了非金融机构支付市场的监管基本原则，为第三方支付业务的发展提供了有效的法律保障。尤其是第三方支付牌照的发放，赋予了第三方支付企业合法的法律地位，促进了第三方支付业务的繁荣发展。目前，第三方支付机构广泛介入细分支付市场，业务领域已经深入到人们生活的方方面面。2017年，第三方支付市场交易规模突破100万亿元。

四、第三方支付的相关法规与市场准入

（一）第三方支付的相关法规

国家鼓励行业创新，但同时为了促进第三方支付行业的稳定健康发展，央行先后颁布

了一系列法规政策来规范第三方支付行业的业务发展，合法保障各方利益，如表2-1所示。

表2-1 我国第三方支付行业的相关政策法规

颁布时间	颁布机构	文件名称
2005年6月	中国人民银行	《支付清算组织管理办法》
2005年10月	中国人民银行	《电子支付指引（第一号）》
2007年12月	中国人民银行	《支付信用信息管理办法》
2009年8月	中国人民银行、银监会、公安部、国家工商行政管理总局①	《关于加强银行卡安全管理、预防和打击银行卡犯罪的通知》
2010年6月	中国人民银行	《非金融机构支付服务管理办法》
2010年12月	中国人民银行	《非金融机构支付服务管理办法实施细则》
2011年5月	中国人民银行、监察部②、财政部、商务部、国家税务总局、国家工商行政管理总局、国家预防腐败局③	《关于规范商业预付卡管理的意见的通知》
2011年11月	中国人民银行	《支付机构客户备付金存管暂行办法》
2012年1月	中国人民银行	《支付机构互联网支付业务管理办法》
2012年9月	中国人民银行	《支付机构预付卡业务管理办法》
2013年1月	国家发展和改革委员会	《国家发展改革委关于优化和调整银行卡刷卡手续费的通知》
2013年2月	国家外汇管理局	《关于开展第三方支付机构跨境电子商务外汇支付业务试点的通知》
2013年6月	中国人民银行	《支付机构客户备付金存管办法》
2013年7月	中国人民银行	《银行卡收单业务管理办法》
2014年3月	中国人民银行	《中国人民银行关于手机支付业务发展的指导意见》
2014年3月	中国人民银行	《关于暂停支付宝公司线下条码（二维码）支付业务意见的函》
2015年12月	中国人民银行	《非银行支付机构网络支付业务管理办法》
2016年3月	国家发展和改革委员会、中国人民银行	《关于完善银行卡刷卡手续费定价机制的通知》

① 2018年3月，组建国家市场监督管理总局，将原国家工商行政管理总局的职责并入其中。后同。
② 2018年3月，设立中华人民共和国国家监察委员会，不再保留监察部。后同。
③ 2018年3月，国家预防腐败局并入国家监察委员会。

续　表

颁布时间	颁布机构	文件名称
2016年8月	中国人民银行	《条码支付业务规范（征求意见稿）》
2017年1月	中国人民银行	《中国人民银行办公厅关于实施支付机构客户备付金集中存管有关事项的通知》

（二）第三方支付的市场准入

第三方支付企业实行准入许可证制度，由中国人民银行依据《非金融机构支付服务管理办法》负责颁发《支付业务许可证》牌照。发放的牌照类别依据《非金融机构支付服务管理办法》中对支付企业的大致划分，分为三种：①依托大型B2C、C2C网站的网络支付；②储值卡等的预付卡服务；③通过销售点终端的线下支付收单业务。第三方支付企业可以申请一张或者多张牌照。

2011年5月，支付宝、银联商务、财付通、快钱、拉卡拉、易宝等27家公司获得了首批牌照。

2011年8月，银联在线等13家公司获得第二批支付牌照，其中7家为预付卡企业，其余6家为支付企业，业务范围涵盖了互联网支付业务、移动电话支付业务。

2011年12月，中国人民银行发放第三批支付牌照，包括中国电信、中国移动和中国联通在内共计61家企业获得支付牌照。中国电信与中国联通的业务类型有移动电话支付、固定电话支付、银行卡收单；中国移动的业务类型为移动电话支付、银行卡收单。

2012年6—7月，中国人民银行发放第四批支付牌照，此次获批的企业多为区域性、行业性的第三方支付企业，数量高达96家。其中，首次出现了“数字电视支付”业务，银视通信息科技有限公司是第一家做电视支付的企业。

2013年1月，中国人民银行发放第五批支付牌照，共26家企业获得支付牌照。其中，有20家企业的业务类型主要为预付卡发行与受理。

2013年7月，中国人民银行发放第六批支付牌照，共27家企业获得支付牌照。首批两家纯外资的支付企业——上海索迪斯万通服务有限公司和艾登瑞德（中国）有限公司获得支付业务许可，且均从事预付卡业务。

2014年7月，中国人民银行发放第七批支付牌照，共19家企业获得支付牌照。

2015年3月，中国人民银行发放第八批支付牌照，仅广东广物电子商务公司一家获得牌照，其主营业务为预付卡发行与受理。

2017年6月，传化支付有限公司获得牌照。

中国人民银行于2011—2017年发放了九批第三方支付牌照，共计271张。从2016年8月起，在四次续牌中，有24张支付牌照被注销。目前，市场仅剩下247张第三方支付牌照。

背景资料

中国人民银行暂停“瑞银信”支付牌照

随着互联网技术的快速发展，金融服务信息化程度大大提高。为了顺应市场经济的发展，中国人民银行在2011—2017年间先后颁发了九批共计271张第三方支付牌照。瑞银信是第五批获得支付牌照的企业之一，主要从事银行卡收单业务。在获得支付牌照后短短的三四个月内，瑞银信每天发展的商户数约2万户，发展速度飞快。

2014年12月，深圳瑞银信支付北京分公司因其违规发展商户，被中国人民银行支付司暂时收回支付牌照，瑞银信被勒令退出北京收单市场。瑞银信支付公司主要从事银行卡收单业务，其作为第三方支付机构，对于代理商提供的商户资质审核存在严重不到位甚至是违规情况。例如，不查营业执照的真假，只要对方提供营业执照即默认是真的。该企业的此等做法无视市场规则，涉嫌违规操作而被中国人民银行暂停支付牌照。正是因为瑞银信等企业的违规操作，使得POS机代理市场出现混乱，代理商为了发展下线采取来者不拒的做法，甚至对套现行为采取主动迎合的态度。

事件的背后，总能引起人们的思考。POS机套现的原因以及如何杜绝非法套现行为都值得我们深思。

（1）POS机套现的原因。①对商家资质审核不严。最初我国的POS机收单业务主要由银联和商业银行负责进行，而随着互联网和信息技术的发展，由中国人民银行授权的第三方支付机构也能从事银行卡的收单业务。第三方支付机构从事银行卡收单业务，一方面促进了金融服务信息化，另一方面也出现了对商家资质审核不严的情况。最初，由于拓展市场和竞争的需要，一些机构放低标准来发展商户，后来逐渐演变成了发展商户主动迎合其套现行为的恶劣行径。②监管不到位，即对于POS机收单市场的使用环境监管不到位。对于POS机的违规操作，中国人民银行并没有具体明晰的处罚条例，只能根据中国人民银行内部的相关文件进行处罚，并没有上升到法律层面。

（2）如何杜绝非法套现行为。①对于资质审查的具体条件和要求要明确、规范，做到有章可循。②根治信用卡体制问题。持卡人用信用卡在ATM刷卡取现时，最多只能取信用额度的一半，要缴纳1%～3%的手续费，并支付每天5‱的利息。而采用POS机套现的话，只损失一点手续费，而且最多可享受56天的免息期（相当于无息贷款）。二者的差别致使POS机套现行为层出不穷，所以要根治这一问题就必须采取“机”“卡”双管以及逐步取消信用卡的免息期等措施。

五、互联网支付展望

全球金融业发展至今，不管如何变化，银行业始终稳居金融行业的中心。之所以如此，最关键的就是银行具备其他金融机构所没有的“支付”功能。所以银行账户非常重要，任何经济交易活动（包括其他金融服务）基本都需通过银行账户，客户就自然集中在银行麾下，即所谓“得账户者得天下”，而且这个账户应该是具有支付功能的账户。另外，支付是金融业乃至整个经济运行的基础设施，在互联网金融飞速发展的态势下，正在逐步形成“支付＋账户/用户＋大数据＋风控和产品”这样一个生态圈，支付是这个生态圈的基础设施，也是互联网金融的基石。支付脱离银行进行，是至今以来对于银行业最大的冲击。因为支付脱离银行而存在，让非金融企业提供金融服务成为可能，再加上互联网平台的用户优势和高效共享的特性，将会冲击现有的金融服务体系。

未来，互联网支付可能呈现出三大趋势。

（1）主体协同化。随着产业的成熟，形成协同发展的趋势。依托银联的支付清算系统，银行发挥在风险管理和内部控制方面的优势，为互联网支付业务提供安全保障；移动运营商为第三方支付提供更快速、更安全的信息通道；在产业链各方的通力协作下，互联网支付机构凭借其广泛的数据资源和快速的市场反应优势，可以为更广泛的客户提供支付服务。同时，各参与主体可以在信息共享、数据挖掘、安全保障、新领域拓展等方面深化合作，最终实现互联网支付产业的协同共赢发展。

（2）账户同一化。互联网金融带来的支付清算功能将会是超级集中支付系统和个体移动支付的统一。理论上，未来完全有可能由中国人民银行建立一个支付系统，容纳天量账户，囊括所有个人和企业账户。此时，商业银行账户以及交易所、托管等所有证券类的账户均不存在，中国人民银行成为全国的超级集中账户，即超级集中支付系统。这一概念是理解远期互联网支付系统的一个核心。

（3）支付货币虚拟化。未来，货币的发行和管控机制将会发生极大变化，社会中基本无现钞流通，虚拟货币有机会被广泛接受，二级商业银行账户体系可能不再存在。存款账户都在中央银行，将对货币供给和货币政策产生重大影响。

第二节 桌面在线支付

一、相关概念

（一）在线支付

在线支付（含离线支付）是相对于线下支付而言的。线下支付是指消费者必须亲自到购买现场进行支付操作的资金支付行为。线下支付的具体表现形式包括POS机刷卡支付、拉卡拉等自助终端支付、预付卡支付、手机近场支付以及网点支付等。

在线支付是在互联网上从事电子商务的商户普遍采用的收款方式。消费者在互联网环境下选择商户的商品或服务，然后在线付款给商户。按使用的终端不同，在线支付可以分为桌面在线支付和移动在线支付；按使用的网络不同又可分为互联网支付、(固定/移动）电话支付、数字电视支付等。

（二）桌面在线支付

桌面在线支付即电脑支付，是最先兴起的互联网支付方式。从某种程度上来说，桌面在线支付的兴起推动了电子商务产业的发展。虽然随着移动支付的兴起，桌面在线支付的地位受到挑战，但仍然占据着互联网支付中较大的市场份额。桌面在线支付之所以还能够保持一定的市场地位，是源于以下几个条件：①安全方面，桌面支付还是要强于移动支付。从信息通道层面看，即便是通过 HTTPS（Hyper Text Transfer Protocal over Socket Layer 或 Hypertext Transfer Protocol Secure，超文本传输安全协议）或者传统的 SSL（Secure Sockets Layer，安全套接层）的通信方式依旧无法有效保证移动支付信息不被篡改和伪造；从操作系统层面看，手机操作系统之一的安卓系统本身是一个开放的开发环境，用户资金与信息被窃取的事情屡有发生；从硬件管理层面看，手机一旦丢失，手机内安装的网银、支付宝等移动支付终端的资金安全和信息安全就会受到威胁。②实用性方面，桌面支付暂时还无法被移动支付完全代替。移动端天然的屏幕窄小、电池待机时间和屏幕分辨率等特性决定了在很多场景下桌面端还具备一定的优势，短期内无法被完全取代。③在资源存储空间和通信网络带宽方面，移动端无法像传统桌面端一样有着庞大的存储量和高速的互联网带宽。在云存储没有真正发展起来的这段时间，桌面端依旧拥有其生存优势。

（三）在线支付入口——浏览器

桌面电脑或者手机中都可以运行互联网浏览器，可以通过浏览器访问各类电子商务网站、网络银行网站以及第三方支付平台网站，从这个意义上说，浏览器就是进入在线支付界面的工具，是在线支付的第一个步骤，同时对于在线支付安全也有着非常重要的意义，比如用户名和密码都是要通过浏览器进行交互的。目前，浏览器的种类非常多，所支持的网络标准也不尽相同。按浏览器核心分类，一般可分为四种，它们分别是：Trident、Gecko、WebKit 和 Presto。①Trident 核心，代表产品是微软的 Internet Explorer，其他的还有如 Maxthon 遨游、世界之窗、腾讯 TT、Netcapter、Avant 等，但 Trident 只能应用于 Windows 平台，且不是开源的。②Gecko 核心，代表产品是 Mozilla Firefox，其他的还有 Netscape 6 至 9。它的最大优势是跨平台，能在 Microsoft Windows、Linux 和 MacOSX 等主要操作系统上运行。③WebKit 核心，代表产品是 Safari、Chrome，其主要特点是开源。④Presto 核心，代表产品是 Opera，其主要特点是速度快。

二、桌面在线支付类型

（一）网银支付

网上银行（在线银行、电子银行，或简称网银）是从互联网时代开始出现的银行服务的新渠道，由商业银行等金融机构通过互联网向其客户提供包括支付在内的各种金融服务。根据服务面向的客户不同，网上银行一般可以分为个人网上银行和企业网上银行。

1. 网银支付的优势与不足

网银支付的优势较为明显：①从客户的角度来看，网上银行的用户只要有一台可以上网的电脑，就可以使用浏览器或专有客户端软件来使用包括网上支付在内的各种金融服务。②从网络商家的角度来看，在电子商务平台上提供网银支付通道也是非常方便快捷的一种收款方式。与其他在线支付类型相比，目前，网上银行在复杂交易、大额交易场景上还有应用价值。

但其不足之处也很明显：①对于网络商家而言，需要面对数量众多的银行，一家一家去谈判、去签约加入其网银支付通道，非常烦琐。②对于用户而言，利用浏览器使用不同银行的网银支付系统，对电脑软件与计算机设置有一定的要求，比如操作系统、浏览器类型、屏幕分辨率大小等都必须符合网银的要求。并且在首次使用的时候往往会提示下载安装不同的安全控件，而在用户更换电脑、重装系统等场景下也会收到网银提出的新的下载安装要求，从而降低了用户使用网银支付的满意度。例如，目前国内网上银行的密码输入框，一般采取了 ActiveX 控件，苹果的 Mac 平台，谷歌、火狐等非 IE 系的浏览器，与该控件不兼容。如果银行没有另外重新制作与之兼容的安全控件，用户难以顺利登录网银。③网银支付最大的安全隐患在于钓鱼网站，因为使用网银支付时，需要跳转页面，进入银行特定页面，这给了钓鱼网站可乘之机。一些网银通过 U 盾等安全措施来防范此类风险，但是页面的多次跳转需要等待时间，同样影响到客户的体验。

2. 网银支付的发展规模与趋势

中国金融认证中心发布的《2017 中国电子银行调查报告》显示，2017 年，在地级以上城市 13 岁及以上常住人口中，网上银行用户比例为 51%，相比 2016 年增长了 5 个百分点，增速呈现平稳态势。

（1）渠道替代使个人网银活跃用户比例下降。全国个人网银活跃用户比例从 2013 年开始呈现出逐年下降的趋势，下降的主要原因有：①以支付宝、微信支付为代表的第三方支付的广泛应用对电子银行渠道的替代作用；②以手机银行为代表的多种电子银行渠道的替代作用，用户认为有一种银行电子渠道即可，没必要使用更多渠道。

（2）个人网银支付使用占比减少。在线支付业务上，网银的业务黏性已远远落后于第三方支付。2017 年利用网上银行进行线上支付的比例仅为 33%，而支付宝支付占 84%，微信支付占 65%。

（3）网银支付的发展方向。随着移动金融的快速发展，手机银行、微信支付和支付宝等移动端功能不断丰富，应用场景持续扩展。与此同时，电脑端的个人网银功能定位也日渐清晰，网银可以着力于大额转账、复杂交易以及特殊授权业务——“个人网银 + 数字证书”确保用户的“金库”安全，“手机银行 + 智能手机”满足用户的“零钱”便捷，如此一来，实现了个人电子银行两大渠道的功能互补。

3. 网银支付的应用——中国工商银行

2016 年，在美国《环球金融》（*Global Finance*）杂志的亚太区新兴市场国家最佳银行的评选中，中国工商银行凭借稳健的经营业绩和持续的改革创新能力，第十次获评“中国最佳银行”。近年来，工商银行加快实施线上渠道战略布局，加强互联网金融功能的完善。针对占比较大的 B2C 小额支付，工商银行网络银行推出了工银 e 支付，这种支付方式以“手机号 + 银行账号后六位 + 手机动态密码”作为安全认证方式，适用于小额在线支付，极大地简化了支付流程，提升了用户体验。2015 年，工银 e 支付实现交易额超过 2100 亿元。针对页面跳转的诟病，工商银行还推出了“无界面支付”，即由商户系统直接调用网银接口提供客户身份识别和金额，经银行认证之后立即支付并向商户返回结果。同时还开通银行自身的网上商城（融 e 购），直接吸引客户，增加网银线上的黏性。

（二）银联支付

“银联在线支付”是中国银联旗下的银联电子支付有限公司提供的第三方支付平台。中国银联是经国务院同意，中国人民银行批准设立的中国银行卡联合组织，成立于 2002 年 3 月，总部设于上海。中国银联大力推进各类基于银行卡的综合支付服务，持卡人不仅可以在 ATM 自动取款机、商户 POS 刷卡终端等使用银行卡，还可以通过互联网、手机、固定电话、自助终端、智能电视终端等各类新兴渠道实现公用事业缴费、机票和酒店预订、信用卡还款、自助转账等多种支付。

1. 银联桌面支付方式

（1）认证支付。认证支付是指持卡人在银联支付页面上输入银行卡信息（卡号、密码、CVN2 等）和手机号码（已在银行预留），通过银行认证即可完成交易的支付方式。

（2）快捷支付。快捷支付是银联为持卡人提供的一种安全便捷的支付方式。注册成为银联在线支付用户并关联银行卡后，只需输入用户名、登录密码、短信验证码即可完成支付。

（3）小额支付。小额支付是银联为持卡人提供的一种单笔不超过 100 元的便捷支付方式。在支付时无须短信验证，只要输入银行卡信息［卡号、密码、CVN2（Card Validation Number 2，银联卡的安全码）等］即可完成支付。

银联在线支付的特点包括：①它是一个银行卡网上交易转接清算平台，用户通过网络、手机方式订购商品和缴费，无须刷卡，只需提供卡号和相关认证信息就可完成支付。通过银联在线支付平台，用户无须开通网银即可支付。②通过“预授权担保”

业务，货到付款时无须提前向第三方账户划款，交易资金在个人银行账户内冻结，由银行完成预授权担保，避免了用户利息损失和资金挪用风险。

2. 银联的支付清算地位

在银联诞生之前，各家银行自建受理网络，局面混乱。2002 年，中国银联的成立把银行连接了起来，不必考虑地区、银行的不同，国内银行“诸侯割据”的时代结束。中国银联通过银联跨行交易清算系统（CUPS），实现商业银行系统间的互联互通和资源共享，保证银行卡跨行、跨地区和跨境的使用。目前，中国银联已与境内外数百家机构展开广泛合作，银联网络遍布中国城乡，并已延伸至亚洲、欧洲、美洲、大洋洲、非洲等 160 个国家和地区，已拥有近 400 家境内外成员机构。

中国银联的营业收入结构主要为：①境内 ATM 收入，比如跨行取款收取的手续费；②境内 POS 交易转接收入，即刷卡商户的佣金部分；③国际业务收入；④一些创新业务收入，比如移动支付。在第三方支付兴盛之前，银联一直是中国境内发行的人民币支付卡的唯一交易清算供应商。2003 年执行的《中国银联入网机构银行卡跨行交易收益分配办法》规定，银行卡的结算手续费全部由商户承担，每笔收单交易的结算手续费会根据 7∶2∶1 的比例分配，即发卡行占 70%，收单机构占 20%，清算机构（中国银联）占 10%。此前，我国的结算手续费按照行业实行差别费率，主要有餐饮娱乐类、一般类、民生类和公益类四大类商户，费率分别为 1.25%、0.78%、0.38% 和 0%。但随着第三方支付的兴起，银联在支付清算方面的垄断地位不断面临挑战。就在线支付而言，银联和其他第三方支付机构是平行的。而第三方支付机构实现了与银行直连，并不需要银联转接，因而打破了原有的商业模式，这也就意味着“7∶2∶1”模式中银联的“1”被抢去了。面对第三方支付企业在市场上的蚕食，银联于 2012 年底发布《关于规范与非金融支付机构银联卡业务合作的函》，号召成员银行对第三方支付企业的开放接口进行清理整治，最终推动非金融支付机构统一接入银联网络。2013 年 7 月，银联进一步提出了《关于进一步规范非金融支付机构银联卡交易维护成员银行和银联权益的议案》，制订了收编第三方支付的时间表，督促第三方支付全面接入银联网络。2014 年 11 月，银联发出了《关于进一步明确规范整改相关要求的通知》，规范银行与第三方支付直连的情况，要求将绕过银联的业务逐步迁移至银联平台。

2016 年 3 月，国家发展和改革委员会、中国人民银行联合下发了《关于完善银行卡刷卡手续费定价机制的通知》，并于 2016 年 9 月 6 日起正式实施。根据新政，我国境内的刷卡手续费定价标准如下：①取消按商户类别分类设定收单手续费，执行统一费率。②发卡机构收取的服务费实行信用卡、借记卡差别定价，信用卡费率上限为交易金额的 0.45%，上不封顶；借记卡费率上限为 0.35%，封顶不高于 13 元。③清算机构收取的网络服务费不区分卡种，由清算机构分别向收单机构和发卡机构计收，费率上限为交易金额的 0.065%，封顶不高于 6.5 元，由发卡、收单机构各承担 50%。④收单机构向商户收取的刷卡手续费由现行政府指导价改为实行市场调节，由收单机构与商户结合业务经营状况和市场合作需要自主协商确定费率水平。

（三）第三方互联网支付

第三方互联网支付从公司结构上看，主要有两类。第一类是以支付宝、财付通为代表的第三方支付机构，这样的第三方支付机构有其母公司强大的网上商城作为依托；第二类是以快钱、易宝为代表的独立第三方支付机构，其机构本身并不参与平台商品的售卖。

1．支付宝

2003年10月18日，淘宝网首次推出支付宝服务。2004年12月8日，浙江支付宝网络科技有限公司成立，12月30日，支付宝网正式上线并独立运营。成立以来，支付宝积极寻求战略合作伙伴，先后同建设银行、工商银行、中国银行等合作，并推出快捷支付服务。2010年12月，支付宝与中国银行合作，首次推出信用卡快捷支付。2011年5月，支付宝获得央行颁发的国内第一张《支付业务许可证》。2013年6月，支付宝推出账户余额增值服务“余额宝”。支付宝目前提供的服务包括：网购担保交易、网络支付、转账、信用卡还款、手机充值、水电煤气缴费、个人理财等多个领域。与此同时，支付宝也不断扩充服务范围，提高服务水准，并加强安全保障，为客户交易保驾护航。

（1）余额支付。当支付宝账户中有余额时，输入支付密码即可完成付款；如果没有余额则需要充值，充值可以通过以下渠道进行，如表2－2所示。

表2－2　　支付宝余额充值方式

充值渠道	介绍
网上银行	支持多家银行为支付宝账户充值，充值前需开通网上银行
储蓄卡快捷支付	付款时无须登录网上银行，凭支付宝支付密码和手机校验码即可完成付款，提供双重保障，付款方无须付手续费
卡通充值	支付宝账户和银行卡连通，只需输入一个支付密码就能完成充值
话费充值	将电话卡内的金额，通过支付宝提供的充值渠道，转充至支付宝账户内
网汇 e	无须网银，只需用现金或邮政绿卡在邮政汇兑联网网点办理汇款业务，并设定汇款密码，即可凭汇票收据和设置好的汇款密码给任意支付宝账户充值
网点充值	需先到支付宝合作的营业网点（如便利店、药店、邮局等），用现金或刷卡购买充值码，然后为支付宝充值
找朋友代充值	由朋友代为充值

（2）快捷支付。快捷支付是指用户只需有一张借记卡或信用卡，无须开通网银及网上支付功能，即可完成付款。付款是通过与银行直连通道来进行的，所以无须办理网银。这也是为什么大量小银行没有网银，却也能开通快捷支付的原因。用户可以将支付宝账户与借记卡或信用卡关联起来，付款时只需输入支付宝的支付密码即可，一

个账户可以绑定多张卡，支付方式更便捷。

在2010年年底之前，支付宝的资金渠道是网银，不管是充值消费还是转账还款都得使用网银，结果其成功率太低，只有60%～65%。于是支付宝研发了快捷支付，打通了一条直连银行的专线，这条专线不涉及网银的很多其他重要业务，只攻支付。2010年底，快捷支付上线；2011年6月，支付宝快捷支付接通了120多家银行和金融机构，支付成功率达到95%。正是支付过程中无比顺畅的快捷支付奠定了支付宝在流量领域的市场地位。

（3）网银支付。支付宝也支持网银支付，其网银支付分为网银借记卡支付和网银信用卡支付。网银信用卡支付即使用网银通道付款，如果交易产生退款，退款与快捷支付中的信用卡退款方式一致。

2. 财付通

财付通是腾讯公司于2005年9月正式推出的专业在线支付平台，其核心业务是帮助在互联网上进行交易的双方完成支付和收款。与支付宝类似，财付通支持全国各大银行的网银支付和快捷支付，也可以先充值到财付通，进行余额支付。

与支付宝相比，财付通针对企业提供的结算、付款服务更加丰富，可以解决企业在各种情况下的资金结算问题。其产品包括：企业资金归集、交易自动转账、委托扣款、自动对账服务。企业资金归集是财付通专为合作商户提供的资金集聚的大额收付款产品，为商户通过网络进行业务资金回笼及专项资金归集提供解决方案。交易自动分账是财付通专为B2B交易平台、上下游渠道商或集团企业提供的支持多层级、复杂的资金周转的解决方案。通过分账系统，可实现一笔交易订单付款金额向多个不同财付通账户进行分发，并支持分账后全额或部分回退，以及再继续进行拆分和分发等特征，为合作企业提供更灵活、更方便的分账及分账退款支持体系，为上下游渠道商、集团企业和各企业之间的复杂资金流周转提供完整的解决方案。

3. 第三方互联网支付的发展格局

（1）交易规模。随着我国电子商务环境的不断优化，支付场景的不断丰富以及金融创新的活跃，通过第三方支付机构发生的互联网支付业务快速增长。艾瑞咨询研究报告显示，2017年第一季度，中国第三方互联网支付交易规模持续增长，突破6.4万亿元，同比增长56%，如图2－3所示。

（2）交易结构。2017年第一季度，中国第三方互联网支付市场交易规模结构中，互联网金融（包括理财销售、网络借贷等）占比为34.7%，个人业务（包括转账业务、还款业务等）占比35.1%，线上消费（包括网络购物、O2O、航空旅行等）占比11.6%，充值缴费（包括生活缴费、话费充值、网络游戏、虚拟产品等）占比为1.9%，如图2－4所示。

由此可见，两个占比最大的细分行业分别是互联网金融和个人业务，其中开展个人业务的支付平台不多，这部分的流量基本被支付宝和财付通两大龙头企业瓜分。从

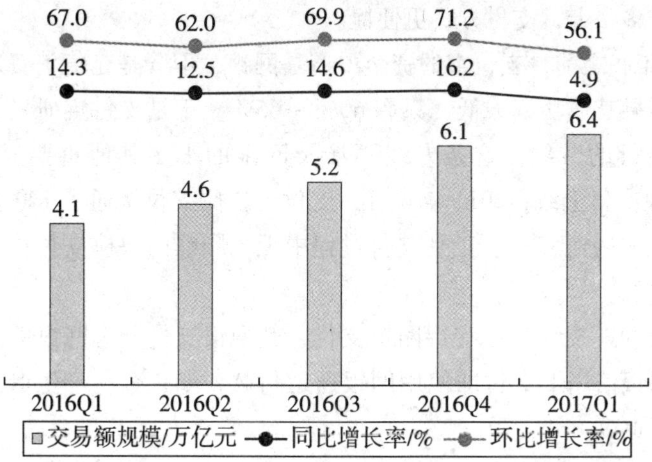

图 2-3　2016Q1—2017Q1 中国第三方互联网支付交易规模

注：①互联网支付是指客户通过桌式电脑、便携式电脑等设备，依托互联网发起支付指令，实现货币资金转移的行为；②统计企业中不含银行、银联、仅指规模以上非金融机构支付企业；③艾瑞根据最新掌握的市场情况，对历史数据进行修正。

资料来源：摘自艾瑞咨询（www. iresearch. com. cn）发布的研究报告。

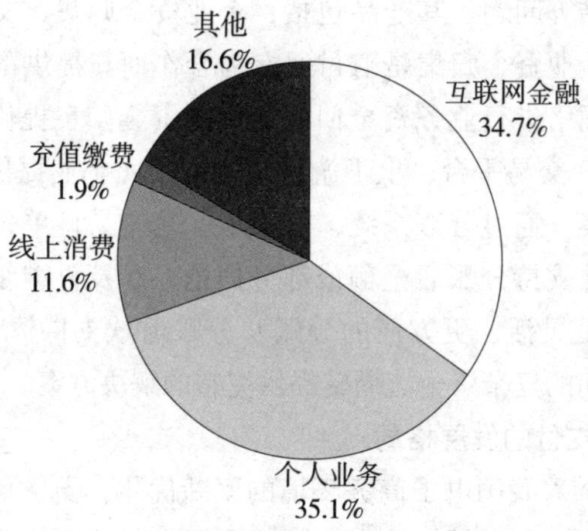

图 2-4　2017Q1 中国第三方互联网支付交易规模结构

注：①互联网支付是指客户通过桌式电脑、便携式电脑等设备，依托互联网发起支付指令，实现货币资金转移的行为；②统计企业中不含银行、银联、仅指规模以上非金融机构支付企业；③艾瑞根据最新掌握的市场情况，对历史数据进行修正。

资料来源：摘自艾瑞咨询（www. iresearch. com. cn）发布的研究报告。

余额宝诞生以来，用户的理财成本急剧下降，理财用户快速上涨，整体行业存在巨大流量。目前，多家平台正在积极布局网络借贷、基金、保险等细分领域，而被称为“新蓝海”的消费金融也是支付公司的下一个争夺点。

（3）市场份额。2017 年第一季度，第三方互联网支付交易规模市场份额中，支付宝占比 30.7%，财付通占比 22.2%，银联商务占比 16.2%，快钱占比 7.2%，汇付天下占比6.4%，中金支付占比4.9%，易宝支付占比3.3%，宝付占比3.3%，京东支付占比2.9%，苏宁支付占比2.0%，如图2－5所示。

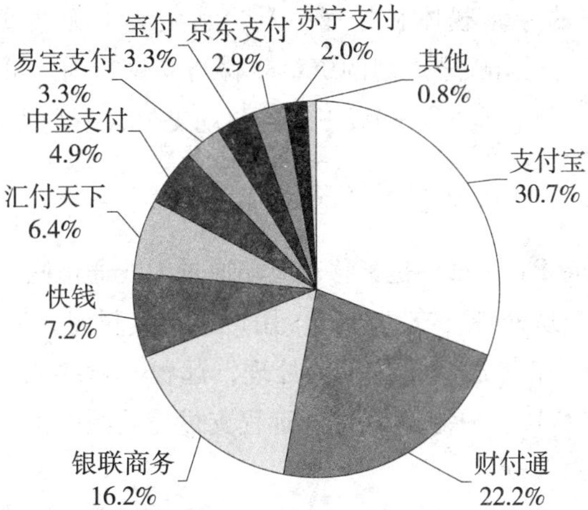

图2－5 2017Q1中国第三方互联网支付交易规模市场份额

注：①统计企业类型中不含银行和中国银联，仅指第三方支付企业；②艾瑞根据最新掌握的市场情况，对历史数据进行修正。

资料来源：摘自艾瑞咨询（www.iresearch.com.cn）发布的研究报告。

第三方互联网支付从公司竞争关系上来看，根据自己的产品特点和竞争优势，各自执行着不同的战略规划。在电子商务平台的竞争中，依托于自身电商平台的支付公司虽然可以凭借电商平台的强大优势抢占市场份额，但同时也失去了中立性。比如支付宝，虽然依靠天猫、淘宝等自家电商平台，可以强势出击，但是这也导致其他的强势电商对其进行封杀，例如京东商城就停止使用支付宝进行支付，而是转用更为中立的、与其没有直接竞争关系的银联在线、微信支付等支付手段。而与阿里有直接竞争关系的腾讯公司则势必主推使用自家的支付工具——财付通。

随着支付宝、财付通以及银联商务三个巨头企业不遗余力地开拓移动支付市场，互联网支付第二梯队企业的市场份额也在逐渐上升。以汇付天下、宝付等为代表的支付企业，正在积极发挥自身优势，走差异化发展道路，深耕细分领域，未来的互联网支付格局对各个参与者来说都充满了机会与挑战。

第三节 移动支付：远程支付

一、移动支付相关概念

（一）移动支付的概念

根据2014年12月中国人民银行发布的《中国金融移动支付系列技术标准》中的

术语定义，移动支付（Mobile Payment）是允许用户使用移动终端对所消费的商品或服务进行账务支付的一种服务方式。具体地说，就是以智能手机等移动通信设备作为用户账户和应用等数据的存储载体和处理工具，利用线上无线通信网络或线下 POS、ATM 等受理终端，实现不同账户之间的资金转移与支付行为。可见，移动支付可以分为在线远程移动支付（远程支付）和线下近端移动支付（近场支付）。

（二）远程支付与近场支付的概念

远程支付（Remote Payment）是指移动终端通过无线通信网络接入，直接与后台服务器进行交互，完成交易处理的支付方式。用户进行支付时，通过移动通信终端远程将支付指令经过通信网络传送到支付平台处理，远程支付接入方式包括 Web、WAP、短信（SMS）、语音（IVR）、手机客户端。远程支付使用的支付账户可以是银行卡、非金融支付机构交易账户等。

近场支付（Proximity Payment）是指移动终端通过实体受理终端在交易现场以联机或脱机的方式完成交易处理的支付方式，或称之为现场支付。一般是指用户在购买商品或服务时，即时通过移动通信终端向商家进行支付，支付的处理在现场进行。现场支付的接入手段主要通过射频（NFC）、红外、蓝牙、声波等通道，实现与自动售货机、POS 机等终端设备之间的本地通信。现场支付可使用的支付账户主要是电子钱包、非金融支付机构交易账户等。

（三）远程支付与近场支付的比较

远程支付和桌面端的在线支付是类似的，是桌面端向手机端的迁移，是一种推广成本较小的方式。在应用方式上，远程支付符合互联网的特征，其服务不受限于地理位置和终端设备。远程支付实时、批量的结算方式，使得远程支付相对于近场支付具有成本与效率优势，账户体系内部的支付成本几乎可以忽略不计。

近场支付的网络相对封闭，账户介质与读写终端数据交互，主要在小范围内部署，地域特性和保护性强，在交易方式、硬件等方面拥有更高的安全性。智能手机良好的处理能力和其可标识化，也能很好地契合近场支付的技术要求。

远程支付与近场支付在依托的技术信息、支付场景、支付金额、安全要求等方面也存在不同，如表 2－3 所示。

表 2－3　远程支付和近场支付的比较

	远程支付	近场支付
依托技术信息	通信技术和移动互联网技术	近距离无线通信技术
支付场景	线上交易	线下支付

续　表

	远程支付	近场支付
支付金额	无额度限制，由资金来源账户的余额和规定时间内限额决定	额度较小，国内目前相关产品对其账户余额均设有上线，最高 1000 元
硬件安全级别要求	无特别要求，可使用移动网络本身的 SIM 卡授权	要求较高，需金融机构进行授权
资金账户	话费、银行账户和支付运营商提供的专门支付账户	使用支付运营商提供的专门支付账户居多，也使用银行账户
应用场景	电子化程度高，购买过程简单的产品、服务	价格较低，购买行为频繁的产品、服务

《中国金融移动支付系列技术标准》的出台，确立了以“联网通用、安全可信”为目标的技术体系架构。但是，移动支付标准只是规定了技术基础架构，移动支付的主导产品形态仍没有明确，技术基础架构之上的众多产品形态、国家标准也没有涉及。因此，第三方支付机构都遵循“两条腿走路”的原则：既参与远程支付的软件创新，也参与近场支付的硬件创新。例如支付宝、中国银联、财付通、快钱等机构都同时发展远程支付和近场支付的技术。

二、移动支付技术环境

（一）移动网络

手机只有通过网络连接才可以相互呼叫，也才能进一步连通国际互联网 Internet，所以手机连接网络的方式非常关键，往往决定着手机上网速度以及能支持的应用类型和性能。手机网络一般有 GSM/WCDMA/LTE、WIMAX、WiFi 等类型。

GSM 全名为 Global System for Mobile Communications，中文为全球移动通信系统，俗称“全球通”。GSM 是一种起源于欧洲的移动通信技术标准，是第二代移动通信技术，其开发目的是让全球各地可以共同使用一个移动电话网络标准，让用户使用一部手机就能行遍全球。目前，中国移动、中国联通各拥有一个 GSM 网，为世界最大的移动通信网络。GSM 系统包括 GSM－900（900MHz）、GSM－1800（1800MHz）、GSM－1900（1900MHz）等频段。目前我国主要的两大 GSM 系统为 GSM－900 及 GSM－1800，由于采用了不同频率，因此适用的手机也不尽相同。不过目前大多数手机基本是双频手机，可以自由在这两个频段间切换。

CDMA（Code Division Multiple Access）译为“码分多址分组数据传输技术”，被称为第 2.5 代移动通信技术。CDMA 手机具有话音清晰、不易掉线、发射功率低和保密性强等特点，发射功率只有 GSM 手机发射功率的 1/60，被称为“绿色手机”。更为重要的是，基于宽带技术的 CDMA 使得移动通信中的视频应用成为可能。

随着网络技术的发展，2G/2.5G 标准逐步为 3G（第三代移动通信技术，The 3rd Generation）标准所替代，3G 的主要特征是可以提供移动宽带多媒体业务。国际电信联盟（ITU）早在 2000 年 5 月即确定了 WCDMA（欧洲，即主要支持者来自欧洲的厂商）、CDMA2000（美国）和 TD－SCDMA（中国）三个主流 3G 标准。

4G 通常被用来描述相对于 3G 的下一代通信网络，能够以更快的速度传输数据、高质量音频、视频和图像等。国际电信联盟（ITU）定义 4G 的标准——传输数据的速度符合 100Mbps（bit per second）。达到这个标准的通信技术，理论上都可以称之为 4G。

（二）操作系统

因为可以像个人电脑一样安装第三方软件，所以智能手机有丰富的功能。智能手机能够显示出来与个人电脑一致的正常网页，它具有独立的操作系统以及良好的用户界面，拥有很强的应用扩展性，能方便随意地安装和删除应用程序。但智能手机端的操作系统——目前有 Android、iOS、Symbian、Windows Phone 等——之间的应用软件互不兼容。

三、远程支付类型

（一）手机银行支付

中国人民银行发布的《2017 年支付体系运行总体情况》显示，银行业金融机构的移动支付业务保持快速增长。2017 年，银行业金融机构共处理电子支付业务 1525.80 亿笔，金额 2419.20 万亿元。其中，网上支付业务 485.78 亿笔，金额 2075.09 万亿元，笔数同比增长 5.20%，金额同比下降 0.47%；移动支付业务 375.52 亿笔，金额 202.93 万亿元，同比分别增长 46.06% 和 28.80%；电话支付业务 1.60 亿笔，金额 8.78 万亿元，同比分别下降 42.58% 和 48.56%。可见，银行业金融机构的网上支付业务的交易笔数增速放缓，交易金额开始下降；移动支付业务的交易笔数与交易金额均有较大幅度的提升，移动支付业务对网上支付业务产生了一定的替代效应；电话支付业务呈下降趋势。

手机银行属于电子银行业务中的一种，主要的表现形式有 WAP 手机银行和 App 手机银行。

1. WAP 手机银行

在智能手机尚未普及，手机的运行速度还较慢的年代，为了和桌面电脑一样能用手机访问网站，WAP 的概念应运而生。WAP 的目标是使国际互联网 Internet 的内容和各种增值服务适用于手机用户和各种无线设备用户。WAP 能够运行于各种无线网络之上，如 GSM、GPRS、CDMA 等，可以将 Internet 的大量信息及各种各样的业务引入到手机等无线终端之中，其中就包括网上银行业务。

随着手机硬件的快速发展以及网络速度的加速升级，当今的智能手机运行速度和网络速度丝毫不逊色于普通的桌面电脑，使用的视觉和操作体验与桌面电脑也无太大差别，甚至更优。WAP 作为昙花一现的技术产物，虽然在当年暂时部分满足了手机访问互联网的需求，但是目前几乎不被发展和使用了。

2. App 手机银行

随着智能手机渗透率的快速提升，手机银行 App 的装机量大爆发。App 是 Application 的缩写，通常专指手机上的应用软件，或称手机客户端。银行等传统金融机构在自身网点服务的基础上，继推出浏览器网银之后，进一步将一些业务移植到手机的专门软件上，即 App 手机银行。所以，App 手机银行是网上银行在手机上的一种延伸。

手机银行是专门为银行量身定制的软件，其界面、功能可以完全按照银行的意愿和需求进行设计和修改。同时，银行可以掌控 App 的安全性能，App 版本可以自动更新，较之于网上银行，可以给用户带来更好的体验。但是，随着人们支付习惯的改变，在移动支付的竞争过程当中，手机银行正面临着来自第三方支付机构的强有力竞争。以支付宝钱包、微信支付为代表的第三方支付的广泛应用，对手机银行等电子银行渠道具有明显的替代作用。

（二）第三方移动支付

1. 支付宝钱包

支付宝钱包是国内领先的移动支付平台，属于手机 App 应用。2003 年，淘宝网首次推出支付宝服务，经过十几年的发展，支付宝几乎覆盖了桌面和移动所有的支付场景，满足了用户随时随地支付的需求。2013 年第二季度开始，支付宝手机支付活跃用户数超过了 Paypal，位居全球第一。2013 年 10 月 29 日，支付宝钱包正式推出 7.6 安卓版，内置余额宝服务，是当时唯一会赚钱的“钱包”。2014 年 12 月 9 日，支付宝钱包 8.4 版正式上线，支付宝钱包开通了 iPhone 手机的指纹支付功能。2015 年 1 月 26 日，支付宝钱包 8.5 版正式上线，新春红包成为最大亮点，四种抢红包玩法活跃了社交关系链。

支付宝钱包提供的服务功能非常强大，集中了各类支付、资产、理财、生活服务、社交、民间征信等方面。可以说，支付宝钱包已经成为连接一切和钱有关的服务的移动载体，从生活服务到理财，从社交到征信体系，无孔不入。

2. 微信支付

2013 年 8 月 5 日，微信支付正式上线。微信支付是由腾讯公司知名移动社交通信软件——微信及第三方支付平台——财付通联合推出的移动支付创新产品，属于手机App应用。微信支付以微信App为载体和入口，用户只需在微信中关联一张银行卡，并完成身份认证，即可将装有微信的智能手机变成一个全能钱包。在支付过程中，只需要在自己的微信支付界面上输入密码，无须任何刷卡步骤即可完成支付，支付过程简便流畅。2014年1月4日，滴滴打车接入微信支付，3天突破10万单。2014年9月26日，腾讯公司发布的腾讯手机管家5.1版建立了以微信为核心的丰富移动支付安全入口，同时还为微信支付打造了“手机管家软件锁”，打通了微信支付的整个服务链条，实现微信支付的全程保护。2015年2月18日，微信支付开创春晚红包，10.1亿次的收发创造了春节全民红包互动的新高潮。2015年5月，微信支付零钱用户突破3亿人。2016年春节，除夕当天微信红包收发总量达到80.8亿个。2016年4月22日，微信支付绑卡用户数超过3亿人，线下门店接入微信支付总数超过30万家。2017年春节，从除夕至初五，微信红包收发总量达到460亿个，同比增长43%。

微信支付的特点是将支付工具与社交通信平台相结合，使支付动作不必切换应用，让支付保持随时“在线”。腾讯控股发布的2017财年的财报显示，截至2017年年底，微信月活跃用户数量达到9.89亿人，逼近10亿人。借助微信软件的用户规模和腾讯公司的影响力，微信支付宛如星星之火，在几年的时间里，发展出规模庞大的用户群体，成为抗衡支付宝钱包的最大力量。目前微信支付已实现刷卡支付、扫码支付、公众号支付、App支付，并提供企业红包、代金券、立减优惠等营销新工具，满足用户及商户的不同支付场景。

3. 第三方移动支付的发展格局

（1）交易规模。工信部发布的《2017年通信业统计公报》显示，截至2017年12月，我国移动电话用户总数达到14.2亿人，移动电话用户普及率达102.5部/百人，全国已有16个省市的移动电话普及率超过100部/百人。我国移动支付用户规模持续扩大，用户使用习惯进一步巩固。手机支付向线下支付领域的快速渗透，极大地丰富了支付场景，网民在线下消费使用手机支付比例由2016年年底的50.3%提升至65.5%。线下支付加速向农村地区网民渗透，农村地区网民使用线下支付的比例已由2016年年底的31.7%提升至47.1%。

艾瑞咨询研究报告显示，2017年第一季度，中国第三方移动支付交易规模突破22.7万亿元，环比增长22.9%，如图2-6所示。

（2）交易结构。2017年第一季度，中国第三方移动支付市场交易结构中，以银行卡转账、信用卡还款、虚拟账户转账为代表的个人应用的交易规模持续快速增长，占比最大，达到70.6%；以货币基金申购、理财产品购买为代表的移动金融保持较为平稳的增长，占比其次，为17.5%；以移动电商、移动团购、移动商旅、移动彩票、移动游戏为代表的移动消费稳步增长，占比9.1%，如图2-7所示。我国第三方移动支付的交易市场结构逐渐呈现出个人应用、移动金融、移动消费三足鼎立的态势。

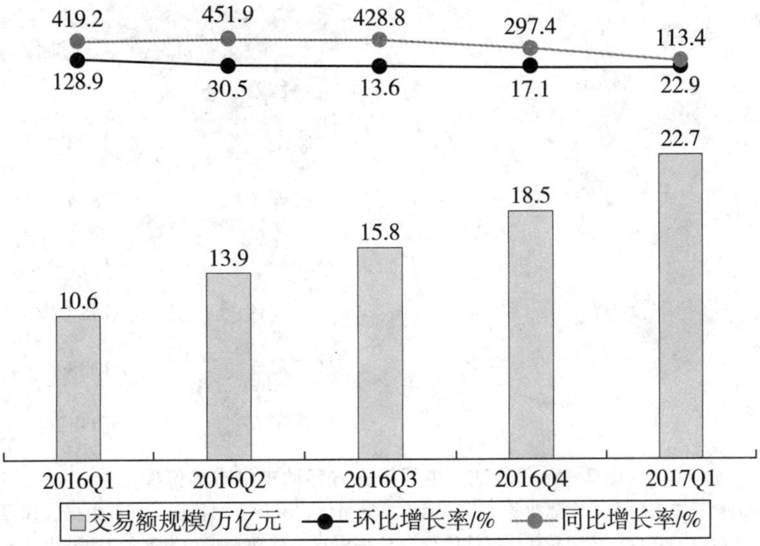

图 2－6　2016Q1—2017Q1 中国第三方移动支付交易规模

注：①自 2016 年第 1 季度开始计入 C 端用户主动发起的虚拟账户转账交易规模，历史数据已做相应调整；②统计企业不含银行，仅指规模以上非金融机构支付企业；③艾瑞根据最新掌握的市场情况，对历史数据进行修正。

资料来源：摘自艾瑞咨询（www. iresearch. com. cn）发布的研究报告。

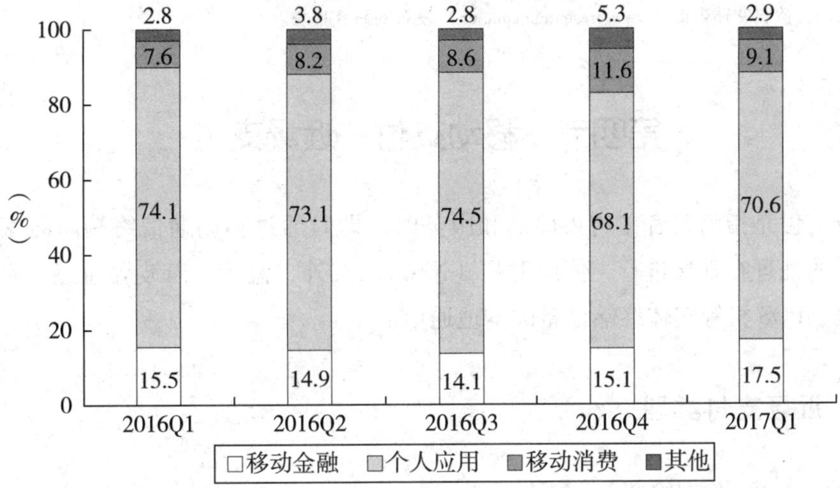

图 2－7　2016Q1—2017Q1 中国第三方移动支付交易结构

注：①自 2016 年第 1 季度开始计入 C 端用户主动发起的虚拟账户间转账交易规模，历史数据已做相应调整；②艾瑞根据最新掌握的市场情况，对历史数据进行调整；③移动消费包括移动电商、移动游戏、移动团购、网约车、移动航旅和二维码扫码，移动金融包括货币基金、P2P 和其他口径内移动金融产品，个人应用包括信用卡还款、银行卡间转账、银行卡至虚拟账户转账、虚拟账户间转账，其他包括生活缴费、手机充值和其他口径内交易。

资料来源：摘自艾瑞咨询（www. iresearch. com. cn）发布的研究报告。

（3）市场份额。我国第三方移动支付的市场集中度较为明显。2017 年第一季度，支付宝和财付通两家企业占据了 94% 的市场份额，其中，支付宝占比 54%，财付通占比 40%，其他众多第三方支付企业的市场份额之和为 6%，如图 2－8 所示。

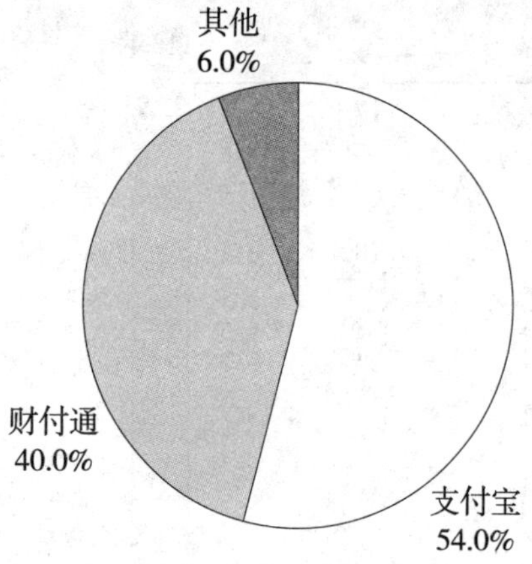

支付企业	交易规模/亿元
壹钱包	4031.9
联动优势	1904.7
连连支付	1814.7
京东支付	1727.4
快钱	1484.7
易宝支付	1338.0
苏宁支付	764.2

图 2－8　2017Q1 中国第三方移动支付市场份额

注：①因目前第三方支付企业实际业务具有多元化、集团化、跨行业的特征，核算数据仅代表艾瑞针对支付交易规模这一业务维度的观点；②交易规模统计口径为 C 端用户在移动端主动发起的 C2C、B2B、B2B2C 单边交易规模，不包括资金归集等 B2B 业务；③交易规模核算范围为移动消费（移动电商、移动游戏、移动团购、网约车、移动航旅、二维码扫码）、移动金融（货币基金、P2P、其他口径内移动金融产品）、个人应用（信用卡还款、银行卡间转账、银行卡至虚拟账户转账、虚拟账户间转账）、其他（生活缴费、手机充值、其他口径内交易）；④艾瑞根据最新掌握的市场情况，对历史数据进行调整；⑤部分企业处于缄默期，经与企业协商，艾瑞在发布企业交易规模时不对其业务情况进行单独披露。

资料来源：摘自艾瑞咨询（www. iresearch. com. cn）发布的研究报告。

第四节　移动支付：近场支付

近场支付是指消费者在购买商品和服务时，即时通过移动通信终端向商家进行支付，支付的处理在现场进行，使用射频（NFC）、红外、蓝牙、声波等通道，实现与自动售货机、POS 机等实体终端设备的本地通信。

一、近场支付类型

（一）条码（二维码）支付

2011 年 7 月，支付宝推出全新的手机支付产品——条码支付（Barcode Pay），条码支付为线下小微实体商户提供了一种快捷、安全、低成本的现场支付解决方案。商户无须安装 POS 机，直接通过已有的收银系统或智能手机，扫描用户手机上的条形码（二维码）即可向用户发起收银，这是全球第一个条码支付产品。同时，支付宝也首次通过在线支付技术进入线下市场，实现了“现场购物、手机支付”。随后，我国一些非金融支付机构，如支付宝和微信支付，积极主推条码支付业务。

鉴于条码（二维码）应用于支付领域的有关技术、终端的安全标准尚不明确，相关支付撮合验证方式的安全性尚存质疑，存在一定的支付风险隐患。2014 年 3 月 13 日，中国人民银行下发紧急文件《中国人民银行支付结算司关于暂停支付宝公司线下条码（二维码）支付等业务意见的函》，暂停支付宝、腾讯的虚拟信用卡产品，同时暂停条码（二维码）支付等近场支付服务。2016 年 8 月，支付清算协会向支付机构下发《条码支付业务规范（征求意见稿）》（以下简称《规范》），明确指出支付机构开展条码支付业务需要遵循的安全标准。这是中国人民银行在 2014 年暂停条码支付以后首次官方承认条码支付地位。

《规范》中将条码支付业务分为付款扫码和收款扫码。付款扫码是指付款人通过移动终端读取收款人展示的条码完成支付的行为。收款扫码是指收款人通过读取付款人移动终端展示的条码完成支付的行为。在移动支付技术安全标准方面，《规范》要求条码支付交易过程组合采用三类验证要素：静态密码；经过安全认证的数字证书、电子签名以及通过安全渠道生成和传输的一次性密码；或是生理特征验证，如指纹等。此次《规范》出台最重大的意义是认可了条码支付，统一了管理办法。而且，线下条码支付具有进入门槛低、便捷等特点，适用于对传统 POS 收银成本敏感的小微商户的日常小额交易，因此条码支付是传统线下银行卡支付的有益补充。

（二）手机近场支付

近场支付还可以通过给手机植入数字标签的物理方式，直接将账户信息和手机绑定，在手机本地完成支付。目前手机外接硬件实现移动支付的技术形式已经走向成熟。

RFID（Radio Frequency Identification）射频识别技术可以通过无线电信号识别特定目标并读写相关数据，而无须识别系统与特定目标之间建立机械或光学接触。RFID 射频识别技术有很多频率，目前在中国有由中国银联主导的 13.56MHz 和由中国移动力推的 2.4GHz 两大标准。其中 13.56MHz 下有 NFC 技术、SIMPass 技术以及智能 SD 卡技术，而 2.4GHz 下有 RF－SIM 技术，如图 2－9 所示。

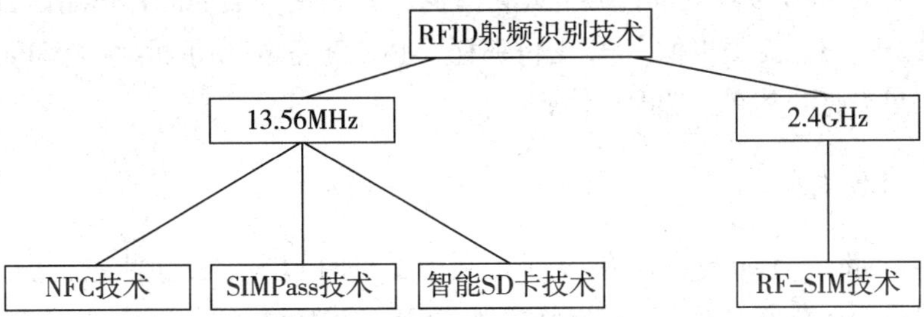

图 2－9 四种手机近场支付技术

NFC（Near Field Communication）近场通信技术是目前近场支付的主流技术，它是一种短距离的高频无线通信技术，允许电子设备之间进行非接触式点对点数据传输。NFC 的工作频率为 13.56MHz，有效范围为 20cm 以内，其传输速度有 106Kbit/s、

212Kbit/s 及 424Kbit/s 三种。该技术由 RFID 射频识别技术演变而来，并兼容了 RFID 技术。其最早由飞利浦、诺基亚、索尼等公司主推，主要用于手机等手持设备，是将具备 NFC 功能的模块置于手机之中，真正实现了手机与支付的无缝整合，但是用户需要更换支持 NFC 功能的手机。

SIMPass 技术是对 SIM 卡进行改造，需要更换专用的双界面 SIM 卡以便加载银行账户信息。由于其本身形式是一张 SIM 卡，因此主导权完全在运营商手上，对银行不利。因为除了该卡成本较高外，银行还失去了直接接触客户的机会。

智能 SD 卡技术由中国银联、第三方支付机构等主导，利用 SD 卡的改造来实现手机在场支付。智能 SD 卡需要在用户的手机上独占一个卡槽，会给用户带来相当的不便，对于没有 SD 卡槽的 iPhone 手机更是无法实施。

RF - SIM 卡是一种带有射频功能的安全 SIM 卡。其内部集成金融级的安全芯片和完全独立的 RF 射频通道，仅通过更换手机 SIM 卡即可实现身份认证、权限识别等，可以广泛应用于门禁、考勤、食堂、交通等公共事业领域。由于支持空中下载相关规范，RF - SIM 卡的用户能够通过空中下载的方式实时更新手机中的应用程序或者给账户充值，从而使手机真正成为随用随充的智能化电子钱包。

（三）声波支付

声波支付的原理是依托超声波，声波传递的超声波是一串随机生成的交易号，交易过程中发出“咻咻咻”的声音，形象地提示支付过程正在进行中。其实，真正的声波人耳无法捕捉，而每笔交易随机生成承载账单信息的超声波，仅 5 分钟内有效，超时过期。声波内容不涉及金额、账号等信息，即使有人现场录音也不必担心安全问题，这也较大程度地保障了支付安全。声波支付能无限接近 NFC 的使用体验，又不像 NFC 需投入过多成本，作为一种以软件为主的支付手段，对硬件要求并不高。每台售货机在安装相应软件后，所需配备的硬件——用来接收超声波的麦克风，每个仅 40 元，相比动辄上千元的 NFC 接收设备，成本大大降低。由于支付宝手机客户端已自动整合声波支付软件，用户也无须再像 NFC 支付那样，必须配备 NFC 手机、NFCSIM 卡或 NFC 银行卡等，只需打开其客户端即可体验。

（四）LBS 支付

LBS（Location Based Services）支付是利用手机的 LBS 定位功能进行的支付。LBS 是通过电信移动运营商的无线通信网络（如 GSM、CDMA）或外部定位方式（如 GPS）获取移动终端用户的位置信息（地理坐标或大地坐标），在 GIS（Geographic Information System，地理信息系统）平台的支持下，为用户提供相应服务的一种增值服务。比如，“摇一摇”手机其实是一个手机的手势操作，它和用手指点击屏幕的操作在本质上并没有太大区别。通过摇摇手机再结合 GPS 定位，即可得到附近的也在摇摇应用中的手机信息。通过应用的信息交换，就可以得到对方的信息。如果这个“摇一摇”应用是支付宝钱包，则就可以获取对方的支付宝账号。以支付宝的AA制付款为例，首先收款人摇动手机在支付宝上发起一个收款，周围的人同时摇一摇手机选择付款，支付宝系统立刻利用地理位置信息判断哪些人是要收款或付款，然后收款人将可以看到付款人账户出现在自己的屏幕上，选择他们的账户就可以向他们收款。

二、近场支付应用

（一）Apple Pay

Apple Pay是美国苹果公司在2014年发布的一种基于NFC的手机支付功能，于2014年10月20日在美国正式上线。2016年2月18日，Apple Pay业务正式在中国上线，Apple Pay在中国支持中国银行、中国农业银行（仅信用卡）、中国工商银行、中国建设银行、交通银行、中国邮政储蓄银行等32家银行发行的借记卡和信用卡。

Apple Pay采用近场通信技术（NFC），用户可用苹果手机进行免接触支付，免去刷信用卡支付步骤，用户将手指放在手机的指纹识别传感器上，将手机靠近读卡器，即完成支付。整个过程中，所有隐私信息都是加密的，在软硬件的高度配合下，可带给使用者更为便捷且安全的近场支付服务。另外，Apple Pay还集成到Passbook应用中，用户可以使用其苹果账号已经绑定的信用卡，也可以通过拍照增加新的信用卡。在安全性方面，Apple Pay具备业界领先的Token等多重安全技术保障，支付时不显示真实卡号，有效保护持卡人隐私及支付敏感信息。其信息并不储存在设备上，如果用户iPhone手机丢失后，没有必要去注销信用卡，可以通过Find My iPhone（查找我的iPhone）服务停止所有支付行为，因此用户不必担心丢失iPhone手机时的信用卡安全问题。

（二）Square支付

2009年，Square支付在美国旧金山诞生。Square以盒子支付著称，其支付设备非常小巧，形状类似一个小方盒。Square通过自身设备Square Dangle连接到手机的音频接口，再利用手机程序可以将一部普通手机变成一部POS机，直接使用信用卡和借记卡进行刷卡付款。它的工作原理很简单，刷卡时读取磁条卡的数据，将数字信息转化为音频传输到手机，手机端再通过软件还原数据，并通过手机网络进行通信和支付。

2011年5月，Square支付进行了升级，支持无信用卡支付，将信用卡和借记卡与Square账户捆绑后，消费者无须刷卡，只需提供姓名即可完成支付，从用户角度其旨在取代传统的钱包。2012年3月，Square又推出了Pay With Square这款产品，主要是对收银台端的应用程序进行升级，利用GPS和其他定位服务，使收银台端的屏幕可以列出所有身在店内且安装了Square应用的用户，从商户角度其旨在取代传统的收银台。当用户走进商店或咖啡店时，收银员就已经知道用户光临，因为用户的名字和头像已经显示在店家的显示屏上。结账时，用户只需说出自己的名字，店家在屏幕上点击后即可完成付款。整个支付过程，不需要现金，不需要刷卡，不需要签名，甚至不需要从口袋里掏出手机。

（三）银联“云闪付”

2015 年 12 月，中国银联联合二十多家商业银行推出“云闪付”移动支付品牌。银联云闪付是中国银联移动支付新品牌，支持智能手机、可穿戴设备及银联 IC 卡的支付。银联云闪付旗下的产品既能在有银联云闪付标识的销售终端“一挥即付”，也能支持移动互联网支付。“小额免密免签”是中国银联为持卡人提供的一种小额快速支付服务。当持卡人使用具有“闪付”功能的金融 IC 卡或支持银联云闪付的移动设备，在指定商户进行一定金额（境内 300 元，境外以当地限额为准）以下的交易时，只需将卡片或移动设备靠近 POS 机等受理终端的“闪付”感应区，即可完成支付。支付过程中，持卡人不会被要求输入密码，也无须签名。如发生移动设备或 IC 卡失窃，将对持卡人挂失前 72 小时内被盗刷消费金额提供赔付。

对消费者而言，使用“云闪付”支付功能，首先，需要拥有一部具备近场支付（NFC）功能的手机；其次，持卡人需在所属银行的手机 App 中绑定自己的银行卡，生成一张云闪付卡，相当于实体银行卡的“替身卡”；最后，在收银台具有银联“闪付”标识的 POS 机前，收银员输入支付额度后，消费者只需打开手机并放置在 POS 机附近，在“滴”的一声后输入密码，就完成了整个支付过程。“云闪付”不需要“解锁、亮屏幕、打开 App、扫码”等步骤，直接亮屏即可“刷手机”支付；而扫码支付则需要打开微信或支付宝的 App，启用摄像头和对应的扫码功能，联网确认后才能完成支付。同时，云闪付卡是一张虚拟卡，它借助云端存储虚拟卡片的关键信息，并进行动态更新，防止主卡信息的外泄，保障持卡人的用卡安全。因此，消费者通过“云闪付”可以享受到更加便捷、安全、快速的支付体验。

中国人民银行 2015 年三季度末公布的数据显示，全国已经具备非接触支付能力的 POS 受理终端超过了 700 万台。而根据中国人民银行早前的部署，到 2017 年 5 月，所有的 POS 终端都将支持非接触支付功能。随着近场支付市场受理环境的改善，拥有硬件厂家、银行支持等制度层面优势的“云闪付”支付方式开始展现出其强势的竞争力，而用户支付习惯层面的转移将进一步加强“云闪付”NFC 支付的竞争力。中国银联虽然早期未重视移动支付，没有推出具有竞争力的移动支付产品，而导致其在移动支付市场竞争力较弱，但随着 NFC 支付形式的发展，自身战略重心的转移，再加上银联底蕴的助攻，银联在移动支付的表现令人期待。

（四）自动售货机声波支付

自动售货机是一个典型的声波近场支付例子。“声波支付”售货机对手机没有“高门槛”要求，只要是一部可以安装支付宝钱包的智能手机就可以实现。购物时，按提示选择售货机中的商品，再点击支付宝钱包上的“当面付”，即出现确认付款按钮，手机靠近感应器，并发出“咻咻咻”的声音后，就完成了商品购买过程。在网络正常情况下，整个过程用时只有20秒。声波只向手机30～50厘米范围内的接收终端传递支付宝账户，超出该范围则无法接收到。

（五）“摇一摇”支付

支付宝推出了“摇一摇”支付，可以在陌生人之间实现快速手机支付。此前支付宝转账需要输入对方的账号，而这一新的支付方式的出现，使用户只需拿出手机“摇一摇”，对方的支付宝账号就自动跑到自己的手机上，并进行快速支付。由于省略了输入过程，支付速度提高一倍以上。这一支付方式特别适合陌生人之间的快速支付，也可以用于便利店、咖啡店、水果店等小微商家。

三、近场支付发展趋势

近场支付未来会朝着无硬件化、无卡化、更便捷的方向发展。现在的近场支付除了要求有智能手机之外，往往需要借助一些辅助硬件来实现，比如SIM卡贴片、Square刷卡器等，未来的趋势是对硬件的依赖将会越来越小。另外，信用卡也正朝着无卡支付的方向迅速发展，不远的将来，可以想象虚拟信用卡将会大行其道。甚至于智能手机这个硬件，也无法逃脱被简化、被变形的命运。将来，近场支付会慢慢过渡到更易于携带的智能可穿戴设备上，比如智能眼镜、智能手表、智能手环、智能领带皮带等。

本章小结

本章着重介绍了互联网支付，尤其是第三方支付的概念、模式、市场、竞争关系等要素，对我国互联网支付的全貌做了系统的分析和归纳。重点介绍了桌面在线支付和移动支付，分别对其概念范围和主要类型进行了详细的介绍与分析。在此基础上，讲解了移动支付当中的远程支付与近场支付的基本知识，同时对于其技术环境、市场环境进行了描述，列举了远程支付与近场支付的典型应用案例，并对其特点做了分析。

思考题

1. 什么是互联网支付？互联网支付的类型有哪些？
2. 我国的第三方支付主要有哪些业务内容？

3. 列举几个常用的移动支付应用，并简要描述其主要功能和特点。

4. 简述移动支付对传统行业的影响。

小组实训研讨题

1. 下载并安装3家银行的手机银行App，并对比其各自的使用特点。

2. 下载并安装支付宝钱包，了解其各项功能，编写应用说明，并写出一次成功支付的步骤。

3. 安装银联支付的手机客户端，比较其与手机银行App和其他第三方支付（如支付宝钱包、微信钱包）的异同，编写出对应的比较表格。

4. 编写PPT详细介绍京东商城的支付方式。为什么不能使用支付宝进行支付？

课外阅读

中国银联发布《2017移动支付安全调查分析报告》

2018年1月17日，中国银联发布《2017移动互联网支付安全调查报告》，这是中国银联连续第十年跟踪消费者支付习惯及风险偏好的变化情况。“从今年的分析报告中不难找到一些新趋势，”中国银联支付安全专家王宇总结道，“一是移动支付场景更丰富，打车出行、外卖支付新晋为高频场景；二是金融科技在产业发展中的作用更加凸显，指纹等生物识别技术有逐步取代传统密码的趋势；三是手机闪付成为各类国产手机厂商的标配，认可度越来越高；四是产业机构主动化解损失能力继续提升，消费者自担损失比例降低。”

1. 男性网络消费力首超越女性，90后消费能力强劲

报告显示，70后、80后是网络消费主力军，其中男性月均网上消费额超过5000元的比例（23%）首次超越女性（15%）8个百分点。值得注意的是，调查显示，90后收入情况虽不及其他年龄段人群，但每月网上消费金额高于5000元以上的比例（23%）却高于其他所有年龄段人群，年轻群体在移动支付领域的消费具有巨大潜力。

2. 手机闪付增长强劲，未来发展空间巨大

手机闪付成为2017年市场份额增速最快的移动支付产品，6成受访者表示使用，较2016年增长1倍。主要原因在于手机闪付无须解锁、只需指纹验证，更加便捷，并具有金融芯片级安全防护，获得苹果、三星等国际知名手机品牌及华为、魅族、小米、中兴等国产手机主流厂商的高度认可。同时，使用人群结构变化更为明显，从中高端人群走向社会大众。随着手机厂商的大力支持及应用场景的不断拓展，手机闪付的普及程度或向扫码支付看齐。

3. 传统验证方式遇冷，生物识别受青睐

数据显示，传统密码验证方式的使用比例较2016年下降25%；动态验证码的使用比例连续两年下滑，2017年再次下降20%。与此同时，以指纹识别为代表的生物识别认证因安全与便捷的独有优势获得青睐。本次被调查者中使用指纹识别方式的比例为48%，呈现出逐步替代传统密码的趋势。

4. 移动支付场景更为丰富，外卖受男性群体追捧

此次调查显示，5成以上的消费者通过手机支付完成线下购买实物、信用卡还款、外卖、打车及充值缴费等日常支付。其中，打车、叫外卖是90后、80后常用场景；买电影票、发红包是70后常用场景；资金转账则成为60后的首选。值得注意的是，外卖消费场景崛起迅速，移动支付比例超过6成，而80后、90后男性群体对其增长贡献最大。

5. 消费者自担损失比例下降，联系银行为止损关键

调查显示，相比2016年，自行承担所有损失的消费者占比下降12%，其中商业保险、风险赔付、欺诈资金与货物拦截等产业风险保障机制发挥了积极作用。在遭遇诈骗后，及时联系银行挂失卡片可帮助减少损失。受访者中，联系银行客服挂失卡片，遭遇诈骗但未蒙受损失的比例为47%，而通过第三方挂失等其他方式止损的比例仅为30%左右。①

① 本文引自《中国银联发布2017移动支付安全调查分析报告》，中国银联，2018年1月17日，http：//corporate. unionpay. com/infonews Center/infoCompanyNews/file_ 140100747. html。

第三章　互联网货币

教学目标与要求

√掌握互联网货币相关概念

√了解比特币的运作机制及发展

√熟悉互联网货币的风险及监管

案例导读

2013 年年底，全球最大的金融机构之一美银美林宣布正式将比特币（Bitcoin）纳入研究范围。美银货币分析师 David Woo 为单个比特币估值 1300 美元，他认为“比特币能够成为电子商务的一种主要支付方式，并且成为传统货币交易的有力竞争者”。

2013 年，一系列利好因素出现，比特币的币值也在一路攀升。1 月 2 日，1 比特币的价值为 13.16 美元；4 月 1 日，突破 100 美元；11 月 29 日，创下了 1242 美元的历史新高，其价格首度超过黄金。而 2010 年 4 月 25 日，比特币首次公开交易时，每比特币的市场价仅仅是 0.03 美元。在比特币疯狂上涨的同时，其他互联网货币的交易价格也在猛涨。比如莱特币（Litecoin）也在 2013 年 11 月上涨了 400%。CoinMarketCap 网站专门介绍目前具有市值的互联网货币的走势图，其中共收录了 651 种货币。根据该网站的数据，2013 年 11 月市值排名第三的点点币（Peercoin）在一天内上涨了 22%，排名第四的域名币（Namecoin）上涨了 70%。

赵乐天以 300 万元的价格卖掉了他的唯一住房，用这 300 万元中的 100 万元在中国著名的创业基地“车库咖啡”投资了 10 个项目，100 万元做自己的项目，剩余的 100 万元买了 2000 个比特币。由于互联网货币市场大好，这些比特币所带来的收益已经把房子的钱全部赚回来了。从赵乐天的例子可以看出大家对互联网货币的追捧程度，但是其大幅度的价格波动也给互联网货币的发展带来了新的挑战。

2014 年，比特币下跌超过 56%，成为 2014 年所有法定货币和互联网货币中表现最糟糕的货币，甚至击败了俄罗斯的卢布和乌克兰的格里夫纳。同时，比特币带来的负面影响也令人头疼。2014 年 2 月，24 岁的比特币支付公司创始人和总裁 Charlie Shrem 在纽约肯尼迪机场被捕，他当时刚从阿姆斯特丹回程的飞机中出来。Shrem 和佛罗里达州的另一个名叫 Robert Faiella 的人，被指控参与和“丝绸之路”相关的洗钱活动，而“丝绸之路”是一个涉及金额 100 万美元的毒品交易在线商店，比特币是该网站接受的唯一货币。这次逮捕体现了执法当局对于比特币的担忧正在升级。比特币，一种匿名的交易方式，已经成为黑社会的首选货币，而类似于 Shrem 的比特币支付公司也成为毒贩和其他恶意企业的推动者。

2015 年年初，财经界已经对比特币丧失了信心，很多专家都认为比特币危在旦夕。而在此背景下，2015 年 4 月，高盛集团仍然向新兴的比特币公司 Circle Internet Financial 投资了 5000 万美元。同年 6 月，另外一家新兴的比特币公司 Xapo 宣称三位金融领域的佼佼者已经与其签约成为顾问委员会成员，他们分别是美国前财长拉里·萨默斯（Larry Summers）、花旗银行前首席执行官约翰·里德（John Reed）和维萨创始人迪伊·霍克（Dee Hock）。这则消息表明华尔街很重视比特币，这可能会让那些认为电子货币在衰退的人大吃一惊。目前世界上一些最有权势的机构都在热衷于这类互联网货币，也许它们对互联网货币的兴趣会帮助其生存和蓬勃发展。

第一节　互联网货币概述

支付方式、信息处理和资源配置是互联网金融的三大支柱，其中支付方式是互联网金融的基础设施。2012 年以来，支付服务已经成为金融领域创新最重要的部分，而互联网货币是其中最为凸显的分支，互联网金融的支付方式革命也大量地体现在互联网货币方面。随着互联网的兴起和发展，互联网货币作为一种新的交易媒介和支付方式使用日益广泛，在我们的社会生活中扮演着越来越重要的角色。

一、货币形式的演变

货币，就是在商品劳务交易中或债务清偿中被社会普遍接受的一般等价物。从货币发展和演变的过程来看，货币形态总是随着社会生产和商品流通的变化而变化，呈现出一个由低级形态向高级形态转化的自然演变过程。信息技术革命推动了网络技术的进步，也给货币形式的创新创造了条件，从而银行业务和货币形式也就发生了相应的改变。在货币演变史上，货币可以归纳为以下六种形态。

（一）实物货币

实物货币是指被用于充当一般等价物的特殊的、实实在在的商品，也称为商品货币。它是货币演变过程中的最初形态，曾经出现过的实物货币有牲畜、贝壳、动物的牙齿及兽皮、特殊的石块等。实物货币的出现促进了社会发展，但由于实物货币存在的天然缺陷，使其逐渐被金属货币所取代。

（二）金属货币

金属货币是指以金属作为货币材料，充当一般等价物的货币。当商品交易发展到一定阶段，人们迫切需要一种能弥补实物货币缺陷、更为理想的交换媒介，于是金、银等贵金属就登上了历史舞台。金、银等贵金属具有容易分割、价值大、易储存、易运输和不易损坏等特点，因此成为最为典型的金属货币。

（三）代用货币

代用货币即代表实物货币的货币，是指由政府或银行发行的代替金属货币执行流通手段和支付手段职能的纸质货币。代用货币面值与币材价值不等，但可以兑换成金属货币，如我国北宋时期的交子和国外早期可以自由兑换金银货币的银行券就是典型的代用货币。代用货币具有可以自由兑换和携带方便等特点，从而得到人们的普遍接受。但是代用货币也有局限，发行数量受制于贵金属的数量。

（四）信用货币

信用货币是由国家法律规定的、强制流通的、不以任何贵金属为基础的、独立发挥货币职能的货币。目前世界各国发行的货币，基本上都属于信用货币。信用货币与代用货币不同，它与贵金属完全脱钩，不再直接代表任何贵金属。换言之，信用货币的发行数量不受贵金属的约束。因此，信用货币日渐取代了金属货币和代用货币。一般来说，信用货币的主要形式有纸币、辅币和银行存款货币等。

（五）电子货币

电子货币是银行等金融机构发行的具有法定货币功能的电子数据，是法定货币的电子信息形式。电子货币以计算机技术和网络技术为依托，是一种以电子数据形式进行存储、交易和支付的货币形态，其主要特征是使用简便、迅速和可靠。银行卡是现阶段电子货币使用的主要媒介。

（六）互联网货币

互联网货币是指由一定的发行主体以公用信息网为基础，以计算机技术和通信技术为手段，以数字化的形式存储在网络或有关电子设备中，并通过网络系统，以数据传输方式实现流通和支付功能的网上等价物。互联网货币的代表有比特币、莱特币、林登币、亚马逊币、Q 币、百度币等。

根据货币形态的演变发展阶段不难看出，货币虽然产生自商品，但货币的本质并不是商品，而是一种社会契约和价值共识，如图 3 - 1 所示。货币形态仅仅是体现货币本质的载体，它不完全等同于货币本身。货币形态发展的过程也充分体现了货币形态越来越表现为货币作为价值共识和社会制度的本质。

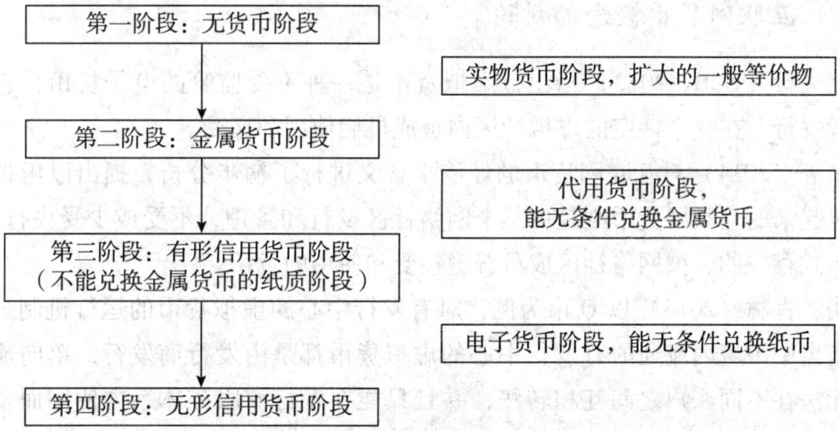

图 3 - 1　货币形态的发展阶段

二、互联网货币的界定

（一）电子货币概念的讨论

在“互联网货币”概念盛行之前，有关“电子货币”的文献已经十分丰富。以往的研究者们从各自不同的角度对电子货币的概念进行了界说，比较有代表性的定义如下。

姜建清（2000）认为“电子货币就是将现金价值通过二进制数码（0，1）的排列组合预存在集成电路芯片内的一种货币”。

根据巴塞尔银行监管委员会（BCBS，1998）的定义，电子货币是指通过销售终端、设备直接转账或电脑网络来完成支付的储存价值或预先支付机制。

董昀、辛超（2013）提出，电子货币是指以计算机或其他存储设备为存在介质、以数据或卡片形式履行货币支付流通职能的“货币符号”，其具体形式包括卡基、数基存款货币，电子票据等。

欧洲央行（ECB，2013）认为，电子货币就是“存储于技术设备中的电子化的货币价值，可以广泛地用于向除了发行者之外的其他方进行支付，作为一种预付工具在交易中不必要与银行账户相关联”。

李东荣（2014）指出，电子货币的最主要形式是电子现金，即基于电子支付渠道的货币形态。世界各国的实践表明，电子现金具有资金来源属性真实、使用安全便捷、全国联网通用、管理规范等优势。

从上述定义可见，电子货币主要是基于传统银行信用、受到政府部门监管的电子现金，主要包括：活期存款和活期储蓄，证券、期货的交易保证金，支付机构在商业银行的客户备付金。

（二）互联网货币概念的讨论

欧洲央行（ECB，2012）指出，虚拟货币是一种不受监管的电子货币，它们通常由开发者发行，在一个特定的虚拟社区内被成员们使用和接受。

谢平等（2014）对互联网货币的经济学含义进行了初步分析，提出以虚拟货币为蓝本发展起来的互联网货币则是由某个网络社区发行和管理，不受或少受央行监管的，以数字形式存在的，被网络社区成员普遍接受和使用的货币。

祁明、肖林（2014）以Q币为例，对有发行中心的虚拟货币的运行机制进行了剖析，并指出中国境内流通的有发行中心的虚拟货币都是由发行商发行，单向流通不可回兑，无法在不同账户之间互相转账，并且只能在发行商服务体系内使用而发挥其作为货币的职能。

比特币发明者中本聪（Satoshi Nakamoto）于2008年发表的文章《比特币：一种点对点的电子现金系统》（Bitcoin：A Peer – to – Peer Electronic Cash System），既开启了一种新的货币体系，也是去中心化的虚拟电子货币研究的开山之作。根据中本聪的设计，比特币本质上是一套通过开源的算法产生的密码编码体系，所有感兴趣的人都可以自行发掘。该体系不属于任何一个国家，没有中央服务器或者托管方，完全去中心化，所有一切都是基于参与者的自愿参与。

根据吴洪等（2013）的描述，去中心化的类金属虚拟货币主要是指比特币、莱特币、瑞波币等不由中央银行发行的虚拟货币，这些货币的去中心化设计使其不再依赖中央银行或政府等机构的担保，而取决于种子文件在P2P对等网络中达成的网络协议。

根据以上对虚拟货币或互联网货币的研究，互联网货币可以大致分为两类：一类是有发行中心并在一定的网络社区进行支付与流通的互联网货币，如Q币、百度币、U币；另一类是没有发行主体、去中心化的互联网货币，如比特币、莱特币、瑞波币。

（三）互联网货币与电子货币的区别

互联网货币和电子货币都是基于互联网技术的以电子信息为载体的数字货币，都通过信息网络进行传播和使用，在功能和特性上有很大程度的相似性，但是在货币性质、接受程度、法律地位、发行主体等方面有着很大的不同，如表3–1所示。

表3–1　　互联网货币与电子货币的比较

	互联网货币	电子货币
货币形态	数字货币	数字货币

续　表

	互联网货币	电子货币
货币性质	无法偿地位、发明出来的货币	法定货币
接受程度	一般限定于特定的虚拟社区	普遍接受
法律地位	不受监管或有限监管	严格监管
发行主体	非金融私人公司或无	银行等金融机构
赎回可能性	不提供赎回保证	提供以面值赎回保证

贝多广、罗煜等（2013）提出的一个分类法比较清晰地展示了电子货币与互联网货币之间的关系。银行电子货币（包括电子支票）受到政府监管，属于法定货币范畴；而以互联网货币为主体的虚拟货币不受政府监管，属于补充性货币范畴。补充性货币的出现，不再简单地是法定货币内部纸币与电子货币的替代，而是法定货币被补充性货币替代，中央银行难以监控补充性货币的发行。因此，互联网货币不同于电子货币，电子货币是指银行等金融机构发行的代替纸币流通且具有法定货币功能的电子数据；而互联网货币是指在网络虚拟环境中产生，由非金融私人公司发行或没有发行主体的，能购买虚拟或真实的商品、服务，充当一般等价物的近似货币。

三、互联网货币的种类

（一）特定平台上运行的虚拟货币

所谓特定平台主要是指网络游戏平台、虚拟社区、电子商务网站等可以进行交换和交易的互联网平台。这些平台上运行的货币主要包括：国外的 WOW 金币、“第二人生”林登币、亚马逊币等；国内的 Q 币、百度币、U 币等，如表 3－2 所示。这类货币更像是一种线上代金券，可用于买卖虚拟物品，也有一定的积分和促销功能，但只能用于其所属平台是其基本特征。本书将这类互联网货币称为虚拟货币。

表 3－2　　我国在特定平台上运行的主要虚拟货币

币种	发行公司	使用业务和服务	购买价格	购买方式
Q 币	腾讯	QQ 会员、QQ 秀、QQ 游戏、QQ 宠物等	1Q 币 =1 元	财付通、银行卡、网络充值、手机充值卡、一卡通充值卡
百度币	百度	影视、网络游戏等	1 百度币 =1 元	银行卡、神州行卡、联通充值卡、网银等
U 币	新浪	新浪邮箱续费、网游点卡购买、单机游戏下载等	1U 币 =1 元	固定电话、手机、网银等

续 表

币种	发行公司	使用业务和服务	购买价格	购买方式
POPO 币	网易	购买道具、POPO 游戏、POPO 表情下载	无	使用 POPO、我行我泡上传图片、奖励
狐币	搜狐	付费增值产品和服务（VIP 邮箱等）	1 狐币 =1 元	银行卡、电话银行、邮局汇款等
MM 币	猫扑	增值服务（社区管理、道具购买）	1MM =0.2 元	固定电话、移动电话、银行卡
卡拉	云网	网络彩票（快乐 8）	1 卡拉 =1 元	网上支付、邮局汇款、银行转账

（二）去中心化的互联网货币

去中心化的互联网货币没有特定发行机构，不依托任何实物，是以一种点对点的计算机传输技术为基础通过大量计算而产生的，并依靠密码技术和校验技术来创建、分发和维持。这种互联网货币不会局限在某一个网络平台上，它既可以购买虚拟商品和服务，也可以被用于真实商品和服务的交易。目前，全世界发行有一千多种互联网货币，比较流行的有比特币、莱特币、瑞波币等，如表 3 –3 所示。

表 3 –3　　主要的去中心化互联网货币

币种	发行时间	产生原理	发行数量	特点
比特币（Bitcoin）	2009 年	基于数学和密码学通过计算求方程组的特解，这个方程组被设计成了只有 2100 万个特解	总数量将被永久限制在 2100 万个	去中心化，全球流通，专属所有权，低交易费用，无隐藏成本，跨平台挖掘
莱特币（Litecoin）	2011 年	基于比特币协议，使用了 Scrypt 加密算法	发行数量每四年减少一半，最终达到总量 8400 万个	去中心化，平均 2.5 分钟的交易确认，挖掘更容易
瑞波币（Ripples）	2011 年	基于数学和密码学	1000 亿个	在 Ripple 系统中唯一的通用货币，没有网关的限制
弗雷币（Freicoin）	2012 年	基于比特币协议	可开采总数约 1 亿个	引入了囤积税的概念
狗币（Dogecoin）	2013 年	基于 Scrypt 算法	1000 亿全部挖出后，每年挖 50 亿，没有上限	小费文化背景，慈善人文背景

（三）互联网货币与虚拟货币的区别

（1）发行方式不同。虚拟货币有发行主体，其使用范围主要局限在各个网络公司，如林登币用于支付林登实验室提供的游戏和业务；而互联网货币一般没有发行主体。

（2）监管体系不同。我国已经把虚拟货币纳入第三方监管体系，给第三方支付发放牌照，对虚拟货币交易征税，受到中央银行和政府虚拟货币管理政策、法律和法规的约束。若购买虚拟货币的数额增大，滞留在网络公司的真实货币增多，给现实经济带来隐患，政府监管措施可以影响虚拟货币的发展。而互联网货币由网络所有节点集体管理，很难了解其交易情况，对虚拟货币的监督方式很难应用于互联网货币，其交易也很难征税。

（3）匿名程度不同。虚拟货币依靠账号系统，掌握交易双方个人信息进行交易。互联网货币不依靠账号系统，交易双方公开密钥信息进行交易，可以通过不断变换收款地址隐匿真实身份。

（4）价值不同。虚拟货币的价值是个性化的、相对的，无统一标准。正当渠道购买的Q币和游戏币与人民币之间有固定的兑换比率。而互联网货币通常没有限定使用范围，对美元汇率不稳定。

此外，在存量、代码属性与使用范围等方面，互联网货币与虚拟货币也存在一定的区别，如表3－4所示。

表3－4　互联网货币与虚拟货币的比较

	互联网货币	虚拟货币
性质	去中心化	有一个运营服务商
交易公开度	匿名	交易公开，可追溯到实名用户
存量	一般存量有限	无限增发
代码属性	开源	封闭
价值体现	可直接购买商品	可直接购买虚拟商品，个别例外可以购买实物商品
使用范围	没有限定	范围有限

四、互联网货币的产生背景

（一）虚拟经济和电子金融的出现造就虚拟货币

互联网技术以及电子商务的快速发展导致了一个新经济的出现——基于网络空间的虚拟经济。所谓虚拟经济，是相对于实体经济而言的，是经济虚拟化的必然产物，是指以信息技术为工具所进行的经济活动，包括网络经济等。而互联网货币是虚拟经济的具体表现形式，是构建与现实经济相平行的互联网虚拟经济的价值交换基础。

同时，互联网货币的出现也离不开互联网技术在金融领域引起的发展变革。在大部分国家，金融服务业一直都是一个充满竞争的行业，全球经济一体化、网络化的潮流对传统金融产生了重要的影响，与此同时电子商务借助互联网技术的快速发展，也提出了对电子金融的需求。电子金融不同于传统的以物理形态存在的金融活动，是存在于电子空间中的金融活动，其存在形态是虚拟化的，运行方式是网络化的。它是信息技术，特别是互联网技术飞速发展的产物，是为适应电子商务发展需要而产生的网络时代的金融运行模式。

虚拟经济和电子金融为虚拟交易媒介的出现奠定了基础，而同时期的网络游戏的快速发展，使得虚拟货币找到了第一个让它大放异彩的舞台。美国数字游戏市场的报告显示，2013 年 9 月，美国数字游戏销售额达到 9.7 亿美元。网络游戏本质上是数字化的服务，面向的用户均为网络用户，所以其消费全部是在互联网中完成。虚拟货币将用户的娱乐体验以及其消费支付都集成在网络游戏平台中。在体验前，用户通过各种渠道对其虚拟货币进行充值；在体验过程中，用户则可以根据需要随时支付，随时获得相应的服务，这给网络用户带来了极大的便利。

总之，随着互联网的发展，在电子商务以及网络游戏的积极带动下，电子支付越来越被人们所需要和依赖，并不断地影响、改变人们的消费习惯和生活方式，这使得越来越多货币的存在形式更加虚拟化，这些货币摆脱了实际物理形态，只以比特流的形式存在于互联网中，就是我们所说的互联网货币。

（二）从法定货币到互联网货币

所谓法定货币是指不代表实质的商品或货物，发行者没有将货币兑现为实物的义务，只能依靠政府的法令使其成为合法通货的货币。特别是当纸币产生之后，法定货币实质上就是法律规定的可流通的纸币。一般来说货币具有三种基本功能：计价单位、交换媒介和价值存储。然而，当政府的信用垮台时，如 2015 年津巴布韦一样，政府发行的法定货币就不再具有上述三种功能。

人们在经济的发展过程中，总是不断地寻求发行、流通、交易成本更低、使用更快捷的支付方式，恰好互联网货币的出现满足了人们的这种期望。同时，借鉴米尔顿·弗里德曼（Milton Friedman）的灵感，人们希望通过新技术建立比国家信用更可靠的货币体系。2008 年全球金融危机爆发以来，美元滥发导致全球范围内的通货膨胀，威胁到其他经济体的发展与财富安全，使世界经济陷入危机，凸显了现存国际货币体系无法满足国际经济健康发展需要的缺陷。

以货币定量化、去中心化、自由、开放理念为特征的比特币应运而生，并逐步产生广泛的影响。比特币的诞生，代表数字货币的革新，体现世界政治经济全球化思潮，具备一定的革命性；通过算法控制供给量的做法，具有开创性，将深刻影响金融业；

比特币是人们突破地域限制的一种尝试，可靠的电子支付系统的构想为未来的虚拟货币系统的设计提供了经验。目前比特币和经济联系有限，只在一定范围内少量流通，实现流通和支付手段的功能不可能无限扩大，暂时不会冲击金融秩序。

五、互联网货币的功能特点

（一）去中心化，超国家性

对于互联网货币而言，所谓去中心化就是指不依靠任何特定的货币机构发行。人人都可以成为货币的发行者，不受任何中央银行的监管，并且可以使用遍布整个网络节点的分布式数据库记录交易，这是一种去中心化、数字化，并且正在改变世界支付方式的货币。互联网货币的发行不再受限于中央发行机构，从而能够规避金融垄断。

（二）独特的匿名性

互联网货币大多采取对等网络技术（Peer－to－Peer，P2P）以及公私密钥方法，在资金转移时不需要个人信息的认证。交易双方可以随意生成自己的私钥，将与其对应的公钥告知付款人即可收到款项。下次再使用时，重新生成一对公私钥进行交易。这种一次一密的做法实现了高度匿名交易，没有中间机构记录交易信息，政府、组织或他人也无法跟踪账户、冻结资产。通过互联网货币可以实现免税，大大降低交易成本，真正匿名管理个人资产。

（三）交易便捷、成本低廉

与传统货币不同，作为全球通用的互联网货币在兑换与交易过程中，不需要依靠第三方机构，克服了地理空间的限制和市场的地域分割，提高了金融资源的配置效率。因此，互联网货币的交易速度极快。比如，比特币可以 1 秒完成交易，10 分钟之内得到全网确认并记录。互联网货币是一种数字化的货币，所以它可以根据实际的交易额度进行细化分割，在一定程度上增加了交易的便利性。比如，每个比特币可以切割为 10^8 份。而且，互联网货币的交易成本低廉，如果是点对点的比特币兑换或交易，成本为零；如果是通过比特币交易所来兑换，通常也只要支付 3‰或更少的手续费。同时，互联网货币跨境交易也不存在汇率问题。

（四）无通胀风险

很多互联网货币具有自己的额度上限，如比特币最多为 2100 万个，瑞波币的上限为 1000 亿个。为了保持互联网货币币值的稳定性，这些互联网货币都有自己独特的发行方式。比如，比特币在发行过程中每四年产出减半，直到无限趋近于 2100 万个。由于互联网货币没有中央银行控制货币供给，避免了中央银行的不良政策和人为干预所造成的通货膨胀。此外，得益于自身的发行机制，互联网货币能够在很大程度上克服由中央银行在传统货币供应、管理等方面实施的垄断而产生的局限性。

（五）无“假币”风险

法定货币虽然由特定金融机构发行，由政府监管，但是假币现象仍层出不穷。与传统的法定货币不同，互联网货币是一种以比特流形式存在于网络中的虚拟货币，并且使用了密码学的设计，可以产生多达数百位的密钥，以此确保了互联网货币在流通过程中各个环节的安全性。

第二节　互联网货币的代表——比特币

一、比特币的起源

比特币的思想最早来自诺贝尔经济学奖获得者米尔顿·弗里得曼（Milton Friedman）的灵感，希望通过计算机技术来建立比国家信用更可靠的货币体系，从而避免各国中央银行无节制地开动印钞机。2008 年 11 月 1 日，一个自称中本聪的人在 metzdowd. com 的密码学邮件组中发表了《比特币：一种点对点的电子现金系统》的开创性论文。时值次贷危机蔓延，政府的不良政策也令金融体系更加混乱，招致民众不满。中本聪认为现行的货币体系中存在内生性受制于“基于信用的模式（Trust Based Model）”的弱点，于是“去中心化”的思想应运而生。比特币系统就是这一理念的实践。中本聪把密码学原理、对等网络技术和开源软件相结合，开发出比特币应用体系。与法定货币相比，比特币并没有一个集中的发行方，而是通过网络节点的计算生成的，谁都有可能参与制造比特币，而且可以在全世界流通，也可以在任意一台接入互联网的计算机上进行买卖。无论身处何方，任何人都可以挖掘、购买、出售或收取比特币，而且在交易过程中，其他人无法辨认用户的身份信息。2009 年 1 月 3 日，中本聪开发了比特币客户端的第一个版本，发行了 50 个比特币，比特币就此问世。随后，比特币应用系统在开发人员的共同努力下逐渐完善，随着比特币总量的不断增加，新币制造的速度会减慢，直到 2140 年将会达到 2100 万个总量上限。

二、比特币的发行机制——“挖矿”

比特币网络通过“挖矿”来生成新的比特币。所谓“挖矿”实质上是用计算机解决一项复杂的数学问题，来保证比特币网络分布式记账系统的一致性。比特币网络会自动调整数学问题的难度，让整个网络约每 10 分钟得到一个合格答案。随后，比特币网络会新生成一定量的比特币作为赏金，奖励获得答案的人。2009 年比特币诞生的时候，每笔赏金是50个比特币。诞生10分钟后，第一批50个比特币生成了，而此时的货币总量就是50。随后，比特币就以约每10分钟50个的速度增长。当总量达到1050万个时（2100万个的50%），赏金减半为25个（2012年11月28日，比特币供应量首次减半调整，从之前每10分钟50个递减至25个）。当总量达到1575万个时（新产出525万个，即1050万个的50%），赏金再减半为12.5个（2016年7月递减为12.5个）。根据比特币的设计原理，比特币总量会持续增长，直到2140年达到2100万个。但是比特币货币总量在后期增长的速度将会非常缓慢。事实上，87.5%的比特币将在前12年内被“挖”出来。

比特币的现金支付体系基于哈尔·芬尼（Hal Finney）“可重复使用的工作量证明机制”的思想，在系统中每一个比特币的节点都会收集所有尚未确认的交易，并将其归集到一个数据块中，这个数据块会和前面一个数据块集成在一起。例如，矿工节点会附加一个随机调整数，并计算前一个数据块的SHA-256哈希运算值。挖矿节点不断重复进行尝试，直到它找到的随机调整数使得产生的哈希值低于某个特定的目标。由于哈希运算是不可逆的，寻找到符合要求的随机调整数非常困难，需要一个可以预计总次数的不断试错过程。这时，工作量证明机制就发挥作用了。当一个节点找到了符合要求的解时，它就可以向全网广播自己的结果。其他节点就可以接收这个新解出来的数据块，并检验其是否符合规则。如果其他节点通过计算哈希值发现其确实满足要求（比特币要求的运算目标），那么该数据块有效，其他节点就会接受该数据块，并将其附加在自己已有的链条之后，这就是一个完整的挖矿流程，如图3－2所示。参与比特币产出活动人数的变动也会影响其产出的难度，但人数的变动并不影响比特币的产出总量，因此比特币产出的难度与一定时间内全网投入挖矿工作的平均运算能力相关。单一个体“发现”随机调整数的可能性是建立在其计算能力与全网计算能力的综合比较之上的。

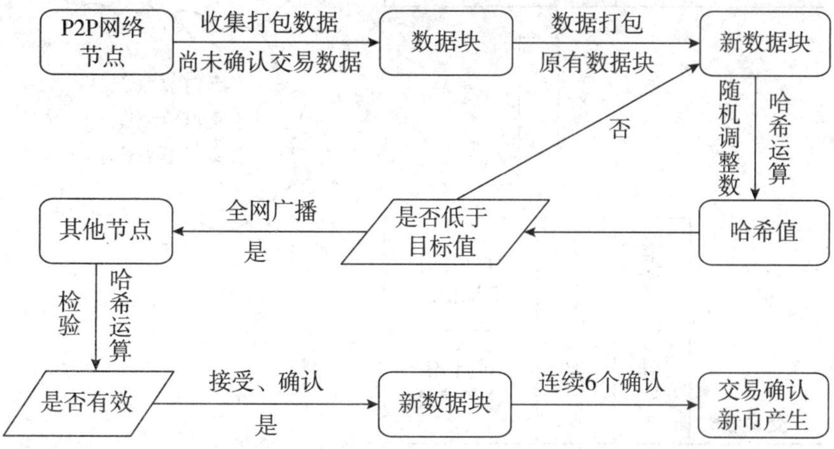

图3－2　比特币的发行机制

在比特币的发行环节中主要涉及以下几个参与方：①“矿池”，所谓矿池就是一个通过特定算法而设计的服务器。目前全球有三大比特币矿池：Deepbit、Slush 和 BTC Guild。这三种矿池的产出量、收费方式以及分配方式等各不相同，如在 BTC Guild 中免收手续费，而另外两个矿池则需要收取1.5% ~2%的手续费。②“采矿软件”，所谓采矿软件就是用户挖矿的客户端，其典型代表为 Gui Miner。③“采矿机”供应商，为挖矿者（俗称“矿工”）提供高性能的计算设备，例如美国的蝴蝶实验室（Butterfly Labs）、中国的 ASICME 和烤猫采矿等。

三、比特币的交易流通机制

比特币没有集中管控机构，整个网络记录了货币的交易，利用密钥技术保障交易机制的安全和有效。每个货币持有者拥有一对公私密钥，以货币持有者的地址或账号（类似银行账号）作为公钥，相应产生的一个私钥和持有者绑定。图 3 – 3 展示了比特币的交易过程，预期接受者的公共钥匙加密付款，相关联的私人钥匙才能收到付款，而付款人用自己的私人钥匙核对任何转入接收人账户的金额。例如在第 N 次交易中，交易者 A 希望给交易者 B 支付若干比特币，而在第 $N+1$ 次交易中，交易者 B 希望将他从第 N 次交易中获取的比特币支付给交易者 D。这两个交易分四步进行。①交易者 A 生成第 N 次交易信息，包括上一次相关交易的关联信息、本次交易信息（包括需要支

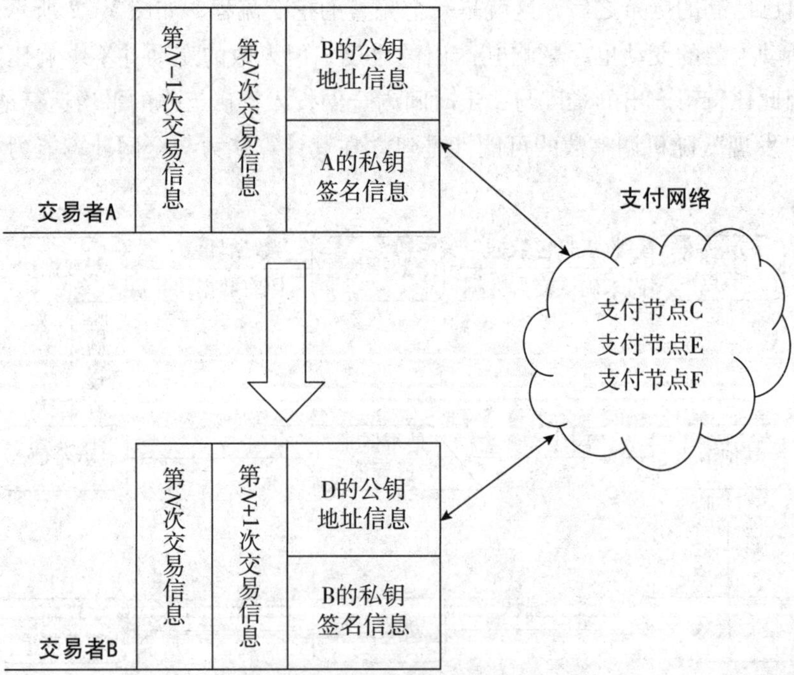

图 3 – 3　比特币的交易机制

付的数额）、交易者 B 的公钥地址。交易者 A 会使用他拥有的私钥对第 N 次交易信息进行数字签名，并发出关于该交易的信息。②支付网络中的支付节点获取交易者 A 发出的关于交易 N 的信息后，对交易有效性进行确认，包括该信息是否由 A 发出、A 是否拥有所交易比特币的所有权以及该比特币有没有被多次使用等。在该节点完成对交易有效性的确认后，将该确认信息在支付网络中广播，最终完成交易信息在全网络中的确认。③交易者 B 生成第 $N+1$ 次交易的信息，并使用他的私钥对信息进行签名（具体做法与第一步类似）。④支付网络会完成对第 $N+1$ 次交易信息的确认（具体做法与第二步类似），交易者 B 成功将他从交易者 A 处获取的比特币支付给交易者 D。

为了防止同一比特币被用户恶意多次使用，系统采用盖时间戳的技术来解决此类问题。每个节点都有一份关于历史所有交易的明细清单，称作交易链（Block Chain）。新产生的交易会与交易链中的历史交易进行一致性检验，通过检验的交易才可能被作为正常的交易接受。事实上，新产生的交易会被负责进行交易验证的程序打包产生新的交易模块，加到原有的交易链后面，构成新的交易链。全系统只有一个全局的交易链，负责同步支付网络的每一个节点，如图 3－4 所示。

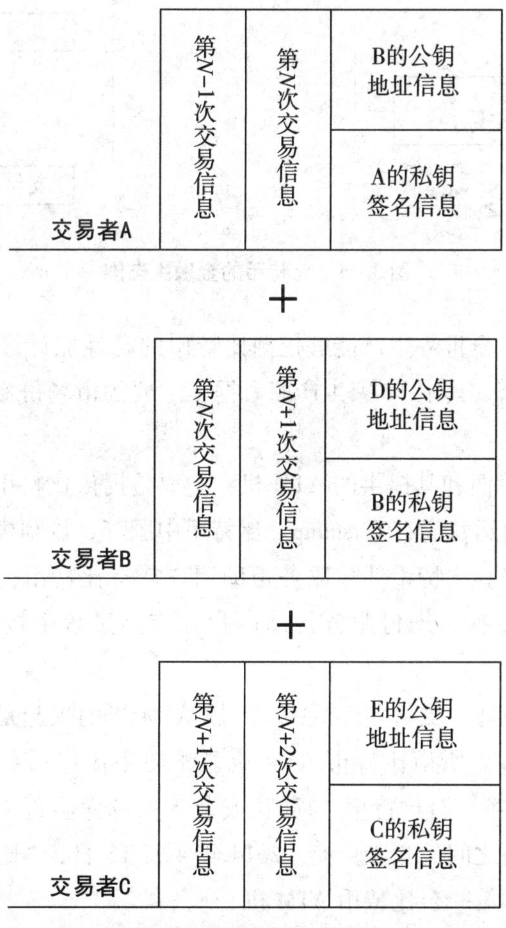

图 3－4　比特币的交易链

四、比特币的金融生态圈

目前，全球已经形成从生产（挖矿）、存储（比特币钱包）、兑换（按一定汇率兑换各种法偿货币或其他虚拟货币）、支付、消费到相关金融服务的比特币产业链条，并拓展到比特币ATM机（Automatic Teller Machine，自动取款机）和借贷，构建了较为完整的比特币金融生态圈，如图3－5所示。

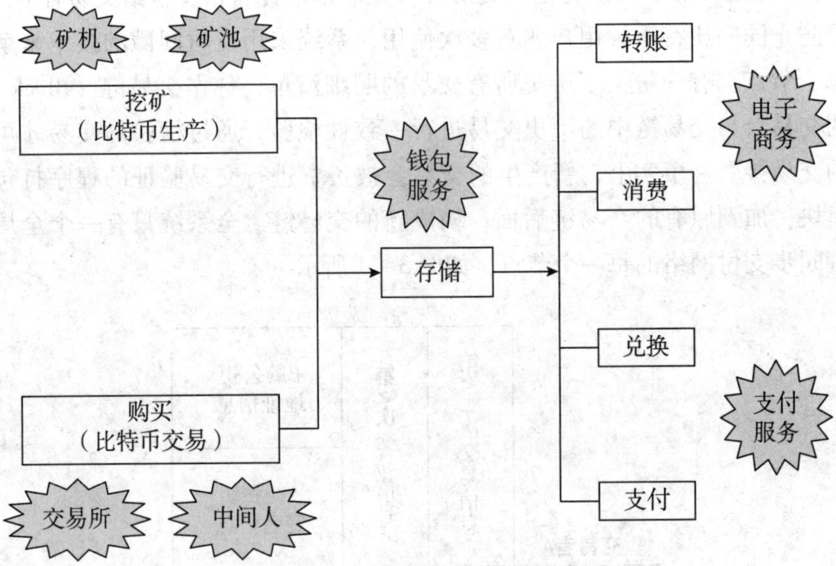

图3－5　比特币的金融生态圈

（1）矿机生产商。全世界生产能够挖掘比特币的高性能计算机（俗称矿机，如蝴蝶机）的厂商达几百家，其中12家生产商占据了主要的市场份额，每台矿机的价格从几万元到上百万元不等。

（2）基础平台运营商和其提供的ATM机，主要是提供比特币钱包、兑换和支付的平台。目前主流的平台运营商有Bitstamp、比特币中国等，盈利模式为收取在平台上买卖比特币的交易手续费。比特币钱包服务帮助用户持有比特币；兑换服务则实现法定货币与比特币的相互兑换；支付服务帮助商户在交易过程中接受比特币这样的支付手段。

在比特币发行、流通、支付各环节中，专属ATM机的兴起是标志比特币能够与法定货币抗衡的重要事件。所谓比特币ATM机是指使用比特币兑换和交易的ATM机。2013年10月，世界上第一台比特币ATM机安装于加拿大温哥华的波浪咖啡馆，用于办理加拿大元与比特币之间的相互兑换。2014年4月15日，“比特币中国”交易平台在上海浦东安装了中国第一台比特币ATM机。

背景资料

中国第一台比特币 ATM 机

中国的第一台比特币 ATM 机被放置在人口密度较大的张江地铁站旁的 IC 咖啡馆。它的体型较小，界面由显示屏、入钞口、扫描屏等组成。要使用这台机器，用户须拥有一个比特币“钱包”（即账户），将“钱包”对应的二维码下载到手机上，并在机器上扫描。二维码被识别后，用户就可将面值为 100 元或 50 元的人民币纸币塞进入钞口。随后，ATM 机会根据实时交易价将这些人民币金额转换成比特币，使用户的“钱包”增值，并收取一定金额的手续费。

比特币 ATM 机操作步骤很少，用时较短，但比特币到账则要延后较长一段时间。有用户在微博上反映，从比特币“兑换”至到账，大概需要花费一小时左右。“比特币中国”交易平台回应，这是在线交易系统网络不畅导致的，与 ATM 机本身无关。

与已在其他一些国家运行的比特币 ATM 机相比，上海的这台只有现金购买比特币的功能，而不具有比特币“兑换”现金和提取比特币的功能。除了 ATM 机，“比特币中国”还推出了一款名为“币加锁 ATM”的网络产品。通过这款软件，比特币持有者可以在手机上完成比特币的线上交易。

（3）金融服务提供商，包括围绕比特币产生的债券、股票、投资基金和金融衍生品，以及相应的银行、第三方支付公司、证券交易所等交易平台。

（4）商品提供商，通过消费比特币满足人们的需求。这种需求现在已经从纽约市的梅泽烧烤（New York City's Meze Grill）到加利福尼亚州的豪生大酒店，从富勒顿会议中心到俄克拉荷马州的婚礼蛋糕店等。接受比特币的供应商数量在不断增加，包括线上和线下的供应商。通常比特币的消费方式分为如下几类：购买网络服务、游戏充值、购买实物和捐赠给一些接受比特币的机构。

五、比特币产业在我国的发展情况

（一）第一阶段（2017 年 9 月之前）

2017 年 9 月之前，中国是数字货币交易第一大国，全年交易量占到全球的 80%。并且我国已经初步形成以交易平台为核心，涉及比特币的生产、存储、兑换、支付到消费较为完整的产业生态链，也已经出现了相关衍生性金融服务。2017 年 9 月，中国人民银行发布《关于防范代币发行融资风险的公告》，随后，国内各大比特币交易平台停止提现业务。这一阶段的主要特点如下。

（1）一些大型的比特币矿场在中国大量涌现，中国的比特币挖矿在全球具有较强的竞争优势。据估计，中国矿池占到比特币全网算力的75%，全球十大比特币矿池中有8个来自中国。

（2）中国已经成为全球交易量最大的交易平台，其中，广东、北京、浙江、江苏、福建占据比特币交易用户地区前五名。我国数字货币交易所的产品、安全性及用户体验远远超过国外的交易所。OKCoin和火币是国内交易所巨头。其中，OKCoin、火币、BTCChina是现货交易三强；796、OKCoin、火币则是期货交易三强。

（3）接受比特币购买商品和服务的商家数量也日益增多。车库咖啡是国内第一家接受比特币支付的实体商户。2013年芦山地震后，壹基金也宣布接受比特币捐赠，共收到了233个比特币，折合人民币接近22万元。同时，淘宝网越来越多的网店也开始接受比特币支付。

（4）一部分金融机构开始提供以比特币为基础资产的金融服务。例如，光大银行福州分行铜盘支行为福建中金在线网络管理公司推出的“中金在线比特币私募基金”提供托管服务。

（二）第二阶段（2017年9月之后）

在比特币等加密数字货币的生态链条中，比特币与法币的兑换交易是其中的重要环节，一般地，可以将其分为场内交易和场外交易。比特币场外交易的出现早于场内交易，场外交易通常没有固定的场所、规定的成员资格和严格的规则制度，主要是交易对手通过私下协商进行的一对一交易。国家互金专委会发布的《比特币场外交易监测报告》显示，随着2017年9月初国内ICO和比特币交易的业务清理，场外交易快速发展，交易价格屡创新高。

1. 场外交易平台加速上线

2017年10月以来，比特币场外交易平台加速上线。截至2017年11月25日，支持比特币兑人民币（BTC－CNY）的C2C（Customer to customer，个人与个人之间的电子商务）场外交易平台已达21家，上线时间集中在10月下旬到11月。10月以前，主要活跃着LocalBitcoins、BitcoinWorld、Paxful以及CoinCola四家平台。10月下旬，OTC789.com、OKOTC、OTCBTC等平台相继上线，OKEx推出场外交易功能。11月，Coins001、OTCoin、ZB.com、Huobi.pro等平台接连上线或推出C2C场外交易功能。从网站服务器所在地看，上述平台网站主要分布在中国香港、美国、日本等地。

2. 业务内容日渐多样

根据平台业务内容，C2C场外交易平台分为三种业务模式。

（1）C2C场外交易专营模式。该类平台只经营C2C场外交易业务，共15家。

（2）钱包App＋场外交易模式。通过附加即时通信等模块，该类平台将场外交易功能集成到比特币钱包App中，共2家。

（3）场内＋场外交易业务模式，即兼营币币场内交易和比特币兑人民币场外交易，共4家。值得注意的是，通过打通C2C场外交易与币币场内交易资金账户之间的虚拟划转通道，部分该类平台在某种程度上实现了人民币与比特币的变相场内交易。

3. 交易币种不断丰富

除比特币外，以太坊、比特现金等币种也纷纷上线上述平台，与人民币进行点对点的兑换交易。经统计，21家平台共上线16种虚拟货币。其中，支持以太坊的12家，支持比特现金的10家，支持莱特币的8家，具体分布如图3－6所示。

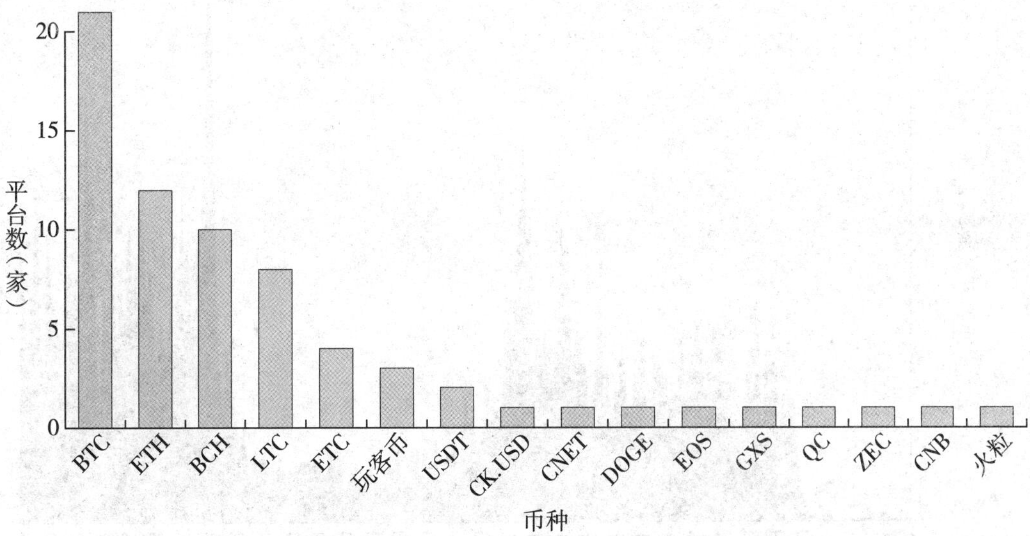

图3－6　不同币种上线C2C交易平台情况

值得注意的是，上述币种中的USDT、CK. USD和QC属于与人民币、美元等法币按固定汇率兑换的“虚拟货币”（USDT和CK. USD可与美元1∶1兑换，或按照美元汇率与人民币兑换，QC可与人民币1∶1兑换），采用中心化发行方式，与比特币等虚拟货币具有本质区别。其中ZB. com支持QC和USDT按固定汇率与人民币的兑换；OTC789. com支持CK. USD按照固定汇率与人民币进行兑换；Huobi. pro支持USDT与人民币的C2C兑换交易。

与人民币按固定汇率兑换的中心化发行币种日渐增多，除上述三个币种外，还包括CNYT、QQC等，可与人民币进行1∶1兑换。

4. 支付方式分析

从BTC－CNY场外交易使用的人民币支付手段来看，2017年11月，在LocalBitcoins的交易广告中，抽样监测发现，49%的卖单广告选择的支付方式为支付宝，其次是银行转账，占比36%；在CoinCola的交易广告中，抽样监测发现，81%的卖单广告选择的支付方式为支付宝，其次是银行转账，占比14%；通过Paxful完成的BTC－CNY场外交易中，99%的交易订单通过支付宝完成人民币转账。

5. 场外交易规模走势

2017 年以来，BTC－CNY 场外交易规模走势如图 3－7 所示。2017 年 2 月以前，BTC－CNY 场外交易额相对较小。随着 2 月初国内主要比特币交易平台禁止提币，交易规模出现爆发式增长。自 2017 年 6 月国内主要交易平台开放提币以来，交易规模明显减小。随着 9 月初国内 ICO 和比特币交易的业务清理，场外交易再一次繁荣。

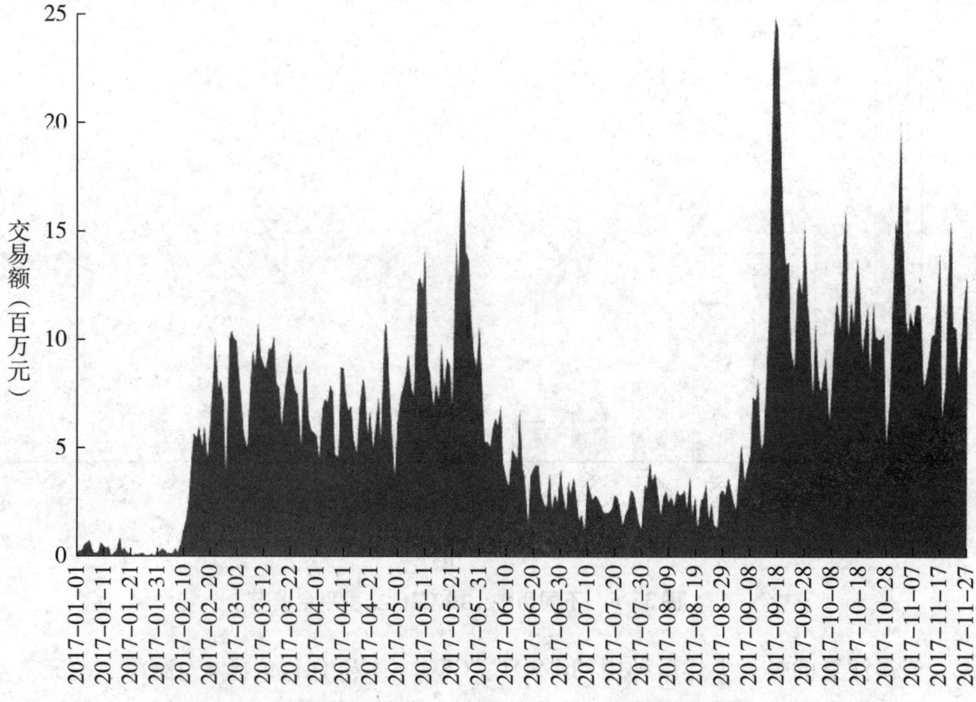

图 3－7 部分平台 BTC－CNY 场外交易日交易额走势

资料来源：交易数据来自 LocalBitcoin 及 Paxful 两家平台。

第三节 互联网货币的风险

一、特定平台上运行的虚拟货币

（一）流动性风险

虚拟货币缺乏相应的发行准备制度，其信用是以运营商承诺可以用该货币购买到消费者认为等价的商品为基础的。如果发行人由于主客观原因不能满足消费者的赎回需要，就会形成流动性风险。虚拟货币的发行规模越大，这种风险的可能性越大。而且，当一些突发事件发生，如发行者破产、重大的安全事故、市场的小道传闻等也会使消费者拒绝使用虚拟货币，要求赎回，从而导致流动性风险的出现。

（二）安全性风险

虚拟货币是网络经济和信息技术高速发展的产物，发行者不仅要面对来自经济领域的风险，还要面对来自技术领域的风险。安全隐患主要来自三个方面：外部的攻击、系统本身的故障以及内部人员的蓄意破坏。由于虚拟货币是依附于网络存在的，其生产、交易都离不开网络，因此网络的安全性直接决定了虚拟货币的安全性。但是虚拟货币发行者并没有完全解决网络支付安全的问题，网络控制、网络监听、安全漏洞、系统后门、木马、病毒等诸多因素都有可能影响虚拟货币的安全性。

（三）隐私权保护不够

在虚拟经济中，虚拟货币持有人在开设虚拟账户或使用虚拟货币的过程中会留下自己的信息。同时，虚拟货币的发行人在同消费者交易时会尽量多地收集消费者的信息，这在客观上为消费者的隐私权带来隐患。当前，我国对于隐私权保护的法律还不够完善，加之虚拟货币交易的跨国界性、瞬间性等特点，更加大了虚拟货币持有人隐私权的保护难度。

（四）对法律秩序的冲击

当前，虚拟货币最大的问题在于国家缺乏相关的法律法规，没有法律的界定，整个虚拟货币的价值链不能建立。同时，由于虚拟货币的虚拟性和匿名性，加之规范互联网金融行为的立法跟不上互联网金融的发展速度，造成了对现有法律秩序的冲击，比较常见的是利用互联网进行洗钱、赌博和偷税。

（1）虚拟货币的特殊性为洗钱活动提供了便利。虚拟货币的虚拟性也使得追查活动更加困难，难以掌握到有力的证据。而且，虚拟货币的跨境流动日益频繁，在方便国际支付的同时，如何防止利用虚拟货币进行洗钱行为的发生成为各国共同面临的一个严峻问题。

（2）虚拟货币可能沦为赌博的工具。如在提供输赢游戏的网络游戏中，游戏玩家只有购买了虚拟货币才能够玩游戏，因此，虚拟货币的发行者就能获取更多的利润。尽管原国家新闻出版总署曾下发过《关于禁止利用网络游戏从事赌博活动的通知》，试图规范网络赌博活动，但对于虚拟货币尚且没有明确的法律界定。

（3）虚拟货币容易成为商家偷税的工具。以虚拟货币为媒介的商务活动实现了无纸化的操作，许多交易活动记录可以被轻易修改而不留痕迹，为传统的税务稽查工作带来了难度。此外，由于网络虚拟交易的国际化发展，传统贸易方式下形成的国际税收准则和管理办法也不再适用，加大了国际税收协调的难度。

二、去中心化的互联网货币

（一）币值不稳定，存在大起大落现象

互联网货币发行量相对较少、集中度较高，交易市场缺乏足够的流动性，较小的交易量就能够引起很大的价格波动，币值极其不稳定。而其中投机性心态、技术安全和相关政策的发布也成为影响互联网货币币值稳定的因素。

1. 投资者投机心态严重

2008 年金融危机过后，股市持续不景气、房地产风险加剧、部分理财产品的不可靠性以及通胀压力，使得庞大的民间资本需要一个合适的对象来进行风险规避和保值增值。2009 年诞生的比特币，成了一个较好的投资目标。随着投资者的投资，比特币的价格开始高涨，如在 2009 年，1 比特币可兑换 0.03 美元；到 2013 年 11 月底，这个数字已经突破了 1000 美元的大关。互联网货币的疯狂涨势也进一步刺激了人们的投资预期，加大了人们的投机心理。

2. 技术安全事件频发

互联网货币的暴涨、投资者参与的盲目性以及互联网货币特有的网络虚拟性，增加了黑客攻击互联网货币交易平台、储值平台的可能性。其安全问题更多地体现在技术层面，通常容易受到攻击的是交易平台本身或者网络电子钱包。比如，2014 年 2 月，黑客入侵了比特币全球最大的交易平台 Mt. Gox 的用户账号，造成 85 万枚比特币被盗，折合 4.67 亿美元，这也最终导致了 Mt. Gox 交易平台的破产倒闭。在我国，2013 年 10 月，比特币交易平台 GBL 网站被黑客攻击，损失了 8000 枚比特币和 400 万元人民币。互联网货币技术安全事件频发，加大了互联网货币币值的波动性。

3. 相关政策的发布

创新意味着新生事物要突破原有的边界，对新事物的监管往往存在滞后性。监管政策一旦出台，就会在很大程度上干扰投资者的投资心态。比如，2013 年 12 月 5 日，中国人民银行等五部委发布了《中国人民银行　工业和信息化部　中国银行业监督管理委员会　中国证券监督管理委员会　中国保险监督管理委员会　关于防范比特币风险的通知》，明确了比特币是一种特定的虚拟商品，并不是真正意义上的货币，不具有与货币等同的法律地位。文件发布 1 小时后，比特币在中国市场的交易价格跌幅超过 33%。2017 年 9 月，中国人民银行等七部委联合治理 ICO（Initial Coin Offering，首次币发行），关停国内比特币交易所，导致比特币价格短期大幅下跌，比特币在一天之内跌去 35%。可见，相关政策的发布以及监管部门的监管行动都直接影响着互联网货币的币值波动，甚至间接影响了互联网货币交易平台的生死存亡。

（二）退货币性，容易造成通缩风险

互联网货币发行的“去中心化”特征，使货币的供给与市场需求和经济发展无关。虽然互联网货币在理论上消除了通胀，但是其总量的相对匮乏性使其比金本位币更容易带来通缩风险。囤积互联网货币坐等其升值使其货币属性退化，投机者炒作互联网货币就是通缩风险的外在表象。

（三）热钱流动的风险

引发热钱流动是目前互联网货币最大的潜在风险。互联网货币的持有者和交易者可以轻易“进入”货币管制的国家，再通过二级市场兑换该国法定货币进行套利投机，也可以直接运用互联网货币投资实物商品。一旦互联网货币规模的增长满足短期跨境资本流动的需要，热钱流动风险就将导致国家资本管制效率的下降。比如，在我国，利用比特币的交易可以绕开中国严格的资本管制，达到在国内外流转资金的目的。

（四）缺乏法定信用担保

法定货币的发行依靠国家信用做保证，而互联网货币发行的“去中心化”，就等于宣布自己是一个缺乏信用保证载体的货币，其背后没有任何政府和机构为其信用背书。只有互联网货币赢得越来越多的认可，才能真正成为一种稳定可靠的货币。

（五）“泛比特币”现象

目前，网络创新日新月异，既然可以发明一种算法创造比特币，就可以发明新的算法创造新的互联网货币。继比特币之后，又有莱特币、瑞波币、弗雷币等相继出现。未来更多互联网货币将会展开竞争，可能出现比特币的替代品，也可能出现互联网货币的泛滥发行。

第四节　互联网货币的监管与风险防范

一、互联网货币的监管

虽然互联网货币具备货币的大部分属性，理论上应当由各国的货币当局对其进行监管，但是互联网货币作为一种新生事物，具有自身的特殊性。无论从监管效果还是从其社会影响的角度来看，都需要金融监管部门、信息管制部门、司法部门乃至国际机构等多方面联动对其进行有效监管。

（一）国外互联网货币的监管及经验借鉴

1. 特定平台上的虚拟货币的监管

韩国网络游戏产业的快速发展使其在特定平台上运行的虚拟货币管理方面有较成熟的经验，其管理实现了两项突破。

（1）韩国对虚拟物品规定物权。在法律上承认虚拟物品（包括虚拟货币）的合法性，为虚拟交易提供法律保护。明确游戏中的虚拟角色和装备独立于游戏服务平台，属于用户的私有财产。同时，规定参与虚拟物品交易的交易者必须年满 19 岁，进行实名制注册。

（2）韩国对虚拟物品的交易征税。2007 年 7 月 1 日实施的《虚拟物品交易法》对虚拟物品的交易开始征税。征税依据半年期交易额划分为三个等级：600 万韩元以下、600 万～1200 万韩元和 1200 万韩元以上，如表 3－5 所示。

表 3－5　韩国对于虚拟物品交易的分级征税情况

征税等级	征税范围		征税措施
一级	600 万韩元以下		免税
二级	600 万～1200 万韩元		完成商业许可、提交财务报表进行缴税
三级	1200 万韩元以上	1200 万～4800 万韩元	按“简易纳税者”进行缴税
		4800 万韩元以上	按“普通纳税者”进行缴税

美国是网络游戏较为发达的国家，但是除了电子信箱和电子邮件系统外，尚无正式的法令对其他类型的虚拟货币或财产做出规定。不过美国涉及虚拟物品的案件可以在以往类似的案例判决中得到借鉴。比如，“第二人生”的林登币引发的一些虚拟财产的纠纷案，都得到了很多的司法裁定。

2. 比特币的监管

比特币的未来存在太多的不确定性，各国对其认识和风险的把控也并不一致，因此对比特币的监管政策需要因地制宜。

（1）美国监管情况和纽约州的 Bit License。

美国在比特币的监管方面，走在了世界金融强国的前列。2013 年 3 月，美国财政部下属的金融犯罪执法网络（Financial Crime Enforcement Network）出台了一份针对比特币等虚拟货币业务的指引性文件——《金融犯罪执法网络法规在个人管理、交换和使用虚拟货币中的应用》。随后，美国开展了一系列针对比特币的执法行为。2013 年 5 月 14 日，美国国土安全部以未在金融犯罪执法网络登记为由，冻结了比特币交易所 Mt. Gox 的两个账户。2013 年 5 月 28 日，美国国土安全部以涉嫌洗钱和无证经营资金汇划业务取缔了位于哥斯达黎加的汇兑公司 Liberty Reserve 的虚拟货币服务，该公司涉嫌洗钱规模达到 60 亿美元。2013 年 10 月，美国关闭了利用比特币进行非法交易的“丝绸之路”网站。

2013 年，美国把比特币纳入到了证券法的法律体系；2015 年美国第一家获得金融许可证的比特币交易所——Coinbase 成立，标志着在美国交易比特币的合法性。2015 年 5 月 20 日，洲际交易所（ICE）旗下纽约证券交易所宣布推出“纽约证券交易所比特币指数”（NYSE Bitcoin Index），这是第一个由交易所计算并传播的比特币指数。

2015 年 6 月 4 日，美国纽约州金融服务局（NYDFS）发布了最终版本的互联网货币公司监管框架 Bit License，这是全球第一个正式针对比特币等互联网货币行业提出的明确监管法规。Bit License 的正式生效，使得纽约州成为美国第一个正式推出比特币和互联网货币监管的州。该法案规定，所有向纽约州居民提供互联网货币服务的企业和个人都必须申请 Bit License，注册申请的期限为 45 天。获得 Bit License 除了需要支付高达 5000 美元的申请费和 NYDFS 规定的额外应用成本外，申请者还要提交公司经营的详细资料、财务和法律的历史以及运行互联网货币业务的计划等。企业或个人只有在申请的 Bit License 得到批准以后，才能成为一个合规的经营方，而任何没有申请 Bit License 的单位将可能面临制裁。该法案在反洗钱、数字资产安全、业务连续性、灾备以及消费者保护方面都有明确的规定。而对于互联网货币业务经营活动的范畴明确指向从事“金融中介”的公司，软件提供商则不在适用范围内。

（2）欧盟及英国的监管。

2012 年 10 月，欧洲央行发布了《虚拟货币体制》报告，将比特币定位为“第三类虚拟货币”，可以用来购买虚拟或实体的商品和劳务。由于这类虚拟货币不具有法偿货币的性质，因此，在与传统货币的联系中不受现有法律的监管。在这份报告中，欧盟央行对于比特币在信用、流动性、操作和法律四个方面提出了风险警告。2012 年 12 月，法国政府批准成立了比特币交易平台——“比特币中央”，成为首家在欧盟法律框架下运作的比特币交易所。2013 年初，比特币中央取得一般欧洲银行用来辨别身份的国际银行账号（IBAN），跻身准银行之列。2014 年 7 月，欧盟银行业管理局（EBA）再度要求欧盟银行远离比特币等虚拟货币交易，直到有关监管法案出台为止。

在此基调的指引下，芬兰、法国、爱尔兰、波兰、立陶宛、荷兰、西班牙、德国等欧盟国家相继出台了一些官方的政策信息，但整体的态度较为一致，即从监管上将比特币与现有的法币体系相区别。

英国是对比特币行业发展最为友好的国家之一。2014 年 5 月和 9 月，英格兰银行发布报告称比特币是一种“商品”，虽然担心互联网货币的广泛使用会减弱央行对于经济的控制能力，但也承认区块链技术是“真正的技术创新”。最重要的是基于货币的价值储藏、交易媒介和计价单位的定义，报告承认“对于任何互联网人来说，互联网货币可以作为货币使用”。2014 年 3 月，英国税务部门拟放弃对比特币交易征税的计划；同年 11 月财政部官员声明“互联网货币以及互联网货币交易所现在在英国是不受监管的”。总体来讲，英国官方一方面关注比特币行业的潜在风险，另一方面支持这个领域的金融创新。

（3）俄罗斯明确反对比特币。

俄罗斯是世界上明确反对比特币的唯一大国。在西方经济制裁、国内通胀严重和卢布大幅贬值的背景下，俄罗斯官方对于比特币成为法币的替代性货币，冲击其货币政策，滋生洗钱和非法交易显得尤为担忧。2014 年 8 月，俄罗斯财政部公开了一份旨在禁止比特币及所有替代性货币活动的法案。同年 10 月的修改法案中，提到了一系列的行政罚款，包括企业和公民发行、创建或故意传播有关互联网货币的相关信息等，并表明该法案适用于大部分比特币行业从业者，从矿工、交易所到普通用户。

（4）日、韩、新加坡等亚洲主要国家普遍欢迎比特币。

作为全球经济大国的日本，至今仍未针对比特币或其他互联网货币进行监管。但经过比特币著名的 Mt. Gox 事件后（其交易所位于东京），日本中央银行表示已经在研究比特币带来的相关问题。2014 年 3 月日本内阁会议决定，禁止银行和证券公司从事比特币业务，但没有对比特币做出定性，并不采取对比特币交易的监管措施，同时对比特币购买的消费税征税上采取了灵活有弹性的政策。

出于对比特币缺乏可测量的金融结构和指标的担忧，韩国政府此前曾拒绝将比特币视为合法货币。然而，韩国是创业与创新的重要支持者。韩国比特币公司 Korbit 在创业初期就得到了政府的大力支持。韩国的支持态度对于比特币产业的发展无疑是一件好事。

与韩国相似，新加坡政府承认比特币交易，并设计了相关税务规则来管理这种虚拟货币的交易。税务局机关在 2013 年宣布，出于征税的考虑，将比特币等同于商品处理，当比特币被出售或者对商品进行支付的时候收取一定赋税。但是，如果比特币被当作一项长期的投资计划来进行买卖，从中产生的利润将被看作投资收益，不对其进行征税。

综上所述，从全球范围来看，已对比特币等互联网货币行业发展做出正面回应的各国监管者基本都是将比特币定义为资产或商品。而在制定具体规则时，也借鉴了传统金融行业已有的较为成熟的监管体系，如互联网货币存储机构借鉴资产管理公司，互联网货币交易服务公司借鉴资产和商品交易平台的监管架构。最后，根据各国的发展现状，充分考虑到本国的特殊性，主要考虑的重点包括如何保护用户互联网资产的安全，预防利用互联网货币进行洗钱等金融犯罪活动等。

（二）我国互联网货币的监管

我国互联网经济较为发达，互联网货币发展较快，种类繁多，使用范围广，影响力较大。市场的庞大、使用主体的年轻化及监管机制的不健全引发了诸方关注。因此，我国互联网货币监管的实现和完善更为迫切。

1. 特定平台上的虚拟货币的监管

2007年2月26日，公安部、信息产业部[①]、文化部[②]、国家新闻出版总署联合发布通知，禁止通过虚拟货币进行网络赌博。2009年6月27日，文化部、商务部发布了《关于加强网络游戏虚拟货币管理工作通知》，首次明确网络游戏虚拟货币的定义，提出要加强市场主体的管理，明确企业责任，保护用户的合法权益，加大对非法主体的打击和监管力度。从多个流通环节杜绝虚拟货币可能引发的风险。根据该通知，2009年7月23日，文化部又发布了《网络游戏虚拟货币发行、交易企业申报指南》，内容包括申报条件、申报材料、申报流程等具体申报细则，对有关企业的申报进行指导。

2. 比特币的监管

针对比特币的监管，中国人民银行等五部委于2013年12月5日联合下发了《中国人民银行　工业和信息化部　中国银行业监督管理委员会　中国证券监督管理委员会　中国保险监督管理委员会　关于防范比特币风险的通知》，明确了政府当前对比特币的态度。①不承认比特币的货币地位，但明确比特币为“特定的虚拟商品”，认为其“不具有与货币等同的法律地位”，因此“不能且不应作为货币在市场上流通使用”。在充分提示风险的前提下，允许公众在自担风险的前提下自由参与。②将比特币和金融系统隔离。强调现阶段“金融机构和支付机构不得开展与比特币相关的业务”，防止比特币的投机风险向金融体系传导。③加强对比特币交易平台的监管。明确要求比特币交易平台在电信管理机构备案，并应切实履行反洗钱义务，对用户身份进行识别并报告可疑交易。2013年12月16日，中国人民银行约谈银行及支付宝、财付通等第三方支付平台相关负责人，明确要求银行、支付机构不能给比特币等交易网站提供支付与清算服务；对于已发生业务的支付机构，应解除商务合作；对于存量款项，可在2014年春节前完成提现，不得发生新的支付业务。2014年4月15日，中国人民银行下发文件《关于进一步加强比特币风险防范工作的通知》，银行纷纷关闭和切断与几大虚拟货币交易平台的业务往来。

中国人民银行发布的《中国金融稳定报告2014》进一步总结了比特币的风险。①比特币的网络交易平台、过程和规则等都缺乏监管和法律保障，容易产生价格操控和虚假交易等行为，其账户资金安全和清算结算环节也存在风险。②比特币价格缺少合理的支撑，其涨跌主要取决于参与者的信心和预期，甚至主要依赖于比特币未来将成为“世界货币”这一假想，容易沦为投机炒作的工具，一旦市场或政策出现风吹草动，就有可能泡沫破裂。③比特币交易具有较高的隐蔽性、匿名性和不受地域限制的特点，其资金流向难以监测，为毒品、枪支交易和洗钱等违法犯罪活动提供了便利。

---

① 2008年3月，组建中华人民共和国工业和信息化部，简称工信部。

② 2018年3月，组建中华人民共和国文化和旅游部。下同。

2017 年 2 月 8 日，中国人民银行对 9 家在京的比特币交易平台主要负责人进行了约谈，并给比特币交易平台划定监管红线，明确要求“四不准”：不得违规从事融资融币等金融业务，不得参与洗钱活动，不得违反国家有关反洗钱、外汇管理和支付结算等金融法律法规，不得违反国家税收和工商广告管理等法律规定。如发现有比特币交易平台违反上述要求，情节严重的，检查组将提请有关部门依法予以关停取缔。2017 年 3 月，中国人民银行又召集北京数家比特币交易平台召开通气会，并下发了一份征求意见草案。草案要求，比特币交易平台必须建立三项制度——反洗钱反恐怖融资制度、反洗钱上报制度和客户识别制度。据了解，央行的这份草案除了将比特币交易所纳入《反洗钱法》的监管范围，还要求交易所确认客户身份并遵守银行业监管规定。2017 年 9 月，全国互联网金融风险专项整治工作领导小组办公室发布《关于进一步开展比特币等虚拟货币交易场所清理整治的通知》。同时，中国人民银行发布《关于防范代币发行融资风险的公告》，随后，国内各大比特币交易平台停止提现业务。

二、互联网货币的风险防范

互联网时代的经济是构建在互联网货币基础上的，这是互联网货币存在的价值。虚拟货币在电子商务、虚拟经济中发挥基础性作用，虚拟货币的发展是一个不可逆转的趋势。未来货币的发展趋势是向信用货币体系施加虚拟化的压力，在更广泛的区域货币一体化进程中激发人们通过采用虚拟货币的一些技术和理念不断调整、改进信用货币，建立内部协调机制，降低分散性，更好地适应互联网流通和使用的需要。

（一）构建互联网货币监管体系，建立监管协调合作机制

明确监管部门的监管职责，将互联网货币纳入监管范围，互联网货币交易具有跨行业、跨市场的特征，各个部门需要建立金融协调机制，因地制宜地构建符合我国国情的监管体系。同时针对互联网货币违法犯罪的调查、取证、执行等环节建立多部门共同参与的协调管理机制。

（二）完善互联网货币法律制度

建立起一套行之有效的有关互联网货币在性质认定、流通交易、信息披露、平台管理、风险提示等方面的全方位法律法规，推动互联网货币行业的合法化、有序化。同时，通过法律保护网络用户的虚拟财产和隐私权利。应出台相应的法律保护制度，未经网络用户许可不得向第三方出售或转让用户隐私，防范利用互联网货币盗窃、买卖个人财产、洗钱、逃税等犯罪活动。

（三）健全信息系统安全管理体系

信息技术部门要加大网络信息安全的投入，设计互联网货币评估、表征、簿记、

验证等技术环节，设计互联网货币公钥等监管基础设施，保证国家的金融安全和金融秩序。另外，防范和保护要动态跟进，进行实时监测，建立预警机制，对系统中存在的潜在问题应进行及时有效的防范，异地备份和容灾处理也是必要的。

（四）防范互联网货币的洗钱犯罪行为

面对新型的互联网货币洗钱行为，要加快互联网货币的反洗钱立法进程，尽快制定相关法律法规，规范互联网货币的交易和流通。对各交易主体的责任和义务做出明确规定，切实履行反洗钱、反恐融资的义务，成立专门机构进行客户身份的识别、交易记录的保存及可疑交易的报告等，加大反洗钱监管的力度。

（五）建立互联网金融教育的长效机制

中国人民银行金融消费权益保护局需要针对目标群体，把互联网知识和金融知识结合起来，通过多样化的教育模式，建立金融消费者教育的长效机制，提高金融消费者风险意识和自我保护能力。中国人民银行已经开通上海、武汉和西安的金融消费权益保护咨询投诉电话，将来还需要开发网络投诉渠道，畅通互联网金融消费的投诉受理渠道，保护金融消费者权益。

本章小结

本章主要介绍了互联网货币的界定、种类及功能特点，比特币的起源、运行机制及发展，互联网货币的风险以及各国相应的监管情况。

思考题

1. 互联网货币相对于法定货币有哪些优势？哪些劣势？
2. 归纳总结比特币和 Q 币各自的特点。
3. 互联网货币有何特殊风险？

小组实训研讨题

1. 利用所学知识，在表 3 – 3 中除比特币以外任意选择一种互联网货币进行了解和分析。

2. 通过上网查找相关资料，了解比特币的历史市值及发展现状。

课外阅读

万币奔腾的时代

比特币是真正意义上的第一种互联网货币，它在短时间内风靡全球，也让人们很快发现了它自身存在的一些问题，并给许多其他互联网货币带来机会。

中本聪给比特币设定的2100万个的上限，的确限制了比特币的通货膨胀，然而却在比特币的实际交易中制造了通货紧缩。由于比特币名头很大，许多玩家都想摘几个比特币在手里，这种心理推高了比特币的价值，结果许多玩家开始收藏比特币。我们知道，一种货币如果被人收藏起来而不流通，这种货币就会出现通货紧缩，市场上流通的货币数量越来越少，这对比特币的推广和普及十分不利。同时，由于人们的追捧，1比特币甚至能够兑换1000美元。币值如此大的货币，在使用中也非常不方便，因为人们日常更多进行的是小额交易。比如买卖一个市场价值1美元的网络游戏道具，如用比特币交易需要0.001比特币，使用起来很不方便。

既然比特币存在这样的问题，那么是否可以创造出其他的互联网货币来弥补这些问题呢？

莱特币的出现受到了比特币的启发，它们使用的技术基本相同，但是莱特币的开发者也不是纯粹的模仿，而是针对比特币的缺陷，将货币数量上限增加到了8400万个，同时加速了莱特币网络的处理速度，使莱特币可以更快地进行交易。另外，莱特币还运用了一种新的加密算法，这使得普通的计算机也能够容易地挖掘莱特币。喜爱比特币的玩家很容易就接受了新出现的莱特币。从市值上看，莱特币不同于昂贵的比特币，其价值在4美元上下浮动。如果说比特币是一套钱币中的百元大钞，那么莱特币就像是同一套钱币中的一元钞票，更加容易流通，适合普通人交易。

不过，莱特币的数量虽然是比特币的4倍，但是与其大量的互联网玩家的需求量相比还是杯水车薪。因此在莱特币出现不久之后，又一种新兴的互联网货币——无限币登场了。

别误会，无限币的数量不是无限的，无限币的创造者并不想更改中本聪对货币上限的设计。但是无限币数量庞大，其设计总量约为906亿枚。无限币的创造者是这样想的：像比特币那样的“虚拟黄金”，人们挖出来也是为了囤积，让其保值增值，客观上不利于货币的流通，因此应设计这种面值小、数量多、交易便利的无限币。无限币的价格高时也不过几厘钱，可以适应各种面值的交易。

“金比特、银莱特、铜无限”，这是互联网货币界给三种货币的评价，很好地概括了这三种互联网货币间的大致关系。如果将比特币比作互联网货币界财大气粗的土豪，那么莱特币就是略带文艺气息的小资，而无限币则是平易近人的普通人。后两者对比特币打下的互联网货币江山进行了改进和补充，它们一起构成了完整的互联网货币体系。

第四章　互联网银行

教学目标与要求

√掌握互联网银行的基本概念

√了解互联网银行在我国的产生与发展

√掌握互联网银行的主要业务模式及分类

√熟悉互联网银行的风险及其管理

案例导读

国内首家互联网银行——深圳前海微众银行

2014年7月，我国第一家互联网银行——深圳前海微众银行获得中国银监会批准，正式筹建；12月12日，微众银行从深圳银监局获得开业批复及金融许可证，注册资本30亿元。2015年1月4日，国务院总理李克强亲自办理了微众银行的第一笔小额贷款业务，这也是我国首家互联网民营银行的第一笔放贷业务，放贷金额3.5万元。李克强总理要求前海微众银行在互联网金融领域闯出一条路子，给普惠金融、小贷公司、小微银行发展提供经验。要降低成本，让小微客户切实受益，这也能促使传统金融加速改革。可以说，微众银行一小步，金融改革一大步。

深圳前海微众银行以“科技、普惠、连接”为核心服务理念，利用互联网技术与移动互联网技术，主要面向小微企业和个人开展无抵押、无担保的小额信用贷款业务，并提供国内外结算、票据、债券、外汇、银行卡等特色服务。由于是纯粹虚拟的互联网银行，因此没有物理营业网点，全部金融服务、信用分析、风险控制等业务都是通过网络开展，从而银行经营成本大幅下降，有条件为小微客户提供更加优惠的贷款利率水平。微众银行凭借人脸识别技术和大数据信用评级技术进行风险控制。微众银行正在构建自己的征信系统，其多元化的数据基础一方面来自央行征信系统，另一方面依托腾讯旗下平台的各种数据资源，现已汇聚了40万亿条数据信息。通过采集、处理、统计等信息处理手段，建立在线征信报告，未来微众银行的征信服务将完全依托于互联网，省略线下调查与审核环节，为缺乏传统征信信息以及合格财务信息的小微企业提供融资支持。

第一节 互联网银行概述

网络信息技术的进步，推动了互联网金融的进一步发展，一方面传统银行开始积极探索新的网络运营模式，另一方面互联网企业也开始涉足银行业。由此，在利率市场化的不断推动下，基于传统银行建立的网上银行业务，与拥有互联网企业背景的"互联网银行"相继诞生。

一、互联网银行的定义

随着互联网金融模式的不断衍生发展，银行业对互联网技术的运用早已开始。不同时期，人们对互联网银行的认识也存在着差异。

1999 年，美国货币监理署发布《网上银行监管手册》，认为"网络银行是指一些系统，利用这些系统，银行客户通过个人电脑或其他智能化装置进入银行账户，获得一般银行产品和服务信息"。2000 年 10 月，巴塞尔银行监督管理委员会发布《电子银行集团活动白皮书》，将网络银行定义为"利用电子手段为消费者提供金融服务的银行，这种服务既包括零售服务，也包括批发和大额业务"。我国香港金融管理局于 2000 年 5 月发布《虚拟银行的认可指南》，认为"虚拟银行是指主要通过互联网或其他电子传送渠道提供银行服务的公司，但不包括利用互联网或其他电子方式作为向客户提供产品或服务的另一个途径的现有持牌银行"。2005 年 11 月 10 日，中国银监会颁布了《电子银行业务管理办法》，规定"电子银行业务是指商业银行等银行业金融机构利用面向社会公众开放通信通道或开放型公众网络，以及银行为特定自助服务设施或客户建立的专用网络，向客户提供的银行服务"。电子银行业务包括利用计算机和互联网开展的银行业务，利用电话等声讯设备和电信网络开展的银行业务，利用移动电话和无线网络开展的银行业务，以及其他利用电子服务设备和网络、由客户通过自助服务方式完成金融交易的银行业务。

本书认为，互联网银行应当是指建立在以互联网技术为基础的网络上开展金融服务的银行，包括两个层次的含义：一个是业务概念，是指在传统银行业务基础上通过信息网络增加的金融服务，包括传统银行业务和因信息技术应用带来的新兴业务，即传统银行利用互联网作为新的服务手段为客户提供在线服务，这实际上是传统银行服务在互联网上的延伸；另一个是机构概念，是指完全依赖于互联网的无形的电子银行，也叫"虚拟银行"，所谓虚拟银行就是指没有实际的物理柜台作为支撑的网上银行，这种网上银行一般只有一个办公地址，没有分支机构，没有营业网点，采用互联网等高科技服务手段与客户建立密切的关系，提供全方位的金融服务。

二、互联网银行的产生与发展

（一）互联网银行的产生

20 世纪 90 年代，随着信息化、网络化的普及与应用，互联网银行应运而生，提供网上购物、支付一条龙的服务。1994 年 10 月，美国斯坦福国际信用组织（Standford Federal Credit Union）开始提供互联网金融服务。1995 年 5 月，富国银行（Wells Fargo）首先在互联网上提供银行服务。1995 年 10 月，美国的 Area Bank 股份公司、Wachovia 银行公司、Hunting Bancshares 股份公司、Secureware 和 Five Space 计算机公司联合在因特网（Internet）上成立全球第一家无任何分支机构的纯网络银行，即美国安全第一网络银行。这是得到美国联邦银行管理机构批准，在因特网上提供银行金融服务的第一家银行，给金融界带来了极大震撼。随后，互联网浪潮逐渐蔓延至全世界，走进了人们的生活。

（二）互联网银行的发展阶段

互联网银行也不完全是新生事物，其运行模式早在 20 世纪 50 年代就有类似雏形，只是那时并没有因特网，而是在专用网络上进行，它是伴随着银行的电子化与信息化的发展进程而发展的，大致可以分为计算机辅助银行管理、银行电子化或金融信息化、互联网银行三个发展阶段。

1. 第一阶段——计算机辅助银行管理阶段

这个阶段始于 20 世纪 50 年代，直至 80 年代中后期。在这个阶段，银行主要通过计算机模拟原有银行手工业务和部门分工的传统管理模式。银行大多是采用各营业网点单机操作的模式，利用计算机进行票据集中录入，实现账务管理的批量处理，提高了业务处理速度，进一步实现了办公自动化。20 世纪 60 年代末兴起的电子资金转账技术（ETF）及其应用，为互联网银行的发展奠定了技术基础。电子资金转账改变了传统的手工处理票据模式，可以快速有效地处理支付信息，降低处理成本及票据纸张费用等交易成本。此外，电子资金转账还有效地降低了支付时间的不确定性，保证了款项及时转账，提高了现金管理质量和支付效率。

2. 第二阶段——银行电子化或金融信息化阶段

这个阶段是从 20 世纪 80 年代中后期至 90 年代中期。这一阶段在线银行服务的特点是客户的个人计算机（PC 机）与银行的计算机系统相对独立。信息技术的快速发展以及成本大幅降低，为银行业广泛应用网络信息技术提供了有利条件，银行实现了联网实时交易，并出现了各种新型的电子网络，如自助方式为主的在线银行服务（PC 银行)、自助柜员机系统（ATM)、销售终端系统（POS）等。

3. 第三阶段——互联网银行阶段

这个阶段是从20世纪90年代中期至今。以1995年10月美国第一家纯粹虚拟的网络银行——美国安全第一网络银行的诞生为标志，并出现了电话银行、电视银行、网上银行和手机银行等新型服务渠道，提供了虚拟化、个性化的服务。客户可以在任何时间、任何地点、以任何方式得到各种金融服务。在这一阶段，网上金融机构突破了传统金融业的各种限制，银行、证券、保险以及其他类型的金融服务得到高度的融合，大大拓宽了金融企业的获利空间。

（三）互联网银行在中国的发展

作为亚太地区的重要市场，中国的互联网银行发展迅猛。1996年2月，中国银行在国际互联网上建立了主页，首先在互联网上发布信息，并于1998年3月成功办理了我国大陆第一笔国际互联网间的电子交易，从而拉开了中国大陆互联网银行的序幕。1998年4月，招商银行率先推出了部分具有互联网银行功能的网上支付业务，并为企业提供企业对企业的资金结算业务。随后，中国建设银行、交通银行、中国工商银行、中国农业银行也不断完善自己的“E”化之路。

各大商业银行借助互联网的新技术、新平台、新理念，打造开放型、综合化的金融平台，主动加强与实体企业的合作共赢，在供应链融资、数据信息处理、风险分散等方面的业务创新层出不穷。2010年11月，中国工商银行率先推出移动金融服务，命名为“工银移动银行”的子品牌，涵盖了短信手机银行、WAP手机银行、iSO手机银行、Android手机银行、iPad个人网银等一系列移动金融产品，将传统银行业务与移动互联网技术进行整合化、品牌化运营。2012年6月，中国建设银行同时上线了两大电子商务平台，其中“善融商务个人商城”定位为B2C平台，面向个人消费者；“善融商务企业商城”定位为B2B平台，面向企业用户。

2014年12月，深圳前海微众银行获得开业批复及金融许可证，注册资本30亿元；2015年6月，浙江网商银行正式开业，注册资本40亿元。截至2017年年底，已有6家银行明确走“互联网银行”道路，分别为微众银行、网商银行、新网银行、亿联银行、苏宁银行和百信银行。

三、互联网银行的发展模式

（一）传统银行业务的网络化模式

传统银行业务的网络化即利用互联网开展传统的银行业务交易服务，传统银行利用互联网作为新的服务手段为客户提供在线服务，实际上是传统银行服务在互联网上的延伸。在还没有出现真正意义上的纯粹虚拟互联网银行前，我国商业银行的网上银行业务多采用延伸模式，即通过构建网上银行业务部门，将现有的银行业务扩展到互联网上。

互联网市场及电子商务的迅猛发展，为银行业务的网络化发展注入了强劲的活力。国内商业银行相继推出了“电话银行”“网上银行”“手机银行”等电子服务渠道。正是意识到了这一点，各商业银行也纷纷推出了属于自己的电子银行品牌。例如招商银行的“一网通”、中国工商银行的电子银行整体品牌“金融 e 通道”以及面向个人用户的子品牌“金融@家”。

传统银行业务的网络化模式有以下运行特点：①充分延伸银行原有的品牌优势，以传统银行的庞大用户为基础，通过提供便捷的网上银行服务，方便客户、降低服务成本；②业务网络化依托传统银行丰富的风险管理经验，可以做到稳健运行、风险可控；③通过网络化渠道优化自身形象，改善客户关系，扩大产品的市场占有率，这是对传统银行业务的渠道补充，大大拓宽了传统银行的业务范围、经营时间和服务领域，最终实现传统业务与互联网银行的协调发展。

（二）纯粹虚拟的互联网银行模式

纯粹虚拟的互联网银行，属于严格意义上的互联网银行，是一种完全依赖于互联网发展起来的全新模式。它所有的交易都依赖互联网进行，可以吸收存款、发放贷款、做结算支付，一般都没有店面柜台，也没有分支机构和营业网点，即仅凭借互联网来开展银行业务，是纯粹的互联网银行，国外也称直接银行或虚拟银行。

纯粹虚拟的互联网银行模式在国外已经发展得很成熟，而且运营良好，呈上升态势，正在蚕食传统银行的市场空间。以世界上第一家互联网银行——美国安全第一网络银行为例，它是首家由美国联邦存款保险公司承保的互联网银行，获得了官方机构的认可，证明了纯粹互联网银行模式的可行性。目前经营状况良好并建立起较好声誉的纯互联网银行主要有美国的 EverBank、英国的 First Direct。目前我国纯粹虚拟的互联网银行有深圳前海微众银行和浙江网商银行。

纯粹虚拟的互联网银行有以下运行特点：①极其低廉的交易费用，实时处理各类交易，人员少、成本低，没有实体网点和物理柜台，不发放实体银行卡，客户主要通过计算机、电子邮件、手机等远程渠道获取银行产品和服务；②通过一个入口提供全面并覆盖广大区域的银行服务，一般前台业务依托网络平台，后台处理集中在一个地点进行；③服务主体倾向于小微资金需求者，能提供与传统银行不同的差异化营利性产品。

四、互联网银行的优势

互联网银行与传统银行一样，能够面向客户提供各类金融服务，而在金融信息服务、便利性方面则优势更为明显。

（一）低廉的成本优势

由于互联网银行采用了网络信息处理技术，可以在保证原有业务量不降低的前提下，减少营业点的数量，减少纸质文件的使用，从而减少运作费用，实现有效成本控制。

（1）互联网银行依托无边无界的因特网，不用设置任何分支机构，其触角就可以伸向世界的每一个角落。如美国的一家网络银行只存在于因特网上，它的总部就设在得克萨斯州休斯敦一间办公室的一个5.25英寸硬盘驱动器里，职员们的工作地点却远在佐治亚州阿尔法雷塔的一个工业园内。正如花旗银行公司总裁所说：“如果有人认为今天存在的一切都将永远真实存在，那么他就输定了。”

（2）互联网银行不需要雇用很多的职员，相关业务如记账、结算、审核、划拨等均由计算机代替人工进行，从而大幅度减少了人力资源成本。据统计，网上银行的经营成本只相当于经营收入的15%~20%，而传统银行的经营成本占整体经营收入的60%。

（3）以前使用的票据和单据大部分被电子支票、电子汇票和电子收据所代替；原有的纸币被电子货币，即电子现金、电子钱包、电子信用卡所代替；原有纸质文件的邮寄变为通过数据通信网络进行传送。1998年，美国布兹艾伦汉密尔顿咨询公司曾计算，由传统银行出纳员经手的每笔交易所需费用为1.07美元，而互联网银行进行一笔交易所需费用仅为3~4美分。因此，互联网银行的出现给传统银行业带来了剧变，过去增设分支机构曾经是银行聚集廉价存款的极具竞争力的工具，目前却正在变成耗资巨大的包袱。借助网络手段，互联网银行无须修建遍布各地的营业网点、雇用大量柜面操作人员、支付昂贵的办公费用，与传统银行相比，具有极强的竞争优势。

（二）“3A”服务

互联网银行业务打破了传统银行业务的地域、时间限制，具有“3A”特点，即能在任何时间（Anytime）、任何地方（Anywhere）、以任何方式（Anyhow）为客户提供金融服务，互联网银行系统与客户之间，可以通过电子邮件、账户查询、贷款申请或档案的更新等途径，实现网络在线实时沟通，这既有利于吸引和保留优质客户，又能主动扩大客户群，开辟新的利润来源。

（1）突破8小时工作制的时间限制，实现Anytime服务。通过互联网技术，银行业务不受时间约束，每天可向客户提供24小时不间断服务。

（2）突破办理金融业务的地域限制，实现Anywhere服务。通过信息网络的互联互通，打破空间阻隔，让客户不论身处何处，都能就近获得服务，提升了服务的便捷性和可访问性。

(3) 突破人工服务的限制，实现 Anyhow 服务。通过网络技术拓展和丰富办理业务的方式手段，让客户根据自身需求，自主选择最快捷、最方便、最高效的办理业务途径。与传统银行相比，互联网银行让客户坐在家中就能点阅账户结余、转账、交易记录，节省了去银行办理相关业务的时间与费用。

(三) 服务更标准化、多样化和个性化

与传统银行不同，互联网银行以客户体验为中心，将互联网精神融入金融行业中，提供更加标准、多样、个性化的服务，更准确、更规范地避免了在传统银行营业点因个人素质和情绪状态不同而带来的服务满意程度的差异。同时，互联网银行以客户为核心，可以根据每个客户不同的金融和财务需求，"量身定做"个人的金融产品并提供银行业务服务。

(四) 业务全球化

互联网银行是一个开放的体系，是全球化的银行。特别是随着互联网技术的日益成熟，互联网银行利用因特网能够提供全球化的金融服务，可以快捷地进行不同语言文字之间的转换，为银行开拓国际市场创造了条件。传统银行是通过设立分支机构开拓国际市场的，而互联网银行只需借助因特网，便可以将其金融业务和市场延伸到全球的每个角落。互联网银行无疑是金融运营方式的革命，它使得银行竞争突破国界变为全球性竞争。

第二节 传统银行业务的网络化

一、网上银行

网上银行是传统金融业互联网化的主要业态之一。如今，境外商业银行已经进入银行再造阶段，以客户为中心，充分利用网络通信、电子化等信息技术来优化整合业务流程，创造出品种繁多的新型金融产品，不断进行全面的企业重组。我国已经基本实现了全国范围内的网点电子化，形成了以银行卡系统、会计系统、对公系统、储蓄系统为主要内容的"新一代综合业务系统"。从整体上讲，我国目前在管理体制、战略管理以及业务流程等方面仍在探索中，金融科技的发展水平还比较落后，还不具备以客户为中心进行银行再造的环境和条件，今后应当加大基于信息技术的金融创新力度，以此来提高我国金融科技水平及其应用能力。

(一) 我国网上银行的分类

根据服务对象的不同，我国网上银行可以分为个人网上银行和企业网上银行。

个人网上银行主要适用于个人与家庭消费支付与转账。客户可以通过个人网上银行服务，完成实时查询、转账、网络支付和汇款功能。

企业网上银行主要针对企业与政府部门等企事业组织客户。企事业组织可以通过企业网上银行服务实时了解企业财务运作情况，及时在组织内部调配资金，轻松处理大批量的网上支付和工资发放业务，并可以处理信用证等相关业务。

（二）我国网上银行的业务模式

1. 电子银行

2005年11月，中国银监会颁布的《电子银行业务管理办法》规定，电子银行业务是指商业银行等银行业金融机构利用面向社会公众开放通信通道或开放型公众网络，以及银行为特定自助服务设施或客户建立的专用网络，向客户提供的银行服务。

电子银行业务包括利用计算机和互联网开展的银行业务，利用电话等声讯设备和电信网络开展的银行业务，利用移动电话和无线网络开展的银行业务，以及其他利用电子服务设备和网络、由客户通过自助服务方式完成金融交易的银行业务。

电子银行业务的具体功能有查询、转账汇款、缴费支付、信用卡服务、公积金管理、网上支付、基金理财、外汇买卖、证券买卖等。

2. 互联网理财

继余额宝掀起互联网理财热潮后，商业银行也在积极推出互联网理财产品。互联网理财的快速发展有其原因，我国的金融管制、消费者投资渠道有限、小微企业融资难等问题，使得互联网理财产品得以借助商业银行服务短板而发展。从2014年开始，在银行资金宽裕的情况下，多家银行纷纷推出类似余额宝的产品，如中国银行的中银活期宝、兴业银行的掌柜钱包、民生银行的如意宝等。这些产品在设计上都与余额宝类似，挂钩货币市场基金，购买者可以定期获得一定收益。商业银行可以在资金宽裕的情况下提高产品收益，这是商业银行所具有的得天独厚的优势。在进一步的发展中，商业银行应考虑在产品设计上有所创新和突破。

3. 电商平台

随着电子商务的发展，商业银行也积极布局网上商城，探索新型发展模式。商业银行自建电商平台的模式有两种：第一种是网上商城，例如建行的“善融商务”、交行的“交博汇”、农行的“E商管家”、工行的“融e购”等，其业务领域涵盖商品批发和销售、房屋交易等，业务对象包括企业和个人；第二种是信用卡商城，招商银行、民生银行、中信银行等多家银行上线的信用卡商城，为消费者提供在线购物、分期付款等服务。商业银行拥有庞大的客户资源、便捷的网络支付渠道和较高的信用度，有利于其电商平台的可持续发展。

4. 网贷平台

随着P2P行业的发展，越来越多的银行纷纷建立自己的网贷平台。截至2017年，国内已有十余家银行建立了网贷平台，如平安银行的“陆金所”、国家开发银行的“开鑫贷”、民生银行的“民生易贷”、兰州银行的“e融e贷”等。各家银行网贷平台的业务不尽相同，如陆金所主打网络投融资平台和金融资产交易服务平台，为小微企业、金融机构及合格的投资人提供综合性的金融服务；开鑫贷的定位则是为中小微企业及“三农”客户提供金融服务，引领民间融资规范化发展。各家平台的收益率亦有较大差异，总的来说，比银行理财产品高一些，但相比民营网贷平台的收益率偏低。

（三）我国网上银行的发展特点

1. 银行离柜交易量快速增加

商业银行网上银行数量的增加，使网上银行客户规模和交易量迅速扩大。中国银行业协会发布的《2016年度中国银行业服务改进情况报告》显示，2016年银行业金融机构离柜交易达1777亿笔，同比增长64%；离柜交易金额达1523万亿元。网上银行交易850亿笔，同比增长98%；手机银行交易金额141万亿元，同比增长99%；电商平台交易笔数总计3亿笔，交易额2万亿元；微信银行交易笔数2亿笔，交易金额为10万亿元，是2015年的30多倍。银行业离柜业务率为84%，同比提高近7个百分点。

2. 网银业务和服务种类丰富

我国网上银行业务虽然发展时间不长，但发展速度很快，在匹配客户需求的基础上不断更新自己的产品。目前，大部分网上银行不仅能提供账户查询、投资理财咨询、存贷款利率查询、外汇牌价查询等查询类业务外，还能为企业和个人提供网上支付、账户管理、资金转账、代理支付、银证转账、挂失、代客外汇买卖等交易类业务。一些银行对企业集团客户提供指令转账、资金划拨、资金监控、财务管理等服务，对个人客户提供国债买卖、外汇交易、电子汇款等服务。而一些银行已开始试办住房按揭贷款、网上小额质押贷款等授信业务。同时，各家银行已开始重视业务经营中的品牌战略，逐渐出现了名牌网站和名牌产品。例如中国工商银行的“金融@家”、中国建设银行的“e路”、中国农业银行的“e顺”等都获得了不错的口碑。

3. 网上银行普及率逐年攀升

中国金融认证中心发布的《2017中国电子银行调查报告》显示，2017年，个人网银用户比例在一、二、三线城市分别为59%、51%、46%，用户比例呈现随城市级别逐级下降趋势；三线城市用户比例紧追二线城市，三线城市与一、二线城市“数字化鸿沟”特点不再显著。2017年个人网银用户比例在一线城市连年稳步增长，相比2016年增长了7个百分点；二线城市增长放缓，相比2016年增长3个百分点；三线城市在经历了2016年11个百分点的增长后，2017年增长4个百分点。这说明个人网上银行用户发展潜力依然在三线及以下城市。

个人网上银行方面，2017年，由于手机银行及第三方支付的替代，个人网上银行交易额增速明显放缓，个人网银可以着力于大额转账、复杂交易以及特殊授权业务。

企业网上银行方面，企业使用网银主要办理的业务为转账业务和代发工资报销代扣，使用比例分别为85%和63%；其次为账户信息查询与对账、缴费和收款业务，使用比例分别为61%、56%和54%。

4. 网上银行业务发展不平衡

网上银行业务发展不平衡表现为银行间的不平衡和业务间的不平衡。以中国工商银行、中国建设银行和交通银行等为首的佼佼者已经走在了网上银行业务发展的前列，在客户群、业务发展上形成了一定的业务规模。我国各商业银行的网上银行业务发展较不平衡，业务发展水平与能力存在较大差距。2017 年第 3 季度，工商银行、建设银行、交通银行、中国银行分别位列市场前四位，合计拥有 62.4% 的市场份额，招商银行以 7.3% 的市场份额位居第五位，如图 4－1 所示。

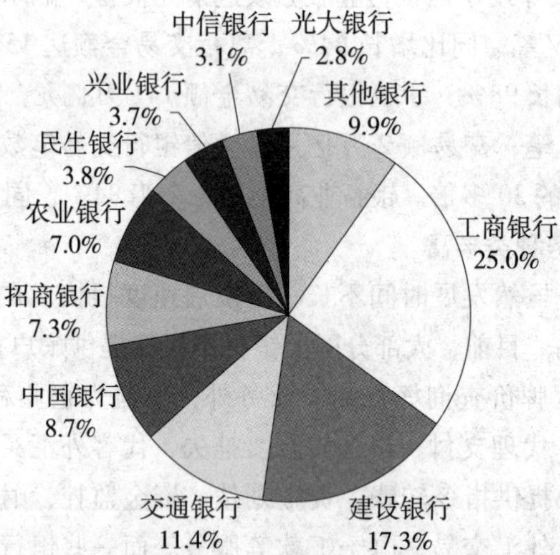

图 4－1　2017 年第 3 季度中国网上银行市场交易份额

注：以上数据根据银行年报、易观自有监测数据和易观研究模型估算获得。

资料来源：《2017 年第 3 季度中国网上银行客户交易规模为 481.5 万亿元，企业网银保持平稳增长》，Analysys 易观，www.analysys.cn。

我国网上银行的业务发展还处于初级阶段，发展很不均衡。例如，网上支付以及网上各类结算功能由于满足了互联网时代电子商务的发展需要，发展特别迅速，网上支付已经成为电子商务在线支付服务的主渠道。而网上理财服务等，由于分业经营、CA 认证、安全问题、社会征信体系不完善等问题的存在，在服务和产品类别上与境外一流的外资银行之间的差距还很大。

（四）我国网上银行的发展趋势

1. 构建银行业的 O2O 模式

银行业的 O2O 模式是指综合线上、线下渠道的发展模式，以满足用户的多种需求。

O2O 模式起源于互联网，随着互联网金融的兴起冲击了对固有的传统金融业的发展理念，为银行的发展提供了新的思维方式。未来银行业一方面将注重建立、拓展线下服务网点，维系好自身已有的用户规模，另一方面将进一步丰富网络服务渠道的多样性，不仅注重通过银行网站、客户端等为用户提供线上服务的传统方式，更要注重发展新兴的线上服务模式，比如与社交平台结合的微信银行、自建电商平台等。

2. 业务的设计、推广、运营将发生颠覆性变化

网上银行业务的设计将更注重差异化。传统银行对个人银行业务不够重视由来已久，技术的革新使挖掘用户的需求、为其量身定制专属的服务成为可能，用户需求的多样化也恰恰促进了业务种类的丰富。

网上银行业务的推广方式将更加多元化。随着互联网与银行业这两大领域融合发展的程度逐渐加深，银行对新业务的宣传推广将有更多的选择，逐渐尝试在网络媒体、平台上宣传新业务将成为网上银行的发展趋势之一。

网上银行在运营上将更注重电子商务的开展。一方面对已有的电商平台不断丰富、改进，另一方面加强与第三方电商平台的合作。

3. 进一步推进信息化银行建设

在服务理念层面上，网上银行将更重视用户体验。具体表现在充分运用互联网的优势，建立服务反馈机制，直接获悉用户的满意度，将重视用户体验体现在整个运营流程中。

在技术层面上，网上银行将更重视数据挖掘和加大创新力度。在大数据时代，对数据进行深度挖掘、分析并最大化数据的价值，从技术角度来看已非难事，网上银行将重视并发挥数据在决策、营销、风控等方面的导向作用，提升经营、管理水平。最后，网上银行将向打造一体化的金融平台进军，集中交易信息、金融信息、物流信息等，进一步推进银行的信息化建设。

二、手机银行

随着移动互联网的发展与智能终端的迅速普及，移动信息化技术日趋成熟，为银行业务发展与管理决策开辟了一条新的思路。手机银行（Mobile Banking）也称移动银行，是利用移动通信网络及移动终端办理相关银行业务的简称。手机银行在 20 世纪 90 年代末诞生于捷克，由该国的 Expandia Bank 与移动运营商 Radiomobile 打造。作为一种电子货币和移动通信的结合体，手机银行可以使用户在任何时间、任何地点处理完成多种金融业务，极大地方便了银行用户。

（一）手机银行的运行模式

手机银行业务的运行模式，主要是以银行为主导的手机银行模式和以运营商为主导的手机银行模式。多数手机银行属于银行主导模式，移动运营商只提供运营平台，这也是手机银行最早的模式，至今在我国及发达国家仍是主流。

以银行为主导的手机银行模式，是指商业银行利用移动网络而提供的手机金融服务。通过将银行账户与手机号码一对一绑定，客户可以通过手机来获取各种支付行为和银行服务，即各个商业银行将柜台上不涉及现金的交易和不涉及实物单据的交易从传统的交易方式向移动互联网的新型业务发展。站在银行的视角，在开办银行手机业务中，移动运营商是一个重要的通道，负责提供相应的银行信息服务和银行业务支持。手机客户则通过运营商提供的各种通道接触到各种类型的银行服务。

以运营商为主导的手机银行模式，从移动运营商角度来看，凭借移动通信技术、市场网络和客户信息资源等方面的优势，移动运营商足以开展相应的手机银行业务，特别是在移动支付方面，商业银行可以成为其开展移动支付业务在金融方面的资金结算后台。这种模式由移动运营商或第三方服务商设立手机钱包，客户首先通过自助设备等渠道将资金充值到手机钱包账户，然后用该手机钱包账户进行支付。这种模式在非洲国家较为普遍，比如，肯尼亚的手机银行 M－PESA 即由移动运营商为主导，目前已经成为全球接受度最高的手机支付系统，在肯尼亚的汇款业务已超过该国所有金融机构的汇款业务之和。

背景资料

肯尼亚 M－PESA

M－PESA 是沃达丰集团股份有限公司（Vodafone）在肯尼亚的合作伙伴 Safaricom 于 2007 年推出的。一开始主要为解决穷人的汇款问题，后来发展到可以通过手机完成转账、汇款、取现、话费充值、付账、发工资和偿还贷款等业务。不仅在国内可以向 M－PESA 用户汇款，在国外也可以向 M－PESA 用户汇款。M－PESA 成功的一个重要因素是可以完成存取现金业务。M－PESA 引入邮局、药店、超市等代理商，通过他们来提供现金业务服务，但客户不直接与代理商发生契约关系，代理商仅仅是代理而已，这一切都在 M－PESA 的控制下完成。

M－PESA 通过收取一定的转账费用来实现自身的可持续发展。账户查询和更换 PIN 号码要收费，但账户注册、存款和通过 M－PESA 进行话费充值都是免手续费的。M－PESA 还打通了移动运营商和银行之间的通道，可以实现 M－PESA 账户和银行账户之间的转账，同时也可以通过银行的 ATM 机取现。

根据肯尼亚法律，M－PESA 虚拟账户的设计不属于银行活动，因此，Safaricom 可以根据自己的商业判断选择代理商，Safaricom 和 Vodafone 不对代理商的经营负责。M－PESA客户协议规定，Safaricom 对代理商提供的 M－PESA 服务项目中出现的问题不承担任何责任。对 M－PESA 这种由非银行机构主导的无网点银行服务，监管部门除了要求把客户储值的资金存入多家银行外，基本上没有什么严格的监管措施。

M－PESA 最早的用户数只有约 5.2 万，355 家代理商。到 2011 年 4 月，M－PESA 用户数增长到约 1400 万，代理商增加到近 3 万家。M－PESA 的成功引起了很多新兴市场国家的兴趣，比如坦桑尼亚、南非、阿富汗、印度、埃及，他们已经或正在试图复制 M－PESA 的成功经验。

（二）手机银行的优势

目前，我国的手机银行市场处于高速发展阶段，市场潜力巨大，未来的发展前景不可估量。手机银行的快速发展，主要凭借以下三方面的优势：随时随地交易、费用低廉、功能丰富。

1. 随时随地交易

智能终端的普及以及移动网络网速的提升，为手机银行业务的顺利推行提供了便利的条件。与传统银行业务相比，手机银行业务不受时间空间的约束，在便捷性方面有着无可比拟的优势。与网上银行业务相比，手机银行无须固定网络，只要被移动网络覆盖的地方就可以使用，真正实现了随时随地办理银行业务，因而成为商业银行在互联网金融时代更便利、更具竞争力的业务。

2. 费用低廉

与传统柜面业务相比，手机银行业务的成本更低，费用也更低廉。统计数据显示，手机银行交易成本仅为传统方式的 1/5。美国手机银行处理一笔交易的平均成本为 0.16 美元，大大低于 1.07 美元的传统柜台交易成本。而国内目前平均柜面交易成本约为 4 元，使用移动交易的成本仅为 0.6 元。

手机银行的使用不仅大大缓解了银行柜面人员的工作压力，同时也大幅度降低了银行的运营成本，这也在客观上降低了手机银行客户的交易成本。比如，农业银行、中国银行、交通银行、招商银行等多家银行从 2012 年开始就对使用手机银行进行转账业务实行免手续费的优惠。同时，使用手机银行进行话费充值、网络消费等也可以享受一定程度的价格优惠。

3. 功能丰富

近年来，随着 3G、4G 技术的发展和智能终端的普及，手机银行的服务范围、业务功能和发展定位都发生了很大的变化，它不再只是局限于提供传统意义上的银行业务。

手机银行 App 客户端可以做成一个“大平台”，把更多的应用与功能集合在一起。手机银行在横向整合了银行业务、移动支付等功能的同时，也在不断地向纵向延伸，加入了电子商务、生活服务类的应用，增加了无卡取现、无卡消费、按址汇款、按 E－mail 汇款等特色功能。这些不断扩充的业务范围和功能创新，不仅为客户提供了前所未有的体验，而且为银行带来了更多的客户资源和用户访问量。

（三）我国手机银行的发展特点

《2017 中国电子银行调查报告》（以下简称《报告》）认为，电子银行移动渠道新用户是电子银行用户增长的主力。在新开通电子银行渠道的用户中，新开通个人手机银行和微信银行的比例最高，说明移动渠道是电子银行用户增长的主力。

个人手机银行方面，2017 年，个人手机银行用户比例在一、二、三线城市分别为 57%、50% 和 49%，较 2016 年增长了 13%、5% 和 12%。可见，个人手机银行用户在一线和三线城市增长最为迅猛。《报告》认为，促进用户使用手机银行的主要因素为登录简单与转账手续费优惠。除此以外，银行网点协同服务、点击直接交易、积分可以兑换礼品、信用卡还款等方面也都有促进用户使用手机银行的作用。《报告》还指出，手机银行用户最关注的因素是系统安全性与系统运行的稳定性。值得注意的是，中国工商银行在个人手机银行 App 客户端用户数量开始领先——在个人手机银行 App 客户端用户数量最多，其次为中国建设银行、中国银行、交通银行。

从企业手机银行发展状况看，2017 年，企业使用手机银行主要办理的业务为转账业务和账户信息查询与对账，使用比例分别为 83% 和 67%。

（四）我国手机银行的发展趋势

虽然近年来手机银行市场得到了很大的发展，积累了上亿的客户群体，但手机银行业务仍然存在着网络安全风险、行业法律标准缺失、第三方支付的替代、手机银行服务同质化等问题。因此，面对这些问题及市场需求，手机银行未来的发展对策如下。

1. 健全手机银行的安全机制

在手机银行业务发展的过程中，营造安全的支付平台、良好的支付技术，是确保手机业务交易安全可靠的重要保证。①银行需确保支付系统安全、稳定的运转，用户支付的信息安全且保密，用户支付指令具有不可篡改性特征。②客户与手机号码需一对一地进行确认和绑定。③手机银行业务相应的移动数据网络应拥有较高的安全级别，能够防止黑客、木马的攻击。

在手机银行业务营造安全环境的过程中，加密认证算法、代码规模的大小以及交易密码长度的选择都是重点。例如整个手机银行系统中采取端对端的加密数据传输方式，在传输交易数据前，手机客户端与手机银行端需改成安全的通道，同时采取账户额度设置、登录时间控制、登录地址检测等多种保护措施。

2. 实现各合作方的和谐共赢

在手机银行整体的产业链环节中，银行与各种运营商、各个手机用户、各个设备供应商、各种商家、移动服务提供商等进行具体的合作，形成手机银行整体移动支付产业链。

产业链各参与方自身的资源和优势不尽相同，唯有采用合作的方式，才能实现资源共享、优势互补、促进价值链高效运转，从而实现各方和谐共赢的局面。同时，为了进一步发展手机银行业务，合作各方可通过推动普通手机网上银行功能、支付账户互通等新兴合作业务和建立行业标准等方式，共同推进手机银行行业整体业务的发展。

3. 推动手机支付的研发

手机支付已经成为当今手机应用的热点，银行、运营商以及第三方支付平台均想在这一极具发展潜力的领域抢占市场份额，各种技术解决方案纷纷出炉。在手机支付应用方兴未艾的大环境下，商业银行应该主动出击，探索多种移动支付方式，如现场非接触式支付、远程支付等，努力寻求可行高效的解决方案，并加强与运营商、设备提供商、软件服务提供商、第三方支付平台等移动支付产业链上下游企业的合作，将手机支付整合到手机银行的功能中，使客户真正做到随处支付，无卡消费。

4. 立足合理的市场定位

在发展手机银行业务的过程中，各个商业银行需做好市场调研，了解不同层次的客户需求，并将市场进行细致的划分，根据市场需求开发出拥有各种服务产品、金融产品、理财产品功能的手机银行，向不同种类的手机银行用户提供差异化的手机银行服务，以满足不同客户群体的需求。有针对性地推出特定人群的特殊化业务，坚持技术创新，走差异化发展道路。

背景资料

2017 年中国工商银行手机银行 App 测评分析

2017 年，新浪财经金融评测室综合体验性、功能性、技术与安全性、创新性 4 大维度、110 余项细分指标对中国工商银行手机银行 App① 进行全扫描，最终给予 91.6 分（总分 100），排名居前。

中国工商银行作为“宇宙行”，其手机银行功能依旧强大，App 功能设置清晰，操作流畅，投资理财产品种类齐全。但美中不足之处在于，手机银行 App 转账超过 5000 元仍需使用外部安全认证介质；同时，主界面推荐的“融 e 购”商城服务、“融 e 联”沟通服务都需要跳往或下载另一个 App，操作略烦琐。

1. 体验性（36.5/40 分）：操作流畅体验较佳，搜索功能仍有提升空间

工商银行 App 主界面友好度高，风格简约，采用“九宫格 + 底边栏”架构，底边栏分为“最爱”“智服务”“惠生活”“我的”四个板块。App 主界面采用“九宫格”模式，用户可以添加常用功能键至九宫格，并且不限制数量。我的账户、转账汇款、投资理财等常用功能可实现一步到位，信用卡还款等常用二级/三级菜单功能也能一步

---

① 测试版本为 4.3.5，技术指标数据由百度移动云测试中心（MTC）提供。

到位。此外，App 主界面点击“+”可以找到搜索功能，可以实现对产品和功能搜索，但不能获取诸如“修改密码”等模糊搜索，仍有提升空间。

2. 功能性（34.5/35 分）：功能服务齐全，大额转账需使用外部安全认证介质

工商银行 App 账户管理功能较为完善，可以进行余额查询、明细查询，也可以挂失、删除账户，同时还支持他行账户查询，也支持在线申请二类账户。

对于常用的转账汇款，App 可以实现普通账户转账，也可以通过手机号转账，同时支持自己名下各个银行卡之间快速转账。此外，App 可以进行收款人管理，也可以设置转账限额。值得注意的是，手机银行仅支持限额下调，若要调高限额需到柜面办理。此外，手机银行单笔转账超过 5000 元，需要插入 U 盾。

3. 技术与安全（17.1/20 分）：App 流量耗用均值过高

根据百度移动云测试中心（MTC）测试，工商银行手机银行 App 主流机型兼容率为 93%，测试中偶现卡死、执行失败问题。此外，App 启动时长 2.67s，CPU 占用均值 10.81%，流量耗用均值 15115KB，电量耗用均值 6.74mAh，均劣于行业均值，其中流量耗用远高于金融行业均值。

4. 创新（3.5 分/5 分）：为用户提供便利服务

工商银行手机银行在创新方面表现非常出彩，App 支持手机扫码登录网上银行，且新推出了功能“猜你喜欢”，通过大数据分析客户画像精准推荐理财产品；同时 App 还提供了金融日历的功能，全方位整合客户还款、进出账、工资、节日信息，一站式提醒规划；App 还支持账户类资产转账，凭兑换码完成账户贵金属转账；支持当面收款，为用户生活提供了极大便利。[①]

三、直销银行

（一）直销银行概述

1. 概念

直销银行是一种新型的银行运作模式，主要通过电脑、手机、电话等远程渠道为客户提供产品和服务，不发放实体银行卡，几乎不设立实体业务网点。绝大部分直销银行都作为大型银行集团的附属机构或子公司存在，通常具有独立法人资格。由于没有网点经营费用和管理费用，直销银行可以为客户提供更低的手续费率和更有竞争力的存贷款价格。

2. 分类

直销银行可以根据运营模式的不同分为两类：一类是纯线上模式；另一类是线上

---

① 本文引自《工商银行手机银行功能服务较全面　流量耗用均值过高》，新浪财经金融评测室，2017 年 8 月 9 日，http：//finance.sina.com.cn/zg/mbank 2017/2017－08－09/zg－ifyixiar 8749353.shtml。

和线下融合模式。纯线上模式是通过线上系统和呼叫中心提供所有产品与服务，例如中国民生银行联合阿里巴巴推出的纯线上服务模式、汇丰集团旗下的First Direct银行。线上与线下融合模式是指除线上服务外，还提供部分辅助性质的线下服务，即线上和线下相结合的模式。例如北京银行采用“线上互联网平台”和“线下直销门店”相结合的服务模式，服务对象主要是大众零售客户和小微企业客户，24小时不间断地提供金融服务。线上服务由互联网综合营销平台、手机银行、网上银行等多种终端渠道构成，线下模式是建立便民直销银行，设置存取款机、自助缴费终端、远程签约机等。

3. 直销银行与传统电子银行的区别

电子银行依托的载体是实体银行，而直销银行不依赖于实体网点，是脱离了传统银行的具有独立法人资格的组织，它们在概念定位及业务模式上各有侧重，如表4－1所示。电子银行是商业银行等金融机构利用网络、电话等通信通道为客户提供服务，即电子银行只是把传统银行业务放到线上，以便更好、更快地开展相关业务，仅是一种提供金融服务的工具。而直销银行则构建了一种全新的业务模式，即银行充分利用互联网的独特优势（互联网所拥有的数据和客户）来进行银行业务的延伸拓展，为客户提供更多和更优惠的金融服务。所以，相较而言，电子银行只是银行的简单网络化，而直销银行则是银行与互联网结合的更高级产物。

表4－1　　直销银行与电子银行的区别

	直销银行	电子银行
侧重点	重点在于直销，强调产品在电子渠道的销售	重点在于银行服务，PC端和移动端作为银行服务的窗口而存在
概念定位	通常是有独立法人资格和金融牌照的组织，主要依托非实体机构来开展业务	作为银行实体组织之外，利用网络、电话等提供银行服务的补充形态
业务模式	独立开展业务	提供银行服务的工具和渠道
服务渠道	线上、线下均有	纯线上渠道
面向客户	拓展增量客户	针对银行存量客户

（二）直销银行发展情况

直销银行模式20世纪60年代最早出现在欧美发达国家，在发展的初始阶段以电话、邮件等线上渠道代替传统银行的线下网点来服务客户。随着互联网的普及，直销银行的服务渠道得到大幅拓宽，可视化的自助服务系统吸引了众多客户，同时，直销银行精减人员使运营成本进一步降低，加大了盈利空间。

1. 境外直销银行发展情况

西方国家直销银行业务最早起始于20世纪60年代，于90年代左右开始兴起。当时网络银行、电子银行渠道尚不发达，直销银行得以充分发挥线上渠道低成本的优势，以存款、理财产品、基金、标准化贷款、股票交易等标准化产品销售为主，在推出后取得了一定的成功。

目前，世界上比较著名的直销银行主要有 ING Direct、First Direct、Ally Bank、Netbank 等，如表 4 –2 所示。

表 4 –2　　国外部分直销银行业务开展情况

银行	国家	创立时间	运营模式	发展策略	备注
ING Direct	荷兰	1965 年	线上 + 线下	高息揽存、低息放贷，以低息差谋求规模化；只提供简单的金融产品，客户持其信用卡可在任何标有 VISA 标志的 ATM 机上免费提款	2012 年，ING Direct USA 被收购，更名为 Capital One 360
First Direct	英国	1989 年	纯线上	招聘兼职人员以压缩经营费用，在产品设计上向客户让利；依靠汇丰集团的产品，为客户提供多样化的选择	1992 年被汇丰集团收购
Ally Bank	美国	—	纯线上	主要提供付息支票账户、在线储蓄、大额存单业务，依托通用汽车集团，筹集资金主要用于发放汽车行业贷款	前身为通用汽车金融公司
Netbank	美国	1998 年	纯线上	核心产品是免费活期账户，客户可通过此账户进行投资理财、证券交易、信用卡结算等	
Security First Network Bank	加拿大	1995 年	纯线上	主要依赖于网络操作便捷性、减免账户费用和较高储蓄利率吸引客户	1998 年被加拿大皇家银行收购

背景资料

ING Direct 的商业模式

自 1995 年开始，ING 集团开始寻求将零售银行业务扩张至荷兰之外的策略，时值直销银行模式在北美兴起，于是 ING 集团选择在加拿大设立直销银行。1997 年，ING Direct 在加拿大成立，在获得成功之后，迅速向美国、澳大利亚、德国、奥地利、英国、西班牙、意大利和法国扩张，2008 年金融危机之后，ING 集团出售了美国、加拿大和英国的直销银行业务，专注于欧洲直销银行业务发展。

据ING集团的资料显示，ING Direct成立7年之后便开始盈利，根据其2015年年报显示，ING Direct总资产约为497亿美元，利息收入约为21亿美元，吸收存款数额为422亿美元。

1. 通过网上自助服务满足客户需求

直销银行的核心优势是网络渠道取代物理网点实现成本节约，包括以低成本系统自助服务代替昂贵的人工服务，这种成本节约使直销银行在比传统银行利差低的情况下实现相当的回报。ING Direct的商业模式可称为银行业的沃尔玛，以低廉的价格出售简单的金融产品。例如薄利多销模式下的ING Direct以较低的利率提供房屋抵押贷款，但并不是简单的降低贷款利率，而是挑选质量更高的客户，以此来降低坏账率。

2. 线下咖啡馆支持线上业务

ING Direct以网上服务为主，同时提供7×24小时电话服务和实时网上聊天服务。由于没有营业网点，用户体验就显得特别重要。因此ING Direct在一些重要城市设立了7家具有理财顾问功能的咖啡馆，增强用户体验，为客户提供线下的面对面的金融服务。据悉，咖啡馆主要功能有：通过计算机终端，客户可以登录账户，咖啡馆提供免费互联网接入；将咖啡馆店员培训为金融顾问，能够为客户提供金融咨询服务和投资产品建议等。

3. 提供简单、标准化的银行产品

通过简化产品种类和销售过程，使银行的服务变得简单。ING Direct的产品策略主要包括：通过网络渠道提供有限的产品选择，使有限的产品集中在储蓄产品和贷款产品，从而便于客户尝试；将ING Direct作为附加账户，不取代客户的现有账户；通过账户关联，即时从活期账户中获取资金；专注于简单的自助银行产品，为客户提供数种不同的共同基金，由客户独立选择和管理。

4. 形成清晰的客户定位

主要依赖网络渠道的直销银行应该有不同于传统银行的客户定位，即专注服务于特定客户群，而不是与传统银行进行全面、盲目竞争。ING Direct通过对客户群体详尽的调查，最终将目标客户定位在年龄30～50岁、受到良好教育的上班族，这些人收入水平高于市场平均水平，喜欢自助理财，且已接受电话和网络银行服务。①

2. 我国直销银行发展情况

2013年，我国直销银行进入了快速发展时期。2013年9月，北京银行与ING合作推出我国第一家直销银行，以线上和线下融合的方式提供服务。2014年2月，中国民生银行推出了纯线上的直销银行服务平台，拉开了国内直销银行发展序幕。截至2016年3月1日，我国已推出直销银行的商业银行数量达55家，其中，国有、股份制银行11家，城市商业银行35家，农村商业银行9家，如表4－3所示。

---

① 本文引自刘明彦：《从直销银行ING Direct实践看网络银行发展》，《银行家》2015年第7期。

表 4 -3 中国商业银行直销银行

国有、股份制银行 11 家		城市商业银行 35 家				农村商业银行 9 家
中国民生银行	恒丰银行	北京银行	江苏银行	齐商银行	晋城银行	北京农商银行
中国工商银行	平安银行	华润银行	台州银行	长沙银行	晋商银行	上海农商银行
广发银行		上海银行	宁波银行	湖北银行	杭州银行	重庆农村商业银行
兴业银行		包商银行	兰州银行	桂林银行	郑州银行	成都农商银行
浦发银行		营口沿海银行	西安银行	浙江稠州商业银行	攀枝花市商业银行	常熟农商银行
中国光大银行		重庆银行	河北银行	齐鲁银行	贵阳银行	东莞农村商业银行
华夏银行		广东南粤银行	青岛银行	德阳银行	宁波通商银行	海口联合农商银行
渤海银行		徽商银行	江西银行	汉口银行	乐山市商业银行	广州农商银行
浙商银行		廊坊银行	南京银行	潍坊银行		江南农村商业银行

值得注意的是，国内五大行仅有工商银行一家开设了直销银行——融 e 行。从各商业银行直销银行上线的时间来看，直销银行大规模上线时间为 2014 年下半年与 2015 年下半年。小型股份制商业银行反应速度较快，集中推出时间为 2014 年下半年，城市商业银行布局也较早。大型股份制商业银行、农村商业银行的反应速度较慢，如图 4 -2 所示。

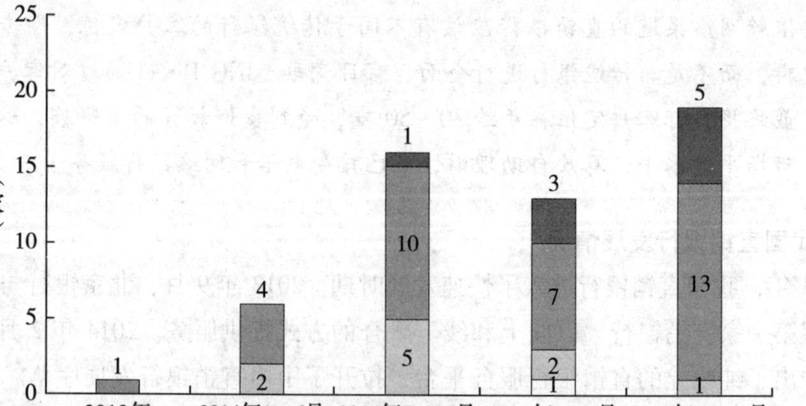

图 4 -2 中国商业银行直销银行上线时间分布

资料来源：《中国直销银行市场专题研究报告 2016》，Analysys 易观，www. analysys. cn。

目前，已推出的直销银行业绩平平，以北京银行为例，其2015年年报显示，北京银行直销银行的储蓄存款为6.3亿元，相对于北京银行的存款余额10223亿元，占比仅为0.062%。此外，工商银行、民生银行、平安银行等大型商业银行仅公布了直销银行的客户数一项数据，其余大部分银行的年报中甚至没有公布直销银行的具体数据。

大多数直销银行产品集中于货币基金、银行理财及存款业务，产品较为单一，同质化现象严重，缺乏创新，如表4-4所示。而一些中小银行的直销银行仅有网页和上线信息，甚至尚未推出产品。

表4-4　　　　我国部分直销银行业务开展情况

银行	直销银行	上线时间	渠道	目前流量	产品与功能
工商银行	融e行	2015年2月	移动端	截至2015年年末，客户数1.9亿户	理财、基金、贵金属、手机炒股、结售汇、外汇买卖
北京银行	北京银行直销银行	2013年9月	移动端+PC端	直销银行客户数24.6万户，储蓄存款达6.3亿元，资金量达6.9亿元	更慧存（存款）、更慧赚（理财、货币基金）、更慧贷（消费贷）、更汇付
民生银行	民生银行直销银行	2014年2月	移动端+PC端	直销银行客户数287万户，如意宝申购总额8475亿元	如意宝（货币基金）、定活宝（理财）、基金通、银行理财、民生金（贵金属）、利多多（定期存款）、好房贷、随心贷（储蓄存款）、轻松汇（转账）
兴业银行	兴业银行直销银行	2014年3月	PC端	未找到公开数据	兴业宝（货币基金）、现金宝（活期理财）、兴业红（基金）、智盈宝（封闭式存款）、理财、基金代销、定期存款
平安银行	平安橙子	2014年8月	移动端+PC端	客户数506万户	定活通（存款）、平安盈（余额理财）、快e盈、基金、黄金账户、理财产品
南京银行	你好银行	2014年6月	移动端+PC端	未找到公开数据	鑫欢喜（银行理财）、年安享、好享富（票据类理财）、鑫钱包（货币基金）

据统计，60%以上的直销银行推出了货币基金、银行理财及存款产品；其次是贷

款、转账、缴费及贵金属业务；少数直销银行也推出了保险及信用卡业务；而作为融资平台使用的直销银行也有不少，其中21%的直销银行推出了网络投融资服务。可见，目前我国直销银行服务趋同，虽然其产品较最初创立时有所丰富，但几乎没有一家直销银行具备完整的产品线。直销银行虽然有着深厚的金融背景，但其在产品的互联网创新程度上还远远不够，难以对客户产生足够的吸引力。总体而言，目前的直销银行还只能算是传统银行的网上银行、手机银行等虚拟渠道部分销售功能的整合与集中。

2017年8月，由中信银行和百度发起设立的“中信百信银行”得到了中国银监会的开业批复，这标志着我国首家独立法人直销银行——中信百信银行获得开业资格。百信银行的市场定位是“为百姓理财，为大众融资”，将利用中信银行的网点优势和金融风控、产品研发和客户经营能力以及百度公司人工智能、大数据和云计算等先进技术和用户流量资源，满足客户个性化金融需求。

（三）我国直销银行的拓展和完善

1. 独立发展是首要问题

欧美国家的直销银行一般是独立法人，其差异化定位在于利用轻资产运营的低成本优势，向客户提供标准化的产品，薄利多销，只要成本和风险控制得当，就可以在激烈的市场竞争中站稳脚跟。目前我国直销银行中的大部分是作为特定部门或二级部门运作，既无法体现直销银行的成本优势，也难以跳出传统银行发展的思维定式。这样就导致被置于商业银行内部框架之下的直销银行业务发展空间不足，部分直销银行的功能完全可以被网络银行和手机银行所取代，甚至很多中小银行的直销银行仅有网页和上线信息，并未将直销银行作为一个重要战略去发展和推广。因此，若不能获得独立经营的地位，直销银行业务与网上银行、手机银行并无实质上差异，推行的意义不大。

当然，国内发展直销银行业务也不宜简单照搬欧美直销银行业务模式。而且受监管政策的限制，国内目前已有的直销银行并不具备成立独立法人机构的可行性，但独立发展应该是直销银行未来发展的方向。而在无法成为独立法人的情况下，直销银行可采取独立运营的模式，通过独立经营、独立核算等方式来尽可能地发挥自身成本优势。

2. 明确定位是基础

直销银行不仅是传统银行虚拟渠道部分销售功能的整合与集中，更是一种全新的业务模式。从欧美等国直销银行发展经验看，低成本运营基础上的薄利多销是直销银行核心竞争力。反观国内直销银行只是银行下属业务部门，不具有独立法人资格，若推出有市场竞争力的此类产品，首先造成的可能是自身存量客户的转移，似乎得不偿失。在做不到“薄利多销”的前提下，直销银行剩下的只是渠道的便捷性。而这种便捷性，在互联网化的今天，网上银行和电子银行也能够做到，并非直销银行自身独有的优势。正是这种可有可无的尴尬定位，导致国内银行参与和推动直销银行业务的积极性不高。五大行中仅有工商银行一家设立直销银行，就是一个很好的证明。

除了直销银行自身的定位，还需要明确客户群的定位，参考 ING Direct 等国外直销银行案例，主要依赖网络渠道的直销银行应该有不同于传统银行的客户定位，即专注服务于特定客户群，以此避免与传统银行进行正面、盲目的竞争。

3. 产品创新是关键

目前，我国新出现的直销银行绝大部分都是由传统银行发起，并从属于传统银行。目前我国直销银行已经达成的最突出的优势是：个人客户开设账户不需要到柜台，可实现在线开立账户和在线投资、转账、交易、理财产品和货币基金的购买，不受空间和时间的两大制约。然而在“互联网 +”时代，仅仅做到功能的提供是远远不够的，而且当前直销银行给用户开立的银行账户属于“弱实名电子账户”，受限于监管政策，可以购买该行的理财产品、与同名银行卡相互转账，但不能发行实体银行卡，部分功能受限，并不足以吸引增量客户。此外，随着互联网金融市场兴起，中国互联网 BAT 三巨头在互联网领域原本就是流量的垄断者，近年来纷纷进军互金行业，对直销银行的发展也造成了威胁。以微众银行和网商银行为代表的互联网银行或将成为直销银行的一大挑战。

背景资料

2017 年民生银行直销银行测评分析

2017 年，新浪财经金融评测室综合技术性、用户体验便捷性、投资功能性、操作安全性、发展性 5 大维度，58 余项细分指标对民生银行直销银行 App 进行全扫描，最终给予 4.5 星评级（最高评级 5 星）。

1. 技术性：App 主流机型兼容率为 81.1%，电量耗用高

民生直销银行 App 主流机型兼容率为 81.1%，测试中曾出现启动失败、闪退、卡死等问题；从性能数据来看，App 启动时长均值为 1.71s，CPU 占用均值为 7.85%，均低于金融行业平均值；但流量均值 3700KB，高于金融行业平均值；电量耗用均值 13.04mAh，大幅高于金融行业平均值。

2. 便捷性：用户体验整体较好，用户互动有加强空间

民生直销银行 App 主界面设置清晰，界面友好度高；注册开户流程较为清晰，有电话客服，但没有在线客服和意见反馈通道，不过推荐了官方微博和微信号。

3. 功能性：理财产品种类丰富，但仍有改进空间

民生直销银行 App 功能分类清晰，涵盖了银行理财、基金产品、存贷款产品、黄金投资业务等。在生活服务上，App 不仅提供了信用卡还款、手机充值等常见服务，

也提供水、电、燃气等各种缴费功能，还提供签证、扫码付等多种特色服务。

4. 安全性：转入资金无须密码

民生直销银行App对用户信息审核较为严格；登录密码采用“字母+数字”的静态密码，也可以选择手势密码；登录后安全提示清楚且详细。在资金进出方面，App资金转入时不需要密码，资金转出需要交易密码，资金变动有短信提醒。

5. 发展性：申请独立法人直销银行牌照

民生银行直销银行上线于2014年2月，有媒体报道民生银行正在申请独立法人直销银行牌照。App在近一年内更新迭代较频繁；且设有单独的微信号，内容更新较频繁。①

第三节　纯粹虚拟的互联网银行

一、境外互联网银行的发展

（一）美国互联网银行的发展模式

纵观美国互联网银行的发展，存在两种不同的理念，相应形成了两种发展模式：一种是以印第安纳州第一网络银行（First Internet Bank of Indiana，FIBI）为代表的全方位发展模式；另一种是以康普银行（CompuBank）、ING Direct USA的直销银行、美国互联网银行（Bank of Internet USA）为代表的特色化发展模式，如表4-5所示。

表4-5　美国互联网银行两种发展模式对比

	全方位发展模式	特色化发展模式
目标客户群	所有人群	划分目标客户群，有精准的客户定位
产品服务类型	大量的差异化金融服务	细分领域简单，金融服务有限
服务提供方式	缺乏专业金融服务、技能	培训金融顾问，作为第三方提供存款保障

1. 全方位发展模式

该模式下的互联网银行提供传统银行所提供的一切金融服务，此外还致力于开发新的电子金融服务，以满足客户的多样化需要，从而吸引更多个人客户和中小企业，以期完成对传统银行的完全替代。

2. 特色化发展模式

相比全方位发展模式，该模式下的互联网银行仅提供传统银行所能提供的部分服

① 本文引自《民生银行直销银行——领头羊后有追兵　产品设计仍待改进》，新浪财经金融评测室，2017年6月5日，http://finance.sina.com.cn/zg/zxbank2017/2017-06-04/zg-ifyfuzny3095061.shtml。

务，具有相对局限性。例如，因为缺乏分支机构，它们无法为小企业提供现金管理服务，也不能为客户提供安全保管箱等。

（二）美国互联网银行的兴衰

1995 年 10 月，美国安全第一网络银行（SFNB）的成立，标志着一种新的银行模式的诞生，从此互联网银行的数目就像雨后春笋般增长。但经过多年的发展，传统银行实施了“网上、网下业务兼营”战略，生意兴隆，而不少互联网银行却面临着衰退的危险，陷入了利润下滑、亏损，甚至被兼并重组的困境。如 SFNB 在 1998 年就出现了发展停滞的迹象，并在同年被加拿大规模最大的皇家银行以 2000 万美元收购。美国互联网银行分为全方位发展与特色化发展两种模式，目前，采用全方位发展模式的互联网银行已所剩无几，仅存知名的就是印第安纳州第一网络银行。而选择特色化发展模式的互联网银行在传统银行的夹缝中占据了一席之地，发展较好的有 ING Direct USA 的直销银行、BOFI 等。

二、我国互联网银行的发展

（一）概述

十八届三中全会《中共中央关于全面深化改革若干重大问题的决定》提出“发展普惠金融，鼓励金融创新，丰富金融市场层次和产品”的理念，提倡以小微、民营撬动改革大局，密集出台金融政策为民营银行开局破冰。2014 年 3 月，国务院批准 5 家民营银行试点方案。建立民营银行主要是为了打破中国商业银行业务单元国有垄断的局面，实现金融机构多元化，促进金融市场的公平竞争，促进国有金融企业的改革。而其中备受关注的则是由腾讯、阿里巴巴分别作为大股东的深圳前海微众银行和浙江网商银行，如表 4－6 所示。与另外 3 家民营银行不同的是，深圳前海微众银行和浙江网商银行是不设立网点的纯互联网银行。

表 4－6　　深圳前海微众银行和浙江网商银行的对比

	深圳前海微众银行（Webank）	浙江网商银行（MYbank）
目标客户	个人消费者和小微企业客户	草根消费者和小微企业
业务模式	个存小贷	小存小贷
经营业务	信用卡业务、小额消费信贷业务，嵌入腾讯客户线上行为的金融服务	主要为电子商务中的小微企业和个人消费者提供 20 万元以下的个人存款产品和 100 万元以下的贷款产品
大数据征信	主要为社交数据	主要为交易数据

续 表

	深圳前海微众银行（Webank）	浙江网商银行（MYbank）
平台背景	微信、财付通、QQ、腾讯征信公司	支付宝、阿里小贷、芝麻信用、淘宝及天猫
合作伙伴	华夏银行、东亚银行（中国）	暂无
2016 年经营业绩	“微粒贷”信贷产品累计发放贷款 1987 亿元，笔均放款约 8000 元	累计向小微企业发放贷款 879 亿元，服务小微企业客户数 277 万户，户均贷款余额约为 1.5 万元

（二）互联网银行的经营模式——以浙江网商银行为例

浙江网商银行从股权结构看，完全属于由民间资本发起设立的民营银行，注册资本 40 亿元，持股 30% 并拥有控制权的第一大股东为浙江蚂蚁小微金融服务集团有限公司，因此浙江网商银行纳入阿里巴巴的金融体系，充分获取阿里巴巴商业生态系统的电子商务平台、用户、数据和技术等资源，其经营模式围绕线上运作、挖掘大数据、定位小微企业和个人用户进行布局。

1. 完全网络化运营

浙江网商银行完全网络化运营，不设立实体分支机构，业务往来完全依托互联网渠道展开，业务处理主要通过银行计算机系统自动完成，并将大数据等现代信息技术用于业务创新；延续阿里巴巴组织结构扁平化的特点，减少不必要的组织层级，信息直达服务前台，使后台工作人员和服务系统通过互联网直接连接客户终端，使服务更贴近客户。

相比传统实体银行，浙江网商银行具有如下特征：①业务覆盖面广，服务可覆盖现有的主流互联网终端 PC 端、移动端，未来甚至可借助物联网延伸至线下物理世界，没有物理网点营业时间、空间和地域的限制。②业务可塑性强，网络化业务流程和产品设计极为灵活，可大量嵌入新型现代信息技术，能依据客户需求弹性进行调整以提供针对性金融产品和服务。③流程高效便捷，通过互联网缩短与客户之间的距离，去除烦琐的手续，业务处理自动化程度高、系统响应迅速。④运营成本低，不依赖大型固定资产和大量人工操作，降低固定资产购置、维护和人员薪酬支出，可转化为产品和服务的价格优惠，形成成本领先优势。

2. 注重大数据应用

浙江网商银行对接阿里巴巴电子商务平台，充分挖掘平台内小微企业和个人用户积累的大数据资源。平台内用户因频繁的电子商务活动沉淀的海量大数据来源于平台交易记录、物流公司信息反馈等实时性的数据源，与四流合一的商品流、物流、资金流和信息流联动。对动态大数据深入挖掘，能多维度揭示数据所关联的实时性的有效信息，精确反映用户各层面的特征，据以判断其现状及未来趋势，可降低信息的收集成本，消除信息的不对称和不完全性，提高信息使用效率和资源配置效率。相比传统银行仅掌握静态的征信记录、孤立的现金流水账等有限信息，对大数据挖掘的应用成为浙江网商银行的核心竞争力。

浙江网商银行以大数据技术为依托，对阿里平台、物流企业等第三方机构的数据进行获取、集成、分析、解释，将大数据挖掘应用于三方面：①精准营销，准确识别客户收入、偏好、需求等特征，据以对客户细分，以恰当方式营销针对性产品和服务，实现金融资源供需有效匹配；②产品和服务创新，判断、预测客户需求和行业趋势，相应创新产品和服务并合理定价；③贷款风险管理，用于贷前调查的信息采集、贷中审核的信用评级、贷后监督的实时监控，通过销售记录、客户评价、缴费清单等数据判断用户信用状况，通过订单物流信息、现金流水账等动态数据追踪其偿债能力和履约意愿，合理授信、量化风险、风险预警，提高风险控制能力，降低贷款业务的信用风险。

3. 深入开发长尾市场

依据长尾理论，深入挖掘需求曲线长尾部分的市场能获得不亚于需求曲线前部主流市场的效益，即向传统金融所忽视的数量庞大的小微企业和普通个人提供针对性金融服务能产生巨大的总体收益，颠覆“二八定律”，是普惠金融的有效实践。据阿里巴巴集团数据，B2B 平台阿里中国站企业会员达800 万家，B2C 平台天猫店铺有13 万家，C2C 平台淘宝商户有 900 万家。这些店铺、商户可提供基础性客户和数据资源，阿里巴巴电子商务平台是潜力巨大的长尾市场。

浙江网商银行定位为零售银行，目标客户为阿里平台的小微企业和个人消费者，向其提供 20 万元以下的存款产品和 100 万元以下的贷款服务，即小存小贷，避开传统商业银行垄断的批发银行业务，挖掘长尾市场。一方面，通过大数据应用分析平台内小微企业和个人需求，吸纳潜在客户，延展需求长尾；另一方面，依据小微企业和个人的差异化需求，提供针对性金融服务，增加用户黏性，重点解决长尾市场的资金需求问题，提供小微企业信贷业务、消费者金融服务，如小微企业短期小额信用贷款、供应链金融和消费者信用支付、分期网购等服务。

（三）我国互联网银行面临的业务层面问题

互联网银行尽管基于互联网金融对银行商业模式进行颠覆性的创新，突破性地采用完全网络化运营、大数据应用、深入开发长尾市场的经营模式，但要在现阶段的市场条件下顺利投入运营，在实际运营中发挥其功能，还需要突破以下诸多业务层面的障碍。

1. 远程开户受限

互联网银行没有物理营业网点，客户无法像传统银行一样以面签的方式完成实名认证，实现银行电子账户开设。若按照直销银行的远程开户方式，即客户自助填写注册信息并提供由传统银行签发的实体银行卡，通过信息核查后将实体银行卡与虚拟银行账户绑定，最后结合账户小额划款验证等交叉验证方式完成间接实名认证，实现虚拟账户的开设，则互联网银行仅能从传统银行存量用户中吸纳客户，必然受其牵制。若委托合作银行，通过其物理柜台完成开户，该方式虽然可靠但违背了完全网络化运营追求服务高效、便捷的初衷，并且合作银行能率先识别客户进而抢夺客户资源。2015 年 1 月，中国人民银行下发《关于银行业金融机构远程开立人民币银行账户的指导意见（征求意见稿）》，对银行远程开户推出弱实名电子账户提出了框架性意见。

2. 吸收公众存款问题

由于拥有互联网企业背景的互联网银行属于Ⅱ类户（Ⅱ类户可以通过电子方式办理资金划转、购买投资理财产品、办理限定金额的消费和缴费支付等，不能存取现金，不能向非绑定账户转账），导致其无法获得持续性、低成本资金来源，制约贷款规模，无法满足未来开发长尾市场的资金需求，且电子银行和互联网货币基金对其替代程度较高。电子银行的业务体系较为全面，涵盖大部分银行业务，可在线销售各类存款和理财产品，且电子账户大多与实体银行账户绑定，因此在银行存量用户中覆盖面广，由于用户黏性的存在，互联网银行难以吸引电子银行用户的存款向其转移。而互联网货币基金的认购门槛低，采用 T+0 赎回机制，收益率高于同期活期存款利率，对对利率敏感的客户更具有吸引力。互联网银行在存款利率管制尚未完全放开的情况下，无法发挥存款的价格竞争机制，面临存款流失风险。

3. 存款准备金缴纳问题

《中华人民共和国商业银行法》第三十二条规定，商业银行应该按照中国人民银行的规定，向中国人民银行缴存存款准备金，留足备付金。互联网银行依据该规定需要缴纳存款准备金，但因其为“纯网络无实体”模式，无网点和金库，其存款需存放在其他商业银行里，缴纳存款准备金依然要依靠其他合作银行去完成。其存款准备金的缴纳标准和缴纳方式、各家合作银行是否收费、如何避免重复缴纳存款准备金等问题都亟待解决。

（四）我国互联网银行的发展对策

1. 拓展多层次开户体系，降低开户门槛

（1）借鉴现有开户方式。①开设客户自助开户程序。由客户自助填写注册信息，上传身份证扫描件或其他有效证件，通过与全国公民身份信息系统联网对比、手机短信确认等交叉验证方式实现远程开户。②利用互联网金融的现有用户和数据资源。例如，阿里巴巴旗下的支付宝实名用户达 3 亿，记录着用户各类真实信息，可有效验证客户身份的真实性。依托大数据技术重点挖掘该类用户，开户时将有效信息映射至浙江网商银行开户系统，可减免填写信息、客户自证等开户手续，将阿里巴巴的用户流量转为浙江网商银行的现实客户。

（2）借助物联网远程开户。物联网将互联网延伸至物理世界，运用物联网感知层技术验证开户人身份信息可替代传统的实地面签。例如，以人脸识别技术获取人脸生物特征，再比对全国公民身份信息系统中的身份信息能准确识别个人身份，并结合其他交叉验证方式，保证用户良好的使用体验。2015 年 1 月 4 日深圳前海微众银行首笔贷款业务即在人脸识别技术帮助下完成，同年 3 月在德国汉诺威消费电子展中展示使用基于人脸识别技术的 Smile to Pay 支付认证技术完成网购支付，充分说明该技术运用的可行性。

2. 创新存款业务，吸引存款流入

①服务价格优惠。对于降低的运营成本，以减免转账手续费、账户管理费的方式回馈客户，降低客户交易成本。②提供增值服务。例如，浙江网商银行可依据存款额度等指标增加贷款授信额度，或联合阿里平台向用户发放购物红包，增强用户效用和用户黏性。③推广移动支付。开发手机应用程序，支持二维码支付（二维码反扫）、指纹支付等移动支付方式用于线下实体商店消费。④创新存款产品。开发特色存款增值产品，兼顾高收益和流动性，同时满足闲散资金理财和便捷消费需求。

3. 自建 P2P 网贷平台，弥补存贷款业务缺口

互联网银行在目前难以通过吸收公众存款以支撑贷款业务的情形下，可主动摆脱对存贷利差盈利模式的依赖，自建直接融资渠道 P2P（Reer to peer lending 或 peer – to – peer，互联网金融点对点借贷平台）网贷平台，获取中介费用作为新的利润增长点，充分利用自身数据、客户资源和积累的技术，实现多元化经营。互联网银行的 P2P 网贷平台应由其子公司或内部机构经营管理，面向不满足于传统存款理财、追逐更高收益、能承担相应风险的投资者和长尾市场中存在融资需求的小微企业，由各方自行发布交易信息并自主成交，互联网银行仅作为交易撮合平台，基于大数据进行资质审核、风险控制和提供相应信息服务，不提供担保赔付，不承担借贷业务的风险。

4. 建立完善的存款保险制度

2015 年 2 月 17 日，《存款保险条例》发布并于 2015 年 5 月 1 日开始施行。随着浙江网商银行、深圳前海微众银行等民营银行进入银行业市场，竞争更加激烈。存款保险制度的建立有利于保护存款人利益和金融稳定。对于互联网银行而言，存款保险也有助于其获得客户信任，促进其稳定、持续、健康发展。

第四节　互联网银行的风险及其管理

一、互联网银行面临的风险

互联网银行完全突破了传统银行的经营模式，特别是地域和时间上的限制，所有金融业务都以数字化形式在线进行，银行与客户之间的往来不再受时间和地域的限制。但互联网银行在充分享受现代计算机网络技术带来的方便和快捷时，也面临着一系列的风险。一方面，传统银行面临的风险，如流动性风险、信用风险、利率风险等，在互联网银行的经营中依然存在；另一方面，互联网银行改变了传统银行业的经营理念和经营模式，不可避免地带来了更多的特殊风险与问题。

（一）网络保障系统安全问题

互联网银行的计算机应用系统由应用服务器、数据库服务器、网站服务器和客户端组成。由于其业务完全基于网络渠道，业务处理大多依靠系统自动完成，交易记录、客户信息等数据电子化储存，相比传统银行更倚重系统安全，但它与各类外部系统对接，网站服务器作为公共站点，使整个系统对互联网敞开，面临比传统银行更严重的系统安全风险。系统安全风险来自计算机系统故障、黑客入侵、计算机病毒破坏三个方面，将导致系统无法运转、客户资金被盗、存储数据丢失等问题，使互联网银行遭受经济损失并影响其声誉。此外，互联网银行内部员工的网络欺诈行为，也会导致互联网银行和客户利益的损失。

（二）大数据整合难度较大

由于所有用户的信息和痕迹都会在互联网上被保存，互联网上有着大量的信息数据，这就构成所谓互联网银行大数据库的基础。这些信息包含了用户真实、有效的个人信息，但是单个互联网银行所收集的用户信息很有可能是不完整的，想要从数目庞大的数据库中寻找到真正有意义且完整的数据，还需将各个互联网银行和其他金融机构的数据进行有效的资源整合，彼此共享信息资源。此外，浙江网商银行的数据库是由蚂蚁金服和阿里集团提供的，这些数据有交易记录、社交记录、通信记录等，这些数据数量庞大，其中可能会含有很多的垃圾信息，这些垃圾信息很可能会对数据的整合造成影响，从而影响到信用评级的结果。

（三）信用评估风险

传统银行的信贷部门是银行的核心部门，是其盈利的主要来源。传统银行的核心就是它所具有独立的一套信用评估模型，信用评估的高低直接决定贷款人是否能够成功顺利地从银行贷款。传统银行对于贷款的要求相对而言比较苛刻，贷款步骤虽复杂但也够严谨，这在一定程度上减少了不良贷款率。对于互联网银行而言，虽然有着大量的关于信贷个体的大数据作为支撑，但是这种支撑也需要两个条件：第一是所取得的信贷个体数据必须真实可靠；第二是大数据风控模型要有足够的宽度和深度，能够跨越各行各业并且能够得到长时间的验证。一旦客户数据失真就很难对贷款人的信用和偿还能力进行准确的分析，从而使其风险成倍增加。如何有效地对贷款人的信用风险进行合理评估是互联网银行面临的主要问题之一。

（四）服务质量和认知度有待提升

互联网银行从业人员中的大部分都是互联网技术人员，并不能和客户进行直接面对面的交流，这会从某种程度上影响客户的直接服务体验。而传统银行都有柜员和专门负责信贷的信贷人员，还有客户经理全程服务，客户体验较好。作为金融服务的提供方，互联网银行应考虑到不同客户的需求，并应较好地解决缺少人性化窗口直接面对客户的问题。

与传统银行相比，互联网银行在认知度方面与其存在很大差距。传统银行发展较早，已经被人们所熟知；然而民营的互联网银行在最近几年才刚刚开始起步。根据2015年的民意调查来看，几乎百分之百的被调查者知道传统银行如工行、建行等，然而新型的民营互联网银行的认知度仅有34.5%。只有拥有良好的知名度才能有可靠的客户来源，所以如何逐渐提高互联网银行的认知度成为其未来发展的问题之一。

二、互联网银行的风险管理

（一）政府应积极发挥指导与支持作用

现阶段，我国互联网银行开展的金融服务刚刚起步，发展所需的技术、法律、监管、征信体系尚不完善，政府应发挥宏观指导作用并给予一定的政策与资金支持，以推进互联网银行在我国的健康发展与普及。①政府应当建立对信用评级过程进行全面监督的机制，完善收集数据、征信、评级等相关的法律法规，服务于互联网银行。②政府应当建立专门的部门用以协调互联网银行与传统银行之间进行信息上的共享，这样可以更加充分发挥大数据上的优势，实现互利共赢。③在互联网银行运营过程当中，政府应当出台相关政策防止非法集资等违法活动的出现，加快对互联网银行方面的法律法规的研究制定。

（二）健全合理的风险控制系统

①互联网银行应充分利用互联网模式的高效率低成本特点，提高数据的处理能力。在维持互联网银行优势的基础上，应该努力发展网络安全技术，加大安全方面的投入，完善数据和计算机系统，保证在高效率运转的情况下不会出现互联网漏洞，将互联网本身所存在的风险控制在最低。②对于大数据的管理也应当谨慎，提高保护数据库信息的安全意识，加强对数据库保护的投入。在此基础上互联网银行还可以提高其客户的安全意识，避免客户向陌生人透露账户和密码等信息。③互联网银行应充分研究新型的生物认证系统，将电子密码、指纹、人脸识别等安全支付手段交叉使用以减少可能造成的风险。

（三）以云计算构建银行系统，增强系统安全

云计算以虚拟化技术为核心，依托计算服务、储存服务、宽带资源的大型服务器集群，通过网络向用户提供灵活的软、硬件资源和计算服务。以云计算构建互联网银行系统可以增强系统弹性，灵活增减IT资源，避免系统安全风险，从而降低设施购置、维护的成本。互联网银行部署云计算的可行方式是将云计算外包给云计算供应商，以获取专业化的云服务，避免自建云计算系统的高额成本。例如，浙江网商银行的金融云系统即由阿里巴巴的云计算服务商阿里云提供技术支持。

（四）提高互联网银行的认知度，完善互联网银行基础设施

互联网银行在我国刚刚起步，其创立时间较短，认知度和普及率都不高，一定程度上抑制了互联网银行的发展。①互联网银行应和传统银行或者其他互联网机构开展多方面的合作，出台各种优惠政策以此来提高自身品牌的影响力和知名度。比如和中小银行的合作，中小银行可以充分利用互联网银行所具有的完善庞大的数据库，而同时互联网银行也可以依赖中小银行所拥有的客户基础提高自身的影响力。此外，互联网银行还可以与经验丰富的直销银行合作，加强“大平台战略”的合作关系，实现信息互通、风险互担的新型战略关系，以提升竞争力和认知度。②互联网银行还可以通过广告形式来加大宣传力度，如浙江网商银行可利用其自身所拥有的强大平台——支付宝和淘宝，对其现有业务进行宣传。支付宝和淘宝所拥有的客户就是浙江网商银行的潜在客户。③我国互联网银行的基础设施铺设普遍偏低，比如网商银行App软件的页面很简洁，只有四个板块，最主要的两个板块是贷款和理财。目前网商银行所能够提供的服务还很少，并不能像传统银行一样提供全面的服务，例如不能提供转账结算、现金收付、交易支付和零售服务等，因而需要继续加强基础设施的完善。

（五）培养复合型人才，提高服务质量

目前我国互联网银行的大股东都是网络技术公司，大部分员工都是互联网技术人员，以及一些专门的金融从业人员。互联网银行是互联网和银行的结合，需要既懂互联网又懂金融专业的复合型人才。因此互联网银行应加强员工的培训和复合型人才的培养，以达到互联网思维与银行思维的有效结合。同时，互联网银行的服务还可以更加人性化，例如，当客户办理业务的过程中有问题出现时，可以有专门的服务人员与客户通过视频或语音的方式进行“面对面”的交流。这样既能够帮助客户快速解决问题，又能使得整个服务过程更加人性化。

本章小结

本章主要介绍了互联网银行的基本概念、优势及在国内外的发展概况，互联网银

行在我国的主要业务模式及发展特点，总结了互联网银行面临的风险及相应的管理对策。

思考题

1. 互联网银行具有哪些突出的特点？未来它具有什么样的发展趋势？

2. 互联网银行给传统商业银行带来了哪些影响？传统商业银行应如何改进以应对竞争？

小组实训研讨题

1. 比较美国美洲银行和中国工商银行的网络银行业务，并总结其提供的产品和服务的各自特点。

2. 下载并阅读中国银行业协会最新发布的《中国银行业服务改进情况报告》及中国金融认证中心最新发布的《中国电子银行调查报告》，写出观后感。

3. 选取一家我国纯粹虚拟的互联网银行，总结其经营特点和发展情况。

课外阅读

美国安全第一网络银行（SFNB）

美国安全第一网络银行（SFNB）是全球第一家完全通过国际互联网经营的独立银行。它在经营之初就得到了政府监管机构的认可，并且加入了美国联邦储蓄保险公司（FDIC）。成立之初，银行的员工只有15人，主要工作就是对网络的维护和管理。

顾客通过国际互联网进入该行的站点，屏幕即刻显示出一幅银行大厅的画面。画面上设有“账户设置（Account Setup）”“客户服务（Customer Service）”“个人财务（Personal Finance）”三个主要服务柜台。此外还有供客户查询的“咨询台（Information）”和“行长（President）”等柜台，客户只需用鼠标点击所需服务，就可以按照提示进入自己所需的业务项目。SFNB为客户提供多种银行服务，例如开户、存款、支付账单及各项转账服务，还有外币买卖、长期存款和信用卡服务，客户还可以在网络上申请房屋汽车贷款、购买保险、通过经纪人员买卖各项金融产品。银行每天会产生一次交易汇总表供客户查询及核对。需要开户的客户，只需在网页上填一张电子银行开户表，键入自己的姓名、住址、联系方式及开户金额等基本信息发送给银行，并用打印机打出开户表，签上名字后连同存款支票一并寄给银行即可。几天后，客户便可收到一张电子银行的银行卡，客户用它就可以在大部分银行的ATM机上存取款，并可进行各类投资与结算。

由于SFNB不必维持成百上千的物理营业网点，所以它能够在客户服务和支持方面做出更多的投入。通过安全的上网设备，客户能够在世界上的任何地方登录该银行并访问自己的账户，完成电子账单支付、购买存款证、查询账单和对账单、跟踪特定的股票等。SFNB的另一个优点就是消费者可以通过互联网界面来获取个人财务管理工具。比如，SFNB自动更新账户信息，为客户提供工具，以管理预算、对账单进行分类、生成客户化的消费报告单，以及为客户提供最新的、个人财务的在线评估。

第五章　互联网证券

教学目标与要求

√掌握互联网证券的基本概念与特点
√掌握互联网证券在国内外的运行模式
√了解互联网证券的发行业务
√熟悉我国互联网证券业的发展过程与趋势

案例导读

互联网证券给传统证券公司业务模式带来新挑战

当前，互联网金融发展如火如荼，互联网金融对证券业的影响是全方位的，特别是将对证券业传统经纪业务以及理财和产品销售带来直接冲击，前者仍然是证券业的主要收入来源，后者是重要创新发展方向。就券商的传统经纪业务而言，无论是业务本身还是其服务模式、服务内容，标准化、同质化的程度都非常高。同质化竞争的一个必然结果就是价格战，如果新一轮的佣金价格战蔓延，券商的传统通道佣金水平势必也会受到较大冲击。因此，传统经纪业务必须创新模式和内容，寻求差异化的发展道路。

未来几年，互联网金融作为一种新的力量和变量，将不断从深层次影响和推动证券业，向更加注重客户体验、以客户为中心转变，弱化网点功能、加速金融脱媒，逐渐改变金融业、证券业的传统边界和竞争格局。互联网金融加快与传统金融的融合发展，将使证券业的经营理念、经营模式面临新的挑战；而当前证券经营机构在客户规模、渠道建设、账户功能，以及专业能力和技术能力等方面的局限，将使我国证券业应对这一冲击的能力受到很大制约。

面对新的竞争环境与挑战，我国证券业应积极推进基于互联网证券的差异化创新。一方面，要积极应对，加快互联网技术手段和互联网经营理念在经纪业务、投资理财、产品销售等方面的应用；另一方面，要坚持近几年证券业创新转型的既定方向，着眼于服务实体经济和广大金融消费者，充分发挥和突出投资银行的优势，提升专业化、综合化的服务能力，形成差异化竞争能力，走出差异化发展道路。①

证券业是一个历史悠久的行业。在人类近400年的证券交易史上，前期的交易方式几乎未发生显著变化，直到20世纪80年代，才从柜台交易开始转向场内交易，到了20世90年代，以互联网作为平台的交易模式开始盛行，给证券市场带来了革命性的变革。这场变革除了价格因素外，还能把个性化的信息及时、免费地传递给用户，实现网上交易。

证券市场的产品主要以数据交换的形式存在于后台数据库中，不存在货物配送、物流运输等环节，其业务属性具有便于电子化、虚拟化和远程化的特征，这与互联网的特点完全匹配。

第一节　互联网证券概述

一、互联网证券的概念

互联网证券是证券业以互联网等信息网络为媒介，为网络客户提供的一种全新的商业服务模式。互联网证券是在电子商务与互联网技术条件下的证券业务创新，包括市场资讯发布、网络证券发行、在线证券交易和投资咨询顾问等多种投资理财服务。

从狭义上理解，互联网证券包括网上开户、网上交易、网上资金收付和网上销户等环节，即网上证券交易。从广义上理解，互联网证券是指通过互联网技术搭建的平台，为投资者提供一套研究、交易、风险控制、账号管理等投资环节的服务方案，从而帮助投资者提高投资收益、扩大交易品种、降低交易成本和投资门槛，实现低成本、跨时点、跨区域的高效投资。

二、互联网证券的特点

（一）便捷性

在网络没有普及之前，客户所在地与券商营业点之间的物理距离是影响便捷性的主要因素。互联网的普及使物理距离成为非必要考虑因素，这也是证券互联网化的重要特征之一。

---

① 万建华：《积极探索互联网证券业务创新》，《创新与发展——中国证券业2014年论文集》，北京，2014。

（二）低成本

在互联网金融时代，证券公司开展网上业务的方式更容易被用户所接受，对比传统业务营销方式，线上渠道的出现极大地节约了券商的市场推广和运营成本。券商运营成本的降低为互联网证券交易佣金费用的降低打开了空间。

（三）服务范围广

随着非现场开户等政策的出台，极大地方便了边远及农村地区的证券投资者，农村网民网上开户比例达到24.2%，互联网证券初步有效地挖掘了农村地区的资金潜力。同时，随着移动终端的普及，证券移动互联网化发展迅猛，移动用户群体逐渐庞大。据统计，2016年9月，证券服务应用月活跃用户量约为1.3亿。

（四）服务个性化

在互联网证券交易中，每个客户可以按照需要定制全面、专业、个性化的服务，服务方式可以是主动服务，也可以是被动服务。未来，提供深度服务产品是互联网证券公司的发展方向。

三、我国互联网证券业的发展历程

中国的互联网证券交易始于1997年，其发展历程可以分为起步阶段（1997—1999年），全面网络化阶段（2000—2011年）和全方位服务阶段（2012年至今）。

（一）起步阶段（1997—1999年）

20世纪90年代中期以后，互联网证券交易从美国向世界各大证券市场蔓延发展，我国互联网证券交易也开始起步。1997年3月，中国华融信托投资公司湛江证券营业部最先推出名为“视聆通公众多媒体信息网”的互联网证券交易系统，成为中国第一家开展网上交易的券商，该系统在最初的三年增长速度连续超过126%。1999年，闽发证券互联网交易额达到8亿元，国泰君安证券、华夏证券等公司随后也开通了互联网证券交易服务。

这一阶段，中国互联网证券交易发展相对缓慢，一方面，因为互联网的发展尚处于起步阶段，网民过少，截至1999年，中国上网总人数大约有200万，同期美国拥有网民约6000万人；另一方面，当时的互联网证券交易业务在全球都还算新兴事物，很多证券公司对互联网证券交易业务还不了解，仍处在观望阶段。

（二）全面网络化阶段（2000—2011年）

2000年4月，中国证监会颁布实施了《网上证券委托暂行管理办法》和《证券公司网上委托业务核准程序》，标志着我国互联网证券交易进入规范化阶段，增强了社会各界对互联网证券交易的认识和理解，促进了互联网证券交易的发展。

截至2000年末，我国有45家证券公司的245家营业部开通了互联网证券交易业务。2000年，全国互联网证券交易占所有交易量的比率达到了2.97%。2001年后，互联网证券交易业务发展速度加快，交易量成倍增长。2000年年底至2001年年初，基于短信平台的手机炒股开始流行。

2002年起，证券公司开始了证券交易系统的集中建设。2004年8月，华林证券在深圳证券通信中心设立的主用集中交易系统正式启用，这是我国证券公司首次对主用核心交易系统进行托管，降低了技术系统建设成本和系统风险，体现了证券市场专业化分工的经营原则。到2005年，几乎所有证券公司都能为客户提供互联网证券交易服务，当年互联网证券交易额占沪深交易所交易总额的19%；2006年升至40%；2009年超过70%；2011年达到90%。截至2011年年底，我国的互联网证券交易用户数超过1350万户，比2001年增长了1000多万户，年增长率达到13.6%。

（三）全方位服务阶段（2012年至今）

自2012年券商创新大会以来，我国的证券行业开始利用互联网及其相关技术对证券业务进行积极的创新。证监会与证券业协会也先后出台多个关于互联网证券经纪业务政策指引的文件，推进互联网证券行业在我国的发展。

2012年11月，中国证监会发布《证券公司代销金融产品管理规定》，证券公司拥有全市场最完整的金融产品业务线，互联网证券交易不再局限于股票、债券的买卖，还包括金融产品的销售等。2012年12月，中国证券业协会发布《证券公司证券营业部信息技术指引》，将证券公司营业部划分为A、B、C三类，其中C类营业部既不提供现场交易服务，也不需要配备相应的机房设备，这顺应了互联网时代证券公司业务发展的要求。在2013年证券公司新申请设立的营业部中，C类占比超过70%。2013年3月，中国证券登记结算有限责任公司发布《证券账户非现场开户实施暂行办法》，网上开户逐渐成为现实。

2013年，一些券商开设了网上商城，以统一的系统服务界面和客户服务体系向客户提供专业化、综合性的理财服务。账户的统一管理将为证券公司在互联网时代开拓金融业务提供极大的便利。2014年，中国证券业协会向中信证券、国泰君安证券、银河证券、长城证券、平安证券和华创证券6家券商下发了《关于同意开展互联网证券业务试点的函》，这也就标志着我国的证券行业正式加入了互联网金融的大潮之中。同年9月，又增加了开展互联网证券业务试点的券商。截至2015年3月，我国共有55家券商获得开展互联网证券业务试点资格，如表5-1所示。

表 5－1　　互联网证券业务试点公司名单

批次	时间	数量	证券公司名单
第一批	2014－04－04	6 家	中信证券、国泰君安证券、银河证券、长城证券、平安证券、华创证券
第二批	2014－09－19	8 家	广发证券、海通证券、申银万国、中信建投、国信证券、兴业证券、华泰证券、万联证券
第三批	2014－11－24	10 家	财富证券、财通证券、德邦证券、东海证券、方正证券、国金证券、国元证券、长江证券、招商证券、浙商证券
第四批	2014－12－26	11 家	华宝证券、东方证券、南京证券、西南证券、中原证券、齐鲁证券、安信证券、华林证券、东兴证券、第一创业证券、太平洋证券
第五批	2015－03－02	20 家	财达证券、东莞证券、东吴证券、国海证券、国联证券、恒泰证券、华安证券、华龙证券、华融证券、民生证券、山西证券、世纪证券、天风证券、西藏同兴证券、湘财证券、银泰证券、中金公司、中国中投证券、中山证券、中邮证券

证监会鼓励证券公司大力发展互联网证券业务，鼓励证券公司结合自身状况与互联网企业、信息技术系统开发商等第三方机构开展业务合作，同时也高度重视证券公司在利用互联网探索业务创新过程中出现的合规及信息安全问题。2015 年 3 月，中国证券业协会修订发布了《证券公司网上证券信息系统技术指引》，对证券公司网上证券信息系统的安全性、系统性、可用性提出多项要求。

四、我国互联网证券业蓬勃发展的背景

（一）国家宏观政策为互联网证券发展提供指导和保障

2012 年，监管部门颁布的《证券公司客户资金账户开立指引》中允许客户证券账户采用见证人开户或在线开户两种方式的非柜台开立。2013 年 3 月，《证券账户非现场开户实施暂行办法》使网上开户成为现实。2014 年 5 月，证监会发表了《关于进一步推进证券经营机构创新发展的意见》，互联网金融得到认同，相关网络企业介入金融资本市场得到了支持，加速了互联网金融的发展，明确了券商关心的包括互联网证券账户、金融产品创新、业务许可证管理等方面的建设方向，即建设统一账户，规范支付系统，支持发展证券公司的金融基础功能。

通过 2012—2014 年连续三年举办的证券创新大会，监管机构明确了证券公司发展的主要方向，即改变监管形式、放开行业准入门槛、实现业务牌照的单独管理，旨在推进证券公司的创新发展。

（二）信息技术和电子商务的发展为互联网证券发展提供技术支持

近年来，信息技术的迅速成长，也让金融业的业务模式发生了巨大的变化。虚拟机、云计算、移动互联网和其他新技术，促进金融业务流程的自动化、无人化、虚拟化，大幅度提升了金融机构的网络系统，使金融行业数据集中得以实现。

电子商务的发展使其不再仅仅是交易简单的网络展示，更是发展出了诸多全新的交易模式。金融业也投入到电子商务的浪潮之中，并进入快速增长阶段，建立多渠道支持将成为后续的发展趋势。各种移动终端、短信交互平台、微信公众平台等都是主要的渠道，用户更是可以通过各种不同的终端和渠道来购买各类金融产品。

电子商务模式的进一步创新和改革引发了网上支付系统的诞生，一方面对金融系统提出了要求，要求传统的金融企业要研发能适应网上环境的支付系统；另一方面也要求金融业继续提供虚拟的金融服务，使传统的金融机构找到新的利润增长点的同时，也更深一步促进了互联网金融的发展。

（三）市场环境变化促进互联网证券业务的开展

1. 股市行情持续低迷

继2007年上海证券综合指数达到了6124点之后，股市一路下跌，2008年上证指数形成了空头市场，2009年迎来了一个小的逆转，而在其后几年中，股市行情一直较差，市场成交量和成交金额也有所下降。以上证指数为例，2010—2014年，收盘点位、成交量和成交金额一直保持在一个较低的行业水平，如表5-2所示。

表5-2　2010—2014年上海证券交易所运行情况

年份	收盘点位	成交量/万元	成交总金额/亿元	涨跌幅度/%
2010	2808.08	29488.7	308604	-14.31
2011	2199.42	22360.8	238538	-21.68
2012	2269.13	18855.9	163895	3.17
2013	2115.98	26459.3	228698	-6.75
2014	3234.68	4238681.3	374269	52.87

证券公司的经纪业务收入来自佣金率与成交金额的乘积，在近年券商的价格战之后，佣金从普遍的0.3%大幅跳水至0.1%以下，更有甚者达到了2‱附近。加之市场宏观环境的恶化，证券公司经纪业务经营环境举步维艰。

2. 互联网公司的进入，导致竞争加剧和利润下降

随着互联网金融的火热发展，金融产品的网上销售打开了野蛮生长模式，互联网的金融产品一元起买，购买方便，门槛比较低。阿里巴巴兼并天弘基金开发了“余额

宝”，百度金融和华夏基金强强联手创造了“百度百发”，此类产品具有强大的用户资源，市场优势十分明显。而P2P类型的网络借贷平台满足了借贷双方的金融需求，提供高效的运作流程。

3. 客户的理财需求增长和理财习惯的改变

我国居民个人财富总额连年攀升，银行理财产品、房地产和股票成为大众富裕阶层三个最流行的投资品种。但最近几年的房地产调控政策使得大多数家庭的投资首选不再是房地产投资，越来越多的投资者为抵抗通货膨胀货币贬值的压力，把手中的闲置资金投资于金融产品和非银行存款。

目前，掌握家庭财富的人群主要集中在30～50岁年龄段，他们是社会的骨干力量，并且普遍学历较高，其中拥有本科及以上学历的超过60%。证券交易95%以上的客户是通过非现场的方式进行交易。近年来大众富裕阶层中自己或家人独立打理家庭财产的比例已经逐年下降，说明更多的人逐步选择专业的投资理财机构代其理财，这也是理财市场一种积极的信号。

第二节　互联网证券的运营模式

一、国外互联网证券的运行模式

国外互联网证券的运行模式可分为三种：以E*Trade、TD Ameritrade为代表的纯粹网络证券经纪公司（即E*Trade模式），以嘉信理财（Charles Schwab）、Fidelity为代表的综合型证券经纪公司（即嘉信模式），以美林证券、A. G. Edwards为代表的传统证券经纪公司（即美林模式）。

（一）纯粹网络证券经纪公司——E*Trade模式

1982年，E*Trade公司成立，早期主要作为信息技术服务提供商，为折扣经纪公司提供后台服务。1996年，E*Trade重组为一家纯网络经纪公司；同年2月，设立自己的网站（www. etrade. com），直接向投资者提供在线证券交易服务，公司业绩进入爆炸式发展阶段；当年8月成功上市。E*Trade凭借网络运营的低成本优势，可以用尽可能低的折扣来吸引对价格比较敏感的投资者。目前E*Trade已成为全球最大的个人在线投资服务站点，其成功的原因主要有以下几个方面。

1. 以网站为中心的营销体系

E*Trade点击率较高的原因主要包括：①注重网站宣传。E*Trade网站的行销费用很高，其每年行销费用占全年总收入的50%左右。②E*Trade网站的使用界面简洁、易操作，深得客户喜爱。③可以根据投资者的特征进行个性化定制，抓住了自主决策、自主交易的这部分投资者的需求。④E*Trade 采取金融证券业垂直门户网站的定位，为客户提供了丰富的网络信息，内容涵盖银行、证券、保险及税务等。

2. 全方位的合作和业务拓展

在强化技术方面，E*Trade 在 1996 年建立数据中心，提供系统支持、网络服务、交易和客户服务、交易备份服务等；1997 年，与 Neural 公司合作，使证券行情能用 Java 等应用程序开发语言技术显示；1998 年，与软件公司 Criticalpath 合作，提升自身联系客户的能力；2000 年，推出 OptionsEdge 服务，为客户提供实时期权行情和强大的分析工具。

在资产管理方面，E*Trade 在 2001 年并购了个人资产管理公司 PrivateAccounts，在 2005 年并购了 Kobrcn 和 Howard Capital.

在海外布局方面，E*Trade 在 1999 年合并了 TIR Ltd.，从而获得了额外的客户资源。由于 TIR Ltd. 可以提供 35 个国家的证券交易，这使得 E*Trade 成为全球首家提供跨境互联网交易的公司。

3. 丰富的信息咨询内容

E*Trade 为客户提供丰富的信息内容和研究报告，并与著名的 Ernst & Young 合作提供财经资讯服务。E*Trade 通过买下 Telebank，强化了其金融垂直网络服务策略。除证券信息外，E*Trade 还提供房屋贷款、保险产品、退休规划、税务及网上金融顾问等服务。

（二）综合型证券经纪公司——嘉信模式

1971 年，嘉信理财公司作为一个很小的传统证券经纪商在美国加利福尼亚州注册成立。1975 年，美国证监会取消固定佣金制度，开始在证券交易中实行议价佣金制，嘉信理财抓住机会，把自己定位成为为客户提供低价服务的折扣经纪商。1979 年，公司投资建立了自动化交易和客户记录保持系统。1987 年，嘉信理财公司在纽交所上市。20 世纪 90 年代，嘉信推出 eSchwab 软件，使投资者可以进行网上交易。与 E*Trade 模式不同的是，嘉信理财不仅是纯粹的互联网证券公司，还通过店面向投资者提供服务。

嘉信理财是一家在互联网金融大潮中成功转型的公司，旗下包括嘉信理财公司、嘉信银行和嘉信理财香港有限公司，提供证券经纪、银行、资产管理及相关的金融服务，目标用户群定位为中、低端投资者，最低账户余额要求 1000 美元，服务客户包括美国国内以及世界各地的独立投资者、独立经纪顾问以及公司退休与投资计划的企业。2014 年，活跃账户总数超过 940 万人，管理资产总额超过 1 万亿美元。

嘉信理财在 20 世纪 70 年代末就已经成为世界上最大的佣金折扣证券经纪商，之后通过开创基金超市和引入顾问体系而完善理财顾问角色，成立资产集合。90 年代中期，嘉信理财认为，互联网将会成为对中小零散客户进行大规模收编集成的重要平台，于是把传统的证券经纪和基金等业务捆绑，整个公司的业绩突飞猛进，迅速成为美国最大的在线证券交易商，如表 5 - 3 所示。

表 5 - 3　　嘉信理财的战略发展变化情况

定位	年份	典型事件
佣金折扣证券经纪商	1971	嘉信创立，传统证券经纪商
	1975	美国证监会取消固定佣金制度，成为单一的佣金折扣经纪商
	1979	引入自动化交易和客户记录保持系统
资产集合商	1984	开办共同基金市场
	1986	采用不收费的个人退休金账户
	1992	推出“共同基金一账户”
	1995	收费的独立金融投资咨询服务“顾问资源”开始运作
向互联网跨越	1997	推出 eSchwab，使投资者可以进行网上交易
	1998	开办嘉信公司网站
全面金融服务	2000	4 月，与电子信贷公司联盟，介入信托与房地产信贷领域
		6 月，收购美国信托公司

嘉信理财公司的成功之道在于其长期贯彻了“细分市场集成”的公司战略。这种战略的特点是主营业务集中，构成主营业务的细分业务在技术、市场和管理方面具有高度的关联性。从客户导入层面来看，互联网在线交易系统是其实现业务集成的关键基础技术平台。从服务内容来看，公司的证券经纪、造市自营、基金、资产管理和咨询服务等具有高度的内在关联性。一方面，作为造市商的证券交易流量可通过自己的交易席位来完成；另一方面，旗下基金的证券交易流量也可通过自己的交易席位来完成。

（三）传统证券经纪公司——美林模式

美林证券成立于 1885 年，总部位于美国纽约，是全球最大的证券零售商和投资银行之一，同时也是全球顶尖的金融管理咨询公司。面对来自互联网证券公司的竞争，为了避免客户流失、保住自身在业界已有的地位，美林公司也于 1999 年正式进入互联网领域，如表 5 - 4 所示。与嘉信模式不同，美林模式主要定位于高端客户，为客户提供面对面、个性化、全方位的资产投资咨询服务，拥有强大的研发、投资咨询、资产组合管理能力，但其高端定位也使其客户群体存在局限性。由于高端客户通常资金规模较大，需要一对一、个性化的服务，所以美林模式对互联网的使用深度不及前两种模式。

表 5－4　　美林公司互联网证券发展历程

时间	主要事件
1996 年	为应对互联网证券经纪商的冲击，美林实施客户回报计划，只要客户持有 10 万美元以上的资产，就可以只交一次年费而不限制交易次数
1999 年 6 月	美林证券正式推出跨世纪的竞争战略——综合性选择策略，即向客户提供从完全自我管理到全权委托的一系列产品，而其提供的服务账户包括自助交易、网上交易以及传统交易等多类模式，这些账户根据服务内容的不同采取不同的佣金费率
1999 年年底	美林推出了自己的交易网站 MLDirect 和 UnlimitedAdvantage 网上经纪业务，为客户提供全面、个性化的服务。网站浏览者和投资者可以通过这一平台进入美林公司的研究资料库，获得市场分析信息、路演、进行交易、提出问题与接受咨询等多种投资银行服务
2000 年以后	明确将公司服务对象定位为大客户，不再接受 10 万美元以下的客户开户，并逐渐将开户标准提高到 25 万美元（后提升到 50 万美元），依据服务内容的不同，美林向客户收取不同的费用，一般平均每笔交易收取费用高达 100～400 美元

美林证券向全球提供投资、融资、咨询、保险等相关产品及服务，具体包括：证券经纪、交易、承销，投资银行、策略咨询服务、合并与收购和其他企业金融咨询项目，投资咨询与资产管理，互换、期权、远期、期货和其他衍生品及外汇产品的创新、经纪、交易商和相关项目，证券清算和结算，股票、债券、外汇、商品和经济研究，银行、信托、贷款服务、按揭贷款和相关服务，保险销售和承销服务等。

二、我国互联网证券的运行模式

目前我国证券公司的互联网形态主要是通过互联网、移动通信网络、其他开放性公众网络或开放性专用网络基础设施等，向其客户提供金融业务和服务的信息系统，包括证券公司的网络设备、计算机设备、软件、数据、专用通信线路以及客户端软件等。

根据提供服务的主体不同，我国目前涉足互联网证券的证券公司可分为三类：券商自建网站模式、独立第三方网站模式和券商与互联网公司合作模式。

（一）券商自建网站模式

券商自建网站是证券公司中较为普遍的模式，几乎所有的券商都有各自的网站，比如广发证券、国泰君安证券、中信证券、海通证券等。这些证券公司内部会单独设立有关建立和维护网站的专门服务部门，通过网站向客户介绍公司、业务和产品，提供宏观、微观资讯，也可以通过网站开立账户、交易、查询等。这一模式的优点在于，券商可以直接将其在传统市场上的服务通过网站提供给网络客户，券商的服务优势可以充分地发挥出来。缺点在于专用网站的建设需要大量的资金投入。

背景资料

广发证券“易淘金”

随着互联网应用的不断发展，客户通过互联网获取金融服务的需求不断加大，证券行业需要改变传统的服务方式，建立基于网络平台的新型服务模式。

“易淘金”网站是广发证券旗下专为零售客户打造的线上综合服务平台，是广发证券全自主开发的电商平台，是券商基于网络平台的新型服务模式。广发证券“易淘金”网站并不只是提供网上商城，其立足点在于打造以客户为中心的线上服务模式。更为重要的是，“易淘金”采用完全自主设计、自主开发的模式，将为平台后续发展升级提供保障。

“易淘金”网站推出的主要服务包含网上理财、网上开户、网上业务办理、网上咨询等，为客户提供全方位的金融消费体验。“易淘金”已实现逾1000个公募基金产品、29个广发资管产品、46款服务资讯产品的在线展示、导购、支付及结算，便于客户进行一站式购买；所有产品都提供了极细致的产品信息描述，帮助客户多维度、多层次深入了解产品并进行投资决策；而关键字检索、代码检索、分类筛选等多样化的产品检索方式，以及基金比较、财富管理计算器等一系列线上淘金工具，可以帮助客户进行专业理财规划。①

（二）独立第三方网站模式

在这种模式下，网络公司、资讯公司和软件系统开发公司等负责开设网站，为客户提供资讯服务，券商则在后台为客户提供网上证券交易服务。这种模式是一种开放的平台，所有券商都可以使用平台上的资讯和信息，但如果要进行证券交易，则需要在软件上通过“添加券商”的功能来实现，典型的代表有同花顺、大智慧、东方财富网等。这种模式的优点在于可以充分发挥技术优势和信息优势，缺点在于证券服务的内容和专业水平要得到客户的认同需要一段时间。

背景资料

大智慧

2000年12月，上海大智慧网络技术有限公司成立；2009年12月，整体变更为上

① 本文根据广发证券易淘金网站资料整理，https：//store. gf. com. cn/portal/about_ ytj. html。

海大智慧股份有限公司；2011 年 1 月，大智慧（601519）在上海证券交易所挂牌上市。

大智慧成立以来，致力于以软件终端为载体，以互联网为平台，向投资者提供及时、专业的金融数据和数据分析。作为中国领先的互联网金融信息服务提供商，公司凭借强大的技术研发实力、敏锐的市场洞察力和丰富的信息加工经验，始终前瞻性地把握行业发展方向，不断地开发出满足投资者需求的创新产品，在行业内具有重要影响力。

大智慧在计算机和互联网科技不断发展的背景下，立足快速发展的中国金融市场，通过持续的产品创新和技术创新，全面提升公司的服务水平。在保持中国互联网金融信息行业领先地位的同时，积极拓展国际市场，以期成为在世界范围内具有影响力的金融信息综合服务提供商。

大智慧旗下产品主要有大智慧 365、大智慧策略投资终端、DTS 大智慧策略交易平台、大智慧专业版、大智慧金融终端、大智慧港股通、期货专业版、手机专业版、舆情数据终端 PAD 版、投资家（机构版）、金融工程实验室、大智慧分析家等。①

（三）券商与互联网公司合作模式

在这种模式下，券商可以充分利用互联网公司的资源，不仅体现在互联网公司庞大的用户量、先进的技术水平上，更体现在其基于创新的服务理念方面，使其拥有更广阔的创新空间。证监会松绑非现场开户之后，国泰君安、华泰证券等券商纷纷开启网上开户模式。经纪业务收入排名前 30 名的券商中，超过 80% 已和淘宝、腾讯、百度以及京东等大型电商接触和沟通，探索通过电商平台实现互联网证券业务的可能性。

2014 年 2 月 20 日，国金证券与腾讯公司合作推出“佣金宝”产品，投资者通过腾讯网站在网上开户即可享有 2‱的佣金费率。除了“万二开户”这一大特点外，“佣金宝”还包括了保证金余额理财服务与投资咨询服务。

背景资料

佣金宝

佣金宝是证券行业首个互联网证券服务产品，通过计算机及手机为客户提供 7×24 小时网上开户，成功开户后享受万分之二点五（含股票交易规费）的沪深 A 股、基金交易佣金费率；在不影响客户正常炒股的前提下，为客户股票账户内闲置的现金提供理财服务；同时为客户打造高品质咨询产品，帮助客户在股市获取收益。佣金宝客户享受国金总部与全国营业部联动服务。

---

① 本文根据大智慧网站资料整理，http//www. gw. com. cn/about. shtml。

佣金宝的产品特点主要有如下方面。

(1) 24小时网络开户。用户可在腾讯股票频道进行网络在线开户，只需在计算机前准备二代身份证、手机、摄像头、麦克风、耳机或音响、银行卡，免去跑营业部开户的麻烦。

(2) 万分之二点五的佣金。券商佣金水平不同，北上广深等一线城市的佣金约万分之五以下，但不少三四线城市的营业部还在按照千分之三顶格收取佣金。券商收取的佣金中包含需要交给交易所或证监会的规费，比例约为万分之一点五至万分之一点八，加上营业部需要缴纳的营业税，券商的成本基本上就是万分之二。

(3) 保证金余额理财。券商保证金是客户投资股票账户中那些因未满仓而闲置的资金，国金证券将为保证金余额提供理财服务，预期收益率超过活期储蓄收益10倍以上，而且强调不参与收益分成，仅收取极低的管理费。

(4) 高价值咨询服务。国金证券表示将持续为投资者提供增值服务，包括高价值咨询产品，打破了以往券商不为散户提供增值服务的“惯例”。①

三、我国互联网证券的业务运营方式

目前，我国互联网证券的业务运营方式可以分为两类：线上综合理财服务模式和网上商城模式。

（一）线上综合理财服务模式

线上综合理财服务模式是指证券公司一般通过自建的方式打造基于互联网平台的综合理财服务系统，主要功能包含网上理财、网上业务办理、网上开户、网上咨询等，这种模式将有助于证券公司支付、托管、交易功能的健全，如表5－5所示。

表5－5　我国部分券商的线上综合理财服务

证券公司	互联网金融的模式	主要内容
国泰君安	自主研发“一站式”金融管理服务系统，推出综合理财服务平台“君弘金融商城”	国泰君安2013年11月推出“君弘金融商城”，是行业内首个探索互联网综合金融服务的平台。“君弘金融商城”以一户通账户为基础，重视用户网络体验，倡导简单理财、轻松金融，为客户提供包括证券、银行、信托、保险等全市场金融理财产品的一站式金融服务

① 本文根据百度百科词条“佣金宝”信息整理，https：//baike.baidu.com。

续 表

证券公司	互联网金融的模式	主要内容
广发证券	“易淘金”电商平台	“易淘金”建立了“广发通”统一账户体系，助推客户分类分级服务。对于证券交易客户，“广发通”统一账户实现了客户股票、基金、信用等账户资产的全景查询，客户通过一个账户即能对自身资产交易等各类信息了如指掌，并可将自己关注的股票、产品记录在云端，通过手机端共享
华泰证券	与网易合作推出移动理财服务终端“涨乐财富通”	“涨乐财富通”提供包括网上开户、股票交易、产品购买、融资融券在内的全方位证券投资服务。“涨乐财富通”运用大数据分析技术，挖掘投资者的潜在理财需求，动态跟踪投资者投资行为，并为投资者适时推送个性化的相关资讯
中山证券	与腾讯合作推出自选股平台	通过引导微信用户使用腾讯自选股平台，享受中山证券提供的投资组合或其他服务
上海证券	自主研发移动证券平台“指e通”，开发“速e融”产品	“指e通”通过移动互联网为投资者提供安全、高效、个性化的服务。其中“速e融”产品最具亮点，是业内首个投融资一体化、全线上的移动证券App。“速e融”集快速开户、快速交易、快速融资为一体，可以7×24小时办理证券开户，后端对接快速交易通道，并可实现股票微质押业务

（二）网上商城模式

网上商城模式是指证券公司和互联网公司进行合作，通过网上商城平台提供金融产品、金融服务，甚至可以提供一些软件产品和各类商品，用户可以通过该网上平台进行购买的一种运营模式，如表5-6所示。网上商城模式的优势在于可以在短时间内让用户迅速了解证券公司所提供的产品、业务，并且网上商城一般都是嫁接在证券公司原有的官网之上，因而能够方便用户熟悉及使用。

表5-6　我国部分券商的网上商城服务

证券公司	互联网金融的模式	主要内容
齐鲁证券	与阿里合作建立网上商城——淘宝“齐鲁证券融易品牌店”	齐鲁证券推出“消息红绿灯”产品，以多、空的投资眼光鉴别宏观政策、行业及公司信息，并提供专业、深度的投资点评，通过汇总挖掘市场公开数据，打造投资组合，并有资深分析师定期在线帮助客户

续　表

证券公司	互联网金融的模式	主要内容
华创证券	引入第三方支付公司证联融通电子有限公司为合作伙伴，建立"华创证券网上商城"	华创证券网上商城的金融产品屈指可数，最初只有同花顺两款付费软件上线。其最大的创新是在支付方式里推出了"证钱支付"功能，使用户可以将自己证券账户里的资金转移至电子钱包中，以支付购买商品所需费用
长城证券	与腾讯合作建立网上商城——"长城证券拍拍商城"	长城证券在腾讯拍拍网上建立了一个证券市场咨询产品旗舰店，主要是提供金融理财产品销售与金融理财服务，包括研究报告、掌上资讯、投资组合等证券类服务产品
方正证券	与阿里合作建立网上商城——天猫"泉友会旗舰店"	方正证券"泉友会旗舰店"定位为业务展示及服务产品销售，上线了16款产品，包括量化投资决策软件、短信资讯、财富管理套餐、套利工具等。用户除了可以通过阿里旺旺在线咨询外，还可以通过在线客服人员预约方正证券专家级理财顾问量身定做理财计划
长江证券	与阿里合作建立网上商城——天猫"长江证券旗舰店"	"长江证券旗舰店"的定位是面向广大中小投资者提供资讯、策略等服务产品，包括"专家财智汇""牛股大搜罗""长江大视野""资讯抢鲜读"，具体产品有投资报告、投资组合、量化投资策略等

第三节　互联网证券的发行业务

传统证券发行方式存在运作成本和发行费用较高，所确定的发行价格与上市后市场价格之间出现较大的反差等缺点。因此，从20世纪90年代后期开始，美国的一些小型券商就开始尝试运用互联网平台进行网上证券发行业务。

一、互联网证券发行业务的发展历程

互联网证券发行业务的尝试是从互联网证券分销开始的。1997年Wit Capital首次推出网上发行业务，此后许多网络经纪公司如Charles Schwab、TD Waterhouse、Ameritrade Holding等纷纷将业务延伸到网上发行业务中。总体而言，互联网证券发行业务的发展经过了互联网分销和互联网竞价发行两个阶段。

（一）互联网分销阶段

1997年，Wit Capital首次推出网上发行后，其他互联网券商和电子商务公司也相继跟进，把证券网上服务从网上交易拓展到网上发行。但这个阶段的网上发行只是网上分销，即互联网券商作为第二级甚至第三级分销商，从主承销商或承销集团手中，按上市前价格认购少量股票，然后再把这部分股票通过互联网出售给客户。基本上，这些互联网券商只是沾到证券发行的边缘，大部分并未能成为主导的承销商，而仅分得小比例的原始股，在传统方式发行以外，让小部分的投资者借助网络加入原始股投资的行列。

此后，一些专业的互联网发行站点开始出现，如网上招股（E - offering）和 Fbr. com 公司，它们的承销金额不断扩大。由于互联网证券业务为越来越多的投资者所接受，互联网券商参与原始股的比例也不断提升。根据 E - offering 统计，1997 年，互联网券商只参与了整年 590 家上市案的 0.5%；而到 1999 年，该比例上升到 546 家上市案的 37.3%。

（二）互联网竞价发行阶段

1999 年，汉布雷奇（W. R. Hambrecht）公司推出网上认购（Open IPO）。汉布雷奇曾是著名高科技股承销商 H&Q 的创始人之一，H&Q 公司在 20 世纪 80 年代承销过大量生物高科技股，1995 年又和摩根士丹利一起承销过网景公司。据汉布雷奇的观察，只有 10% 的初创公司最后得以上市，主要原因就在于小公司不易排上上市通道，他们既负担不了大笔的承销费，也很难得到大承销公司的青睐。根据汉布雷奇的分析，传统证券发行方式需要付给承销商最少数百万美元的费用（大型券商的价码高达 2500 万美元），或“承受”7% 承销总额抽成的成本。汉布雷奇用互联网公开发行原始股，以高科技和网络聚集量来压低原始股发行成本，抽成比例大幅下降 30% ~50%。除了大幅降低 IPO 成本外，汉布雷奇还特别设计了“荷兰式拍卖”，扮演了非常重要的角色。根据汉布雷奇归纳，这套特殊的拍卖方式将原始股定价过程透明化、合理化，由市场（包括机构和个人投资者）竞价决定市场价格，进而让初创的上市公司募集到最符合市值的资金。

在互联网上进行首次公开招股取得成功后，从 1999 年起，美国一些地方政府的市政债券也开始尝试网上发行模式。比如，1999 年 11 月，美国匹兹堡市举行了 5500 万美元市政债券的网上发行活动，并且发行以拍卖的方式面向机构投资者进行。由于不需要聘请华尔街金融机构作为中介，这次债券发行大大降低了匹兹堡市的举债成本。

二、网上路演

“网上路演”（Net Roadshow）充分利用互联网的特点，使“路演”不受时间、地域的限制，更重要的是充分利用其他媒体所不能比拟的网上互动交流的方式，为发行人售出证券进行更先进的推广。经过一段时间的发展，网上路演的形式已由最初的上市公司新股推介演绎为公司业绩推介、金融产品推介、上市抽签、上市仪式直播、重大事件实时报道等多种形式。

（一）网上路演的产生与发展

雷曼兄弟公司是全美第一家正式采用网上路演方式的券商。1999 年 3 月，硅谷的一家网络软件公司——网络用具公司（Network Appliance）希望增发新股筹资 1.4 亿美元。当时，公司首席执行官不愿飞赴金融机构密集的美国东部去举行耗时又耗财的路演，于是向主承销商雷曼兄弟公司提出，用互联网技术手段来解决路演问题。由于网络用具公司已有股票公开交易，一批技术股投资者知悉该公司的名字，甚至见过公司高管，而网络用具公司的 2.9 亿美元的年销售金额也有很强的说服力，因此雷曼兄弟公司很愿意并正式采纳了网上路演方式。在这次路演中，投资者可以输入密码，进入相关的互联网网站，聆听网络用具公司首席执行官的演说，同时能从电脑屏幕上看到公司运营状况的幻灯片，而且投资者还可以检索首席执行官的演说，随意截取其中一段选听或者复听。在随后的 3 天内，投资者可以通过电话向网络用具公司提问，公司予以立即答复。参加这次网上路演和提问的投资者绝大多数都是机构投资者，他们对这一应用高科技的新颖路演方式深表满意。在雷曼兄弟公司网上路演成功后，许多从事承销业务的券商也开始采取这一方式。他们有的以网上路演完全取代个人拜访潜在投资者的传统路演方式，有的则是网上路演和传统的个人拜访相结合。一些专门从事网上路演的互联网网站也如雨后春笋般成长起来。

1999 年 8 月 24 日，中国网上路演翻开了第一页。这一天，全景网的前身《证券时报》网络版策划推出为时 2 小时的“清华紫光新股发行网上路演”。这种全新模式一经推出，立即引起广大投资者、上市公司、券商机构等各方关注。网上路演和整版网上路演内容精彩回放，不久即成为上市公司十分乐意选择的宣传推介方式。在路演过程中，准备发行和上市的公司管理层在《证券时报》网上路演现场，通过互联网与广大投资者就热点问题进行直接交流。此后，越来越多的公司开始采用网上路演这一高效低价的路演方式，并取得了较为良好的成果。有人用“多、快、好、省”四个字形象地总结出了网上路演的特点：多，参与者人数多；快，传播速度快；好，宣传效果好；省，费用节省。网上路演在越来越多的上市公司中应用，引起了市场各方和监管部门的关注。2001 年 1 月，中国证监会发布了《关于新股发行公司通过互联网进行公司推介的通知》，正式规定新股发行前必须要进行网上路演。

（二）网上路演的主要内容

网上路演多用于发行人或上市公司新股发行、增发新股的推介上。为了使投资者更充分地了解公司的情况，以便做出投资决策，上市公司在网上采用各种宣传方法，设置各种栏目来使投资者全方位地了解公司。从预定的路演时间和网站中，投资者可以同步获知公司概况、募股投向、公司产业等信息。网上路演以现场图片或网上直播的形式展现公司网上推介的实时场景，以增加现场的交流。

根据网上路演所提供的栏目，投资者可以在网上浏览公司的有关概况，就公司的某些方面的疑问提出问题，如公司的经营状况、经营业绩、发展前景、在同业中的地位等。上市公司高层管理人员、承销商、投资分析专家等网上特邀嘉宾，将通过一问一答的方式对投资者的提问进行回答，对一些较具普遍性的问题，会以实时报道的方式做介绍。

三、互联网证券发行的优势

互联网竞价发行和传统承销方式相比，具有以下优势：①发行佣金低。据汉布雷奇的分析，网上竞价发行的发行佣金为3%～5%，大约是传统承销方式7%承销佣金的一半。②发行价格和上市当天价格高度接近，而且以后一直稳定在发行价格附近。这样，一方面可以避免上市后股价暴涨暴跌，另一方面发行公司可以最大限度地筹集资金。③一般投资者和机构投资者取得公平地位，只要认购价格高于机构投资者，一般投资者可以在新股申购中中标，而一般投资者的参与导致发行价格更具有公允性。互联网证券发行方式与传统证券发行方式的区别如表 5－7 所示。

表 5－7　互联网证券发行方式与传统证券发行方式的区别

	互联网证券发行方式	传统证券发行方式
发行公司选择券商	发行公司通过互联网向券商提问，通过比较券商的答案，发行公司确定最合适的承销商	各家券商纷纷登门造访发行公司，由发行公司管理层选择而定
尽职审查	券商可以通过互联网很快搜集到有关发行公司的各类信息，包括发行公司竞争对手、合作伙伴和顾客等有关资料	券商通过研究发行公司材料，与发行公司经理、顾客和银行家们面谈履行尽职审查责任
撰写招股说明书	券商和律师们可以在网上起草，通过电子邮件快速传输，省时省力，修改方便	券商和律师们花费大量精力和时间起草繁复的招股说明书，包括对发行公司、财务、规划和风险做出详细的描述
路演	管理层可以在网上向潜在投资者推介本公司并答疑，直接交流，快捷方便	券商和发行公司经理巡回多个城市，向潜在投资者推介公司，周期长，费用高
发行定价	由于接触的投资面较广，而且采用拍卖定价方式，网上发行定价可以消除定价的主观性	券商向潜在投资者打电话进行调查，券商和发行公司一起确定每股价格和筹资金额
新股发售	网上认购，使新股发售更加公平	机构投资者和富有的个人投资者可以捷足先登

第四节　互联网证券的发展趋势

一、互联网证券业务面临的挑战

近年来，证券行业面临着巨大的变革，行情持续低迷，成交量萎靡，因为价格战进入白热化的经纪业务的利润空间也不断被压缩。各家券商都面临着巨大的挑战，究其原因，无一不与互联网金融近年来的崛起有较大的关联。

（一）证券经纪业务萎缩

证券行业竞争激烈，券商微利时代已经到来，佣金下滑的影响进一步显现，部分营业网点出现亏损，即使处于垄断地区的营业网点利润水平也大不如前，出现了不同程度的下滑。

互联网证券交易的兴起，在降低了证券公司营业部运营成本和经纪业务刚性成本的同时，也让客户减少了对证券现场分支机构的依赖，改变了以往进行证券交易需要到股票大厅的历史，也增加了其他区域证券公司向本区域拓展的可能性。由于投资、融资供求双方的变化，证券公司和证券客户双方的关系地位也发生了相应的变化，经纪业务在证券公司占绝对优势的情况已不复存在了。由于互联网的飞速发展，证券公司的传统发展模式也到了需要改变的时刻。

（二）非现场开户政策导致佣金大幅下降

2013 年，证券业协会和中国证券登记结算有限公司为顺应市场发展、证券公司和客户的需求，颁布了证券账户非现场开户的相关政策，政策一经出台，异地佣金战、网络佣金战、移动端的客户拓展很快出现在投资者的视野中，非现场开户政策进一步加速着证券交易佣金的下降。

目前，我国已经实现了客户开户流程全程线上自助办理，在提升市场竞争力和方便客户的同时，也在提升客户体验等方面起着积极的促进作用。在互联网证券的持续影响下，证券交易手续费也持续下降，华泰证券将通过电子渠道开户的新客户交易佣金设置为 3‱，腾讯与国金证券也陆续实施“零佣金”计划。投资者在逐步接受网上开户的基础上，对于区域券商普遍佣金偏高的现象也产生了不满，开始尝试网上开户和接受纯粹的全国性券商的非现场服务。

对于证券公司来说，曾经作为大部分证券公司主要收入来源的纯通道业务，其获取利润的模式即将走到尽头。进而提供相应的增值金融服务，并且进行互联网金融的相关转型已经成了不可回避的问题。

（三）统一账户平台加剧证券业竞争

在顺应互联网发展的同时，中国结算公司也进一步推动互联网证券的开放和自由，于2014年10月推出统一账户平台，完善集中统一登记结算制度。如今，每个客户都可以在多家证券公司开立多个股东账户，不再受之前上海证券账户指定交易和深圳证券账户转户之类的限制，投资者的选择更加自由，可以随意开立并且使用在多家券商开立的股票账户，券商面临着更大的竞争与挑战。

中国结算公司推出的统一账户平台称为“一码通账户”，指建立一个新型账户，以其账号为区分，其下可以包含个人的多个股票账户。一码通账户的创立实现了从投资者只能在一家证券公司拥有一个股东账户到拥有可以关联统一管理的多个证券账户的转变。“一码通账户”业务的推出，废除了客户证券账户“一人一户制”，这意味着市场中的存量客户在不同券商间的转移可以不经过原有的“撤指定、转托管”等方式即可实现，而市场中的增量客户也可以根据自己的需求在多家券商开立账户。

非现场开户的推广与“一码通”业务的推出，扫清了金融证券账户互联网化的最后一道障碍，证券账户不再具有垄断地位，而是开始进入了具有互联网特色的自由、开放时代。互联网金融时代的烙印已经是所有金融机构无法回避的问题，金融机构只能顺应潮流的发展而进行改变。

二、证券业向互联网证券的转型

（一）提供综合性金融服务的券商巨头

资本雄厚的传统巨头证券经纪公司凭借其强大的综合实力，主要定位在为高端客户提供面对面、一对一全方位的投资咨询服务，拥有强大的投资研究能力和资产组合咨询能力。全面提升公司的核心竞争力，成为一个综合性的金融服务提供商，是该类券商的战略选择。

提供综合性金融服务的券商应该回归金融服务本质，彰显券商公司相对互联网企业的专业优势，以综合理财账户的持续创新为轴心，依托电子商务的成本优势和创新应用来满足客户生活消费、便捷理财、业务办理、证券交易的全方位需求。同时，引入大数据概念，利用数据解决客户价值深度挖掘和精准营销的问题；比照互联网企业，在风险可控、留痕可查的前提下设计投资者适当性分层管理机制，提升客户在证券公司享受服务的网络操作体验。

（二）O2O双线发展的中型券商

线上、线下双线发展的券商主要通过分支机构和在线交易为投资者提供相对廉价的服务来吸引投资者，信息的研究和开发能力相对较弱。从线下转移到线上的角度重构渠道，而传统现场分支机构可能会慢慢地失去渠道功能，只有面谈的体验功能，但是这种现场的金融服务体验还是可以给客户带来对金融机构极大的信任感。二维码的渠道特性更强，用户通过扫描金融机构提供的产品购买二维码，可以获得商品展示信息，进而被引导进入基金、资管产品的购买页面等，购买将更为便捷和实时。

互联网提供的只是一个技术手段，还必须不断扩大客户渠道，金融企业只有使用这些技术和客户服务渠道，才能提升客户体验，留住客户，并且吸引更多的客户。成熟的O2O模式是一个企业战略转型的重要手段，可以提高金融平台的整体服务水平。

（三）轻量级的网络券商

采用纯粹的网上证券交易模式的公司只提供纯通道服务，所有客户的交易都在互联网上进行，佣金是相对比较低的，但其缺点在于稳定客户群体的缺乏。这类券商的成功主要源于明确的客户群体定位，发展适合自己公司业务的互联网模式。

国内的中山证券近年就将自身定位为轻量级的互联网券商。年青一代是天生的互联网使用者，但是现阶段“80后”人群生活压力较大，其社会财富水平并不是最高的人群，他们正是中山证券锁定的目标细分客户群体。建立一个强大的轻量级互联网证券公司离不开互联网公司的参与，而互联网公司此时更倾向于选择具有全业务资格的小型券商。

2014年2月，国金证券与腾讯合作推出“佣金宝”，即在网上开户便可享有2‰的佣金费率，证券市场一片哗然，一时硝烟四起。新参与理财的用户可在腾讯的网站进行网络开户，并且可以通过其“佣金宝”产品让保证金增值，较低的佣金率和闲置保证金的保值、增值，对投资者有很大的吸引力。券商经纪业务打响价格战，“互联网+证券”正在从试验阶段步入量产阶段。

三、互联网证券的发展趋势

随着互联网证券业务的不断推广，证券市场将逐渐地从“有形”市场过渡到“无形”市场，现在的证券交易营业大厅将会逐渐失去其原有的功能，远程终端交易、网上交易将会成为未来证券交易方式的主流。

（一）证券公司经营理念发生变化，互联网证券市场的发展速度将加快

证券市场是一个快速多变、充满朝气的市场。在证券市场的发展过程中，互联网证券作为证券市场的一种创新形式，发挥了积极的推动作用，其表现是：①证券市场的品种创新和交易结算方式的变革，为网上证券建设提出了新的需求；②网上证券建设又为证券市场的发展创新提供了技术和管理方面的支持，两者在相互依存、相互促进的过程中得到了快速发展。

未来的证券公司将不再以雄伟气派的建筑为标志，富丽堂皇的营业大厅不再是实力的象征，靠铺摊设点扩张规模已显得黯然失色。取而代之的是依托最新的电子化成果，积极为客户提供投资咨询、代客理财等金融服务，发展与企业并购重组、推荐上市、境内外直接融资等有关的投资银行业务，努力建立和拓展庞大的客户群体将成为其主营目标。

（二）证券公司的营销方式、经营策略都将发生变化

未来证券公司的市场营销将不再依赖于营销人员的四面出击，而将更多的精力集中于网络营销。通过网络了解客户的需求，并根据客户的需求确定营销的策略和方式，再将自己的优势和能够提供的服务通过网络反馈给客户，从而达到宣传自己、推销自己的目的。

证券公司将不再单纯依靠自身力量来发展业务，而是利用自身优势与银行、电信等行业建立合作关系。各行业在优势互补、互惠互利的前提下联手为客户提供全方位、多层次的立体交叉服务。这种合作会给各方带来成本的降低和客源的增加，从而达到增收节支、扩大业务的目的。

（三）证券经纪与交易所面临严峻挑战

我国证券行业正在向集中交易、集中清算、集中管理以及规模化、集团化的经营方式转换。证券公司采用互联网证券经营模式，更有利于整合券商的资源，实现资源共享，节约交易成本与管理费用，增强监管和风险控制能力。可见，集中式网上交易模式符合未来券商经营模式的发展方向。

在未来网络互联、信息共享的时代，企业可以绕过证券金融机构，直接通过互联网公开发行股票来募集资金，甚至自己开展交易活动。例如，美国电子股票信息公司自 1996 年开始利用互联网为客户提供股票交易服务。又如美国春街啤酒厂（Spring Street）作为全球第一个在互联网上发行股票的公司，直接在网络上向 3500 个投资者募集了 160 万美元的资本，并在网络上制定了一套交易制度来交易该公司股票。该公司还计划成立一个网络投资银行，专门做网络上公开发行的股票交易业务。在网络技术迅速发展的今天，金融机构如果无法适应网络技术的发展，无疑将成为最大的输家。

（四）区块链技术在证券行业的应用

目前证券行业的互联网化更多体现在业务前端，即包含资金归集（产品销售）、客户推介（账户开立）、在线交易三个维度；然而除了一些平台化运作的基金销售机构外，在登记结算、账户信息储存等后台领域中，互联网技术的应用则乏善可陈。2015 年 10 月，纳斯达克公司首次利用区块链技术完成和记录了一项私人证券交易，纳斯达克的合作伙伴 Chain. com 成为区块链技术的第一个用户，其在向一名私人投资者发售股

份时使用了这项技术。

利用区块链技术进行的股票交易由点对点验证来清算，系统不再需要清算所审计员去验证交易，不再需要托管人去检查投资者是否持有股票。从本质上看，区块链技术绕开了中间人和后台操作，达到了去中介化、去中心化的目的，将可彻底改造用于主流金融的后台运作系统，同时意味着记账成本的降低，进而降低了股票交易成本。

点对点交易同样也意味着清算过程可以即刻发生。传统清算过程一般需要三个工作日，以必须确保交易双方拥有交易所需的金钱和股票。区块链技术可以将股票变成流动性更高的投资——几乎等同于手持现金。由于每个参与者都有一个完整的交易记录，并在全网节点上公开，所以对于投资者而言，权益市场的透明度非常高，伪造交易或者改变之前交易的行为几乎不可能。如果发生虚假交易，参与者将会发现他们的账本记录中会出现不一致的情况，可以拒绝该笔交易。因此，区块链技术在股票清算过程中大大提高了交易效率。

不过从可行性来看，区块链技术应用于证券账户、交易、理财产品购买等环节仍然需要较长的实现时间，而该技术的应用也离不开监管层的推动和尝试。

本章小结

本章主要介绍了互联网证券的基本概念、特点，分析了互联网证券在国内外的主要运行模式及在我国的业务运营和发展情况，同时介绍了互联网证券的发行业务，总结了互联网证券未来可能的发展趋势。

思考题

1. 互联网证券具有哪些突出的特点？未来它具有什么样的发展趋势？

2. 互联网信息技术的发展对传统证券行业产生了哪些影响？传统证券业应如何改进以应对竞争？

小组实训研讨题

1. 选择一家你熟悉的证券机构网站，简要介绍其互联网金融产品和服务、金融消费者类群以及销售模式。

2. 比较中国国金证券、E*Trade 证券公司和嘉信理财公司的证券交易佣金收费情况，并指出他们采取了什么策略来吸引客户。

3. 在全景网上选择一家上市公司，描述其网上路演及网络证券发行的过程。

4. 如果请你来规划一家互联网证券公司的经纪业务，你有什么设想？可以从战略目标、收入盈利及核心竞争力等多角度来分析。

课外阅读

余额宝

余额宝是支付宝打造的余额增值服务，把钱转入余额宝即购买了由天弘基金提供的余额宝货币基金，可获得收益。余额宝内的资金还能随时用于网购支付，灵活提取。

余额宝的全称为天弘余额宝货币市场基金，是由天弘基金管理有限公司发行的一款货币型基金，基金代码为000198。该货币基金是投资于国债、中央银行票据、银行定期存单、政府短期债券、企业债券、同业存款等短期有价证券的基金产品。

2013年6月13日，余额宝推出，当天七日年化收益率为3.23%，6月17日突破4%。

2013年6月28日，余额宝收益率达到6.08%，而后虽然有所下降，但是依然维持在4%~5%。同期银行活期利率只有0.35%，定期利率也只有3.5%。

2013年6月30日，余额宝累计用户数已经达到251.56万人，累计转入资金规模达66.01亿元。

2013年12月，余额宝的用户数已经达到4303万人，资金规模1853亿元。余额宝自成立以来已经累计给用户带来17.9亿元的收益，自上线以来，日每万份收益一直保持在1.15元以上。

2014年1月，余额宝资金规模已超过2500亿元。

2014年2月8日，“余额宝用户专享权益2期”产品上线并开放预约。该产品对接保险产品，预期年化收益率达到7%，并承诺保本保底。

2015年3月23日，方兴地产联合淘宝房产上线了余额宝购房项目，在北京、上海、南京等全国大城市放出了1132套房源支持余额宝购房。

2015年4月，天弘基金一季报数据显示，余额宝对接的天弘增利宝货币基金一季度规模再增1327.88亿元，达7117.24亿元，这也是余额宝资金规模首次突破7000亿元。

2015年6月17日，余额宝公布的数据显示，余额宝的7日年化收益率为3.98%，近两年来首次跌破4%。

2015年12月31日，天弘余额宝净利润231.31亿元，排名第一且远远超过其他基金。

2017年12月7日，天弘基金宣布，将余额宝单日申购额度调整为2万元，即对于投资者个人交易账户单日累计超过2万元的申购申请将不予受理。

2018年5月3日，余额宝宣布升级，新接入博时、中欧基金公司旗下的“博时现金收益货币A”“中欧滚钱宝货币A”两只货币基金产品。

第六章　互联网保险

教学目标与要求

√掌握互联网保险的基本概念
√熟悉互联网保险在国内外的发展概况
√掌握互联网保险在我国的运营模式
√了解我国互联网保险的发展趋势

案例导读

众乐宝

2013 年 12 月 5 日，众安在线的首款保险产品“众乐宝——保证金计划”正式在淘宝网上线。这款产品的销售服务对象是淘宝网平台上加入消费者保护协议的卖家，它的目的是保障淘宝卖家的履约能力，在为帮助淘宝卖家减轻负担的同时为淘宝买家获得良好的购物服务提供保障。在理赔和追赔形式上，众乐宝采取“先行垫付、事后追赔”的方式，即买卖双方一旦发生维权纠纷，淘宝卖家需要向淘宝买家赔付时，众乐宝会先行垫付赔付款，之后再向淘宝卖家追回这笔款项。这种方式可以缩短淘宝买家的维权过程，同时提高淘宝卖家资金的使用效率。

2015 年 3 月 28 日，众乐宝凭借其帮助数百万的淘宝中小卖家解决了资金占用问题的突出表现，以及它的操作中嵌入了场景、简单便捷等优点，获得了由“中金在线财经排行榜”颁发的“最具创新性保险产品大奖”。截至 2015 年一季度末，众乐宝累计服务的淘宝中小卖家数量已经超过 160 万，众安在线旗下的保证金系列产品已经累计帮助淘宝卖家释放资金规模超过 270 亿元。

众乐宝是针对目前电子商务领域存在问题所开发的一款互联网保险产品，在产品的定价、理赔和责任范围等方面都做了全方位的创新。这款产品在性质上和境内的信用保险有些类似，属于网络保证金保险。众乐宝的一个创新之处就在于它将保险的应用场景搬到了互联网上，并根据网络交易的特点重新设计了保费、风险控制等方面的内容。另外，众乐宝的成功推出也为网络交易活动提供了整套可以借鉴的风险控制体系。在对数据进行事前的管理控制之后，可以有效地识别高风险淘宝卖家，并将以往有过不佳信用记录的淘宝卖家排除在投保范围之外，有效地帮助买卖双方进行更好的识别。

另外，众乐宝的成功上线可以看作境内金融企业首次介入了互联网商业信用领域。而更加重要的意义在于，它是首款完全根据互联网商业信用而开发出来的保险产品，这将推动中国商业信用保证体系的建设和完善。

互联网保险起源于20世纪90年代初期，当时发达国家出现了电话投保并逐渐普及，投保人通过电话向保险公司的客服中心咨询保费并签订保险合同。与传统的上门推销或坐等客户上门相比较，这种远程、无形的投保方式和交易方式的确是大大前进了一步。随着互联网技术的高速发展，互联网彻底改变了保险行业的交易环境和发展方向，互联网的虚拟化、直接化、电子化、信息透明化等特征与保险行业产品特征、营销需求十分吻合，由此互联网保险迅速发展起来。中国保险行业协会的数据显示，截至2016年年底，我国共有124家保险公司经营互联网保险业务，其中经营互联网人身保险业务的公司为64家，经营互联网财产保险业务的公司60家。这意味着我国保险业已有76%的保险公司通过自建网站、与第三方平台合作等不同方式开展了互联网保险业务。在保费收入上，2016年我国互联网保险保费收入达到2299亿元，同比增长65亿元，同比增幅为3%，但相较于2015年160%的增幅，互联网保险保费收入增速明显放缓。

第一节　互联网保险概述

一、互联网保险定义

2015年7月，中国保监会发布《互联网保险业务监管暂行办法》（以下简称《暂行办法》），对互联网保险业务进行了规范化定义：互联网保险业务，是指保险机构依托互联网和移动通信等技术，通过自营网络平台、第三方网络平台等订立保险合同、提供保险服务的业务。其中，保险机构是指经保险监督管理机构批准设立，并依法登记注册的保险公司和保险专业中介机构。保险专业中介机构是指经营区域不限于注册地所在省、自治区、直辖市的保险专业代理公司、保险经纪公司和保险公估机构。

二、互联网保险的具体内容

（1）数据收集和分析：同其他互联网子行业一样，数据对于互联网保险具有重要的价值。对消费者行为数据、消费数据等互联网数据加以收集，并运用保险精算技术，可以开发出更具需求针对性的保险产品。

（2）保险产品个性化设计和精准营销：销量是影响保险公司盈利水平的关键。在这个环节中，互联网保险的优势是非常明显的，基于互联网技术的精准营销的运用已经十分成熟，通过互联网搜索引擎进行定向推广已经被广泛使用。

（3）提供专业的保险需求分析：互联网保险公司只需通过网页上提供的保险需求评估工具对投保人的消费能力、风险偏好等信息进行评估，就能确定符合客户需求的保险。这种网上评估方式能有效降低客户选择困难，既专业又易于被客户接受。

（4）提供保险产品购买服务：客户在确定自己需要的保险产品之后，下一步就是进行网上购买。这要求互联网保险公司做好网上购买对接服务，提供网上购买入口，开发购买网站和移动客户端。

（5）提供在线核保和理赔服务：通过推出在线核保和理赔的作业流程、争议解决办法、理赔所需单证、出险联系电话和地址等透明化信息，客户可以方便地办理理赔业务。

（6）提供在线交流服务：提供在线交流、售前咨询和评估以及售后保障和理赔服务，有效化解客户购买保险产品的疑虑。

三、互联网保险类别

按照《暂行办法》中的规定，互联网保险总体分为两个类别：自营网络平台以及与第三方网络平台合作。自营网络平台，是指保险机构依法设立的网络平台。第三方网络平台，是指除自营网络平台外，在互联网保险业务活动中，为保险消费者和保险机构提供网络技术支持辅助服务的网络平台。《暂行办法》对自营网络平台和第三方网络平台应具备的条件做了明文规定，约束内容包括运营资质、技术能力、管理制度、从业人员资格等。

四、互联网保险优势

互联网保险属于电子商务的一种，但与其他行业开展电子商务情况不同，互联网保险的经营活动仅仅涉及资金和信息的流动，不涉及物流配送及相关问题。保险所经营的商品具有无形性，保险合同是附和合同，上述特点都决定了保险这一行业特别适合在互联网上进行经营销售。因此互联网保险一出现就显示了巨大的商业前景，引导保险业发展的新方向。

（一）成本低廉、覆盖面广

保险的天然特性是适合网销的，它无须生产，无须仓储，无须物流，用户有需求即立刻生成保单。互联网保险采用电子商务渠道，直接接触客户，节省了交易中间环节和渠道费用，这意味着消费者将买到更加优惠的保险产品。互联网连接了整个世界，消费者无论身处何时何地，都能轻松快捷地购买到适合自己的产品。

（二）挖掘数据、精准定价

基于互联网的大数据有助于促进保险企业与消费者之间的信息对称，保险企业通过对数据的深层挖掘还可以使得保险产品依据年龄、消费偏好等更加细分，提供更准确的保险定价服务。在混业经营的背景下，互联网大数据还可以使综合金融大后台建设得到深化。监管机构同样可以基于大数据进行高效、前瞻、主动性监管。

（三）信息透明、便于互动

互联网的发展，创造了前所未有的直达消费者的信息通路，使得保险销售具有直销的特点。它的交互性使客户由传统营销方式中的被动接受转变为主动参与，这有助于保险公司更好地了解客户需求，更有针对性地开发产品。建立以客户为导向的销售思路，带来更贴近客户的产品创新和服务创新，是网销能够吸引客户、留住客户的根本，也是渠道生命力的根源。

（四）场景营销、产品创新

场景可以激发客户的需求，特定的场景会激发人们对生老病死残带来的风险担忧。传统的推销依靠营销员的话术激发客户的需求，而网络则是客户在自身的体验中自发地联想到未来的风险场景而激发需求，这种需求更加自然，也更加强烈。比如，人们在网上购买机票的时候会担心飞机事故，该场景激发了购买航空意外险的需求；淘宝购物时会担心货不称心，于是激发了购买退货险的需求。

第二节　境内外互联网保险的发展概况

一、境外互联网保险的发展概况

（一）美国互联网保险概况

美国是发展互联网保险最早的国家，由于在网络技术方面的领先地位和优越的市场经济环境，美国在20世纪90年代中期就开始出现互联网保险。目前，美国的互联网保险业在全球业务量最大、涉及范围最广、客户数量最多，几乎所有的保险公司都建立了自己的网站。它们在网站上为客户提供全面的保险市场和保险产品信息，并可以针对客户的独特需要进行保险方案内容设计，运用信息技术提供人性化产品购买流程。

其网络服务内容涉及信息咨询、询价谈判、交易、解决争议、赔付等，保险品种包括健康险、医疗险、人寿险、汽车险、财产险等。

美国互联网保险业务主要包括代理模式和网上直销模式。代理模式主要是通过与保险中介及兼业代理公司合作，依靠其庞大的网络辐射能力和大批的潜在客户群获得规模经济效应；网上直销模式有助于树立企业门户形象，帮助保险公司开拓新的营销渠道和客户服务模式。

（二）欧洲互联网保险概况

在德国，信息产业发达，网销普及程度及市场规模世界领先，法律体系健全，推动互联网保险迅速发展。据埃森哲咨询公司发布的相关报告，早在2009年，约有26%的车险业务和13%的家庭财产险业务是在互联网上完成的，而在短短的一年后，上述份额就分别上涨至45%和33%，可见互联网保险在德国发展之迅速。德国重视互联网保险的商业模式创新，率先开发出一种新P2P保险模式，具有防止骗赔、节约销售和管理费用以及方便小额索赔等优势。①

英国的保险市场是世界上历史最悠久的。进入21世纪以来，互联网保险在英国的发展迅速，个人财产保险总保费中来自网络营销的保费比例，从2000年的29%增加到2008年的42%，而传统的保险经纪份额从42%下降到29%。英国保险公司的互联网保险产品并不仅仅局限于汽车保险，还包括借助互联网营销的意外伤害、健康、家庭财产等一系列个人保险产品。相比于其他尚不成熟的保险市场的互联网保险业务，英国保险市场的互联网革新经历了一条极有代表性的发展路径。

意大利的KAS保险公司建立了成熟完备的互联网保险销售服务系统，在网上提供最新产品报价、信息咨询和网上投保服务。

背景资料

德国互联网互助保险Friendsurance

2010年，Friendsurance公司在德国柏林成立，该公司采用一种全新的保险模式，具有共同保险需求的参与者以会员的身份“自组织”在一起，相互分担同类风险损失，保险费用相对较低。

公司的理念是“我为人人，人人为我”。这种保险模式的具体运营方式是：用户在Friendsurance公司网站上创建一个“安全网”（SafeNet），同时可邀其网络社交圈的好

① 李红坤、刘富强、翟大恒：《国内外互联网保险发展比较及其对我国的启示》，《金融发展研究》2014年第10期。

友加入该安全网，限定人数15人。在该安全网内，任何一名会员发生约定保险范围内的损失，其他会员将按照约定的标准对其赔偿，如20欧元/人。同时，约定该安全网的赔偿基金上限，如20欧元/人×15人=300欧元，如果风险损失赔偿数额超过该基金上限，则超额部分将由Friendsurance承担。

Friendsurance公司的这种运营模式，可以处理日常生活中经常发生的而理赔额度较小的繁杂事故，而这一类事故是传统保险公司不愿承保的，因此，其更好地满足了用户的保险需求。该公司吸引用户以这种大量小团体的形式通过互助合作的方式完成小额理赔。同时，以朋友圈好友的关系来抑制保险的道德风险，所以，能以更优惠的价格提供同样的保险产品和服务。从实际情况来看，虚假索赔案件大幅减少，用户可节约50%的保费，部分团体能节约70%。

（三）亚洲互联网保险概况

1999年7月，日本出现名为Alacdirect. com的互联网保险公司，这是一家完全通过互联网推销保险业务的保险公司，主要服务于40岁以下客户。1999年9月，日本索尼保险公司开通电话及网络销售汽车保险业务，到2000年6月通过互联网签订的合同数累计突破1万件。在多种因素的综合作用下，2008年日本出现了一些以互联网为主要销售渠道的人寿保险公司。2008年5月，Life Net保险同印度国家银行安盛人寿保险（现在的Nextia人寿保险）合作，开始销售日本的第一份在线人寿保险产品。自此，在线人寿保险公司的市场份额在日本人寿保险市场中稳步增长。

在韩国，通过互联网销售保险的经营模式仍处于成长初期。各家保险公司对互联网销售兴趣正浓：韩华人寿、LINA人寿（韩国信诺）、KDB人寿、现代人寿、新韩人寿、教保人寿均开始推广互联网销售业务。互联网销售的基本流程非常简单，即网站标题或广告引流—在线报价—核保—承保完成。

在中国香港的保险业中，保柏公司是最早利用互联网推动保险销售的，随后是保诚公司和蓝十字公司。在中国台湾，互联网保险的发展趋势日益强劲。依据台湾的有关规定，在寿险产品中，旅游平安险、伤害险、传统型定期寿险、传统型年金险等均可采用网络投保，但民众必须有电子凭证才可以在网络上投保。①

（四）境外互联网保险的一般模式

境外互联网保险模式大致可以分为保险公司网站、第三方保险超市网站及纯互联网保险公司三种形式。

1. 保险公司网站

保险公司网站是一种典型的保险行业电子商务模式。保险公司建立自己独立的网

① 李红坤、刘富强、翟大恒：《国内外互联网保险发展比较及其对我国的启示》，《金融发展研究》2014年第10期。

站，旨在宣传自家的产品和服务，拓展保险公司销售渠道。此类网站拥有明确的业务和客户资源，有传统保险公司强有力的支持。

2. 第三方保险超市网站

第三方保险超市网站由独立的服务商为保险人和顾客提供一个可以广泛选择和完成交易的渠道。众多保险人和客户在这个超市中相互接触，使保险人发现合适的客户，使投保人找到自己需要的险种。这一模式可以细分为三类：连接保险公司型、连接代理人型、第三方管理型。连接保险公司型提供网上报价功能，使客户与保险公司相连接，保险公司每收到一个连接都要向该网站支付一定费用，但不发生真正的网上销售，比如美国的 InsWeb 网站。连接代理人型与连接保险公司型相似，这类网站也不发生真正的网上销售，不同的是其将顾客与代理人连接，比如美国的 NetQuote 网站。第三方管理型运用其数据库来确定消费者的最佳交易，他们是注册代理人，比如美国的 Insure. com。第三方保险超市网站的数量在全球迅速增加，并且其积极扩张服务范围，但由于市场容量有限，以及许多产品可比性差、供应商议价能力较强等因素，这类网站面临激烈的市场竞争，生存者必须在市场营销和品牌战略等方面下大力气。

背景资料

InsWeb 保险公司

1995 年 2 月，美国第三方网络保险平台 InsWeb 创立，总部在加州，致力于为客户提供方便、有效的保险购买方案。它曾是世界最早、最大的第三方网络保险平台之一，雅虎曾把其评为全世界 50 个最值得信赖的网站之一。InsWeb 是一家完全独立于传统保险机构的网站，上市于美国纳斯达克市场。其业务范围非常广泛，在线保险业务是其主要领域，包括汽车、人寿、医疗、房屋，甚至宠物保险。

InsWeb 不仅与全球 50 余家著名保险公司签订业务协议，还与 180 多个著名站点进行合作，吸引客户访问 InsWeb。由于合作对象和客户资源丰富，一方面，客户在浏览 InsWeb 网站时能得到最新的保险产品信息，方便快捷地实现类似保险产品间的价格对比和优劣分析，获得专业化、高性价比的保险产品购买建议和决策方案；另一方面，也使合作的保险公司、在线注册的代理人和其他站点获得了更精准、更理想的客户群体，InsWeb 把大量的客户介绍给合作对象的同时也把最好的保险公司、最优秀的代理人和险种介绍给客户，通过互联网把合作对象和客户联系在一起，为双方带来了很大的利益。

InsWeb 保险网站在经过了高速发展后，2010 年遭遇了业务收入下滑、经营费用高企、净利润下降等发展困境。为了维持运营，InsWeb 最终痛下决定接受美国著名理财网站 Bankrate 的收购。其衰败的原因主要在于：产品简单，佣金收入入不敷出；沟通模式单一，无法解决用户问题；缺乏售后理赔协助，服务和内容有限；仅提供保险产品报价和对比服务，不直接提供投保和支付服务，盈利模式先天不足。[①]

3. 纯互联网保险公司

纯互联网保险公司没有可以依托的传统保险公司，而是完全通过互联网来完成整个保险业务流程的保险公司，比如 Directline 和 eCoverage 保险公司。eCoverage 保险公司主要在全球范围内提供汽车、轮船以及房屋的保险业务，客户直接在互联网上购买其产品。

（五）境外互联网保险业务特点

①境外互联网保险公司在网上售卖的险种几乎涵盖所有的线下险种，包括健康、医疗、人寿、汽车、财产保险等各大主流险种。②境外互联网技术发展较快，互联网保险安全防护技术完善，采用多重防火墙技术，在每个环节都可以很好地保护投保人信息。③境外互联网保险充分发挥了互联网的便利性，从投保到理赔均可通过网络完成，业务流程短，方便快捷。④境外对互联网保险监管措施完备，有严格的准入机制以及保险产品审核制度，可以将互联网保险的风险控制在一定范围内，很好地保护了投保人的利益。

二、我国互联网保险的发展概况

（一）我国互联网保险发展历程

1. 发展背景

自 1997 年开始，我国陆续出现网上保险。1997 年 11 月 28 日，国内第一个面向保险市场和保险公司内部信息化管理需求的保险行业的中文专业网站——中国保险信息网诞生，标志着保险电子商务的兴起，2000 年 7 月 1 日更名为中国保险网。2000 年 8 月 16 日，中国太平洋保险公司宣布其全国性电子商务网站全线开通，它是我国保险业界第一个贯通全国、连接全球的保险网络系统。2000 年年末，我国已有近 80 家保险网站，经营险种涵盖了人寿保险、财产保险、意外伤害险、旅游交通保险等近百个险种，但还不是真正意义上的互联网保险。直到 2005 年 4 月，中国人民保险公司签售了国内第一张电子保单，我国才出现了真正意义上的互联网保险。此后，互联网保险逐渐进入市场细分、竞争加剧的阶段，并在竞争中得到了较快的发展。

---

① 本文引自唐金成、李亚茹、韦红鲜：《美国第三方网络平台 InsWeb 兴衰经验借鉴》，《河北金融》2015 年第 1 期。

社会因素也在推动着互联网保险的发展。随着社会的发展，人们的保险意识和保险需求也在不断增加。居民旅游出行逐渐增多，再加上近些年自然灾害、重大意外事件频频发生，居民对意外险的认可程度提高，需求也逐步增加；居民对医疗服务水平的要求逐渐提高，基本医疗保险已经不能满足人们的需求，商业医疗保险的市场未来拥有巨大的潜力；另外，中国社会正快速进入老龄化阶段，商业养老保险也将成为现代养老服务体系的重要组成部分。

关于互联网保险的法律规范也日渐完善。2014 年 8 月，国务院印发《关于加快发展现代保险服务业的若干意见》，指出应加快发展现代保险服务业，为互联网保险的健康发展奠定了基础。2015 年 5 月，国务院发布《关于大力发展电子商务加快培育经济新动力的意见》，鼓励保险企业和机构依法进行网络化创新，完善互联网保险产品审核和信息披露制度，规范保险业电子商务平台的建设。2015 年 7 月 22 日，中国保监会印发关于《互联网保险业务监管暂行办法》的通知，对互联网保险进行了定义，明确了互联网保险的法律地位，提出了互联网保险的风险管控措施，在经营原则、经营区域、信息披露、经营规则、监督管理等方面也都提出了明确的要求。

互联网保险的蓬勃发展，也引来各路资本的积极参与。仅 2017 年 1—8 月，互联网保险领域就发生 19 起融资事件，已披露的融资总额约为 6.49 亿元。在多元资本的参与下极大地丰富了保险行业生态，但由于缺失行业规则也滋生了一定的风险隐患。可以说，目前互联网保险正处于爆发期，互联网保险的法律制度不断完善，业务领域不断扩展，用户规模不断扩大，营业收入不断提高，未来，我国互联网保险行业将逐步走向稳定发展阶段。

2. 发展历程

（1）起步期（1997—2007 年）：各家保险公司开始设立门户网站。

1997 年底，中国第一个保险行业网站——中国保险信息网诞生。2000 年下半年，太平洋保险、平安保险和泰康人寿也相继开通了自己的保险网站。2003 年开始，太平洋保险、泰康人寿开始在线销售航空意外、交通意外、旅行意外等保险产品。2006 年开始，以太平洋保险、泰康人寿、中国人寿为代表的保险公司对官网进行升级改版。在这个阶段，互联网网民规模从 2001 年的 3370 万增长到 2003 年的 8000 多万，2007 年上升到 2.1 亿。

（2）探索期（2008—2011 年）：电商平台的兴起促成保险市场的细分。

阿里巴巴等电子商务平台的兴起开启了中国互联网的新一轮发展热潮，电子商务用户逐步显现出年轻化、知识化的特征，且有一定的消费能力。伴随着新的市场发展趋势，互联网保险开始出现市场细分。一批定位于保险中介和保险信息服务的保险网站开始涌现，有些网站借助风险投资快速脱颖而出，如慧择网、优保网等。在这个阶段，互联网网民从 2007 年的 2.1 亿增长到 2011 年的 5.13 亿，手机网民规模达到 3.56 亿。

(3) 全面发展期（2012—2013 年）：商业模式和产品服务层出不穷。

互联网保险发展到这个阶段，不仅是保险产品的互联网化，而是对互联网模式的改进与创新。保险企业通过不断摸索发展出多种互联网业务管理模式，官方网站、保险超市、门户网站、第三方电子商务平台等多种互联网保险模式纷纷出现。2013 年 10 月 9 日，国内首家专业互联网保险公司——众安保险成立，就是对互联网保险模式的一种创新。在这个阶段，互联网网民从 2011 年的 5.13 亿发展到 2013 年的 6 亿，手机网民规模达到 5 亿，移动支付也得到快速发展。在线销售险种以短意险为主，部分寿险公司也尝试销售定期寿险、健康险、投连险和万能险，共有 60 多种互联网保险产品。

(4) 爆发期（2014 年至今）：监管规范和政策红利促进快速增长。

电子商务、互联网支付等相关行业的高速发展为保险行业的电子商务化夯实了技术、产业及用户基础，“互联网 +”保险时代已经到来。截至 2015 年 6 月底，已有四家互联网保险公司（众安在线财产保险股份有限公司、泰康在线财产保险股份有限公司、安心财产保险有限责任公司、易安财产保险股份有限公司）获得互联网保险牌照，互联网保险牌照有望逐步放开。互联网保险行业孕育着巨大的潜力，在销售渠道、保险产品、运营和服务模式等方面都发生了深刻的变革。未来，在移动金融的土壤上互联网保险行业将揭开新的发展篇章，它将围绕移动终端开展全方位的保险业务，包括产品销售、保费支付、移动营销及客户维护服务等一系列业务活动。随着互联网保险行业的快速发展，互联网保费规模也实现了爆发式增长，保费收入成倍增加，互联网保险的渗透速度也在逐渐提高，如表 6－1 所示。

表 6－1　2013—2016 年互联网保费收入情况

项目＼年份	2013	2014	2015	2016
互联网保费总额/亿元	300	859	2234	2299
互联网财险保费/亿元	236	506	769	503
互联网寿险保费/亿元	64	353	1465	1796
互联网保费渗透率/%	1.7	4.2	9.2	7.4

（二）我国互联网保险政策框架

1. 政策梳理

随着互联网保险业务的迅速发展，国家对互联网保险的发展给予了高度重视，加大了政策支持，互联网保险政策环境利好；同时，监管部门也加强了法律法规的建设，如表 6－2 所示。

表 6－2 2005—2017 年互联网保险行业相关法律、法规和政策

发布机构	发布时间	政策法规	主要内容
国务院	2005 年 4 月	《中华人民共和国电子签名法》	电子签名与手写签名或印章具备同等法律效力
中国人民银行	2005 年 10 月	《电子支付指引》	规范电子支付业务，防范支付风险，确保资金安全
保监会	2009 年 12 月	《保险公司信息化工作管理指引（试行)》	促进保险公司信息化工作管理，提高保险业信息化工作水平和运营效率
保监会	2011 年 4 月	《互联网保险业务监管规定（征求意见稿)》	明确保险公司、保险专业中介机构开展互联网保险业务的资质条件和经营规则
保监会	2011 年 8 月	《中国保险业发展“十二五”规划纲要》	大力发展保险电子商务，推动电子保单以及移动互联网、云计算等新技术的创新应用
保监会	2011 年 9 月	《保险代理、经纪公司互联网保险业务监管办法（试行)》	促进保险代理、经纪公司互联网保险业务的规范、健康有序发展，切实保护投保人、被保险人和受益人的合法权益
保监会	2012 年 5 月	《关于提示互联网保险业务风险的公告》	除保险公司、保险代理公司、保险经纪公司以外，其他单位和个人不得擅自开展互联网保险业务
保监会	2013 年 8 月	《中国保监会关于专业网络保险公司开业验收有关问题的通知》	把设立独立的信息安全部门、具有保险业务全流程的电子商务系统和核心业务系统等应用系统、投保流程设置确认环节等作为专业互联网保险公司开业验收的补充条件
保监会	2013 年 12 月	《关于促进人身保险公司互联网保险业务规范发展的通知（征求意见稿)》	将成为保险监管部门首部针对互联网金融领域的规范性文件，规定了保险公司经营区域，强调对网销的严格监管
保监会	2014 年 4 月	《关于规范人身保险公司经营互联网保险有关问题的通知（征求意见稿)》	正式就人身险公司经营互联网保险的条件、风险监管等问题向业内征求意见
国务院	2014 年 8 月	《关于加快发展现代保险服务业的若干意见》	加快发展现代保险服务业，为互联网保险的健康发展奠定了基础

续 表

发布机构	发布时间	政策法规	主要内容
保监会	2014 年 12 月	《互联网保险业务监管暂行办法（征求意见稿）》	规范了互联网保险经营行为，进一步保护保险消费者合法权益，促进互联网保险业务健康持续发展
国务院	2015 年 5 月	《关于大力发展电子商务加快培育经济新动力的意见》	鼓励保险企业和机构依法进行网络化创新，完善互联网保险产品审核和信息披露制度，规范保险业电子商务平台的建设
保监会	2015 年 7 月	《互联网保险业务监管暂行办法》	从经营原则、经营区域、信息披露、经营规则、监督管理等多方面对互联网保险经营进行了规范
保监会	2015 年 9 月	《中国保监会关于深化保险中介市场改革的意见》	着力鼓励推动变革创新，提升中介服务能力，推进独立代理人制度
保监会	2015 年 10 月	《保险机构信息化监管规定（征求意见稿）》	要求保险机构设立由董事会直接领导管理下的信息化工作委员会来防范和化解新技术风险，切实维护保险业信息安全
保监会	2015 年 11 月	《保险小额理赔服务指引（试行）》	推行单证电子化，减少纸质单证，要求保险公司建立健全营业网点、电话、互联网等多样化服务渠道
保监会	2016 年 1 月	《关于加强互联网平台保证保险业务管理的通知》	重点对互联网平台选择、信息披露、内控管理等提出明确要求
保监会	2016 年 3 月	《关于开展财产保险公司备案产品自主注册改革的通知》	提出了财产保险公司备案产品自主注册改革的指导思想、基本原则、改革目标和主要任务，进一步简政放权
保监会等 14 个部门	2016 年 10 月	《互联网保险风险专项整治工作实施方案》	对互联网高现金价值业务、保险机构依托互联网跨界开展业务、非法经营互联网保险业务进行重点整治
保监会	2017 年 9 月	《关于在互联网平台购买保险的风险提示》	对消费者在互联网平台购买保险进行风险提示

2. 政策解析

为规范互联网保险业务经营行为，保护保险消费者合法权益，促进互联网保险业务健康发展，2015 年 7 月，保监会印发了《互联网保险业务监管暂行办法》。该办法以保护消费者权益和防范风险为重点，在信息披露、服务质量、信息安全等方面明确监管要求，强化市场退出管理，管住后端、守住底线。

（1）营造良好的互联网保险发展环境。

总则第二条规定，“保险机构应科学评估自身风险管控能力、客户服务能力，合理确定适合互联网经营的保险产品及其销售范围”。为保护消费者权益，营造良好的互联网保险发展环境，监管内容重点强化信息披露、客户信息安全、企业风控等。

（2）有条件地放开部分险种经营区域的限制。

人身意外伤害保险、定期寿险和普通型终身寿险，投保人或被保险人为个人的家庭财产保险、责任保险、信用保险和保证保险等可放开经营区域限制，这样的规定有利于保险互联网化。但是高现金价值的人身保险产品如分红险、万能险等以及机动车险不得在未设立分公司的区域经营。对车险加以限制，是由于车险对售后服务要求很高，且高现金价值产品是近年来“营销误导”的重灾区，线上销售这些产品会加剧该问题的严重程度。

（3）明确第三方网络业务平台边界。

总则第三条规定，“互联网保险业务的销售、承保、理赔、退保、投诉处理及客户服务等保险经营行为，应由保险机构管理和负责”。该项规定强化了保险机构的地位，有利于推动险企互联网保险业务的发展。

（4）互联网保险业务需持牌经营。

总则第三条同时规定，“第三方网络平台经营开展互联网保险相关业务的，应取得保险业务经营资格”。该条规定利好已经取得互联网保险牌照和保险中介牌照的险企和网络平台。

第三节　互联网保险的运营模式

保险行业的商业模式关乎整个行业的综合竞争力，是行业转型升级的重要推动力量。经过20多年的发展，我国互联网保险已建立起以官方网站模式、第三方电子商务平台模式、网络兼业代理模式、专业中介代理模式和专业互联网保险公司模式五种模式为主导的基本互联网保险商业模式体系。

一、官方网站模式

互联网保险的官方网站模式指大型保险公司为了更好地展现自身品牌、服务客户和销售产品而自建的电子商务平台。还有一些保险公司虽然没有成立专门的电子商务平台，但纷纷加强官网作为销售和服务平台的建设，使官网成为重要的业务平台，如表6－3所示。此类平台只销售自己公司的产品，品牌忠诚度高，运营和服务体系完善，但流量少，同时对公司的信息技术水平要求高。

表 6－3　　我国主要保险集团自建互联网保险平台的经营情况

保险公司	网络平台	简介	运营机构
中国人寿	国寿 e 家	人身保险	中国人寿电子商务有限公司
中国平安	网上商城、万里通、一账通	人身险、车险、意外险以及小微团险	事业部负责
中国太保	在线商城	在线 e 购、车险直通车、人身保险	事业部负责、太平洋保险在线服务科技有限公司
新华保险	网上商城	人身保险	新华电子商务有限公司
太平人寿	网上商城	人身保险、车险、意外险	太平电子商务有限公司
泰康保险	泰康在线	人身保险	事业部负责

官方网站模式具有销售成本低廉、手续简单、流程极快等特点，可以帮助保险公司获得价格优势，并有效拓宽投保群体。官方网站线上出售的产品高度标准化，但赔付和评估依然在线下，而且投保人在赔付过程中承担全部举证责任，保证了保险公司在快速扩张销售的同时控制赔付风险。线上销售并不要求获得投保人的详细信息，因此建立官方网站要求保险公司具备成熟的线上销售、线下理赔模式系统和科学的保险产品设计以及完善的内部风控制度，以此来避免缺乏投保人评估步骤带来的风险。

背景资料

人保财险官网

人保财险在公司的发展历程中，注重品牌效应，用诚信、责任、专业、价值塑造了享誉国内外的优势品牌。人保财险官网可以为具有品牌忠诚度的客户提供网上购买渠道，且网页介绍保险产品较专业、集中、详细。保险业务部分流程可以实现在线完成，理赔的环节只有车险可以进行在线理赔，其他险种的理赔还需要在线下实体网点完成。基本上，人保财险官网平台是把传统险种部分环节搬到网上，并未完全实现保险全部流程的互联网化。人保财险将传统保险产品与互联网进行嫁接，利用计算机网络技术对传统保险产业进行改造，全面提高企业整体素质，实现了保险行业传统服务模式的重大变革。

人保财险官网存在的最大问题是流量获取成本太高。在网络时代，人们的基本互联网需求主要是信息、社交、电子商务，其他需求尚未成为主流。因为没有足够的流量就没有足够多的潜在客户，那么无论是推广产品还是投保人分布都不满足大数法则，保险公司将不能进行稳定的风险控制。同时，人保财险大部分险种的理赔工作也存在着依赖线下办理的问题，客户服务体验不好，容易造成客户流失。

二、第三方电子商务平台模式

第三方电子商务平台，是指保险公司或保险中介机构借助独立于产品交易双方的电子商务网站来销售保险产品，并提供相关服务。通常来说，第三方电子商务平台具有相对独立、网络化程度较高和流程专业等特点。从金融监管角度看，第三方电子商务平台模式存在诸多漏洞，电子商务平台保险资质的缺失是风险的主要来源。我国主要的保险电商销售平台有淘宝、苏宁易购、京东商城等，如表6－4所示。

表6－4　我国主要电商平台保险经营情况

主要电商平台	合作保险企业
淘宝网	20家财险公司、33家寿险公司、9家代理经纪公司
苏宁易购	中国平安、太平洋保险、泰康人寿、阳光保险、华泰保险5家
京东商城	泰康人寿、太平洋保险等7家
腾讯拍拍网	平安车险、阳光车险、太平洋车险、天平车险
网易	中国平安、人保、太平洋保险、阳光保险、大地保险5家

背景资料

淘宝保险

淘宝网有巨大的流量和庞大的用户数，在互联网保险时代具有得天独厚的优势。凭借强大的数据处理能力和后台技术实力，能够从容应对海量访问；同时在淘宝网上积累的客户体验方面的经验有助于其打造专业化的互联网保险交易。截至2016年，与淘宝保险合作的保险公司或保险中介机构共62家，其中财险保险公司20家，人寿保险公司33家，代理经纪公司9家。淘宝保险是保险行业的技术服务提供者，是一个开放性保险商务平台，为保险公司、保险中介及相关机构或个人所共用，可容纳大多数的保险公司提供网上交易和清算服务。淘宝保险最大的特点是独立于交易双方而存在，在互联网保险中只承担交易平台的角色。

保险公司或保险中介机构借助淘宝电子商务平台向用户销售保险产品，在保险公司或保险中介机构与客户进行保险产品交易过程中，平台的作用至关重要。这就需要平台与保险公司或保险中介机构建立融洽的长期合作关系。同时，如何让客户选择互联网保险消费也是淘宝保险发展面临的问题。这就要求保险公司必须随时跟上互联网的发展趋势，结合淘宝保险平台上分析的用户消费习惯，能在网上提供个性化的咨询、投保、支付、保全、理赔一揽子客户服务，让习惯网络消费的人们享受互联网的便捷服务。

三、网络兼业代理模式

2011 年 9 月，保监会下发的《保险代理、经纪公司互联网保险业务监管办法（试行）》文件规定，只有获得经纪牌照或全国性保险代理牌照的中介机构才可以从事互联网保险业务。大量垂直类的专业网站由于不具备上述监管要求，便以技术服务形式使用兼业代理的资质与保险公司开展合作业务，兼业代理平台包括具有场景优势的平台和具有流量优势的电商平台或门户网站。

网络兼业代理模式，以其门槛低、程序简单、对经营主体规模要求不高等特点而受到普遍欢迎，逐渐成为目前互联网保险公司中介行业最主要的业务模式之一。保险网络兼业代理机构主要类型有银行类机构、航空类机构、旅游预订类机构，像汽车类机构、医疗类机构近年来也在迅速发展，切入保险兼业领域。

背景资料

携程保险

携程网的主营业务非常成功，整合了高科技产业与传统旅行业，向超过 2.5 亿会员提供集无线应用、酒店预订、机票预订、旅游度假、商旅管理及旅游资讯在内的全方位旅行服务，在在线旅行服务市场居领先地位，是全球市值前三的在线旅行服务公司。2009 年，携程开始着手申请《保险兼业代理业务许可证》牌照。2009 年 7 月，携程网推出业内领先的可与保险公司实时对接的电子化销售平台。携程网销售的保险产品种类与其主业密切相关，销售的保险产品主要是境内外旅行保险、申根签证保险、意外健康保险、交通意外保险等。携程代理销售保险产品，一方面可以为客户提供更好的增值服务，另一方面也可以获取一定的利润。但由于携程网以其主业旅行系列服务为主，平台保险产品种类较单一，对保险销售也不会投入较大财力和人力，因此客户体验可能不佳。

四、专业中介代理模式

专业中介网站销售平台是由保险代理或经纪公司建立网络销售平台，代理销售多家保险企业的保险产品并提供相关的服务，客户可以通过该网络平台在线了解、对比、咨询、投保、理赔等。保监会在 2012 年 2 月正式公布第一批 5 家保险经纪公司（北京慧保保险经纪有限公司、深圳中民保险经纪股份有限公司、新一站保险代理有限公司、扬子江保险经纪有限公司、航联保险经纪有限公司）的 19 家网站获批网上保险销售资格，专业中介网站销售的大门就此打开，保险中介代理业务得到高速发展。

专业中介代理网站做大做强之后能吸引庞大客流和现金流，利用保险风险数据、算法模型以及基于大数据的分析进一步加强自身的产品和价格优势，并进一步获得与其合作保险公司的深入合作机会（包括压低成本、截留保费现金和导流收益）。上千种保险的线上销售和线上理赔要求专业的互联网保险代理进行科学的保险产品选择，具备完善的内部风险控制制度，以此来避免缺乏复杂的风险评估步骤所带来的风险。

背景资料

慧择网

慧择网上线于2006年，是国内成立最早、规模最大的第三方独立保险电子商务平台，属于专业中介网站销售模式，主要为个人和企业用户在线提供包括保险垂直交易、风险评估、理赔协助等业务的一站式保险综合服务。慧择网提供1000多种保险产品，覆盖80多家保险公司的险种，因此消费者可以对各家保险公司的产品进行比较，选择最适合、性价比最好的保险产品。慧择网采用顾问式销售服务能够与用户深度互动，从而增强了客户黏性。利用交叉销售及打包服务，为客户提供规划全面的家庭保障，增加了平台的销量。而且为提高风控效率，慧择网还建立了黑名单共享和人机混合的风控体系。

慧择网采用大而全的产品销售模式，代理多家保险公司的多款产品，在服务上难有亮点。随着在保险行业细分领域深耕的新兴服务平台不断引入新模式和新服务的情况下，如何在竞争激励的环境中保持长期稳定的客流是慧择网面临的一大挑战。另外，伴随网站的发展，未来的数据安全问题将持续考验平台的安全保障技术。

五、专业互联网保险公司模式

专业互联网保险公司由保险企业、互联网企业或其他主体专门设立来经营互联网保险业务。专业互联网保险公司利用互联网开展业务，没有线下的分支机构，保险的全部过程均通过网络完成。专业的互联网保险产品依托电子商务保险需求设计险种，产品更具有针对性和个性化。众安在线财产保险股份有限公司、泰康在线财产保险股份有限公司、安心财产保险有限责任公司、易安财产保险股份有限公司是目前我国具有保险牌照的4家专业互联网保险公司。

专业互联网保险公司的优势体现在：①在数据的收集、归拢、分析方面有先天优势，使得个性化的保险服务成为可能；②可利用大数据手段分析消费者行为，挖掘新的需求，开发新的保险产品；③引入信用评价机制作为承保标准的参照之一，有效解决道德风险问题。

背景资料

众安保险

2013年10月，众安保险成立。作为国内首家专业互联网保险公司，众安保险业务流程全程在线，全国不设分支机构，完全通过互联网进行承保和理赔服务。众安保险由保险公司和互联网巨头合资组建，既可以利用保险公司的产品费率标准和产品定价能力，又拥有互联网公司的海量数据和大数据挖掘和分析能力，因而可以快速模拟出产品的目标客户需求，有针对性地设计产品。截至2016年12月31日，众安保险已累计销售逾72亿份保单，服务约4.92亿保单持有人及受保险人，推出200多款保险产品。众安发展这么迅速，得益于其扁平化的组织架构、碎片化的产品形态、数据驱动的产品设计、强大的IT处理系统，众安保险实现过最快15天上线一款保险产品。

众安保险目前并不是我国唯一一家专业互联网保险公司，其他三家专业互联网保险公司（安心财险保险、泰康在线财险保险和易安财产保险）的成立，使得众安保险的竞争压力增大。另外，由于在小额、高频、碎片化的背景下，互联网保险公司的保单量往往比传统保险公司的保单量高出很多，由于技术处理能力的限制，会引发一定问题，导致众安保险的投诉量较高。

第四节　互联网保险的问题及发展趋势

一、互联网保险面临的问题

（一）缺乏有效监管

从2012年开始，我国互联网保险行业处于全面发展的阶段，各保险公司借助官网、保险超市门户网站、第三方电子商务平台等多种方式开展互联网保险业务。互联网保险行业发展快速，保费收入和互联网渗透率持续增加，但同时也面临不少市场问题，法律法规和监管机制并没有完全跟上其发展的步伐。互联网保险行业的准入、运作、退出机制是互联网保险市场机制发挥作用的重要基础和前提，而相应的法律法规和监管机制对于互联网保险市场机制发挥作用的环节应起到把关的作用。

（二）信息安全堪忧

随着大数据时代的到来，数据公开与共享成为趋势，但数据公开伴随着来自法律、伦理、道德等方面的争议，制约了互联网保险的发展。大数据公开是一把双刃剑，一方面，数据公开不仅为依托网络经营的互联网保险提供更便捷准确的数据源，促进互联网保险的发展，也为整个社会创造价值；另一方面，数据公开可能造成用户隐私泄露、人权遭侵害，这是在大数据时代发展互联网保险不容忽视的问题。互联网的开放性特征，使得某些商业机构利用不正当手段对保险网络数据资料进行篡改或破坏变得更加容易。在我国信息安全技术不成熟、各保险企业对信息安全投入差异较大的情况下，互联网保险客户信息安全存在严重的威胁。

（三）经营模式多种多样，缺乏成熟体系

互联网技术与电子商务的发展，使互联网保险的经营模式逐渐多样化，但是每一种模式都不够完善，都存在着一些亟待解决的问题。自主经营的保险公司官方网站模式存在宣传推广难、产品体系不完善、运行维护难度大等问题。第三方电子商务平台模式面临监管缺失、资金流转漏洞、销售资质欠缺等方面的问题。网络兼业代理模式饱受缺乏监管要求、市场秩序混乱、运营效率低下的诟病。专业中介代理模式存在产品缺乏创新、销售规模受限制的缺点。专业互联网保险公司模式在境外发展成熟，已经成为主导模式，而在我国市场才刚刚兴起，这种商业模式较前四种更能加强与客户的深入沟通，所以客户的满意度和认可度很高。虽然专业互联网保险公司模式越来越受到保险企业和保险监管部门的重视，在全社会也引起了不小的关注，但是目前我国的纯互联网运营模式还在探索中，其保费规模还较小，离国外的发展程度还有较大的差距。

二、互联网保险的发展趋势

（一）移动互联网保险是新的发展趋势

当前智能手机和平板电脑等移动互联设备日益普及，作为个人数据入口的移动互联网代表了互联网发展的核心趋势。客户通过手机一键关注建立起日常联系，可以随时随地接收到新的保险信息和产品信息。“求关爱”“救生圈”“摇钱树”这些以交互性、趣味性为创新的险种在给予移动端客户良好体验的同时，也为保险公司扩大了影响力。未来，向移动端推送的保险产品必然成为保险销售的新增长点。

（二）按需定制的全产业链模式主导

互联网保险的发展浪潮，在改变保险领域销售渠道、竞争环境的同时，也逐渐颠覆着传统保险的商业模式。互联网保险必须依照互联网的规则与习惯，以用户至上的理念，改变现有的保险产品、运营与服务。大数据的应用使得保险产品和服务的个性化及私人定制成为可能，这将有助于解决保险产品和服务的同质化问题。互联网时代需要加强与客户的互动，增加客户的黏性，提升客户的体验感，并满足其需求，从而

增加后续业务的可持续性。但是就目前而言，保险公司的网络互动还停留在售前阶段，客户只能被动地选择产品。未来，保险公司可以通过创新场景应用、设计带有趣味性的问题或小游戏等手段了解客户的需求，从而设计针对细分人群的创新产品。互联网保险将会从“大公司开荒、第三方平台浇水、电子商务助力”这种简单模式向“按需定制的全产业链模式”进阶。

（三）门槛降低，保险产品趋于碎片化

余额宝降低了货币市场基金投资的门槛，同样，互联网保险领域也出现了很多“1分钱”保险，涉及交通意外险、厨房意外险、旅游险等多个险种，涵盖生命人寿、阳光保险、信泰人寿等多家保险企业。碎片化已成为互联网保险产品的主旋律，主要体现在：价格低廉，保障时间缩短，保障范围收窄，条款简单、标准化。此类保险产品是对保险市场的进一步细分，比如由人身意外险细分出“鞭炮险”，由产品责任险细分出“乳制品召回损失险”，由重大疾病险细分出“防癌险”等。这些保险产品尽管短期内不会盈利，但是培育了市场，积累了客户资料，有助于二次营销。

（四）大数据助力保险行业发展

在大数据时代，技术的革新使海量数据的采集和处理成为可能。利用大数据技术，不仅计算的意外事件发生概率将会更接近实际概率，有利于保险公司精算师计算产品的收益率和产品定价；还可以帮助保险业精准营销，按照客户需要设计、推荐个性化的产品。未来互联网保险业将更重视大数据技术、数据分析等在本行业的应用。

本章小结

本章主要介绍了互联网保险的基本概念、具体内容与优势，分析了互联网保险在国内外的发展概况，梳理并解析了我国互联网保险政策法规框架，重点阐述了我国互联网保险的运营模式，最后总结了互联网保险未来的发展趋势。

思考题

1. 保险产品有哪些特点适合在互联网上销售，互联网保险的优势有哪些？
2. 目前我国互联网保险的运营模式有哪些？各种运营模式各有什么优缺点？

小组实训研讨题

1. 选择一家你熟悉的传统保险机构，简要介绍其互联网保险产品和服务，金融消

费者类群以及销售模式。

2. 以淘宝保险、京东保险、网易保险等为例，总结我国主要电商平台保险的经营情况。

3. 分析众安保险是如何利用互联网技术开展保险业务的，其发展模式对未来互联网保险业务的开展有什么值得借鉴的地方？

4. 从提供的产品服务种类、安全策略、购买流程等方面比较英国 Directline 保险公司和我国众安保险公司的互联网保险业务，并总结我国互联网保险产品的特点与优势。

课外阅读

众安保险模式分析

众安保险于2013年11月成立，是国内首家获得互联网保险业务牌照的公司。众安的大股东分别是蚂蚁金服、腾讯、中国平安，利用得天独厚的行业资源，众安将打造最强的互联网保险生态圈，如表6－5所示。众安成立后发展迅速，不到一年半的时间，用户数已经超过2亿户，承保保单超过10亿单。2015年6月，众安保险获得57.75亿元的A轮融资，新增摩根士丹利、中金、鼎晖投资、赛富基金、凯斯博5家财务投资机构，估值达到500亿元。2017年9月28日，众安在线财产保险股份有限公司在香港联交所主板上市，成为国内首家上市的互联网保险公司。

表6－5　众安互联网保险生态圈

股东/战略合作伙伴	资源	合作内容
蚂蚁金服、阿里巴巴	145亿年订单数，3.5亿+活跃淘宝买家，5.2亿支付宝活跃用户	获取阿里巴巴平台的用户信息，淘宝退运险，卖家履约保证保险，支付宝安全支付保证保险
腾讯	8.3亿活跃用户，8.9亿微信用户	微信的销售渠道，社交网络营销
中国平安	8000万元高价值、多样化用户群体，金融全牌照	车险，投资
携程	1.4亿注册用户	旅游保险

众安保险与传统的保险机构的互联网保险业务有着本质的区别。传统保险公司只是把互联网作为一个销售渠道，保险产品的形态并没有发生变化；而众安保险的“产品设计—产品销售—产品服务”保险业务流程均以互联网为基础来完成，互联网是产品全过程的载体，其产品或完全基于互联网场景创新，或结合互联网对传统保险产品进行改造，如表6－6所示。

表 6－6　众安保险与传统保险机构的本质区别

	众安保险的互联网保险业务	传统保险机构的互联网保险业务
本质	独立、专业的互联网保险公司；承保、理赔、退保、投诉即客户服务等保险服务全部通过互联网完成，互联网是产品全过程载体	传统保险公司通过自营或第三方网络平台销售保险产品；互联网只是销售渠道，其他保险服务与线下产品没有区别
产品	与线下现有的保险产品不同；完全基于互联网情景的产品创新，或结合互联网对传统保险产品进行创新改造	与线下现有保险产品相同
公司结构	没有任何分支结构，无须设立分子公司	在各省逐个开设分公司（受保监会审批）
经营区域	所开展业务均为全国性业务，产品可以在全国范围内销售	除个别险种，不得将互联网保险业务拓展到未设立分公司的区域；除了几家大型保险公司，大部分中小型保险公司尚未完成全国布局

在产品开发上，众安保险以基于互联网场景所衍生出的需求为导向。众安保险的产品具备情景化、碎片化、定制化的特征，与传统保险产品相比，具备更好的用户体验和更高的用户转化率，如图 6－1 所示。虽然保单额度小，但具备庞大的用户基数和高重复购买率，充分发挥互联网的“长尾”效应。比如淘宝退运险，是基于淘宝电商交易衍生出的保险产品。众安对淘宝及天猫购物时发生的退货运费进行承保，投保人可以是买家也可以是卖家，费率为每 1 元保费对应 25 元费用。退运险在促进电商交易达成上有显著的正面作用，受到买卖双方的欢迎。上市仅 1 年市场份额即达到 70%，平均每天投保 300 万～500 万件，在淘宝全部交易中的渗透率达到 7%。

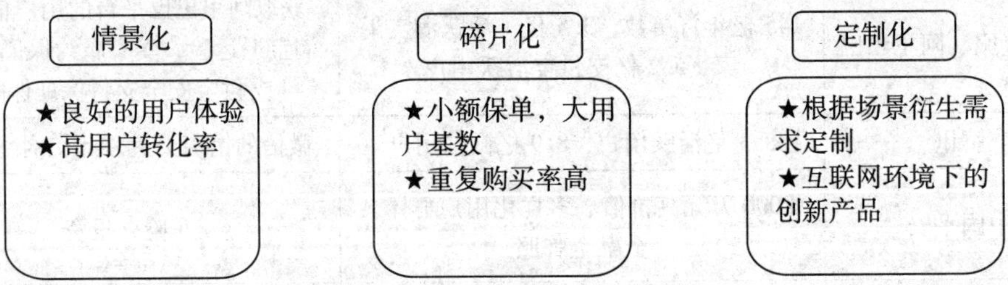

图 6－1　众安保险互联网保险产品的特征

在全新的互联网保险领域，作为拓荒者，众安保险最初从电商场景切入业务，从退货运费险、保证金保险等创新型产品起步，如今已完成投资型产品、信保产品、健康险、车险、航旅及商险等多个事业线的搭建，开发了步步保、糖小贝、摇一摇航空延误险、维小宝、极有家综合保障服务等 200 多款产品。

第七章 个体网络借贷

教学目标与要求

√掌握个体网络借贷的基本概念与优势
√了解个体网络借贷在境外的发展概况
√熟悉我国个体网络借贷的发展情况
√了解我国个体网络借贷的监管历程

案例导读

2005 年 3 月，英国 Zopa 网站开通，标志着网络借贷模式的诞生。Zopa 这种网络借贷模式为借贷双方提供了信息中介、供需匹配、信用评价、风险管理等金融服务，并通过便捷高效的操作方式，较低的投资门槛以及个性化利率定价机制使借贷双方受益，因而得到了市场广泛关注与认可，其模式被迅速传播与复制。2006 年 2 月，Prosper 在美国上线运营；2007 年 5 月，美国的 Lending Club 通过社交网站 Facebook 推出网络借贷服务，并于 2014 年 12 月在纽交所成功上市，成为世界上第一家上市交易的网络借贷平台。此外，德国的 Auxmoney，日本的 Aqush，法国的 PretdUnion 都是比较重要的网络借贷平台。

2006 年 5 月，宜信公司在北京成立，并将网络借贷概念引入我国。作为我国第一家网络借贷平台，拍拍贷于 2007 年 8 月在上海成立。近年来，网络借贷市场在我国蓬勃发展，平台数量与交易规模迅速扩大。据网贷之家发布的《2017 年中国网贷行业年报》显示，截至 2017 年年末，网络借贷行业正常运营平台数量为 1931 家，总成交量突破 2.8 万亿元。网络借贷为小微企业和小额信贷提供了新的活力，在金融体系中扮演了欣欣向荣的角色；但由于法律地位不明、信息披露不充分、业务边界模糊，平台质量良莠不齐，网络借贷在我国的实践发展过程中积累了一定的问题和风险，对行业的健康发展和金融安全提出了挑战。

2015 年 7 月，中国人民银行等十部委发布的《关于促进互联网金融健康发展的指导意见》指出，网络借贷包括个体网络借贷（即 P2P 网络借贷）和网络小额贷款。个体网络借贷是指个体和个体之间通过互联网平台实现的直接借贷。个体网络借贷要坚持平台功能，为投资方和融资方提供信息交互、撮合、资信评估等中介服务。个体网络借贷机构要明确信息中介性质，主要为借贷双方的直接借贷提供信息服务，不得提供增信服务，不得非法集资。网络小额贷款是指互联网企业通过其控制的小额贷款公司，利用互联网向客户提供的小额贷款。本章重点介绍个体网络借贷。

第一节　境内外个体网络借贷的发展概况

一、境外个体网络借贷的发展概况

（一）发展背景

穆罕默德·尤努斯博士认为现代经济理论在解释和解决贫困方面存在缺陷，1979 年，他在孟加拉国国有商业银行体系内部创立了格莱珉（意为“乡村”）分行，开始为贫困的孟加拉国妇女提供小额贷款业务。1983 年 10 月 2 日，格莱珉银行正式独立，作为非营利组织，通过开展无抵押的小额信贷业务和一系列的金融创新机制，向贫穷的农村妇女提供担保资金量较小的贷款（即小额贷款），不仅创造了利润，而且使成千上万的穷人——尤其是妇女摆脱了贫困，使扶贫者与被扶贫者达到双赢。格莱珉银行已成为 100 多个国家的效仿对象和盈利兼顾公益的标杆，其向贫困人口发放贷款的方式自成一体，被称为“格莱珉模式”。这被普遍认为是全球第一家小额贷款组织，P2P 小额贷款模式由此产生。2006 年，为了表彰格莱珉银行从社会底层推动经济和社会发展的努力，尤努斯与格莱珉银行共同获得了诺贝尔和平奖。此前，P2P 小额贷款主要是线下模式，直到 2005 年 3 月，英国的理查德·杜瓦、詹姆斯·亚历山大、萨拉·马休斯和大卫·尼克尔森四位年轻人共同创造了世界上第一家 P2P 网络借贷平台 Zopa，乡村银行的网络版 P2P 网络借贷才被广泛传播。

（二）典型案例分析

1. Zopa

2005 年 3 月，Zopa 于英国伦敦成立，P2P 借贷行业的帷幕就此拉开。Zopa 将其自身定位为一种连接贷款者（投资者）与借款者的网络平台：借款者登录 Zopa 网站上传借款申请；经过 Zopa 的匹配，投资者借钱给他们，并获得一笔不少的贷款利息作为回报；而 Zopa 收取投资者总资金 1% 的手续费，收取借款者 30 ~ 610 英镑不等的手续费。据 2014 年 2 月的数据显示，借款者的借款利率为 4.5% ~ 15.5% 不等，高信用借款者平均借款利率为5.6%；贷款者获得的平均年收益利率为3.9%～4.9%。

Zopa成立后，以新颖的运营模式获得社会与大众的广泛关注，注册会员大量增多，从开始的300名会员到2007年的14万名会员；借贷款总额也一路飙升。2011年，Zopa与英国其他两家大型P2P借贷公司Funding Circle和Ratesetter共同成立并加入英国P2P金融协会（Peer to Peer Finance Association），以规范业内公司，促进P2P金融市场发展。2012年，Jacob Rothschild（英国老牌银行家族）对Zopa投资，同时英政府也向其发放9万英镑助其运营、发放贷款。

如今，Zopa是英国最大的P2P网络借贷公司。自成立以来共进行过4轮融资，总计7160万英镑用于公司发展。主要的三种借款用途为：汽车贷款、偿还信用卡贷款、购买家庭必需品消费贷款。

2. Prosper

2006年2月，Prosper在美国成立，属于营利性网络借贷平台，但它只提供交易促成，属于典型的单纯中介型P2P网络借贷平台。2006年1月至2008年1月，Prosper已经促成1.2亿美元的贷款交易，在美国境内的注册会员已达到58万人，到2011年初注册会员更是达到98万多人，业务范围也由美国扩展到意大利、日本等地。Prosper的快速发展最终引起了监管部门的注意，美国证券交易委员会认为该网站实际是在经营投资和金融产品，2008年初勒令网站关闭。然而，2009年加州政府允许Prosper重新开业从事P2P信贷业务，并接受美国证券交易委员会的监管。

Prosper的商业模式具有以下特点：①借贷双方在网络平台上完全自主交易，Prosper不会干预交易过程。②出借人根据借款人的个人经历、朋友评价和社会机构的从属关系来进行审查。③为控制信用风险，Prosper对所有借款人进行信用评级并据此确定其借款利率。信用等级由高到低依次为AA、A、B、C、D、E和HR（high risk）。

3. Kiva

Kiva成立于2005年，是一家联系着欧美出借人与发展中国家借款人（以企业为主），提供跨境小额贷款服务的非营利型P2P网络借贷平台，以消除贫困为宗旨。据Kiva网站披露，截至2011年年末，Kiva的注册借款人超过了74万，已经为60多个国家提供了近3亿美元的无息贷款，贷款偿还率高达98.9%。

Kiva采取"批量出借人＋小额借贷"的形式开展业务，这种模式有三大特点：①Kiva不以营利为目的，其借款人为发展中国家的低收入企业，Kiva主要提供三种类型的贷款，即集体贷款、住房贷款和农业贷款；②Kiva利用国际贸易支付工具PayPal实现跨国资金的贷放——即时支付，即时到账，放贷过程快速、便捷；③Kiva不与借款人直接联系，而是通过各地的合伙人来间接放贷。

4. Lending Club

Lending Club成立于2006年，是第一家注册为按照美国证券交易委员会（Securities and Exchange Commission，SEC）的安全标准向个人提供贷款的公司。投资人通过购买 Lending Club 发行的“会员偿付支持债券”成为 P2P 平台的无担保债权人，而不是借款人的债权人。Lending Club 的利润主要来自对借款人收取的手续费和对投资者的管理费。前者会因为借款人个人条件的不同而有所不同，一般为借款总额的 1.1% ~ 5%；后者则是统一对投资者收取 1% 的管理费。2012 年 11 月，Lending Club 总贷款额度超过 10 亿美元大关，同期，现金流的流入大于流出，实现盈利。2014 年 12 月 12 日，Lending Club 于纽约证券交易所上市，市值近 90 亿美元。2016 年 5 月 9 日，Lending Club 发表声明称，该公司内控文件显示，此前向一名投资者发放了 2200 万美元规模的优先级贷款，违反了公司一直奉行的行业原则以及监管原则。公司创始人兼董事长雷诺·拉普兰赫（Renaud Laplanche）宣布辞职。受此消息影响，Lending Club 当日盘前股价一度下跌逾 30%，进入 2016 年以来，该公司股票已累计下跌逾 35%。这一事件也反映了美国 P2P 行业从业者的高度自律。

Lending Club 的商业模式具有以下特点：①在整个交易中，Lending Club 扮演的是一个信息媒介的角色，为借贷双方匹配供需，但不会提供除与资金保障有关的其他服务；②Lending Club 对借贷人有非常严格的标准，包括借贷人最低的信用级别 FICO 评分要在 660 之上，负债/收入比低于 40%（不包括房贷），至少有 3 年的信用历史等；③Lending Club 有一套自己的系统以给借贷人评分，从 A1 到 G5 一共有 35 个评级，平台制定还款利率，这取决于借款者的信用记录、还款能力以及贷款意向。

二、我国个体网络借贷的发展概况

（一）产生背景

2008 年金融危机以来，金融体系受到巨大的损伤，实体经济信贷需求萎缩，金融机构慎贷心理蔓延。与此同时，监管者加强了宏观审慎和微观审慎监管，各项监管指标随之升高。客观上导致了金融抑制的加强，金融服务可获得的难度提高，中小企业等本身的信用等级较低、资金需求也比较急，并且缺乏抵押和担保，属于高风险领域，其获得金融机构的支持开始减少。而民间借贷的融资成本过高，使得融资难成为小微企业发展中的重要问题。

在上述背景下，一种依托于网络的新型金融服务模式——P2P 网络借贷出现了。一方面，P2P 网络借贷在早期处于监管真空，在中国严格的金融准入制度下，成为民间资本进入金融领域的最便捷入口；另一方面，P2P 网络借贷对部分不能从传统金融机构得到的融资需求给予了一定的满足。因此，P2P 网络借贷模式受到了越来越多的认可，逐渐成为民间借贷的重要方式，受到了小额民间借贷者的追捧和社会的广泛关注，在一定程度上也成为商业银行贷款业务的竞争者。

（二）发展历程

2007 年网络借贷创新模式在我国出现后，机构数量、交易规模快速增长，参与主体和运作模式也逐渐多元化、多样化，我国网贷行业到目前共经历了四个时期：起步期、成长期、扩张期和调整期。

1. 起步期（2007—2011 年）

从 2007 年拍拍贷成立，网络借贷行业被引入国内，到 2011 年是网络借贷行业发展的起步期。以拍拍贷、宜信、红岭创投为代表的早期平台大概有 20 家左右，主要分布在上海、深圳等一线城市。月平均成交额为 5 亿元左右，有效投资者 1 万人。在这一时期介入网络借贷行业的创业人员大多是具有互联网行业从业经验的人员，缺少相关金融及借贷知识背景，主要靠模仿国外网贷平台的模式进行运作，以在线审核、信用贷款为主，风险较高。

2. 成长期（2011—2012 年）

进入 2011 年后，随着利率市场化、银行脱媒以及民间借贷的火爆，网络借贷行业呈现出爆发增长态势。在成长期，一些具有传统线下放贷经验的创业者开始关注并加入网络借贷行业，加上监管空白，准入门槛较低，网贷平台开发模板价格低廉，因此造成平台数量迅速突破 200 家，月平均成交金额达到 30 亿元，有效投资者 2.5 万～4 万人。这一时期的行业参与主体由于具有丰富的线下借贷经验，可以有针对性地对借款人的真实性、商业性、可行性进行实地考察，有效降低了借款风险；同时利用互联网可以较好地解决资金、成本、跨地域、信息不对称等问题，因此将线上融资和线下放贷有机结合在一起，拓宽了网络借贷行业的运作模式。

但是由于缺少必要的监管和法规约束，各种劣质平台和产品也大量涌向市场，网络借贷平台的资金链断裂、欺诈等事件频繁发生。2011 年 8 月，银监会发布《关于人人贷有关风险提示的通知》，这是政府监管部门第一次对网络借贷行业的风险进行提示。市场开始重新审视 P2P 网络借贷行业的发展，各地网络借贷公司也开始组成行业联盟、资信平台，并积极向监管部门靠拢，寻求信用数据对接，呼唤法律法规的监管。

3. 扩张期（2013—2014 年）

在扩张期，随着平台数量和交易金额的持续放大，竞争加剧，相关风险不断积聚，平台的挤兑、倒闭、跑路问题凸显。据统计，2013 年出现资金链断裂或关闭事件的平台高达 74 家，占平台总数的 11%。另外，一些风投机构开始进入网贷行业，共有 22 家平台获得风险资本。平台运作模式开始分化细化，不同平台依据自己的经营特点以及自身在行业内的地位，开发出不同的贷款产品，演变出纯线上、线上 + 线下、债权转让、抵押、第三方担保等创新模式，平台不再仅仅限于信息中介的角色，也开始介入风险经营。

4. 监管调整期（2014 年至今）

在调整期，政府表明了鼓励促进互联网金融创新发展的态度以及加强监管的决心。具有商业银行、国有资本、上市公司背景的 40 多家大平台相继成立，改变了网贷行业的市场格局。在进入网贷行业发展稳定期，部分领军网贷企业为了促进行业健康发展，牵头成立了一些区域性自律组织，制定了自律公约，同时也渴望政府正规监管部门加强对行业的监管及合法地位的确定。

2015 年 7 月，中国人民银行联合十部委发布《关于促进互联网金融健康发展的指导意见》，指出网络借贷属于民间借贷范畴，受合同法、民法通则等法律法规以及最高人民法院相关司法解释规范，承认网络借贷的合法地位，监管单位为银监会。2016 年 8 月，银监会发布了《网络借贷信息中介机构业务活动管理暂行办法》，我国网络借贷行业进入有法可依的时代；2016 年 11 月，银监会发布了《网络借贷信息中介备案登记管理指引》；2017 年 2 月，银监会发布《网络借贷资金存管业务指引》；2017 年 8 月，银监会发布《网络借贷信息中介机构业务活动信息披露指引》。一系列监管法规的出台意味着国家对网络借贷行业的合规性要求越来越详细，但同时又鼓励互联网金融创新，在政策上对网络借贷平台给予了大力支持，网络借贷行业将进入牌照经济时代。

（三）发展现状

我国网络借贷行业经过 10 年的发展，机构数量、交易规模、从业人员迅速增加，各种模式、各种产品竞相发展，网贷行业已经初具规模。伴随着具有强大背景平台的加入以及监管细则的落地，市场开始整合，集中度大幅提升，行业也将会更加健康有序地发展。

1. 平台数量和交易规模

在监管规则尚未发布前，由于网络借贷行业准入门槛较低，在平台数量与交易规模上呈爆发式增长。随着网贷行业政策环境的改变以及监管的跟进，2016 年以来大量平台退出行业。据网贷之家的统计数据显示，截至 2017 年年末，正常运营的网络借贷平台数量为 1931 家，相比 2016 年底减少了 517 家，全年正常运营平台数量维持逐级减少的走势，如图 7 - 1 所示。可见，网贷行业已经从“野蛮发展”阶段迈向了“规范发展”新阶段。

2017 年年末，我国网络借贷行业成交规模达到 28048 亿元，相比 2016 年全年网贷成交量 20639 亿元增长了 35.9%，我国已经成为全球最大的网络借贷市场。在 2017 年，网络借贷行业历史累计成交量突破 6 万亿元大关，单月成交量均在 2000 亿元以上，且 3 月和 7 月成交量均超过了 2500 亿元，这些突破性数据表明投资人对网络借贷行业的信心未减。同时，单个平台成交量迅速放大，行业巨头已经显现。

2. 地域分布

由于网络借贷的本质是民间借贷，因此网络借贷行业在经济发展水平较高、民营

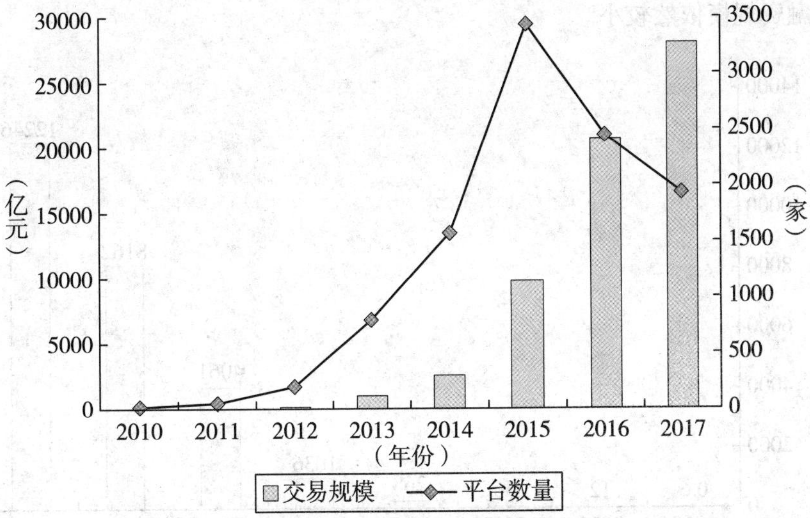

图 7-1　我国个体网络借贷行业的交易规模和平台数量（2010—2017 年）

经济较为活跃的地区具有较高的集中度，呈现出一定的地域性。2017 年年末，正常运营平台数量排名前三位的是广东、北京、上海，数量分别为 410 家、376 家、261 家，浙江紧随其后，正常运营平台数量为 233 家，以上四地平台数量占全国总平台数量的 66.3%，如图 7-2 所示，我国网络借贷行业平台地区集中度相对较高，这与网络借贷行业的金融属性、地区政策支持力度都紧密相关。

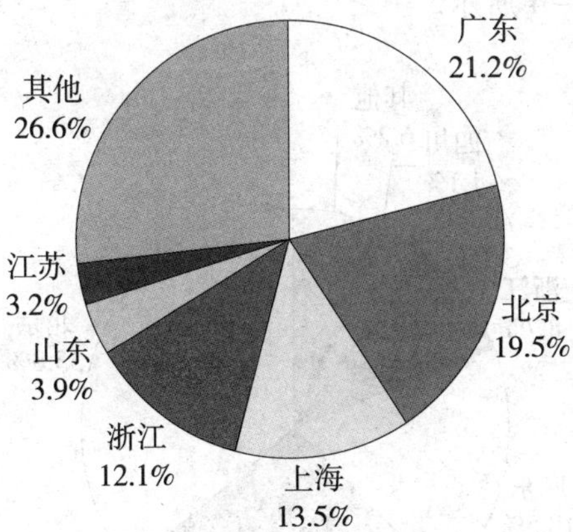

图 7-2　2017 年我国个体网络借贷行业平台数量地域分布

3. 贷款余额

贷款余额是指网贷平台目前在贷、尚未还款的本金。贷款余额一般是用来衡量借贷规模和安全程度的重要指标。随着网贷成交量的扩张以及行业平均借款期限的提高，贷款余额快速上升，截至 2017 年年底，网贷行业总体贷款余额已经达到了 12246 亿元，比 2016 年同期上升了 50%，如图 7-3 所示。但相比于其他成熟的传统金融市场，网贷行业的融资规模依然较小。

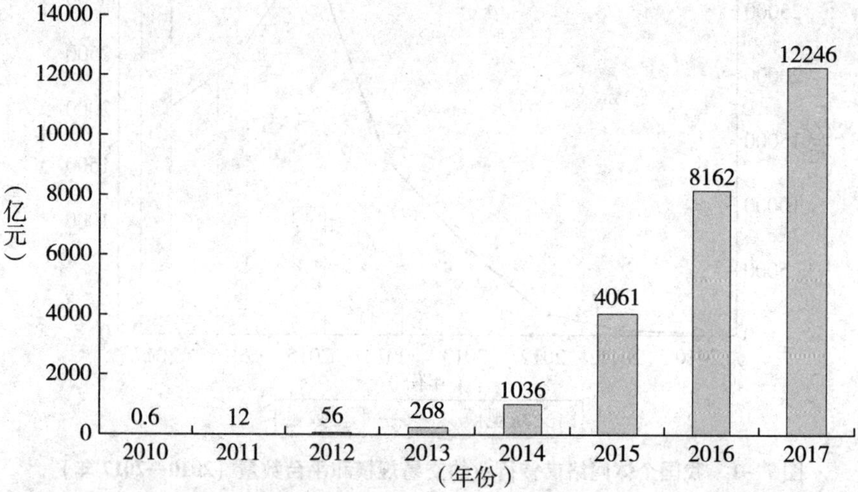

图 7－3　我国个体网络借贷行业的贷款余额规模（2010—2017 年）

从各省（区、市）网贷平台的贷款余额来看，2017 年末，北京市网贷行业贷款余额为 4386 亿元，位于全国第一位；其次是上海市 3257 亿元、广东省 2264 亿元；以上三个省市的累计贷款余额占全国总数的 81%。浙江、江苏、四川紧随其后，2017 年年底的贷款余额分别为 1061 亿元、375 亿元、132 亿元。2017 年我国个体网络借贷行业贷款余额地域分布如图 7－4 所示。

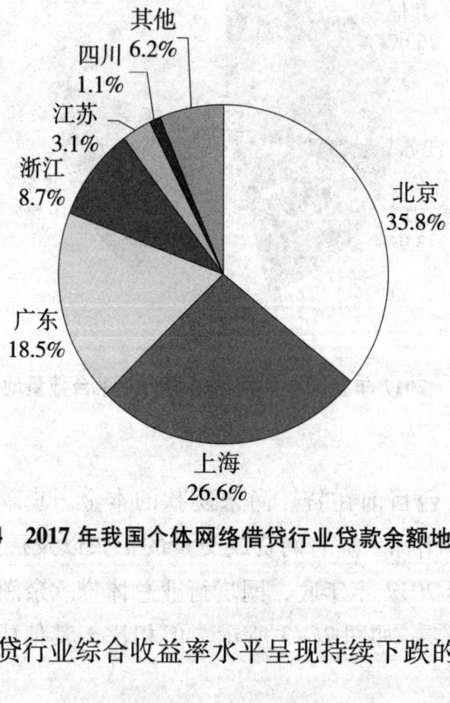

图 7－4　2017 年我国个体网络借贷行业贷款余额地域分布

4. 综合收益率

从 2013 年以来，网贷行业综合收益率水平呈现持续下跌的趋势。2017 年年末，网贷行业总体综合收益率为9.45%，相比2016年下降了100个基点，如图7-5所示。2017年综合收益率延续2016年整体下行的走势，但下降速度有所放缓。一方面由于体量靠前的平台，大部分都具有强大背景，比较受投资人青睐，但其综合收益率相对较低；另一方面应监管政策要求，资产端借款利率也在逐步下行，从而影响网络借贷行业综合收益率下行。

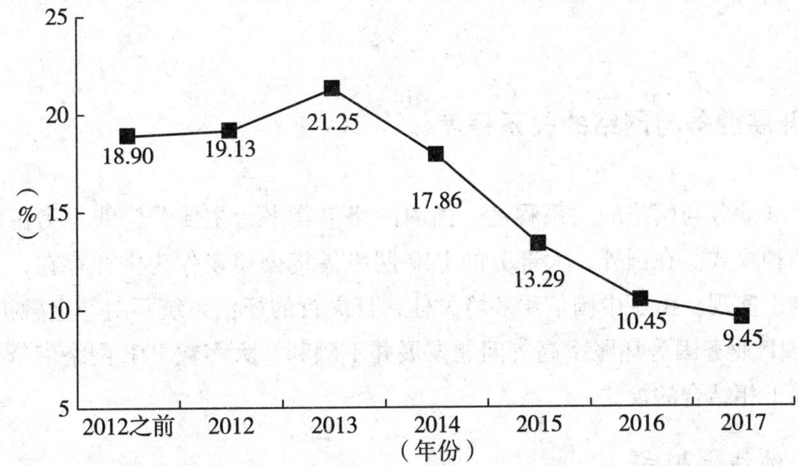

图7-5　我国个体网络借贷行业的综合收益率水平（2012—2017年）

5. 借款期限

2017年年末，网贷行业的平均借款期限为9.16个月，相比2016年增加了1.27个月，如图7-6所示。随着网贷行业进入存量淘汰阶段，行业平均借款期限的延长主要是由于交易规模较大的平台长期限项目标的数量越来越多，影响行业平均借款期限的拉长。

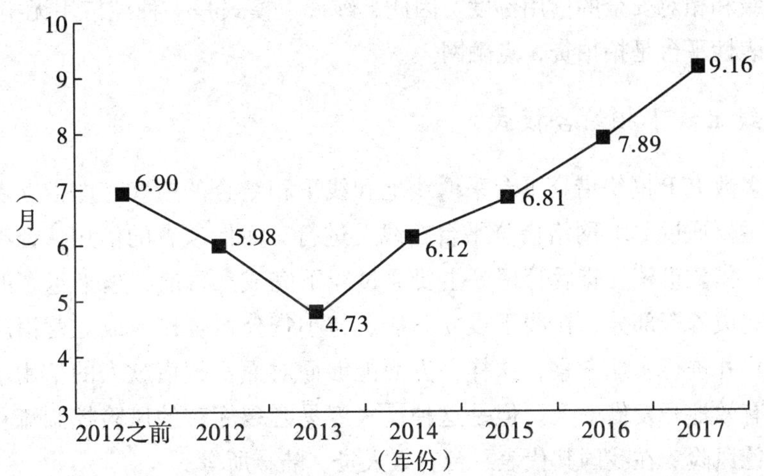

图7-6　我国个体网络借贷行业的借款期限水平（2012—2017年）

第二节　个体网络借贷的运营模式

P2P网络借贷在我国经过十年的发展，已经不同于欧美国家的初始面貌，根据我国的实际情况产生了比较大的且形式多样的变化，不同的资本形式也注入P2P网络借贷行业当中。按照不同的角度，可以对我国数量众多的P2P网络借贷平台进行划分。

一、开展业务与网络的关系程度

根据开展业务与网络的关系程度，国内网络借贷平台主要分为线上为主和线上线下相结合两种模式。在国外，大部分的P2P网络借贷公司仅作为中介存在，主要业务流程都在线上实现。由于中国信用环境欠佳，且央行的征信系统不对非金融机构开放，纯线上的P2P业务因为坏账率高等问题发展并不顺利，大多数P2P网络借贷公司采取的是线上线下相结合的模式。

（一）纯线上模式

在纯线上模式中，P2P平台作为中介，为借贷双方提供一个信息交互的平台，平台本身不涉及具体的金融服务，是金融脱媒的一种表现形式，其基本法律关系是“民间借贷+中介”。在该模式下，贷款的违约风险由借贷双方承担，平台并不承担违约责任。在纯线上模式下，平台对新客户的开发、信用审核、签订合同、贷款发放及偿还整个业务流程主要在线上完成。纯线上模式网络借贷平台对借款者的信用审核是利用搜集到的信息通过搭建数据模型来完成的，通过数据模型对数据信息的分析得出借款者的信用等级和相对安全的信用额度。因此，纯线上模式是一种纯信用无担保的模式，在我国其代表性平台是拍拍贷、点融网。

（二）线上线下相结合模式

境内大多数P2P网络借贷平台采取线上和线下相结合的模式，即借款者和贷款者的借贷交易主要通过P2P网络借贷平台在线上进行，而借款者的信用认证机制，如借款信息来源、借款审核、贷后管理等主要通过线下完成。目前，越来越多的网络借贷公司在线上完成筹资部分，在线下设立门店、与小贷公司合作或成立营销团队寻找需要借款的用户并进行实地考察，这样一方面能够面对面审核借款人的信用水平，另一方面也能够有效地开发借款人。但是这种模式容易割裂完整的风险控制流程，导致合作双方的道德风险。在我国其代表平台有人人贷、陆金所等。

二、担保的形式与担保机构的不同

由于中国信用体系不健全，我国 P2P 网络借贷行业在借贷关系中创新了多种担保形式，以规避投资者风险。但由于引入了担保环节，借贷业务办理的流程较长，速度容易受到影响。2016 年 8 月发布的《网络借贷信息中介机构业务活动管理暂行办法》明确了 P2P 网络借贷平台的信息中介性质，平台不得提供增信服务，不得提供自担保。因此，目前担保形式主要有三种：第三方担保公司担保、保险公司担保、抵押担保。

（一）第三方担保公司担保

第三方担保公司负责审核借款人的资信状况、为其提供担保，在借款人无法按时偿还借款时，向投资者提供担保代偿。引入第三方担保公司的类型主要分为一般担保公司和融资性担保公司。

在一般担保公司担保模式下，一旦借款人违约，由担保机构进行代偿或债权收购，投资人收到担保机构代偿或债权收购资金的金额等于投资人应收未收到的全部投资本息之和。一般担保公司担保的保障分为一般责任和连带责任，一般责任担保的保障力度非常小；连带责任担保可以起到保护责任，但市场上的连带责任担保不多。担保机构为了自身的资金安全，对借款人的审核也会更加严格，这都有利于投资人的本金安全同时降低违约风险。虽然有“债务人不能履行债务时，由保证人承担保证责任”的规定，但是，如果没有确认借款人完全没有还款能力，担保公司则不会承担责任，一旦借款人“跑路”，投资者将血本无归。

在融资性担保公司担保下，一旦借款人违约，担保公司则提供全额代偿，对于投资人来说，资金安全程度高。融资性担保公司担保规模与自身注册资本之比要小于 10，随着 P2P 网络借贷公司规模上升，融资性担保公司的规模也需要提升。然而境内很多担保公司的担保规模已经严重超标，存在一定的风险。

（二）保险公司担保

在保险公司担保模式下，P2P 平台引入保险金融机构，投资人通过投保降低自身的风险损失；保险机构直接给客户提供财产险保障模式使投资人通过购买保险将自身风险降到最低。目前 P2P 平台的规模和用户量大多还不能达到保险公司对于降低风险评估的要求，限制了保险公司在 P2P 网络借贷过程中的巨大作用。但在可预见的未来，保险公司担保的形式将成为 P2P 担保的主要形式之一。

（三）抵押担保

抵押担保模式指的是借款人以房产、汽车等固定资产作为抵押来借款，一旦发生逾期或者坏账时，P2P 网络借贷平台和投资者有权处理抵押物来收回资金。从坏账数据来看，抵押担保模式在 P2P 网络借贷行业的坏账率是最低的。

三、参与 P2P 网络借贷平台的资本不同

（一）风险投资系

自 2014 年 1 月 9 日，人人贷获得领投方挚信资本的 1.3 亿美元风险投资以来，截至 2017 年，我国共有 153 家 P2P 网络借贷平台获得风险投资。风险投资的注资，不仅仅为行业注入了丰厚的资金，同样为 P2P 网络借贷的发展前景提供利好消息。风险投资机构的注资，一方面，释放了一个信号，就是这些机构看好 P2P 网络借贷行业的发展，认为它们的投资可以带来回报。这对投资人以及其他资本会起到一种利好效应，增强投资人信心，加快 P2P 网络借贷行业的发展。另一方面，风险投资在一定程度上能够为平台增信，风险投资机构的资金注入充裕了平台资金，而 P2P 平台将这些资金用于风险控制、运营、推广、技术等方面，可以提高平台的安全稳定性，也可以将 P2P 网络借贷行业推向更广大的受众。然而，引入风险投资是否导致 P2P 平台急于扩大经营规模而放松风险控制值得深思。

部分获得风险投资的平台有：人人贷、微贷网、有利网、爱钱进、拍拍贷、积木盒子、投哪网、融 360 等。投资机构包括了 IDG（International Data Group，美国国际数据集团）、红杉资本等知名风险投资机构，也包括了联想控股、小米等知名企业。

（二）国资系

从 2012 年仅有开鑫贷一家国资背景的 P2P 网络借贷平台，到 2017 年国资入股平台数量已达 212 家，表明国资企业对 P2P 网络借贷前景同样看好。而国资背景 P2P 网络借贷平台无论在资金实力还是资源整合方面都有着草根平台无法比拟的地方。无论从平台资质还是平台管理、风险控制能力把控，国资系平台都将形成 P2P 网络借贷行业的标杆，这对于推进行业的规范发展有重大作用。

国资系 P2P 网络借贷平台的优势体现在如下方面：①拥有国有背景股东的隐性背书，强大的资金实力，如表 7－1 中的 13 家平台注册资本金均在 1000 万元以上，兑付能力有保障。②国资系 P2P 网络借贷平台多脱胎于国有金融或类金融平台。因此，一方面，业务模式较为规范；另一方面，从业人员金融专业素养较高。但是，国资系 P2P 网络借贷平台的劣势也十分明显：首先，缺乏互联网基因；其次，从投资端来看，起投金额较高，多数是 1 千元、1 万元起投，另外，收益率不具有吸引力，投资收益率低于行业平均利率水平；最后，从融资端来看，由于项目标的较大，且产品种类有限，多为企业信贷，再加上国资系 P2P 网络借贷平台较为谨慎，层层审核的机制严重影响了平台运营效率。

表 7－1　　国资系 P2P 网络借贷平台

序号	平台名称	注册资本金/万元	所在地
1	保必贷	971	上海市
2	德众金融	1000	安徽省
3	海金仓	3000	北京市
4	金宝保	3000	重庆市
5	金开贷	1000	陕西省
6	金控网贷	10000	广东省
7	京金联	6000	湖北省
8	开鑫贷	1000	江苏省
9	蓝海众投	10000	广东省
10	星投资	2000	上海市
11	中广核富盈	1000	广东省
12	众信金融	1000	北京市
13	紫金所	1000	江苏省

（三）银行系

P2P 网络借贷行情持续火爆，众多银行系 P2P 网络借贷纷纷进场。截至 2017 年，银行背景平台数量 15 家，其中，比较有代表性的平台有招商银行的小企业 e 家、民生银行的民生易贷、包商银行的小马 bank、兰州银行的 e 融 e 贷等如表 7－2 所示。

表 7－2　　银行系 P2P 网络借贷平台

序号	平台名称	所属银行
1	陆金所	平安银行
2	开鑫贷	国家开发银行
3	金开贷	国家开发银行
4	民生易贷	民生银行
5	民贷天下	民生银行
6	民生转赚	民生银行
7	e 融 e 贷	兰州银行
8	小企业 e 家	招商银行
9	小马 bank	包商银行
10	齐乐融融 E	齐商银行

续 表

序号	平台名称	所属银行
11	融 e 信	江苏银行
12	白领融	宁波银行

银行系 P2P 网络借贷的优势主要在于：①资金雄厚，流动性充足；②项目源质地优良，大多来自商业银行原有的中小型客户；③风险控制能力强，银行系的 P2P 网络借贷平台与银行有着千丝万缕的联系，利用银行本身具有的风险控制能力与各类信息资源，不仅可以有效降低风险与成本，也可以提高平台本身的信用等级。此外，与传统 P2P 网络借贷平台相比，银行系 P2P 网络借贷的劣势主要体现在收益率偏低，虽然略高于银行理财产品，但处于 P2P 网络借贷行业较低水平，对投资人吸引力有限。并且，许多传统商业银行只是将互联网看作一个销售渠道，银行系 P2P 网络借贷平台创新能力、市场化运作机制都不够完善。

（四）上市公司系

随着行业的发展，上市公司同样进入 P2P 网络借贷行业。据不完全统计，截至 2017 年，上市公司背景的 P2P 网络借贷平台已达 126 家。上市公司对进入 P2P 网络借贷行业如此热衷，主要原因可能有以下三个：①资本对互联网金融概念的热捧，上市公司从市值管理的角度出发，涉足互联网金融板块，以此来带动股价的上涨；②P2P 网络借贷平台急需资金，上市公司可以以较少的资本获得较多的股份；③上市公司从产业链上下游的角度出发，打造供应链金融体系。上市公司在其所处细分领域深耕多年，熟知产业链上下游企业情况，掌握其经营风险、贸易真实性，很容易甄别出优质借款人，从而保证融资安全。

根据统计，涉足 P2P 网络借贷行业的上市公司所属行业分布相对集中，制造业最多，占比 57%。制造业对 P2P 网络借贷平台表现出极大的兴趣无非是想打造完善的供应链金融体系，构建以 P2P 资金流为脉络形成的供应链金融生态圈，将供应链中的信息生成、接收，物流的发出和对接，甚至是实体企业的生成端和销售端进行对接和融合，从而帮助核心企业掌控整个产业链中其他上下游企业，进而提高上下游企业之间的对接效率和经营收益。

（五）民营系

P2P 网络借贷行业中民营系平台数量最多，起步最早。部分民营系 P2P 网络借贷平台已经成长为行业领头羊，比如，红岭创投、爱投资、有利网等；更多的草根平台则鱼龙混杂，不胜枚举。

这类平台的优势体现在：①具有普惠金融的特点，投资门槛极低，最低门槛 50 元起投；②投资收益率具有吸引力，处于P2P网络借贷行业较高水平。然而，民营系P2P网络借贷的劣势也十分明显，比如风险偏高。由于资本实力及风险控制能力偏弱，民营系P2P网络借贷平台是跑路及倒闭的高发区。

虽然民营系的P2P网络借贷平台没有银行的强大背景，但是民营系的P2P网络借贷平台有着强大的互联网思维，产品创新能力强，这一类平台市场化程度高。投资起点低，收益高，手续便捷，客户群几乎囊括了各类投资人群。而《关于促进互联网金融健康发展的指导意见》等法律法规的颁布，对P2P网络借贷行业在互联网金融的肯定，无疑让民营系P2P网络借贷平台在互联网金融获得了更大的发展机遇。

第三节　个体网络借贷的优势与风险

一、个体网络借贷的优势

基于互联网的个体网络借贷模式为排斥在传统融资渠道外的借款人提供了一个信息成本、征信成本、交易成本更低的融资平台，在拓宽民间融资渠道上发挥了积极作用。

（一）提高了借款人的融资自主性

借款人通过个体网络借贷模式，可以按照自己的实际需求主动发出借款标的，在借款金额、利率、期限、贷款方式、还款方式等方面提出个性化的要求。而大多数的网贷平台也提供了种类繁多的贷款产品，比如信用贷款、抵押贷款、担保贷款、委托贷款、供应链金融、票据贷款等，借款人的选择性更多，自主性更强，可以根据自己的实际需求进行选择。相比于传统融资渠道，被动接受金融机构的借款金额和借款条件，借款人的融资自主性大大增强，改变了以往在融资过程中的消极被动为积极主动，使得融资渠道拓宽，融资选择增多。这种改变意义重大，只要是信用和资质优良的借款人都有可能在网络借贷平台上融资成功。

（二）扩大了民间借贷的资金供给量

由于我国居民长期以来的消费投资习惯，以及投资渠道狭窄、投资门槛过高等社会经济现实，我国居民的储蓄率一直居高不下。个体网络借贷平台的出现对于资金盈余方而言，降低了其投资门槛，扩大其投资渠道。面对数量众多的个体网络借贷平台，尤其是其较高的投资收益回报，吸引了越来越多的投资者。据统计，2017年个体网络借贷行业活跃投资人数在1250万左右。个体网络借贷平台给投资者带来回报的同时，也进一步拓宽了民间借贷的信贷供给量，为服务实体经济提供了资金条件。同时，随着网络借贷行业的快速发展，政府层面采取了较为明确的鼓励指导意见。自2013年下半年以来，传统金融机构、上市公司、国资系、知名互联网企业、风投公司等具有金融和互联网背景的大型机构也逐渐进入网络借贷市场。这些力量的加入，一方面提高了个体网络借贷平台的公信力；另一方面，通过渠道和信用评估方面的优势进一步扩大了小微信贷资金的投放。

（三）为利率市场化提供了参考

由于市场竞争激烈，网络借贷行业表现出利率市场化的趋势。①一些网络借贷平台在贷款利率定价的过程中直接采用了竞拍机制，由众多投资者进行价格竞争与需求方共同决定利率水平。②虽然有些网络借贷平台自行发布了不同档次的指导利率水平，但这些指导利率也是根据不同的信用等级、不同区域、不同行业，并充分考虑市场因素的基础上给出的市场利率水平。③借款人也会在众多的网络借贷平台中根据利率高低、平台风险等因素进行选择，因此平台成交利率水平也基本反映了市场资金供求关系和风险溢价水平。网络借贷平台上的成交利率一般要远高于央行确定的基准利率水平，也高于传统商业银行的贷款利率，如2017年网贷行业综合收益率为9.45%。但网贷行业的利率水平是市场利率水平的一个表现，其利率市场化先于正规金融体系，为我国利率市场化提供了参考基础。

（四）为征信体系的构建进行了有益的探索

长期以来，我国传统征信体系覆盖范围有限，无法对大部分的个人和小微企业提供传统征信服务。因此传统信用体系的不完善，地区经济发展的不平衡，导致网络借贷行业为了防范信用风险，积极构建基于互联网的征信数据库。网络借贷平台一方面利用搜索技术、数据挖掘等先进的大数据技术对借款人进行在线审核；另一方面通过电话、视频、实地调查等方式进行线下现场信用审核。这种“线上+线下”的模式在一定程度上缓解了借贷双方的信息不对称，构建了行业独特的信用评价体系，提高了借贷效率并有效控制风险。行业内一些知名网贷平台建立了自己的信用审核体系与信用评分模型，为我国征信体系的建设进行了有益的尝试。

（五）为民间借贷规范化提供了路径支持

网络借贷平台为借款人提供的短期小额贷款支持，实质上属于民间借贷性质。我国正规金融体系覆盖广度和深度的不足，导致民间借贷市场规模巨大。但长期以来民间借贷资金缺乏高效、合规的投融资渠道，并游离于正规监管体系之外，民间高利贷盛行，易引发非法金融活动。网络借贷行业的规范发展为数额庞大的民间借贷资本提供了合法化、合规化、阳光化的投资途径，使其更好地服务小微实体经济。有关网络借贷行业的监管细则陆续出台，地区性自律性行业协会组织陆续成立，网络借贷行业的评价指标和体系逐步建立，也进一步推动了网络借贷行业的规范有序发展，为民间借贷的规范化、阳光化发展指明了方向。

二、个体网络借贷面临的风险

个体网络借贷行业在我国发展的时间并不长，但是平台数量与交易规模持续放大，模式不断创新。在承认其发展合理性的同时，也应该重视它在发展过程中存在的问题，以防区域性系统性金融风险的发生。

（一）小额信贷技术风险

小额信贷业务的良好运作既需要有健全的外部社会信用环境，又需要完善的内部业务经营的信贷技术与信用数据。主要针对小微客户的个体网络借贷业务，其中较大比例是纯粹信用贷款，但在我国社会化征信不完善，平台内部经营技术不成熟的情况下，面临的违约风险较高。

欧美发达国家，个人征信数据相对全面、准确并面向公众开放。网贷平台自身不需要进行征信工作，可以直接从商业化的征信机构获取所需信息作为筛选借款人的第一道门槛，而且高昂的违约成本也进一步抑制了违约行为。同时，网贷平台还根据信用环境的改变对平台所使用的信用风险模型进行调试改进，以便精确测算每笔借款的违约概率。

目前我国网贷平台对贷款事前、事中和事后的管理手段单一、落后。大多数平台都没有足够的征信、审贷、风控能力，技术和人才储备有限，贷前仅仅依靠网络得到的信息显然是极度不对称的；贷中，对借贷资金的使用方向和使用情况缺乏实时监控；贷后，对借贷资金的偿还情况、逾期率、风险代偿能力等信息与数据缺乏统计和管理。不完善的社会信用环境又给网贷业务的拓展造成了很大的压力。为了弥补小额信贷技术风险，首先，国内平台普遍采取了线下尽职调查或与线下小额信贷机构合作的方式开展线下调查，大量的线下调查与分析确实可以减少违约风险，但是线下调查需要大量的人工操作，平台要承受巨大的调查成本，基本占到网贷平台运营的50%；其次，大部分平台的风控手段简单化、零散化、比如仅仅采用了第三方担保机构等简单方法，尚未建立起科学指标体系和动态评估系统；最后，由于地域、行业、金融消费习惯的影响，建立统一的信用模型或直接采用银行业金融机构传统的评估模型对于网贷平台来讲也存在较大困难。因而小额信贷技术的发展改善是一个长期积累、逐步提高的过程。

（二）信息披露不充分，涉嫌非法行为

在强制信息披露制度下，美国网贷平台会披露每一笔借款全面、详细的信息，这在无形中给网贷平台带来了外部监管的压力。目前，我国虽出台了信息披露制度，但

只有少数平台披露其整体运营情况，而大部分平台对于成交项目、借贷情况、经营状况、平台收入、逾期率等无定期公布制度。信息不透明导致借贷双方及公众都不能清楚了解平台借贷情况与借贷资金的使用情况，在外部监管缺失的情况下，易引发平台的非法行为。同时，大部分网络借贷平台具有逐利性，盲目追求盈利能力强、信用风险高的投资业务，自律性较差。一些平台为了吸引借贷双方，活跃扩大交易量，甚至通过订立虚假借贷合同构建资金池进行自融或假融，或利用短存长贷暗中进行期限错配，这些行为游走于法律的边缘，涉嫌非法金融活动。

（三）与第三方机构合作中存在的风险

部分网贷平台为了拓展业务，发掘优质借款人，降低违约风险，纷纷采取各种方式与经营小额信贷业务的传统金融机构展开合作，而在合作过程中由于存在利益冲突、信息不对称、风险管理能力欠缺等问题导致一些风险的发生。

1. 借款项目质量风险

网贷平台在开发借款项目方面存在一定的劣势，因而大部分的网贷平台会选择和线下小额信贷机构开展合作。而这些线下机构本身就经营小额信贷业务，与网贷平台存在事实上的竞争关系。当优质借款项目稀缺的时候，线下机构通常是将优质项目留给自己，而将次优或者质量一般的借款项目推荐给网贷平台经营。这样一来，无形中加大了网贷平台的经营风险。

2. 担保资质与担保能力风险

一些与网贷平台开展合作的小额贷款公司不仅向网贷平台推荐借款项目，同时也提供担保服务，这其中就涉及担保资质与担保能力的问题。首先，担保资质问题。小贷公司本身并不具有担保资质，要从事担保业务必须要获得当地监管部门的批准。由于网贷业务涉及借贷业务，为其提供担保就属于融资性担保。2010 年发布的《融资性担保公司管理暂行办法》明确规定，“设立融资性担保公司应当经监管部门审查批准，领取经营许可证后申请注册登记”。因此，小贷公司要具备融资性担保资质，必须经当地金融监管部门认定。其次，担保能力问题。《融资性担保公司管理暂行办法》对担保能力进行了限定，要求融资性担保责任余额应在其净资产的 10 倍以内。拥有融资性担保资质的小贷公司的担保能力应该由地方金融监管部门监督，但在实际操作中大多处于缺位状态。小贷公司出于对利益的追逐，具有较大动力承担超过其担保能力的业务，易造成过度担保。

3. 信息不对称风险

与第三方机构合作过程中，网贷平台一般负责线上投资者的开发，而线下机构负责线下优质借款项目的开发，业务流程分割化，易引发信息不对称风险。目前，网贷行业竞争较为充分，投资者资金供给较为充裕，优质借款项目是网贷平台之间竞争的关键，谁掌握了优质借款项目谁就掌握了竞争的主动权。对于线下机构而言，由于其掌握挖掘优质借款项目的能力，并承担了客户开发、贷后管理、提供担保等工作，因此在网贷流程中承担较多责任，处于强势地位，必然要求更多定价权。如果需求无法满足，线下机构有可能会降低借款项目开发成本，导致借款项目质量下降，也有可能同其他网贷平台合作。对于网贷平台而言，在借款项目开发上如果过度依赖线下机构的推荐，则会疏于在线对借款项目的审核；而过度依赖线下机构的担保能力，也会弱化平台自身的风险识别与防范能力。

第四节　个体网络借贷的监管历程

监管层对互联网金融实施普惠金融的作用给予了充分的肯定，这点可以从互联网金融连续三年（2014—2016 年）在国务院政府工作报告中被提及就可以看出。但行业快速发展伴随而来的风险事件频发，监管层也对网络借贷行业的健康发展一直非常重视，多次到网贷行业较为发达的北、上、广等地区展开调研，尤其是 2016 年互联网金融专项整治行动在全国迅速展开，监管力度更有逐渐趋严的态势。

2011 年 8 月，银监会发布《关于人人贷有关风险提示的通知》，这是政府监管部门第一次对网络借贷行业的风险进行提示，表明政府监管部门对于网络借贷行业发展的关注及持有的谨慎观察态度。2014 年 4 月，中国人民银行发布《中国金融稳定报告（2014）》，对互联网金融提出五大监管原则，尤其特别强调网络借贷和众筹融资要坚持平台功能，不能搞资金池、不能开展非法吸存、非法集资和非法证券业务等非法金融活动。2014 年以来，中国人民银行和银监会的监管高层在不同场合下透露了一些关于互联网金融尤其是网络借贷行业的监管思路与监管构想。2014 年我国政府金融监管高层的相关言论如表 7－3 所示。根据监管部门的指导意见以及相关言论，可以初步判断监管部门对于互联网金融的监管保持较为宽松和包容的态度，将对其采取“适度监管、分类监管、协同监管、创新监管”的原则。网络借贷行业很有可能由银监会进行适度监管，网络借贷平台将定位于信息中介的性质，业务边界是为小额借贷双方提供信息服务，明确禁止的内容包括自担保、自融、资金池、非法集资、非法吸存、洗钱等非法金融行为。

表 7－3　　2014 年我国政府金融监管高层的相关言论

时间	公开透露方	主题	内容
2014 年 4 月	银监会高层	P2P 监管四条红线	明确平台的中介性，明确平台本身不得提供担保，不得搞资金池，不得非法吸收公众存款
2014 年 8 月	银监会高层	P2P 监管的五条导向	明确信息中介定位，实行独立第三方托管，具备一定从业门槛，充分信息披露和风险揭示，鼓励行业自律

续 表

时间	公开透露方	主题	内容
2014 年 8 月	银监会高层	P2P 发展六大原则	明确信息中介平台定位；具备一定的资金准入门槛，且一定是实缴资本；不得经手借贷双方的资金；对借贷双方应该有一定资金额度的明确限制和一定的规模；对从业专业人才要有明确的要求；打击假冒 P2P 平台
2014 年 9 月	银监会高层	P2P 十大监管原则	不得建资金池；落实实名制原则；明确信息中介性质；一定的行业门槛；资金第三方托管；不自保自融；明确收费机制；信息充分披露；加强行业自律；坚持小额化、普惠金融

2015 年 1 月，银监会对外宣布，银监会的监管架构改革已获中央有关部门批准通过。银监会将设立银行业普惠金融工作部，负责在小微、三农、小贷、网贷、融担等非持牌机构监管协调方面的抓总职责，这意味着网络借贷行业将有可能划归到银监会普惠金融部进行监管。2015 年 3 月，银监会普惠金融部召集北、上、广、浙等网络借贷主要地区的省、市金融办、行业协会召开网络借贷监管细则讨论闭门会议，提出网络借贷 3000 万级别的注册资本门槛限制和网络借贷必须实行杠杆管理。2015 年 7 月 18 日，中国人民银行联合十部委发布《关于促进互联网金融健康发展的指导意见》，指出网络借贷属于民间借贷范畴，受合同法、民法通则等法律法规的规范，承认网络借贷的合法地位，监管单位为银监会。2015 年 8 月 6 日，最高人民法院发布《最高人民法院关于审理民间借贷案件适用法律若干问题的规定》，民间借贷利率在 24% 以下受法律保护，24% ~36% 为双方自愿协商区域，高于 36% 可向法院申诉追回。

2016 年 8 月 24 日，中国银监会联合工信部、公安部等四部委正式发布了《网络借贷信息中介机构业务活动管理暂行办法》，我国网络借贷行业进入有法可依的时代，以负面清单形式划定业务边界，明确借款上限，规定网贷应以小额为主，并作出了 12 个月过渡期的安排。2016 年 11 月 28 日，银监会联合工信部、工商局发布了《网络借贷信息中介备案登记管理指引》，备案成资金存管及增值电信业务许可前提。2017 年 2 月 23 日，银监会发布《网络借贷资金存管业务指引》，明确了网贷资金存管业务应遵循的基本规则和实施标准，鼓励网贷机构与商业银行按照平等自愿、互利互惠的市场化原则开展业务。2017 年 8 月 25 日，银监会发布《网络借贷信息中介机构业务活动信息披露指引》，明确了网络借贷信息中介业务活动中应当披露的具体事项、披露时间、披露频次及披露对象等。至此，个体网络借贷行业备案、银行存管、信息披露三大主要合规政策悉数落地，与 2016 年 8 月 24 日发布的《网络借贷信息中介机构业务活动管理暂行办法》共同组成网络借贷行业“1 +3”制度框架，标志着我国初步形成了较为完善的网贷行业制度政策体系。我国个体网络借贷行业“1 +3”制度框架如图 7 –7 所示。

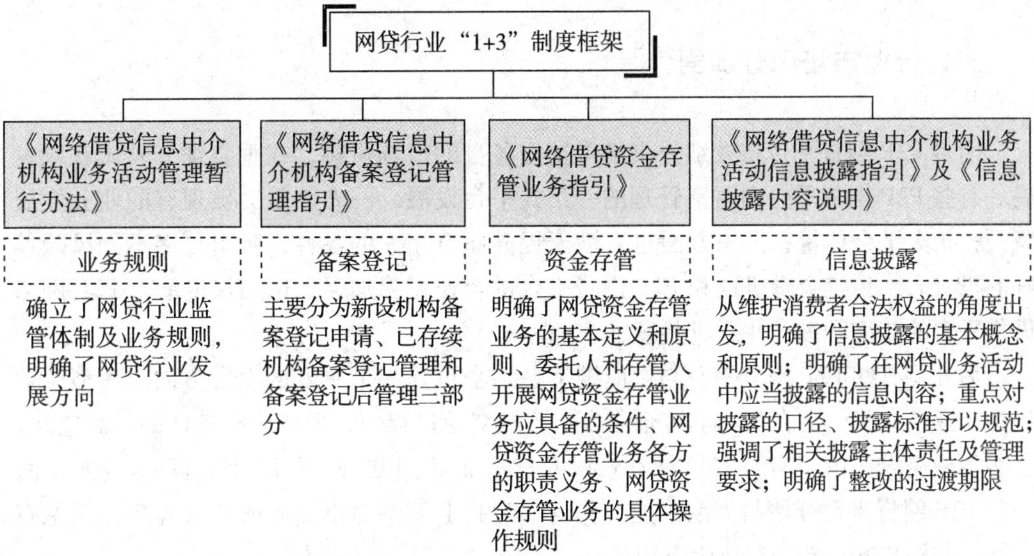

图 7－7　我国个体网络借贷行业“1＋3”制度框架

第五节　个体网络借贷的发展趋势

一、大数据将成为信用风险控制首选

网络借贷行业通过互联网数据调取和分析，简化了申请流程，提升了审核的效率和精确度，真正实现借款申请的电子化、智能化和移动化。同时，大数据在网络借贷行业内征信体系建设方面也有极大的优势。通过大数据，网络借贷平台可以对借款人的信用状况进行判定，并给出相应的违约概率和风险定价，从而进行贷款决策，提前一步将风险控制在可控范围之内；同时大数据可以用来指导用户的投资，判断风险标的，对用户起到预警的作用。

二、移动化比例逐渐提高

P2P 网络借贷的诞生本就是为了个人金融服务，是对个人财富管理的一种形式，因此在移动互联网爆发式发展以后，P2P 网络借贷的优势更加明显。P2P 网络借贷平台越来越多地从电脑端转移到移动端，使用移动 P2P 网络借贷的人数也越来越多。

P2P 网络借贷从 PC 互联网过渡到移动互联网，一方面方便了用户；另一方面提升了行业技术门槛与运营技术难度，使得那些以经济犯罪为目的的平台不再轻易进入这个行业。

三、行业市场细分加剧

诸多P2P网贷平台将在细分市场中挖掘各自的市场份额，在垂直细分领域获取发展。有些P2P网贷平台向财富管理的一站式平台发展，一方面是突破现有的业务发展瓶颈，扩大平台体量；另一方面也有助于提升原有用户的黏性，吸引更多不同风险偏好的投资人。传统金融机构和P2P网贷平台的合作意愿加强，也加快推动了P2P网络借贷平台的转型升级，并形成共赢。

另外，有些P2P网贷平台与供应链金融结合也是一个重要的发展方向。大型企业作为产业链龙头，会在与上下游企业或个人的交易过程中，形成各种各样的金融需求。这些金融需求，由于有真实贸易背景以及核心企业的制约，风险相对较低。鉴于此，一些P2P网贷平台开始与大型企业合作，来为其上下游中小企业或个人客户提供融资支持，并构建起全新的行业生态模式。

四、资本大规模涌入

继网络借贷监管细则出台之后，行业发展逐渐明晰，银行、基金、保险、券商等金融机构甚至上市公司有大举进军P2P行业的倾向。预计行业内的投资、并购和融资行为将会持续出现，将会有更多传统金融机构、互联网巨头企业、实业巨头布局P2P网络借贷。资本市场开始大力加强对P2P网络借贷行业的投资，未来，P2P网络借贷行业的风险投资和并购、入股等现象将成为一种常态，大平台兼并小平台的事件可能将大规模发生。

第六节　个体网络借贷的案例分析

一、拍拍贷

成立于2007年6月的拍拍贷是我国第一家网络信用借贷平台，并且是首个获得“金融信息服务”资质的网络借贷机构。拍拍贷作为纯中介平台，既不吸收存款，也不发放贷款，主要提供信息匹配、工具支持和服务等功能。拍拍贷一直坚持采取在线完成整个借贷流程，包括在线获取借款人和投资者，在线审核借款人信息与项目，以及在线资金往来。拍拍贷本身不参与担保，只是纯粹作为信息中介帮助借贷双方进行资金配置，是较为纯粹的线上经营模式。拍拍贷根据借贷期限的不同向借款人收取2%~4%的服务费。拍拍贷分别于2012年、2014年和2015年完成A轮、B轮和C轮融资，成为首个完成C轮融资的网贷平台。2017年11月，拍拍贷于美国纽交所成功上市。

2017年，拍拍贷的营业收入达到39亿元，净利润11亿元；累计借款人数1052万人，累计注册用户6541万人；平均每笔借款金额2470元，小额普惠特点明显。

拍拍贷采用了利率竞拍制度，平台针对不同信用等级给出指导利率水平，建议借款人根据自己的信用等级与自身具体情况设定一个能承受的最高利率水平（不超过同期银行贷款基准利率的4倍）。由借款人自己发布借款利率、期限、金额等借款信息，通过竞标方式，最终由借贷双方共同决定实际借贷利率水平，从而完成整个借款流程。

拍拍贷采用了会员登记制度，并开发了自己的信用审核系统与信用评分模型，主要利用社会征信体系和大数据来完成风险控制。拍拍贷通过信用风险识别模型中的2000多个数据维度预先对借款人的信用状况进行判定，并给出相应的违约概率和风险定价。在数据的采集上，拍拍贷与司法部门、公安部门、工商部门等十几家权威数据中心开展合作进行信息认证，同时还将社交网站及拍拍贷平台上借款人提交的认证材料、平台上的交易行为、借还款记录等纳入数据采集范围，并结合违约成本与违约概率对借款人进行信用认证和信用评级。2017年6月22日，拍拍贷与招商银行上海分行正式签订了《网络借贷资金存管业务合作协议》和《反洗钱合规补充协议》，与此同时宣告拍拍贷交易资金存管系统正式上线。实现客户资金与平台自有资金的有效隔离，保护客户资金流动的合法与安全。在还款方式上，拍拍贷要求借款人以按月还款的方式进行偿还，并建立了逾期催收与“黑名单”制度，在一定程度上控制了违约风险。

二、人人贷

成立于2010年的人人贷于2012年11月与线下借贷服务提供商友众信业金融信息服务有限公司（以下简称“友信公司”）共同组建集团公司，从而成为一家线上与线下相结合的网络借贷机构。人人贷负责线上信息发布、在线信用评级、在线交易撮合；友信公司提供借款项目挖掘、线下审核、贷后担保以及相应的管理业务。这种线上资金供给与线下债权开发相互合作的模式适用于目前国内征信体系不健全、征信不全面的经济现实，线上与线下的紧密结合提供了管理风险的有效途径，推动网络借贷行业的健康有序发展。2017年，人人贷的贷款产品主要分为两类：实地认证标和机构担保标。人人贷平台的贷款产品比较如表7-4所示。

表7-4　　2017年人人贷平台的贷款产品比较

	实地认证标	机构担保标
总交易金额/亿元	216.5	1.5
占总交易金额比例/%	99.31	0.69
总笔数/笔	270967	3302
平均贷款金额/元	79912	45783

续 表

	实地认证标	机构担保标
服务对象	友信公司推荐的借款项目	合作伙伴推荐的借款项目
风险保障措施	由友信公司提供担保，友信与人人贷建立各自的风险准备金进行双层保护	由合作伙伴提供担保

实地认证标是友信公司推荐的借款项目，由友信公司的风险管理部门对借款人进行线下实地审核调查，并通过人人贷平台的复核以及欺诈审查后发布到平台上。贷款成功后，由友信公司负责贷后管理以及相应的担保服务。机构担保标是由人人贷的合作伙伴（通常是有担保资质的小额贷款公司）推荐并承担连带保证责任的借款需求。在这两种类型的贷款产品中，实地认证标的交易额大，交易比例高，人人贷与友信公司对实地认证标进行线上线下的双层审核，同时分别建立风险准备金对投资者进行保护，起到了增信的作用。

2017 年，人人贷全年成交金额 218 亿元，累计成交金额突破 460 亿元，累计注册用户数量超过 550 万，为用户赚取超过 40 亿元。据 2017 年数据显示，人人贷人均借款金额为 8 万元，低于监管要求的 20 万元上限，体现了小额信贷的特点。人人贷专注为小微企业主和个体经营户提供个人信贷服务，平台整体有近 80% 的资金流向了生产经营领域，重回到实体经济中。

三、开鑫贷

成立于 2013 年的开鑫贷是由国开行下属的国开金融公司与江苏省小额贷款公司服务商“江苏金农公司”共同设立的一家网络借贷平台。开鑫贷与江苏省当地的小贷公司开展广泛的合作，由小贷公司提供符合要求的客户资源，通过互联网手段将有资金需求的小微企业与有资金盈余的投资者有效连接起来。小贷公司为开鑫贷平台提供借款客户资源，同时承担了开鑫贷业务线下的贷前调查、贷后管理与贷款担保责任；江苏银行与中国银行作为开鑫贷的结算银行，为借贷双方提供专业、安全的资金结算与支付服务，实现资金托管与隔离，防止洗钱风险发生；开鑫贷平台承担借贷信息发布、在线交易撮合、电子合同登记，并借助江苏金农公司的 IT 系统对与其合作的小贷公司的担保能力与经营情况进行日常监控，开鑫贷平台的运行模式如图 7－8 所示。截至 2018 年 1 月，开鑫贷平台累计交易额为 252 亿元，累计投资笔数 323047 笔。

开鑫贷是具有准政府背景的网络借贷平台，江苏省金融办为防范风险促进开鑫贷业务健康有序发展，专门于 2013 年 4 月出台了《江苏省小额贷款公司开鑫贷业务管理办法》。在该办法的指引下，开鑫贷建立了以优质小额贷款公司全额本息担保为核心，

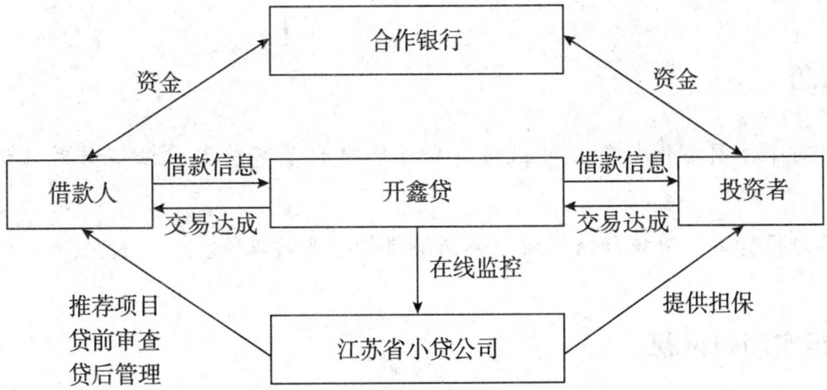

图 7-8　开鑫贷平台的运行模式

严格小额贷款公司准入标准、担保总额控制、小额贷款公司主发起人连带担保及金创再担保提供全额本息再担保的五层风险防控体系如图 7-9 所示，并建立了基于大数据的风控模型，通过非现场监测、现场检查以及压力测试，实时掌握合作小额贷款公司各项风险指标和贷款投向，并于 2015 年全面引入江苏金创信用再担保股份有限公司为合作的小额贷款公司提供连带再担保责任，进一步增强了平台的风险控制能力。

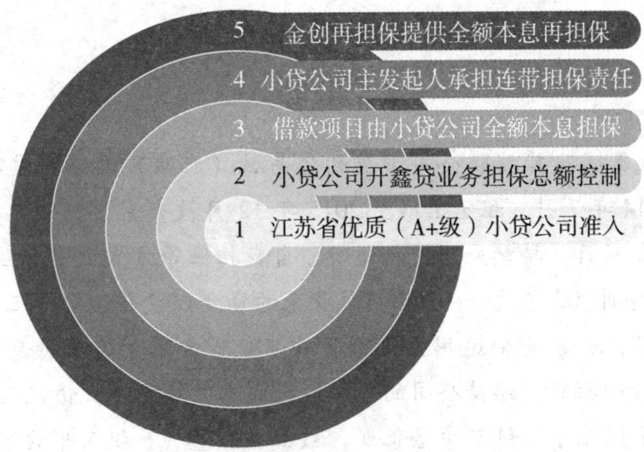

图 7-9　开鑫贷五层风险防控体系

本章小结

本章主要介绍了个体网络借贷的基本概念，分析了个体网络借贷在国内外的发展概况及我国个体网络借贷的发展模式，重点阐述了个体网络借贷的比较优势及风险，梳理了个体网络借贷在我国的监管历程，并就拍拍贷、人人贷与开鑫贷三个具有代表性的网络借贷平台的运营模式进行了分析，最后总结了个体网络借贷行业的发展趋势。

思考题

1. 针对个体网络借贷行业的风险，我国已出台了哪些监管法规并对其进行分析说明。

2. 作为投资者，应该如何规避个体网络借贷行业的风险。

小组实训研讨题

1. 访问一家个体网络借贷平台，简要介绍其运营模式及盈利模式。

2. 访问 Zopa、Lending Club 的网站，并查阅相关资料，简要介绍这两家网络借贷平台的运营模式以及最新的发展情况。

3. 以有利网为例，介绍个体网络借贷平台中的第三方担保公司担保模式的运作情况。

课外阅读

e 租宝

e 租宝是钰诚集团及其关联公司下属的金易融（北京）网络科技有限公司运营的网络平台。从 2014 年 7 月 e 租宝上线至 2015 年 12 月被查封，钰诚系以高额利息为诱饵，虚构融资租赁项目，持续采用借新还旧、自我担保等方式大量非法吸收公众资金，累计交易发生额达到 700 亿元。e 租宝将吸收来的资金以“借道”第三方支付平台的形式进入自设的资金池；在资金运用上，除了一部分资金用于还本付息以外，相当一部分被用于钰诚高管的挥霍、维持公司的巨额运行成本、投资不良债权以及广告炒作。

2015 年 12 月 16 日，e 租宝涉嫌犯罪，被立案侦查。e 租宝平台的 21 名涉案人员于 2016 年 1 月 14 日被北京检察机关批准逮捕。e 租宝在一年半内非法吸收公众资金 500 多亿元，受害投资人遍布中国 31 个省市区。其中，e 租宝平台实际控制人、钰诚集团董事会执行局主席丁宁，涉嫌集资诈骗、非法吸收公众存款、非法持有枪支及其他犯罪。此外，与此案相关的一批犯罪嫌疑人也被各地检察机关批准逮捕。2016 年 8 月，引起全国广泛关注的“e 租宝”事件被提起公诉，8 月 14 日，北京市人民检察院公告称将钰诚集团定性为涉嫌集资诈骗罪，丁宁、张敏等 11 人定性为涉嫌集资诈骗罪，“e 租宝”事件成为互联网金融行业发展的里程碑事件。

第八章　网络小额贷款

教学目标与要求

√掌握网络小额贷款的基本概念与优势
√熟悉我国网络小额贷款的发展情况
√了解阿里小贷的运营模式

案例导读

京东供应链金融

2013 年，京东开始独立做供应链金融，并于 2013 年 10 月成立京东金融集团。截至 2017 年 7 月底，京东金融累计服务超过 1.5 亿个人用户和 50 万家企业用户，逐步完成了供应链金融的整体布局，从京东商城生态圈内的合作伙伴、开放平台上的商家，再到产业上下游的小微供应商，通过不同的金融工具帮助他们在互联网条件下快速、低成本融资。

三大供应链金融产品并驾齐驱

在产品体系上，京东供应链金融在融资方面布局了商业保理、小贷等，落地了“京保贝”“京小贷”“票据和动产融资”等互联网融资产品，可以帮助企业在各种条件下融资，降低运营成本。基于应收账款动态融资的“京保贝”是业内首个通过数据集成完成线上风控的产品，放款周期短至 3 分钟。“京保贝”已服务了几千家京东商城的供应商，得到融资的供应商在京东的贸易量增长超过 200%。2014 年，京东供应链金融上线了主要服务于京东开放平台商家的“京小贷”，极大地改善了小微商家长期面临的融资难、融资成本高的问题。“动产融资”是京东供应链金融的又一个创新型产品，其核心是将流转中的商品变成标准金融质押品，同时不影响客户正常销售。京东供应链金融设计了一套底层架构，可以通过数据和模型化的方式自动评估质押商品价值，与有“互联网 +”特点的仓配企业合作，全面整合了质押商品从生产、运输、存储到销售的全链条数据交叉验证，实现动态质押。基本上，京东供应链金融的创新产品已经在为各类场景、特点的企业服务，覆盖了很多传统融资触及不到的群体。

大数据风控决定风险定价能力

京东供应链金融的风控体系采用动态风控和动态授信策略，为客户提供全贸易流程的资金支持，实现可融资额度实时更新和管理。基于供应链运营过程中呈现的数据特征，将风控点布局到贸易状态中的每个流转环节，将风控下沉到每一笔应收账款。“京东金融定位于金融科技公司，从战略定位、战略布局到产品实现，都在突破中心化的思维模式。”京东金融副总裁王琳强调，“选择开放融合，连接金融机构、连接所有合作伙伴。目前也具备了将自身的服务能力、产品能力和风控能力输出给其他金融机构和核心企业，带动行业降低成本、提升服务效率，实现真正的金融科技和数字普惠。”①

2015年7月，中国人民银行等十部委发布的《关于促进互联网金融健康发展的指导意见》指出，网络借贷包括个体网络借贷（即P2P网络借贷）和网络小额贷款。网络小额贷款是指互联网企业通过其控制的小额贷款公司，利用互联网向客户提供的小额贷款。网络小额贷款应遵守现有小额贷款公司监管规定，发挥网络贷款优势，努力降低客户融资成本。网络借贷业务由银监会负责监管。

第一节　网络小额贷款的发展概况

一、网络小额贷款和个体网络借贷的区别

《关于促进互联网金融健康发展的指导意见》指出，网络借贷包括个体网络借贷（即P2P网络借贷）和网络小额贷款。个体网络借贷是指个体和个体之间通过互联网平台实现的直接借贷；网络小额贷款是指互联网企业通过其控制的小额贷款公司，利用互联网向客户提供的小额贷款。因而，网络小额贷款与个体网络借贷在性质、提供的服务与盈利方式等方面有很大的不同，二者的区别如表8-1所示。

表8-1　个体网络借贷和网络小额贷款的区别

	个体网络借贷	网络小额贷款
性质	信息中介	信用机构
提供服务	提供信息撮合、信用审核等中介服务	提供放贷服务
盈利方式	服务费、管理费等	息差收入

① 本文引自安枫：《京东供应链金融如何对现有格局“破”与“立”》，《现代物流报》2017年8月23日。

二、网络小额贷款的发展背景

我国自改革开放以来，在社会、经济、政治、文化等方面发展迅猛，取得了举世瞩目的成就，但同时我国在经济发展中还存在许多薄弱环节。一方面，我国人口众多，二元化经济结构导致农村金融服务的缺失与落后；另一方面，中小微企业也是我国经济建设中迅猛发展起来的一支重要力量，但是中小微企业“融资难、资难融、难融资”也是一个旷日持久的问题。小额贷款公司就是在这种环境下作为缓解“三农”经济和中小微企业融资难的新型金融机构应运而生的。

小额贷款公司是由自然人、企业法人与其他社会组织投资设立的，不吸收公众存款，经营小额贷款业务的有限责任公司或股份有限公司。与银行相比，小额贷款公司更为便捷、迅速，适合中小企业、个体工商户的资金需求；与民间借贷相比，小额贷款公司更加规范，贷款利息可双方协商。我国的小额贷款公司始于2005年10月，经中国人民银行决定，在山西、陕西、四川、贵州、内蒙古5省（区）进行民间小额贷款公司试点，到2008年5月，银监会和人民银行联合发布《关于小额贷款公司试点的指导意见》，小额贷款公司开始在全国范围推广发展。时至今日，我国小额贷款公司在全国各地区的政策引导下发展迅猛，截至2017年年末，全国共有小额贷款公司8551家，贷款余额9799亿元。

近年来，我国电子商务市场交易规模保持快速增长，截至2017年年末，我国电子商务整体交易规模约29万亿元，其中，中小微企业间电子商务占50%，从事电子商务的中小微企业用户近2000万家。众多从事电子商务的小微企业，普遍存在着资金短缺问题，因此庞大的电商小微企业为网络小额贷款融资平台提供了潜在的客户资源。同时，一些大型电子商务企业内部积累沉淀了相当丰富的数据资源，为电商小微企业的信用评级及贷款发放提供强有力的信用支持。2010年，阿里巴巴集团率先成立了自己的小贷公司，为自己电商平台上的小微企业客户提供无抵押、低门槛、快速便捷的融资服务。在阿里集团取得成功后，越来越多的第三方电子商务平台相继成立了自己的小贷公司为平台或供应链上的客户提供贷款支持。目前，网络小额贷款的融资规模持续扩大，服务对象逐渐多元化，融资效率大大提升。

三、网络小额贷款的发展现状

（一）网络小额贷款业务规模持续扩大

以处于市场领先地位的阿里小贷为例，据中国电子商务研究中心的数据显示，2012年阿里小贷累计贷款规模达120亿元；2013年全年新增贷款1000亿元；而截至2014年年末，阿里小贷累计投放贷款突破2500亿元，涉及100万家小微企业。2015年

6月，浙江网商银行正式成立以后，阿里小贷业务转向浙江网商银行进行。从贷款情况来看，网络小额贷款的客户都是小微企业客户，在提供融资服务过程中满足了小微企业对于资金“短、小、频、急”的需求。

（二）网络小额贷款公司数量不断增加

近年来，国内主要互联网企业都设立了自己的小贷公司，为与自己业务相关的小微企业提供贷款支持。随着阿里小额贷款有限公司在重庆成立，阿里集团已有三家网络小额贷款公司。而苏宁、腾讯、京东、百度也相继成立了自己的小贷公司，为平台客户提供融资服务，我国主要网络小额贷款公司的经营情况如表8－2所示。截至2017年6月，全国共有129家网络小额贷款公司，64%的公司有上市公司背景，其中，7成以上公司的主体涉及实业领域，分布在商贸物流、汽车、房地产、建筑等行业。2017年11月21日，互联网金融风险专项整治工作领导小组办公室发布了《关于立即暂停批设网络小贷公司的通知》，要求各省立即暂停批设网络小贷公司。

表8－2　　我国主要网络小额贷款公司的经营情况

	阿里小贷	苏宁小贷	百度小贷	京东小贷	腾讯财付通小贷
公司名称	浙江阿里巴巴小额贷款有限公司、重庆阿里巴巴小额贷款有限公司、阿里小微小额贷款有限公司	重庆苏宁小额贷款有限公司	上海成立	上海成立	财付通网络金融小额贷款有限公司
成立时间	2010年、2011年、2013年	2012年12月	2013年9月	2013年9月	2013年11月
注册资金	6亿元、10亿元、2亿元	3亿元	2亿元	3亿元	3000万元（计划增资到5亿元）
服务对象	阿里巴巴、淘宝、天猫平台上的小微电商企业	苏宁产业链上的中小微企业	点击率高的电商卖家	京东供应链上的中小微企业、京东开放平台上的小微商家	腾讯集团下的电商企业和个体工商户
贷款产品	信用贷款订单贷款	供应商融资小额信贷	经营贷款信用卡贷款	供应商融资信用贷款	深圳市的小额贷款

（三）网络小额贷款产品不断丰富，并契合小微资金的需求特点

目前，网络小额贷款公司开发的各种网络小额贷款产品基本上都是以无须抵押、无担保的信用贷款为主，抛弃了传统金融机构的授信方式，同时全程网络化、时效快，支持随借随还、循环使用、按天计息的还款方式有效降低了小微企业的授信门槛，节省了小微企业的融资成本。网络小额贷款的授信方式较好得满足了小微企业无抵押、无担保、无合格财务报表以及经营方式灵活机动对融资需求时效性强的特点。同时，一些网络小额贷款公司还推出一对一服务，为小微企业提供个性化服务，提高贷款效率。京东金融推出的“京保贝”产品甚至可以在 3 分钟之内完成整个融资过程，而且小微企业可以自行决定融资时间、融资金额和还款时间。

（四）网络小额贷款服务对象逐渐多元化

从网络小额贷款的发展趋势来看，服务对象也不仅限于刚开始的供销环节。为发挥产业链的协同效应，网络小额贷款的服务链也开始从电商平台向上下游延伸，涉及制造、物流、采购等供应链各个环节的融资支持。

第二节　网络小额贷款的运营模式

从运营模式来看，目前网络小额贷款的典型模式有两种，即平台金融模式和供应链金融模式。平台金融模式以阿里小贷为典型代表，是指互联网企业基于电子商务平台基础提供资金融通的金融服务；而供应链金融模式则是指供应链中的核心企业利用所处产业链上下游，充分整合供应链资源和客户资源而为其他参与方提供融资渠道的金融模式，以苏宁云商、京东金融为典型代表。

一、平台金融模式

平台金融模式是指互联网企业平台上聚集了大大小小众多商户，互联网企业凭借平台多年的交易数据积累，利用互联网技术，借助平台向商户或个人提供快速便捷的金融服务。

平台金融模式的特点在于互联网企业以交易数据为基础对客户的资金状况进行分析，贷款客户多为个人以及难以从银行得到贷款支持的小微企业，贷款无须抵押和担保，能够快速发放贷款，且多为短期贷款。同时，平台金融模式中的互联网企业必须在前期进行长时间交易数据的积累，在交易数据的积累过程中完善交易设备和电子设备，并进行数据分析所需的基础设施积累和人才积累。

二、供应链金融模式

供应链金融模式是指网络小额贷款公司以核心客户为依托，以真实贸易背景为前提，通过信用贷款或应收账款质押登记等方式对供应链上下游的小微企业提供的综合性金融产品和服务。供应链金融模式，促进了供应链上核心企业及上下游企业“产—供—销”链条的稳固和流转顺畅，降低整个供应链的运作成本，并通过金融资本与实业经济的协作，构筑供应链互利共存、持续发展的产业生态。

第三节　网络小额贷款的优势与风险

一、网络小额贷款的优势

网络小额贷款公司往往拥有自己的电商平台，而平台上聚集了丰富庞大的小微企业客户。相比传统融资渠道，网络小额贷款能够为小微企业提供一个比较宽松、方便快捷的融资渠道，不但提高了小微企业对电商平台的黏性，而且吸引更多的潜在客户入驻电商平台开展业务。

（一）构建了以大数据为核心的新型信用评价体系

网络小额贷款模式开展网络微贷的核心竞争力就在于电商平台积累了海量的客户信息和交易数据。电商平台将客户的电子商务经营数据转化为信用评级信息并可以作为发放贷款的依据，改变了以往传统金融机构重“硬信息”轻“软信息”的信贷审批模式。信用数据来自三个渠道：①贷款客户在电子商务平台进行经营交易时形成的内部数据，包括企业的注册与认证信息、物流数据、信用评价、资金流数据、历史与实时经营信息等，构成了电子商务平台的核心数据。②贷款客户向电子商务平台申请贷款时提交的信息，包括企业财务信息、管理层私人信息等对贷款审批有影响的相关信息。③为降低违约风险，电商平台可以适时引入一些外部数据，如央行征信系统、工商、税务、海关、电力等数据，以及在社交网站上的行为信息等。

网络小额贷款公司一方面扩大信用评估数据来源，另一方面构建了完全不同于传统金融机构的信用评价体系，改变了传统信贷审批的信用标准，将互联网技术融入放贷过程中，将过去没有信息记录的企业与个人纳入金融信用体系，通过网络征信的方式，大大拓展了金融服务的边界，达到了普惠金融的目的。

（二）大数据的应用缓解了贷前贷后信息不对称

网络小额贷款模式利用海量交易数据以及先进的数据处理、云计算等技术，实现了对借款客户信用水平和还款意愿、还款能力的把握，有力地缓解了借贷双方在贷前贷后出现的信息不对称问题。网络小额贷款公司结合大数据中的物流、信息流、商流、资金流等信息，为贷款客户的信用等级评估提供了数据基础，网络小额贷款公司充分掌握了贷款客户的信用状况和财务状况，减少了贷前逆向选择的发生。贷款授信后，贷款客户对融资资金的使用和企业经营动态也在电商平台的实时监控之下，一旦异常发生，电商平台可以立即停止对其贷款，严重的违约行为将导致电商平台实行降低贷款客户的信用等级、关停其在电商平台上的账号等措施。实时管理有效缓解了贷后道德风险的发生，而较高的违约成本也有效降低了违约率。

（三）业务流程网络化、放贷自主性强

网络小额贷款模式彻底实现了融资全程网络化，包括贷款申请、审批调查、授信与回收贷款，突破了传统审批放贷的流程，精简放贷环节，满足小微电商融资时效要求高的特点。同时，大多数网络小额贷款建立了专门的网络贷款系统，结合电商平台的数据资源自动完成对申请贷款的小微企业的信用评级及贷款授信，完成“批量化”贷款自动操作。由于网络化的特点，凡是在电商平台上进行经营或是电商平台供应链上的小微企业，都可以向平台在线申请贷款，跨越了时空地域的障碍，打破了传统融资渠道中由于地区经济发展不平衡或者是行业发展不平衡所造成的贷款歧视。

相比个体网络借贷渠道，网络小额贷款模式的放贷资金由于是小额贷款公司自有资金，因而可以自主直接地对平台客户授信审批及发放贷款。网络小额贷款公司在提供融资服务过程中自主性更强，灵活掌握贷款条件，可以为贷款客户提供时效快，贷款额度、贷款期限、还款方式较灵活的高质量小额融资服务。

（四）网络小额贷款的放贷行为具有合法性

网络小额贷款公司是依法成立的小额贷款公司，其业务运行和操作经营受到国家法律的保护，并接受中央和地方监管部门的监督和管理。因此，相比个体网络借贷的融资方式，网络小额贷款的互联网金融融资模式发展起来没有违法违规经营的后顾之忧。同时，由于获批成立的网络小额贷款公司均属于规模较大、资金实力较雄厚的电子商务巨头，因此其抗风险能力也较强。

（五）提高融资效率，降低融资成本

由于小微企业难以提供标准合规的公司信息和财务报表等硬信息，同时也缺少提供抵押、担保等增信能力，因而增加了小微企业从传统金融机构申请贷款的难度。网络小额贷款凭借电商平台上的交易记录、信用状况、违约记录等软信息可以向小微企业提供无抵押、免担保的融资服务，大大降低了小微企业的融资门槛，提高小微企业的融资效率。

传统融资渠道的贷款利率水平虽然不高，但由于僵硬的资金使用及偿还方式，以及在申请过程中所承担的评估、公证、抵押、担保等相关费用，无形中推高了贷款成本。而网络小额贷款的申请过程不涉及过多的环节和费用，大大节省时间与金钱成本。同时，贷款授信后的使用、计息、偿还方式较为灵活多样，小微企业可在贷款额度内循环使用，自主操作性更强。

二、网络小额贷款面临的风险

凭借其在融资业务上的优势，网络小额贷款在小额信贷领域中的市场规模不断扩大，但在提供金融服务的过程中，网络小额贷款也存在着一定的风险。

（一）信用风险

网络小额贷款依靠自身平台上积累的客户信用及行为数据，对贷款客户进行信用评估，其融资模式高度依赖网络信用。虽然网络小额贷款实行了贷后监控，公布信用黑名单，账号关停、设立催收部门等机制来提高贷款客户的违约成本，但在国内缺乏健全有力信用体系的大环境下仍然存在较大信用风险。网络小额贷款主要以小微电商的交易数据与用户评价等网络交易行为作为主要的信用等级判断依据，但在虚拟的互联网世界，各种网络行为均存在虚造的可能。如果只是单纯基于网络交易数据而忽视真实贸易审查，随着放贷规模的进一步扩大，潜在的信用风险也会不断积聚。而在贷款发放后，网络小额贷款虽然对借款小微电商的购销行为较为了解，但无法全面掌握借款人的资金流与资金使用情况，因而信用风险较大。

（二）放贷资金规模受限

小额贷款公司的资金来源只能是股东所缴纳的资本金、不超过两家银行的融通资金以及接受的外部捐赠资金，不得变相吸收公众存款或通过内外部筹集资金。同时，《关于小额贷款公司试点的指导意见》对小贷公司的融资比例进行严格的规定，融入资金比例不能超过小贷公司本身资本净额的50%。以浙江阿里小贷和重庆阿里小贷为例，虽然当地政府给予了融资优惠，将融资比例上升到100%，但两家小贷公司的自有资本共16亿元，加上从银行融入的16亿元资金，最高放贷资金规模为32亿元。虽然网络小额贷款公司可以通过加快资金周转速度来提高资金使用效率，在一定程度上缓解贷款需求的增长，但是随着网络小额贷款公司贷款需求量的持续扩大，如果不考虑增加基础注册资本金的数量，那么平台放贷规模也难以进一步扩大，无法满足快速增长的贷款需求。有些网络小额贷款公司为了扩大放贷规模，通过各种融资渠道融入资金，比如利用资产证券化、发行银行理财产品等方式来扩张自身放贷资金规模。但这些融资措施显然超出了具体负责监管小贷公司的地方政府金融服务办公室的监管能力，并存在一定的法律风险。

（三）违规经营风险

网络小额贷款业务运营以来，由于电商平台经营的特殊性，网络小额贷款可能面临违规经营的风险，主要表现在跨区域经营问题上。根据《关于小额贷款公司试点的指导意见》当中只能在“本省（区、市）的县域范围内开展组建小额贷款公司试点”的规定，小贷公司不能跨区域经营相关金融业务，而网络小额贷款的放贷对象基本上是来自全国各地在平台上经营或电商供应链上的小微客户。通过互联网进行放贷，对借款小微客户的所在地并没有明显的界限，只要是在电商平台上合法经营，符合贷款产品要求的小微企业均可以申请。这样面向全国不同地区进行的互联网放贷业务显然是违背了《关于小额贷款公司试点的指导意见》的相关规章制度，并且对于仅限于在本地区开展小贷业务的普通小贷公司也是不公平的。

（四）监管政策风险

网络小额贷款公司的性质是小额贷款公司，应和其他小贷公司一样接受统一的监督管理。在中央监管部门的统一指导下，由省级政府的主管部门负责具体的监督管理，并出台相应的地方性实施规章。地方网络小额贷款的监管可能存在以下风险：第一，中央与地方监管文件的冲突。比如在融入资金最高比例上，一些地方政府为了自身利益设定的实施办法与中央的相关规定存在冲突；第二，网络小额贷款的实际经营行为与政策文件规定的矛盾，比如网络小额贷款普遍存在着跨区域经营的行为，并不符合相关文件规定；第三，在网络小额贷款融资渠道上，还缺乏较为明确的监管规范；第四，针对网络小额贷款公司与一般性小贷公司存在的监管一致性、公平性问题。

第四节　网络小额贷款的监管情况

同其他小额贷款公司一样，网络小额贷款公司也是在中央监管部门的指导下，由省级主管部门监督管理，通常是由当地金融办具体审批与监管。2008 年，银监会颁布《关于小额贷款公司试点的指导意见》，对小额贷款公司的性质、设立、资金来源、资金运用、监督管理、公司终止等方面提出了相关指导意见。2009 年，银监会又下发了《小额贷款公司改制设立村镇银行暂行规定》，对小额贷款公司未来的发展方向给予肯定。目前全国各省级金融办结合本地区的发展实际，出台了各自的地方规范性文件及暂行规定。以江苏省为例，先后出台了《江苏省小额贷款公司管理办法（试行）》《江苏省农村小额贷款公司监督管理办法》，并对小额贷款公司的应付款保函业务以及资金头寸调剂业务颁布了具体的管理办法与操作规程。针对全国各地内容、优惠政策不一的小额贷款公司管理办法，中央监管部门计划出台全国统一的监管制度。2014 年 5 月，银监会发布《小额贷款公司管理办法（征求意见稿）》，对小额贷款公司的融资比例、经营范围、监管细则等方面进行了修订，制定了统一的管理办法。2015 年 8 月，中国人民银行发布《非存款类放贷组织条例（征求意见稿）》，为小贷公司的发展补齐监管框架。2017 年 11 月 21 日，互联网金融风险专项整治工作领导小组办公室发布了《关于立即暂停批设网络小贷公司的通知》，要求各省立即暂停批设网络小贷公司。

但是小额贷款公司的法律地位并没有一个充分明确的肯定，更没有一套完整的法律框架来界定其法律地位。小额贷款公司虽然经营着和银行相似的金融业务，然而并没有明确的金融机构的地位，只能以企业法人身份在工商局进行注册登记，因此并不受到《商业银行法》等相关法律体系的覆盖。小额贷款公司不能按照银行同业拆借利率从银行那里获取资金支持，同样也不能像银行那样在税前提取风险准备金，更无法纳入人民银行的结算系统，取得人民银行征信系统中的信息。

第五节　网络小额贷款的发展趋势

一、加入央行征信系统，转型民营银行或村镇银行

网络小额贷款公司尚未加入人民银行征信系统，因而获取客户信息的成本高、难度大，既阻碍了其业务发展，又加大了自身乃至整个金融体系的风险。未来在国家支持普惠金融的大背景下，随着网络小额贷款公司业务规模的扩张，管理和风险控制能力不足的缺陷将进一步暴露。加入征信系统有利于网络小额贷款公司以低廉的成本获取客户信用信息，提高贷款决策的科学性。

转为民营银行或村镇银行是网络小额贷款公司重要的转型方向。网络小额贷款公司加入人民银行征信系统，有助于提高运营水平，有助于为未来转型为民营银行或村镇银行提供准入参考数据，有利于从目前的政府监管体系顺利平稳地过渡到银行业监管体系。另外，目前网络小额贷款公司处于多头监管的局面，有些监管很难有效进行。将网络小额贷款公司加入征信系统有利于监管机构掌握其发放贷款的质量，有助于地方政府高效履行监管职责。

二、提高网络小额贷款公司的资本规模

目前网络小额贷款公司不是金融机构，不可以接受公众存款，也不能接受银行的同业拆借利率。未来在支持网络小额贷款公司发展、增强网络小额贷款公司盈利能力的过程中，应适当放宽网络小额贷款公司从银行融资比例的限制，对网络小额贷款公司融资比例实行差异化政策。其次是出台相应的管理办法，给予网络小额贷款公司同业拆借利率、再贷款资格，降低网络小额贷款公司融资成本。并且，通过增资扩股增

加资本金，鼓励引导民间资本进入网络小额信贷领域。此外，可以通过私募、股权投资、资产证券化等方式，利用资本市场筹措资金帮助网络小额贷款公司扩大经营规模，拓宽服务小微企业的深度。

第六节　阿里小贷的案例分析

在我国网络小额贷款行业中占据较大市场份额的阿里小贷是我国第一家完全面向电子商务领域小微融资需求的小额贷款公司，标志着网络小额贷款服务电商小微模式的创新与突破。阿里集团联合复星集团、银泰集团、万向集团分别于2010年与2011年在杭州、重庆成立了浙江阿里小贷公司和重庆阿里小贷公司。随后在2013年，阿里集团又在重庆成立了阿里小微小额贷款公司。2014年10月，服务于小微企业的蚂蚁金融服务集团成立。阿里集团的浙江网商银行于2015年3月已完成系统开发，成为我国又一家为小微企业提供融资支持的互联网银行。截至2014年6月，阿里小贷的资金规模达到150亿元，户均贷款金额3万元，户均贷款周期123天，不良贷款率低于1%。阿里小贷的贷款投放量占我国网络小额贷款总体贷款总量的40%，是我国网络小额贷款市场的主力军。2015年6月，浙江网商银行正式成立以后，阿里小贷业务转向浙江网商银行进行。截至2016年年末，网商银行累计向小微企业发放贷款879亿元，服务小微企业客户数277万户，户均贷款余额约为1.5万元。

一、阿里小贷的运行模式

阿里小贷是依托阿里集团的电商平台和数据平台基础发展起来的新型小微融资模式。阿里小贷依靠阿里巴巴、淘宝、天猫电商平台上的交易数据建立起丰富的电商小微数据库和信用记录，既是阿里金融的核心资源，又是阿里金融为小微企业客户进行信用评估的决策依据。同时，阿里巴巴B2B，淘宝、天猫等B2C、C2C的电商平台以及支付宝平台上的注册用户又为阿里金融提供了丰富的潜在客户资源。阿里小贷的运行模式如图8-1所示。

从图8-1可见，由支付平台、电商平台、物流平台产生的资金流、信息流、物流等内部交易数据，同海关、税务、工商部门得到的外部交易数据汇集到数据平台，由阿里云进行分析处理转变为信用信息提供给金融平台上的阿里金融，作为发放贷款的决策依据。同时，数据平台还承担了实时贷后监控借款企业交易活动与现金流的职责，负责风险预警与防范。

阿里小贷有效利用了电商平台、支付平台、物流平台、数据平台和金融平台的强大价值，创新了小微企业小额贷款的运作模式。①阿里金融通过电商平台、支付平台、物流平台收集客户积累的大量的交易数据与信用数据，利用数据平台

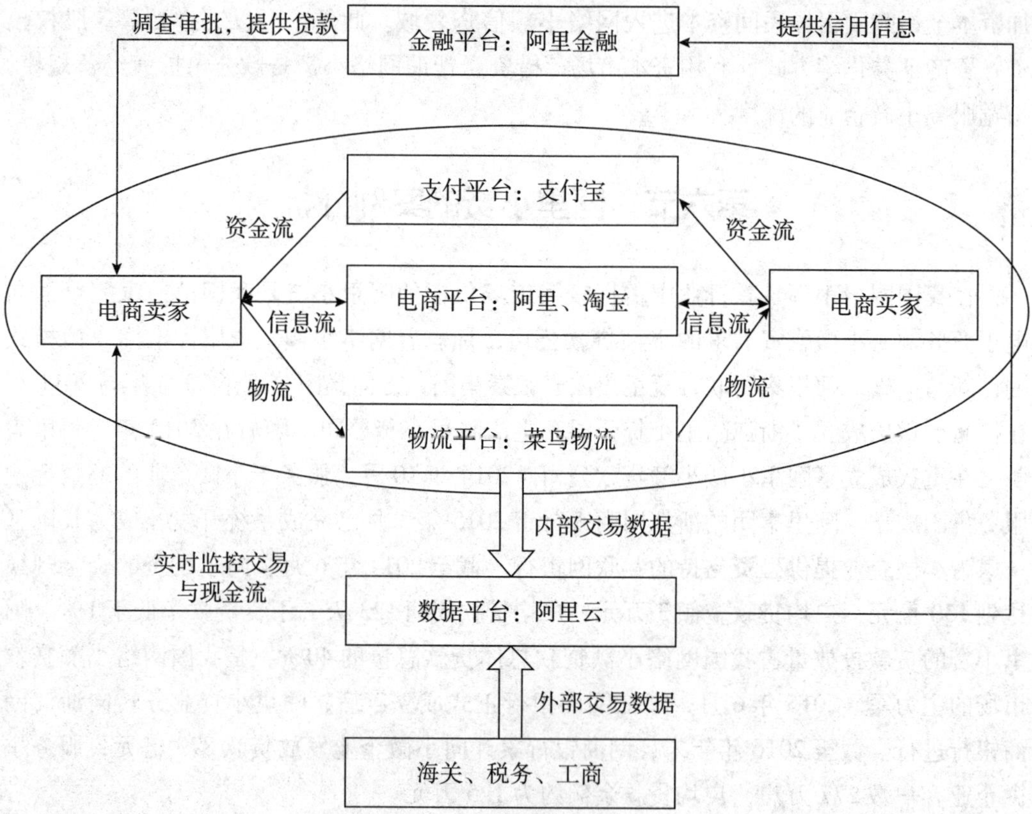

图 8-1　阿里小贷的运行模式

引入内部交易数据以及在线视频资信调查，建立网络信用评价体系，有效缓解了阿里金融与贷款客户借贷双方的信息不对称，解决小微企业信用缺失问题。这种新模式借鉴了关系型借贷理论中的软信息借贷技术，打破了传统金融机构对合规标准财务报表以及合规财务制度的硬性要求，使小微企业的信用不透明问题得以缓解。②由于阿里金融提供无抵押、免担保的信用贷款模式，又一次突破了传统金融机构因信用不完全而采取的提供抵押担保品的被动机制。③根据阿里云的数据挖掘与数据处理技术的运用，使得网络交易信息流、资金流、物流等交易信息的同质化和标准化程度较高，网络小贷产品与服务可以设计成标准化、批量化的产品，从而实现小微企业贷款业务的标准化、批量化的生产，形成“小微企业信贷工厂”的模式，提高放贷效率，节约放贷成本。

二、阿里小贷的代表性贷款产品

阿里金融提供的金融产品主要是面向阿里巴巴、淘宝、天猫上的商品供应商，它又分为阿里巴巴贷款和淘宝贷款，如表 8-3 所示。

表8-3　阿里小贷的代表性贷款产品

<table>
<tr><th rowspan="2">贷款产品</th><th rowspan="2">阿里巴巴信用贷款</th><th colspan="2">淘宝贷款</th></tr>
<tr><th>订单贷款</th><th>信用贷款</th></tr>
<tr><td>贷款额度</td><td>5万~100万元</td><td>订单金额，50万元以下</td><td>30万元以下</td></tr>
<tr><td>贷款期限</td><td>最长12个月</td><td>最长15天</td><td>最长12个月</td></tr>
<tr><td>贷款利率（费用）</td><td>最低日利率0.042%</td><td>0.5%，最低2.5元</td><td>最低日利率0.047%</td></tr>
<tr><td>区域限制</td><td>工商注册地在上海、北京、天津、山东、江苏、浙江、广东省的阿里巴巴诚信通和中国供应商会员</td><td>无</td><td>无</td></tr>
<tr><td>申请条件</td><td>注册满一年，近12个月总销售额不小于100万元，信用记录良好</td><td>经营时间满2个月，诚实守信，店铺信用记录良好</td><td>经营时间满6个月，诚实守信，店铺信用记录良好</td></tr>
<tr><td>申请方式</td><td>凭信用记录申请</td><td>凭“卖家已发货”的订单申请</td><td>凭信用记录申请</td></tr>
<tr><td>还款方式</td><td>按月等额本息还款</td><td>买家确认收货，系统自动还款</td><td>按月等额本息还款</td></tr>
</table>

从表8-3可见，阿里巴巴贷款主要面向在阿里巴巴电商平台注册的会员，对贷款企业有一定的地域限制和要求，并且由阿里金融委托的第三方机构对其进行较为严格的线下审核调查。而面向淘宝、天猫电商卖家的淘宝贷款通常贷款全程在线完成，只要在平台上有一定的经营时间，信用记录良好即可申请，根据申请方式的不同可以分为订单贷款和信用贷款两种。

三、阿里小贷的风控机制

阿里巴巴凭借庞大的电子商务数据库基础，利用自身的数据优势与技术力量，将经营交易数据转化为信用评价体系，最大限度地降低筛选优质企业的成本和风险，构建了贷前、贷中、贷后三个层面完善的风险预警与控制体系，阿里小贷的风控机制如图8-2所示。

（1）贷前阶段。在阿里云数据平台强大的信息技术的支持下，根据系统分析的信用评估指标来判断申请贷款的电商小微企业的真实财务状况和运营能力。内部

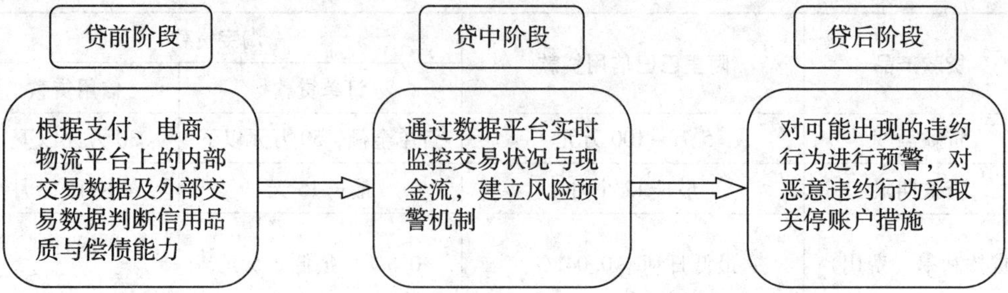

图 8－2　阿里小贷的风控机制

交易数据主要来自电商平台、物流平台、支付平台上的商流、物流和资金流数据，包括电商小微企业在电商平台上的认证注册信息、销售数据、在线交易流水；来自物流平台上的进出货信息、物流快递信息以及来自支付平台上的资金进出情况。对这些数据和信息进行定性和定量分析，从而为电商小微企业进行评级分类。除了内部数据外，阿里金融还与海关、税务等外部单位部门合作，针对小微企业的海关、税务、工商、电力等数据进行收集与认证，掌握小微企业外部交易数据服务于小微企业的信用评级。另外，除了各种交易数据等客观信息外，阿里小贷对于小微客户的评价还结合了电商平台顾客的收藏、反馈、上下游评价、投诉、好评率等主观软信息。同时，阿里金融还引入了心理测试系统对小微企业主的性格特质、人品、风险承受能力等行为进行定量分析。而对于额度较大的阿里巴巴信用贷款，阿里金融会委托第三方机构进行线下实地审核，从而完成电商小微企业的贷前全方位综合评级评价。

（2）贷中阶段。阿里金融将动态实时监控企业贷款使用情况，根据电商小微企业的平台流量、营业额、利润、支付宝交易等变动情况，分析判断评估资金的使用方向是否真正投入生产经营。一旦发生异常，系统会发出风险预警。阿里金融建立多层次微贷风险预警和管理体系可以对每笔贷款进行跟踪、监控和预警。

（3）贷后阶段。对于违约及恶意经营的小微电商，阿里金融会采取网络曝光、关停网络店铺以及关闭支付宝账号，加入网络黑名单等办法，提高客户的违约成本，有效控制贷后风险。若客户逾期还款，则按合同收取罚息，通常是日息的 1.5 倍。但对于非恶意违约，而是由于暂时经营出现困难没有还款能力的客户，阿里金融将与小微电商在经营管理中出现的问题进行分析并提供营销、技术支持以帮助小微电商度过经营困难期，恢复其还款能力。

从阿里金融的整个风控流程可见，与以往传统金融机构的抵押担保贷款形式不同，阿里金融借助网络信息技术将网络信用评价与电子风控体系有机结合起来，以贷前、贷中、贷后三个层面建立起系统性微贷风控技术，可以实时、动态地评估电商小微企业的真实经营状况、贷款使用情况、评估判断小微企业还款能力与还款意愿，不仅降低小微企业融资门槛，同时有效管理信用风险。

四、阿里小贷放贷资金来源的创新

根据《关于小额贷款公司试点的指导意见》的规定，小贷公司最高的融资比例为50%。虽然地方政府给予优惠政策，融资比例达到100%，但是面对越来越多的电商小微企业的融资需求，阿里小贷出现放贷资金瓶颈问题。阿里小贷全面创新融资渠道，积极与银行、证券、保险、基金、信托等传统金融机构合作，扩大资金池规模，充实电商小微企业的资金供给量。①资产证券化。阿里巴巴通过与证券公司合作公开发行证券的方式来筹集资金，发行的证券以阿里金融发放的小额贷款资产形成的债权为基础资产。比如与上海东方证券资产管理公司合作推出的“东证资管——阿里巴巴专项资产管理计划”在上海证券交易所上市，累计发行总规模为50亿元；与中国国际金融有限公司合作推出的“中金——蚂蚁微贷资产支持计划”在深圳证券交易所上市，第一期累计发行规模为10亿元，筹集到的资金用于信贷服务。②银行理财渠道。阿里金融与传统商业银行合作，推出用于投资阿里小贷债权的银行理财产品。目前已和招商银行、中信银行开展合作，如与中信银行合作的一年期理财产品的到期收益率为5.5%。③其他渠道。阿里金融与信托公司合作，利用信托资金向电商小微企业提供贷款。此外，阿里金融还和基金公司、资产管理公司联合推出基于阿里小额信贷资产收益权的各种证券基金。以上创新融资方式为阿里小贷公司增加自身可贷资金规模提供了有效的解决办法，可使更多小微企业受益。

本章小结

本章主要介绍了网络小额贷款的基本概念，分析了网络小额贷款在我国的发展情况、运营模式及监管情况，重点阐述了网络小额贷款的优势，梳理了网络小额贷款发展过程中面临的风险，总结了网络小额贷款未来的发展趋势，并就阿里小贷的运营模式进行了详细分析。

思考题

1. 分析网络小额贷款在我国产生的背景。
2. 阐述大数据在网络小额贷款信用风险管理中的作用。
3. 简述网络小额贷款与个体网络借贷之间的区别。

小组实训研讨题

1. 访问京东金融，简要介绍其提供的网络小额贷款产品及运营模式。

2. 对比阿里小贷和京东金融在提供网络小额贷款产品时的风险管理措施。

课外阅读

网络小贷监管趋严

网络小额贷款的重点在于通过网络平台获取借款客户，在线上完成贷款申请、审核、发放和回收等整个贷款流程。相比传统小额贷款公司，网络小额贷款打破了地域限制，可通过互联网在全国范围开展业务。

准入门槛

随着监管趋严，网络小贷的准入门槛也不断抬高。最新出台政策的云南、湖南、河南三省都规定了网络小额贷款公司的注册资本不得低于3亿元，且为实缴货币资本，一次性足额缴纳到位。江西省也在2017年1月3日发布的关于调整补充《江西省网络小额贷款公司监管指引（试行）》有关规定的通知中将网络小额贷款公司注册资本下限由2亿元提高至5亿元。

值得注意的是，包括广州、上海和河南都要求主发起人为境内稳健经营、排名靠前的互联网企业。其他省市的文件中也规定发起人或合作方具有中国境内的合法正常运营的网络平台。而江西省还特别在通知中指出要严控互联网金融企业发起设立或参股网络小额贷款公司。

除此之外，各省市的监管文件对主发起人的财务状况也有一定的要求。例如河南省就要求主发起人最近3个会计年度连续盈利，累计净利润总额不低于其出资额的2倍。

经营要求

在资金来源方面，根据2008年5月4日银监会和中国人民银行联合下发的《关于小额贷款公司试点的指导意见》，小额贷款公司（以下简称“小贷公司”）的主要资金来源为股东缴纳的资本金、捐赠资金，以及来自不超过两个银行业金融机构的融入资金，其中从银行业金融机构获得融入资金的余额不得超过资本净额的50%。

而各地金融办发布的监管文件中也对网络小贷的资金来源进行了限制，除了自有资金、股东捐赠资金及银行融资外，江苏和重庆发布的文件中指出网络小贷公司还可通过小额贷款公司之间资金调剂拆借的方式融资，而根据《江西省网络小额贷款公司监管指引（试行）》，江西省网络小贷公司还可通过转让信贷资产和资产证券化融入资金。

在贷款余额方面，各地对网络小贷公司的监管也坚持“小额、分散”原则。其中，上海和云南的规定最为严苛，要求其互联网小额贷款业务的借款人为自然人，原则上上限不超过人民币20万元，基本堵死了P2P平台大额标通过互联网小贷融资的道路。

除此之外，各地相关监管文件对公司的风险控制也有一定的要求。江西省规定网络小贷公司不良贷款率要低于5%；河南省则规定网络小贷公司应建立风险释缓制度，在贷款风险分类基础上，及时足额计提各项风险准备金。

禁止条例

各省市的监管也同时为网络小贷公司设定了各种条条框框，其中河南省就列出了11项禁止行为。各省市的监管文件都严禁网络小贷公司在省外办理线下小额贷款业务，以及通过网络平台非法集资和吸收公众存款为本公司融入资金。同时对公司信息披露及客户信息保护也有一定的要求。其中广州还严禁贷款发放利率超过国家标准及暴力催收。

而云南、重庆、上海、河南以及湖南出台的相关文件都提到了不得通过网络平台销售、转让本公司的信贷资产和贷款债权。河南省特别提到了“禁止利用网络平台为网络借贷信息中介机构推荐借款客户、合作开展贷款业务或相互开展资产（或债权）转让业务”，从根本上隔绝了与P2P网贷平台的业务交集。

结语

网络小贷具有打破地域限制的优势，无最高持股比例限制，可向银行、小额再贷款公司等机构融资。网络小贷的种种优势让有心布局消费金融的公司纷纷哄抢，一时间成了“香饽饽”。但网络小贷业务的开展对发起人的资金、互联网技术和风控水平均有较高的要求，也不是任何人都能“玩得转”。与此同时，各地监管文件密集发布，银监会也释放了监管趋严的信号，想必之后网络小贷更是一照难求。①

---

① 本文引自金评媒：《各地监管政策全梳理》，2017年5月30日，http：//www.jpm.cn/article－32206－1.html。

第九章　网络众筹

教学目标与要求

√掌握网络众筹的基本概念及分类

√熟悉网络众筹的发展历程与发展现状

√掌握股权众筹的基本概念及运作特点

√了解网络众筹的优势、风险及发展趋势

案例导读

众筹的雏形可追溯到18世纪的欧洲，当时很多艺术家在缺乏资金的情况下，采取"订购"（Subscription）的方式完成作品。艺术家先找订购者提供资金，当作品完成时，订购者会获得一本写有他们名字的书，或是协奏曲的乐谱副本，或是成为音乐会的首批听众。

1713年，英国诗人亚历山大·蒲柏花费近5年的时间完成了注释版的《伊利亚特》，该译本被第一部现代英语词典的编纂者塞缪尔·约翰逊博士称为"世界前所未见的高贵的诗译作"。启动翻译计划之前，蒲柏承诺在完成翻译后向每位订阅者提供一本六卷四开本的早期英文版的《伊利亚特》，这一创造性的承诺带来了575位订阅者的支持，帮助他总共筹集了超过4000几尼（旧时英国的黄金货币），这些支持者的名字也被列在了早期翻译版的《伊利亚特》上。

1783年，莫扎特希望在维也纳音乐大厅表演最近谱写的3部钢琴协奏曲，当时他邀请了一些潜在的支持者，愿意向这些支持者提供手稿，但是他第一次寻求赞助的工作并没有成功。一年以后，当他再次发起"众筹"时，176名支持者让他这个愿望得以实现，作为回报，这些支持者的名字被记录在协奏曲的手稿上。

1885年，美国诞生了一个最具影响力的"众筹"项目。美国的象征——自由女神像，是法国在1876年赠送给美国独立100周年的礼物。当时为了将这座高46米、重达200多吨的铜像顺利放置到纽约港口，需要建造一个基座。一名来自《纽约世界报》

的出版商约瑟夫·普利策，为此发起了一个众筹项目，项目筹资计划被登载在报纸上：只要为该项目捐助1美元，捐赠者就会得到一个6英寸的自由女神雕像；为该项目捐助5美元的捐赠者可以得到一个12英寸的雕像。项目反响热烈，得到了全世界各地共计超过12万人次的支持，筹集的总金额超过10万美元，自由女神像顺利竣工。

上述案例说明了众筹是西方的一项悠久传统，也同样展示了传统众筹的一些典型特点：主要集中于文学、艺术等创意类领域；项目发起人具有较高的声誉或拥有较强的信息传播途径；投资兼具商业与慈善目的，既有预付费性质，又常常带有资助和赞助性质。

互联网为众筹的发展提供了新的平台。2001年，网络众筹诞生，美国的ArtistShare众筹网站成立。2009年，美国众筹网站Kickstarter成立，它是当今影响力最大的众筹网站。2017年7月，依托于中英两国智库推出的全球众筹指数（Crowdfunding and Marketplace Finance Index，CAMFI）在伦敦与杭州同步首发。

第一节 网络众筹概述

一、网络众筹的定义

网络众筹，即我们现在意义上所说的众筹（Crowd Funding），这一概念源自众包（Crowdsourcing），众筹是众包的一种应用。杰夫·豪2006年在《连线》杂志首次对众包进行了定义，“众包是一个公司或机构把过去由员工完成的工作任务，以公开征集的形式外包给非特定的（而且通常是大型的）大众网络的做法。众包任务可以由多人同时来完成，也可以由个体单独完成。关键是公开征集的形式和大量网络潜在任务参与者的存在”。总的来说，众包是基于互联网的技术集合众多个体的各种资源完成某一任务的新的现代商业组织形式，参与合作的资源可以包括资金、知识、专业技能等各种类型。如果集合的资源仅指资金，那么这就是我们通常所说的众筹。

而众筹（Crowd Funding）一词，最早是由迈克尔·沙利文（Michael Sullivan）于2006年提出的，他在博客中持续报道和解释了他建设的融资平台Fundavlog的核心思想，该平台可供项目发起人播放视频来筹集资金。随后，Schwienbacher和Larralde于2010年给出了众筹的定义：众筹是一个开放的系统，众筹投资者大多通过网络，为特定目标去支持创意，以捐赠或以获得某种回报的方式为他人提供资金支持。

Ordanini在2009年的一个会议中提出了众筹的概念，最后成文在2011年的Journal of Service Management。所以本节重新选用Schwienbacher和Larralde于2010年提出的概念。

一般而言，网络众筹是指项目发起者通过利用互联网和SNS（Social Networking Services，社会性网络服务）传播的特性，发动众人的力量，集中大家的资金、能力和渠道，为小企业、艺术家或个人进行某项活动、某个项目或创办企业提供必要的资金援助的一种融资方式。由于其较低的准入门槛和行业广泛的包容性，网络众筹一经兴起就成为一种低成本、方便快捷的创业融资和投资方式，为新型创业公司的融资开辟了一条新的路径。网络众筹着力于服务实体经济，促进创新创业，体现了“大众创业，万众创新”的精神。

二、网络众筹的运作原理

（一）网络众筹的运行模式

网络众筹的参与一般由融资者、投资者与众筹平台三方构成，我国网络众筹平台的运行模式如图 9 - 1 所示。

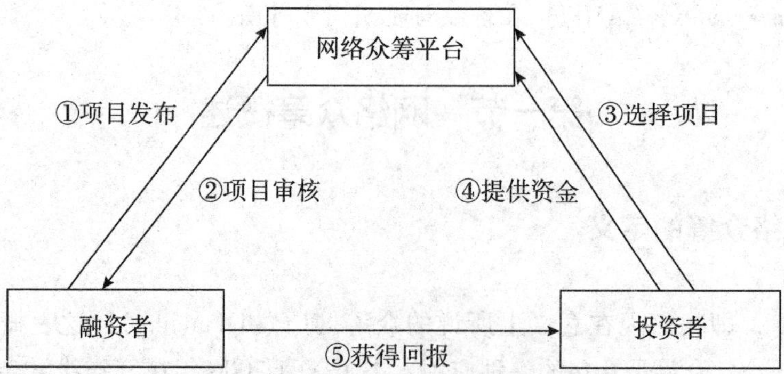

图 9 - 1　我国网络众筹平台的运行模式

融资者又称发起人，通常是具有创新创意项目但缺少资金的个人或企业，但也存在个别企业为了加强与市场用户的互动和体验，在实现筹资目标的同时，强化众筹模式的市场调研、产品预售和宣传推广等延伸功能。项目发起人在众筹平台上展示创新项目、设定筹资金额、期限、模式和预期回报方式。众筹项目的发起不仅能降低项目筹资成本，带来更多的监督和风险管理，而且可以吸引用户的广泛关注达到获取客户资源的目的。

投资者又称支持者，是众筹活动完成的关键。投资者首先浏览平台上的融资项目，并选择感兴趣的项目，确定支持金额，对该项目进行资金支持，并获得预期回报。同时，为了确保项目经营的顺利实施，支持者可以定期或者不定期地与该项目的发起人进行沟通并发挥监督作用。

众筹平台是众筹模式中的中介信息桥梁，将创新项目与社会资本进行对接。众筹平台对筹资项目进行审核、筛选、展示，并提供相应服务。众筹平台一般都对众筹项目设立了准入规则，对项目进行资格审核，审核的内容包括项目信息的真实性、创新性、现实性和商业性，并根据成长性、市场前景筛选融资项目，只有通过审核的项目才能正式上线。并且，在进行公开筹资过程中如果在筹资期限内未达到预定筹资金额，则宣告项目众筹失败，同时向投资者退回已投的款项。国内众筹平台的上线率并不高，据点名时间的统计，其平台上线率为 10%。此外，一些平台还提供筹资成功后的后期服务，包括法律、财务、审计、营销、公司注册、股权转让等。

（二）网络众筹平台的盈利模式

全球来看，众筹平台的盈利模式还没有一个清晰的规划，还处于摸索阶段。从国外成功实现盈利的几家众筹平台分析来看，盈利收入主要来自交易手续费、增值服务费和营销推广费。

交易手续费通常只针对融资者单向收取，而且是在筹资成功之后，这是目前众筹平台的主要盈利来源。交易手续费一般按照筹资金额的特定比例来收取，通常是融资总额的5%左右。2012年2月Kickstarter公布的数据显示，当月通过Kickstarter平台筹集的资金为1158万美元，相应地，其手续费收入接近60万美元。目前国内大多数的商品众筹平台都采用了免交易手续费的方式，比如点名时间在成立之初收取10%的交易手续费，但在2013年7月以后就取消了收费规定。

增值服务费主要来自众筹平台提供的增值服务。为了吸引投融资双方、活跃交易市场，大多数众筹平台对基本服务实行免费，而对增值服务比如财务咨询、信息服务、法律服务收取一定的费用。众筹发起人可以把融资的所有事项都外包给众筹平台处理，而众筹平台因此收取相应的费用。

营销推广费也是部分众筹平台的收入来源，包括合作营销、广告推广等费用，目前只有少部分众筹平台在采用。

三、网络众筹的分类

根据众筹项目的融资形式、对项目支持者的回报方式、项目支持者的支持形式、项目支持者的支持动机等因素，网络众筹一般可以分为四种类型：捐赠式众筹、奖励式众筹、债权式众筹和股权式众筹。

（一）捐赠式众筹

捐赠式众筹对投资者的资金投入不给予任何形式的回报。投资者一般出于公益或其他善意的动机，对众筹项目进行无偿捐赠，不求任何回报。因此，捐赠式众筹带有明显的捐赠和公益性质。在捐赠式众筹模式下，作为投资者的大众与其说是在进行着一项投资行为，不如说是在进行着一项带有赠予性质的公益行为。在国外，发展较成熟的捐赠式众筹平台有美国的GoFundMe、英国的Prizeo。

（二）奖励式众筹

奖励式众筹以具体的实物或服务作为回报，又称商品众筹或权益众筹。融资者从投资者处获得资金，项目成功后以实物或服务等非金融形式支付给投资者回报。奖励式众筹的目的是支持单个特定商品与服务的生产与销售，是采取预售机制的商品销售，其实质属于生产消费领域，但又不同于团购。奖励式众筹与团购的区别如表 9－1 所示。

表 9－1　奖励式众筹与团购的区别

不同点	奖励式众筹	团购
投资者参与目的	支持者是为了参与到新产品的设计当中，可以对新产品的性能或者服务提出自己的意见	消费者参与是为了以更便宜的价格购买成品
产品性质	首发的全新产品	成熟的批量化产品
销售方式	预售行为，需要先付货款	促销行为，可以货到付款
发起目的	有针对性地满足潜在顾客的特殊需求，将特殊需求的长尾集中起来，达到可经营规模	利用规模效应，降低采购成本

融资者通过众筹可以获得潜在消费者对于该产品的市场反馈，可以替代传统的市场需求调研，在很大程度上规避了盲目生产所带来的风险和资源的浪费。这样的众筹不仅有利于融资者获得生产新产品的资金支持，也有利于实现对新产品的有效市场推广，实现了筹资和营销的完美结合。美国的众筹平台 Kickstarter 就是一个运作非常成熟的奖励式众筹的典范，此外美国的 Appsplit、Lucky Ant，新加坡的 ToGather，香港的 ZAOZAO 都是著名的奖励式众筹平台。

奖励式众筹的价值可以概括为以下几点：众筹处于产业链的最前端，可以最快速地发现和发掘有潜力的产品项目；通过用户的支持，可以验证项目是否符合市场需求，从而大大降低项目失败的风险；提供天然的平台，帮助发起人获得第一批忠实粉丝；众筹后的数据结果将为项目获得进一步融资提供最强有力的说明；众筹平台也会根据项目筹资表现的数据，提供借贷、孵化或投资等金融服务。因此，奖励式众筹的核心诉求并不是直接的融资，而是“筹人、筹智、筹资”的过程。

相比于其他形式的众筹，奖励式众筹的覆盖范围更加广泛，包括商业和企业、音乐、电影、表演艺术、社会事件、时尚等。同时，奖励式众筹也可以作为其他模式众筹的有益补充，例如，债权式众筹和股权式众筹中都可以加入奖励式众筹的元素，作为其补充手段，吸引投资者，从而促进项目的成功。

（三）债权式众筹

债权式众筹以偿还本金和利息的方式对投资者给予回报。债权式众筹是互联网融资的一种重要模式，即个体网络借贷模式（P2P），该模式是伴随着互联网的发展与民间借贷的兴起而出现的一种金融脱媒现象，有些地区如英国、欧盟等将网络借贷划归为网络众筹范围之内。与银行贷款不同，债权式众筹主要是指企业或个人通过众筹平台向若干投资者借款。债权式众筹的特征是门槛较低，面对的是社交平台所有用户，其借贷关系清晰、投资回报明确，融资效率较高。国外比较著名的债权式众筹平台有英国的 Zopa，美国的 Prosper 和 Lending Club 等。

（四）股权式众筹

股权式众筹的回报方式是给予投资者一定比例的公司股权，以项目的未来实际盈利或股权变现作为对投资者的回报。股权式众筹的性质是天使投资，是通过互联网形式进行的公开小额股权融资活动，扶持创新小微企业与初创小微企业的整体发展，投资者更看重收益，其实质属于金融投资领域。

股权式众筹在国外多用于解决中小微初创期企业的融资难问题，尤其是一些高科技的创业项目，如软件、电子游戏、计算机等领域，这对于初创企业的成长具有非常重要的意义。初创企业在早期很难通过传统融资渠道获取所需资金，即使有天使投资，也往往存在投资人数量和投资金额较小等方面的不足。但股权式众筹可以有效解决这些问题，只要你拥有良好创意就可以吸引到足够的关注；而且，通过股权众筹平台筹集到的资金量更容易满足企业的资金需求。股权式众筹的显著特征是项目的高风险和高回报性，为了防控风险并加强对投资者的保护，一般会对投资者的进入门槛有一定的要求。国外比较著名的股权式众筹平台有英国的 Crowdcube，美国的 Fundable 等。

（五）四种网络众筹模式的比较

以上四种网络众筹模式在回报方式、模式实质、适用法律等方面均有不同，四种网络众筹模式的比较如表 9 –2 所示。

表 9 –2　　四种网络众筹模式的比较

	捐赠式众筹	奖励式众筹	债权式众筹	股权式众筹
回报方式	成就、荣誉感等心理回报	实物、服务、荣誉等	还本付息	公司股权、股份，合伙份额
模式实质	公益	团购、预付费	债务型集资	股权合资、合伙投资
适用法律	《公益事业捐赠法》	《消费者权益保护法》《合同法》《产品质量法》《网络交易管理办法》	《网络借贷信息中介机构业务活动管理暂行办法》《网络借贷信息中介备案登记管理指引》《网络借贷资金存管业务指引》《网络借贷信息中介机构业务活动信息披露指引》	《公司法》《证券法》《私募股权众筹融资管理办法（试行）（征求意见稿）》《股权众筹风险专项整治工作实施方案》
国内主要平台	腾讯乐捐、轻松筹、水滴筹	京东众筹、淘宝众筹、点筹网	拍拍贷、人人贷	京东东家、众投邦、人人投

四、网络众筹的特点

众筹模式是一种新兴的有别于传统金融的融资方式。它借助互联网的开放、公开、灵活、便捷等特点，依托信息平台和社交网络，帮助项目发起人迅速把握市场脉搏，赢得目标客户群，筹集到项目启动资金，满足了创意经济、小微经济融资的需要。

（一）开放性

相比传统融资方式，众筹融资具有开放性、草根性、平民性。无论什么身份、地位、职业、年龄、性别，只要有想法、有创造能力都可以作为项目发起人发起项目。无论是否有投资经验，出资金额多少，只要对创意感兴趣，都可以作为项目投资者为项目投资。众筹模式为普通民众提供了直接参与金融市场的渠道，缓解了资本市场资金紧缺而民间资本投资无门的双重问题。

（二）效率高

众筹融资相对于传统渠道来说，手续简便。细节完善、可操作性强的项目，一经众筹网站发布，就很容易获得投资者的关注并融资成功，融资效率大大高于传统渠道。

（三）风险低

传统融资模式下，投资者数量少，单笔投资金额高，风险也相对集中。众筹模式的核心思想体现在“大众”，通过互联网平台的无界性，可以在短时间内聚集数量庞大的参与者，而每位投资人的投资额度可以很低，有利于通过分散化的方式降低融资风险。对于项目发起人而言，众筹融资方式也在很大程度上降低了其创业成本与风险。

（四）社交化

众筹融资其实是发动网络上的“陌生人”参与项目的投资，正是借助互联网的社交属性，让互不相识的投融资双方在众筹平台上进行交流互动，了解项目的创新性和可行性，从而促进融资的成功。众筹平台的网络社交影响力决定了众筹项目的成功率。

（五）多样性

众筹项目的行业方向具有多样性特点，在大多数的众筹网站上，项目类别包括设计、科技、音乐、影视、食品、漫画、出版、游戏、摄影等。

第二节　境内外网络众筹的发展概况

一、境外网络众筹的兴起与发展

网络众筹的发展经历了从服务于单一行业到满足多层次、多种类融资需求的过程，其中，监管政策的制定与实施对众筹发展的形态和轨迹起到了很大的引导作用。从众筹行业发展最具代表性的美国来看，众筹的发展大致可分为两个阶段。

第一阶段（2001—2011 年），以奖励式众筹为主的发展阶段。在这一阶段，网络众筹逐渐产生与发展，以奖励式众筹模式为主，业务模式和规模逐步增长。

第二阶段（2012 年至今），以股权式众筹为主的发展阶段。2012 年，美国颁布了《创业企业融资法案》（以下简称《JOBS 法案》），确立了股权众筹平台的合法地位，推动了众筹行业在美国的快速发展，股权众筹成为众筹的一种主流模式。

（一）奖励式众筹的发展

被称为“众筹融资先锋”的 Artist Share 平台被认为是世界上最早专注于众筹的网站，与西方众筹的历史渊源相吻合，这家 2001 年在美国开始运营的众筹平台主要面向音乐界的艺术家及其粉丝。Artist Share 公司的 CEO 创建这家公司时的想法是希望号召粉丝们资助音乐唱片生产与发行，并获得只在互联网平台上发布的音乐专辑。音乐家们则可以在网上得到更加优厚的合同条款，他们可以在 Artist Share 网站上通过向粉丝筹集资金，让自己的音乐作品得以顺利发行。Artist Share 网站获得了极大的成功，其网站上资助的音乐项目获得了 6 座格莱美奖杯和 21 项格莱美提名。

2008 年全球金融危机之后，欧美各国经济普遍陷入低迷，企业融资困难加剧。各国纷纷出台各种政策帮助中小企业发展，而网络众筹以快速、低廉的特征成为一种新型融资渠道，活跃了经济，促进了就业。众筹项目也不仅仅只限于艺术作品，而是被运用到了教育、科技、商业等更加广阔的领域。大量支持创新项目的众筹平台应运而生，如 Sellaband（2006 年），S1iceThePie（2007 年），IndieGoGo（2008 年），Spot. Us（2008 年），Pledge Music（2009 年）和 Kickstarter（2009 年）。其中，Kickstarter 与 IndieGoGo 成为全球交易规模最大知名度最高的众筹网站。

背景资料

Kickstarter

2009 年 4 月，Kickstarter 在美国纽约正式上线，是目前全球最大的综合性众筹网站，也是最具影响力的一家众筹网站，致力于支持和激励具有创新性、创造性、创意性的活动。

Kickstarter 网站的创意来自一位华裔创始人 Perry Chen。2002 年，他因为资金问题被迫取消了一场筹划中的在新奥尔良爵士音乐节上举办的音乐会，这让他非常失落，进而他开始酝酿建立一个募集资金的网站。Perry 回忆说："一直以来，钱就是创意事业面前的一个壁垒。我们脑海里常会忽然浮现出一些不错的创意，要想看到它们有机会实现，除非你有个富爸爸，否则不太有机会真的做到这一点。"

Kickstarter 通过向公众筹集小额资金为创意类项目及小企业筹集资金，开启了大众化融资方式。Kickstarter 是典型的奖励式众筹平台，其回报通常是一个产品或会员卡、入场券。目前支持的领域包括影视、音乐、艺术、游戏、软件等 15 个大类，所有项目需要经过事先审核。如果筹资成功，Kickstarter 将收取 5% 的服务费，另外还收取 3% ~5% 的费用用于为 Kickstarter 提供支付服务的 Amazon 平台的服务费用；如果筹资不成功，则收取 8% ~10% 的服务费。此外，Kickstarter 逐渐将业务拓展到了英国、加拿大、澳大利亚、新西兰等国。截至 2015 年年末，Kickstarter 一共为 9.6 万个项目融资 20 亿美元，平均每个项目筹资额为 2 万美元，筹资时间多集中于 16 ~30 天。科技类、游戏类、设计类项目所获得的筹资额最高。

IndieGoGo

2008 年 1 月，IndieGoGo 在美国旧金山上线运营，起初主要针对电影类垂直项目，后来逐步发展为综合性众筹平台。2011 年 9 月，IndieGoGo 获得了 150 万美元种子资金，2012 年 6 月完成了 1500 万美元 A 轮融资。

IndieGoGo 是一个完全开放式的平台，来自世界各地的人们都可以在这里展示自己的奇思妙想或对项目进行支持。项目发起人无须申请，注册后即可开始筹资活动，还可以利用平台提供的免费工具和 24 小时客服获取更加便捷的服务。目前，IndieGoGo 上的项目包括电影、科技、艺术、戏剧、舞蹈、设计等 24 个类别。项目筹资较为灵活，可由项目发起人自行选择采用固定模式还是灵活模式。采用固定模式的，在项目成功后平台收取筹资金额的 4% 作为服务费；如果采取灵活模式，按照筹资金额的 9% 收取服务费。此外，第三方收取的费用比例是 3%，国际融资每次还要收取 25 美元的费用。截至 2013 年 9 月，IndieGoGo 共完成来自 191 个国家和地区的 44049 个项目，涉及美元、欧元、英镑和加元四种类型的货币，共为发起人筹到 1.9 亿美元左右的有效资金。

（二）股权众筹的兴起

2011 年 1 月，Crowdcube 在英国埃克赛特大学成立，成为世界上首个以权益为基础的股权众筹平台。2012 年 4 月，美国《JOBS 法案》的颁布，为众筹融资网站提供了新的发展空间，也为金融创新提供了法律依据，2012 年 8 月，Fundable 上线，成为美国第一家以股权筹资模式帮助创业者进行股权融资的网络平台。由于有了投资者保护的种种措施，让股权成为众筹的可行回报方式，也能够有效地控制项目发起者的道德风险和逆向选择，为未来更大的融资规模提供法规基础。

依托宽松的市场环境，美国成为网络众筹模式发展最为活跃的国家，众筹网站与众筹规模也遥遥领先。英国、加拿大、澳大利亚等国的众筹网站发展情况也比较活跃，仅次于美国。众筹融资模式在亚洲、拉丁美洲等国家也渐渐被关注并被引进，如新加坡的 ToGather，香港的 ZAOZAO，阿根廷的 Idea. me 等走在各国前列，但整个亚洲融资规模占世界市场份额还较小。总体而言，全球众筹模式发展迅速，融资规模逐年增长，逐渐成为一种行之有效的融资方式。

背景资料

Crowdcube

2011 年 1 月，全球首个股权众筹平台——Crowdcube 在英国成立，为初创、早期阶段的企业和项目提供了重要的融资机会。Crowdcube 聘请了著名律师事务所 Ashford LLP 来处理筹资成功后的合同和股权手续，包括股权证明、转让协议、投资协议书等证明股东身份与未来收益的文件。Crowdcube 的筹资流程为：发起人在网站上建立一个页面，对公司概况、行业背景、市场需求、商业模式、自身优势、退出渠道、风险提示等相关情况予以说明，提供必要的文件供浏览者下载；同时发起人设置出让股份、目标金额、筹款期限和相应的回报，当投资总额达到目标金额时，Ashford LLP 将会同发起人完善公司章程等法律文件，签署股权证明，最后所筹资金才会转到融资公司的银行账户。Crowdcube 从每个项目发起人处收取 500 英镑的平台服务费并从投资人处收取 5% 的代理费，同时要求项目发起人支付 Ashford LLP 1250 英镑的律师费，以及 0. 5% 的第三方支付费。

截至 2014 年 7 月，Crowdcube 成功为 131 个项目筹集到 3000 万英镑，平均每个项目筹资额度为 23 万英镑。成功融资企业中处于早期发展阶段的企业占 43%，初创期占 26%，成长期占 21%。在成功筹资的企业类型上，经营食品饮料与互联网商务的企业最多。出让股份份额上，以出让 10% ~19% 股份的企业最多，占 38%；可见，为了日后公司的管理与运作，发起人并不会将公司主要控制权让给其他投资者。

二、我国网络众筹的发展概况

网络众筹的浪潮也席卷了我国，由于其较低的准入门槛和广泛的融资渠道，众筹模式在国内也引起了强烈的关注。但基于不同的金融环境、法律体系和文化习惯，与世界上其他国家的发展情况相比，众筹在我国的发展情况又有所不同。

（一）我国网络众筹的发展历程

2011 年 7 月，我国第一家网络众筹平台“点名时间”成立，标志着我国网络众筹行业的起步。通过该平台，包括《十万个冷笑话》《大鱼·海棠》等原创动漫项目先后顺利完成，引发了社会公众的广泛关注。2011 年 11 月，国内首家股权式众筹网站“天使汇”正式上线。随后，我国众筹网站犹如雨后春笋般出现并取得快速发展。2011 年 9 月，专注于年轻人群体的“追梦网”在上海上线运营。2012 年 3 月，专注于影视作品项目的众筹网站“淘梦网”顺利上线，这也是我国较早的垂直类众筹网站。2013 年 12 月，淘宝网旗下的众筹平台“淘宝众筹”正式成立，这标志着互联网巨头开始布局众筹业态；随后京东于 2014 年 7 月，苏宁于 2015 年 4 月也纷纷进入网络众筹行业。我国网络众筹行业的发展历程如图 9－2 所示。随着阿里、京东、苏宁、浦发银行等重量级企业进入众筹行业，提升了众筹平台的整体质量，众筹项目和融资金额快速增长。2015 年被称为中国“众筹元年”，众筹行业高速发展，形成了不同的发展模式，行业也逐步进入正规发展期。但进入 2017 年后，部分互联网巨头的众筹业务开始收缩，百度众筹、苏宁私募股权等网站悄然下线；以私募股权融资为核心业务而诞生的京东东家也开始调整业务方向，转做以私募基金为主的东家财富。据盈灿咨询的统计数据显示，截至 2017 年年末，我国正常运营的众筹平台为 209 家，2017 年新增众筹项目 54487 个，成功筹资总额突破 220 亿元。

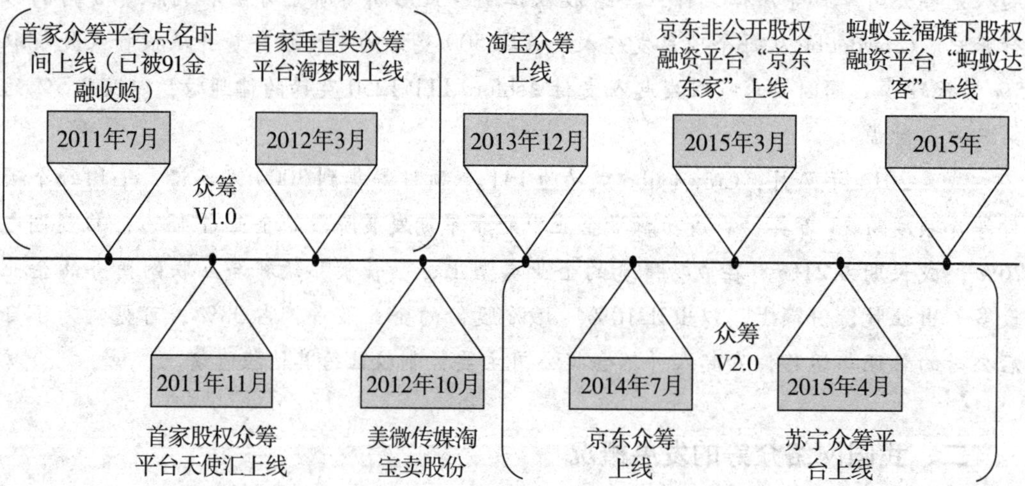

图 9－2　我国网络众筹行业的发展历程（2011—2015 年）

（二）我国网络众筹的政策概述

1. 中央政策出台，加强众筹监管与风险防范

国务院总理李克强2014年11月19日在国务院常务会议上首次提出，“开展股权众筹融资试点，旨在建立资本市场小额再融资快速机制”[①]，给予了股权众筹明确定位。2014年12月，中国证券业协会发布《私募股权众筹融资管理办法（试行）（征求意见稿）》，为改善小微企业资本融资，鼓励支持小微企业创新创业发展提供了法律保护。2015年，李克强总理在两会报告中提出“大众创业，万众创新”[②]；同年3月，国务院在《关于发展众创空间推动大众创新创业的指导意见》中提到“开展互联网股权众筹融资试点，增强众筹对大众创新创业的服务能力”，这为“众筹元年”的开启做出了最强有力的注脚。

2015年7月，人民银行等十部门发布《关于促进互联网金融健康发展的指导意见》，对股权众筹融资进行了定义，明确了股权众筹融资业务由证监会负责监管。2016年8月，《网络借贷信息中介机构业务活动管理暂行办法》明确了网络借贷信息中介机构不得从事或者接受委托从事开展类资产证券化业务、不得从事股权众筹等业务。2016年10月，证监会印发《股权众筹风险专项整治工作实施方案》，通过整治股权众筹行业乱象来理清未来发展思路，进一步促进众筹行业的健康可持续发展。2017年，李克强总理在政府工作报告中提出，“增强服务实体经济能力，坚决防止脱实向虚”，对“互联网金融等累积风险要高度警惕”。[③] 2017年10月，中国互联网金融协会互联网股权融资专业委员会成立，标志着股权众筹进入规范发展新阶段。

2. 地方政策跟进，推动众筹行业健康发展

为了实施创新驱动战略，培育发展新兴产业，推进大众创业万众创新，拓宽融资渠道，助推区域经济转型升级，各地政府也积极发展网络众筹融资业务，出台了若干政策举措。比如，2015年7月，广东省出台了《广东省互联网股权众筹试点工作方案》，直接针对股权众筹的发展提出了具体的要求，包括众筹平台数量、融资规模、成功项目数量等。2015年8月，山东省出台了《关于开展互联网私募股权融资试点的意见》，对融资平台的设立条件与业务规范、融资者的行为与责任、投资者适当性制度、政策支持、保障措施等多方面提出了相关指导意见。2015年10月，北京市政府制定并发布《北京市关于大力推进大众创业万众创新的实施意见》，提出“积极开展股权众筹

---

① 《李克强主持召开国务院常务会议决定进一步采取有力措施缓解企业融资成本高问题》，中央政府门户网站，2014年11月19日，http://www.gov.cn/zhuanti/2014-11/19/content_2796270.htm。

② 《2015年政府工作报告（全文）》，中央政府门户网站，2015年3月16日，http://www.gov.cn/guowuyuan/2015-03/16/content_2835101.htm。

③ 《政府工作报告（全文）》，中央政府门户网站，2017年3月16日，http://www.gov.cn/premier/2017-03/16/content_5177940.htm。

融资试点，打造中关村股权众筹中心”。随后，上海、深圳、广州、天津等地也纷纷出台相关政策，旨在推动网络众筹行业的有序健康发展。

2015 年 1 月，国内首家众筹行业组织“深圳市众筹同业公会”成立，同时发布了众筹行业自律公约，进行自我约束与自我监督。2016 年 6 月，国内股权众筹领域的行业自律组织“中关村众筹联盟”正式成立，在遵循国家相关法律法规、行业监管的前提下，敦促和推进股权众筹行业的健康化、规范化发展。

（三）我国网络众筹行业的发展现状

1. 平台数量和筹资规模

据盈灿咨询的数据显示，截至 2017 年年末，全国正常运营众筹平台共有 209 家，与 2016 年底全国正常运营众筹平台数量 427 家相比，减幅达 51%，我国网络众筹行业的平台数量和筹资规模（2013—2017 年）如图 9－3 所示。可见 2017 年是众筹行业深度洗牌的一年，在监管趋严、规范发展的金融监管大背景下，非良性发展的众筹平台逐步退出市场，行业进入规范期。在正常运营的众筹平台中，奖励众筹平台最多，达 95 家；其次为非公开股权融资平台，达 71 家；混合众筹平台（含两种众筹类型及以上）为 34 家；公益众筹平台仍然为小众类型，仅有 9 家。

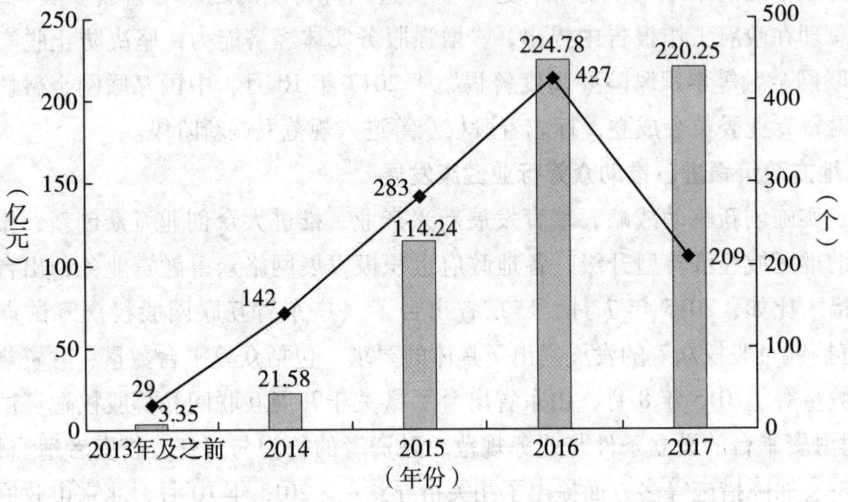

图 9－3　我国网络众筹行业的平台数量和筹资规模（2013—2017 年）

2017 年全国众筹行业共成功筹资 220 亿元，与 2016 年成功筹资额 225 亿元相比，差距较小。截至 2017 年末，全国众筹行业历史累计成功筹资金额达 584 亿元。

2. 项目类型分布和筹资金额

2017 年，全国众筹行业共新增项目 54487 个，其中，奖励众筹项目最多，为 36641 个，占总项目数的 67.25%（汽车众筹数据计入奖励类数据统计）；其次是公益众筹，达 17374 个，占比为 31.89%；非公开股权融资项目数最少，占总项目数的 0.87%，仅有472个。不同类型的众筹在2017年成功的项目数量与筹资金额如表9-3所示。

表9-3　　2017年成功众筹项目一览表

	奖励众筹	非公开股权融资	捐赠众筹
成功项目数量/个	36641	472	17374
成功筹资金额/亿元	195.30	21.44	3.51
平均每个项目筹资金额/万元	53	454	2

3. 平台数量和筹资规模的地域分布

全国众筹平台分布在18个省市，其中，北京作为众筹行业的开拓地，平台聚集效应较为明显，以57家平台位居第一；其次是广东地区，43家；第三是上海，27家；随后是浙江、山东和江苏，分别为21家、17家和9家；以上六个地区平台数占全国总数的83.25%。2017年我国网络众筹平台数量的地域分布如图9-4所示。从分布区域看，平台主要集中在经济较为发达的沿海地区，而分布在东北、西北和西南地区的平台较少，这与各地互联网金融发展程度、社会认知度、配套设施、投融资环境、创业氛围有很大的关系。

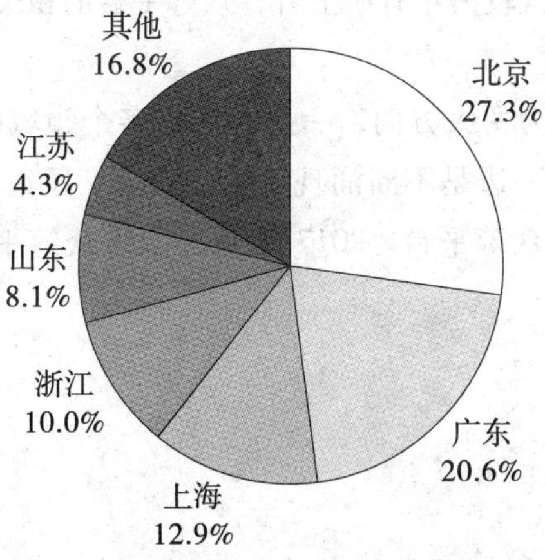

图9-4　2017年我国网络众筹平台数量的地域分布

2017年全国众筹平台成功筹资金额在地区分布上，北京、浙江和上海位列前三，成功筹资金额分别为54.84亿元、50.65亿元和31.25亿元；山东地区排名第四，成功筹资金额30.63亿元；广东和江苏紧随其后，分别为25.51亿元和20.07亿元；以上六个地区成功筹资金额占全国总筹资金额的96.69%。2017年我国网络众筹行业筹资规模地域分布如图9-5所示，众筹融资的地域性差异十分明显。

4. 投资人次

2017年全国众筹行业投资人次达4473万。其中，奖励众筹投资人次最多，为2629万人次，占总人次的59%，同比减少52%；其次为公益众筹的1840万人次，占比为

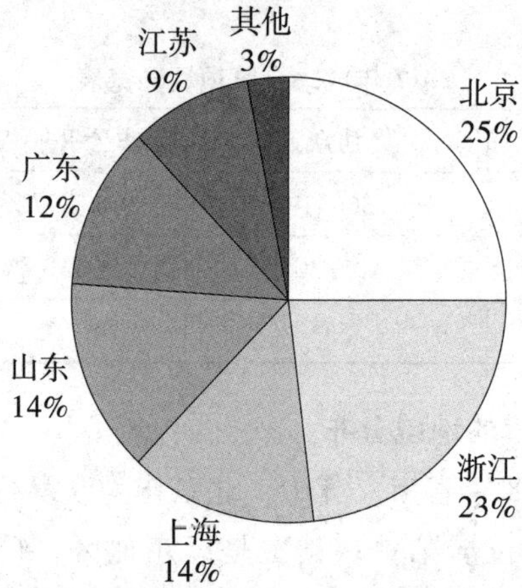

图 9-5 2017 年我国网络众筹行业筹资规模地域分布

41%，同比减少 66%；非公开股权融资投资人次最少，为 4 万人次，占全国总量的 0.1%，同比减少 32%。2017 年，问题及转型众筹平台数量达 331 家，受舆论及大环境因素等影响，投资人参与众筹的热度有所降低，特别是中小平台的投资人次锐减，而几家龙头平台反而投资人次较去年有所上升，众筹平台的积聚现象凸显。

5. **众筹平台领域分布**

我国众筹平台主要分为两大方向，一边是涉猎多个领域的综合类众筹平台，如京东众筹和淘宝众筹等；另一边是不断涌现出专注农业、民宿、影视娱乐、汽车、房地产等细分领域的专业垂直众筹平台。2017 年我国网络众筹平台的领域分布如图 9-6 所示。

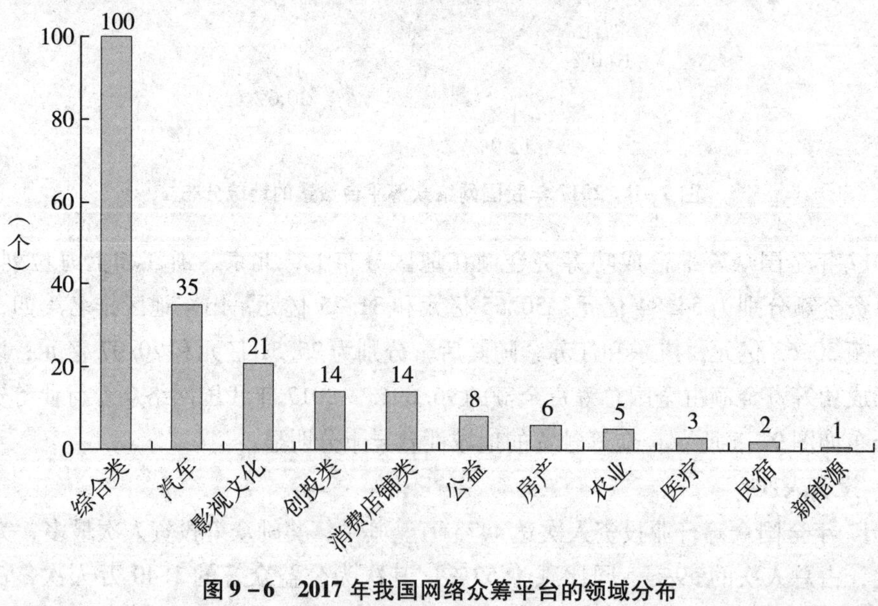

图 9-6 2017 年我国网络众筹平台的领域分布

第三节　股权众筹

一、股权众筹概述

（一）股权众筹的概念

根据2015年7月中国人民银行等十部委发布的《关于促进互联网金融健康发展的指导意见》中的定义，股权众筹融资主要是指通过互联网形式进行公开小额股权融资的活动。股权众筹融资必须通过股权众筹融资中介机构平台（互联网网站或其他类似的电子媒介）进行。股权众筹融资中介机构可以在符合法律法规的前提下，对业务模式进行创新探索，发挥股权众筹融资作为多层次资本市场有机组成部分的作用，更好地服务于创新创业企业。股权众筹融资方应为小微企业，应通过股权众筹融资中介机构向投资人如实披露企业的商业模式、经营管理、财务、资金使用等关键信息，不得误导或欺诈投资者。投资者应当充分了解股权众筹融资活动风险，具备相应的风险承受能力，进行小额投资。股权众筹融资业务由证监会负责监管。

（二）股权众筹发展的市场背景

我国资本市场主要分为场内资本市场与场外资本市场。其中，场内资本市场分为主板市场、中小板市场和创业板市场；场外资本市场分为新三板市场、新四板市场（Q板、E板）和新五板市场。我国资本市场分类如图9－7所示。我国场内资本市场的发展随着1990年上海证券交易所的成立而开始启动，随后，2004年中小板正式上市，2006年新三板上市。经过多年的发展，我国场内资本市场逐步完善，场外资本市场处在不断改革、发展的过程中。

1. 新三板市场

三板市场起源于2001年“股权代办转让系统”，称为“旧三板”；2006年，中关村科技园区非上市股份公司进入代办转让系统进行股份报价转让，称为“新三板”。2012年，经国务院批准，决定扩大非上市股份公司股份转让试点，首批扩大试点新增上海张江高新技术产业开发区、武汉东湖新技术产业开发区和天津滨海高新区。2013年年底，新三板方案突破试点的国家高新区限制，扩容至所有符合新三板条件的企业。

2. 新四板（Q板、E板）

新四板是为了促进中小企业发展，解决中小微企业“融资难、融资贵”的问题，中央允许各地重新设立区域性股权市场，研究并推动在沪深交易所之外进行场外资本市场试验的背景下，成立的服务广大中小微型、具备成长性、有价值的企业，解决更多基础层面企业的融资和改制需求，并为主板市场提供储备的一种形式，是资本市场

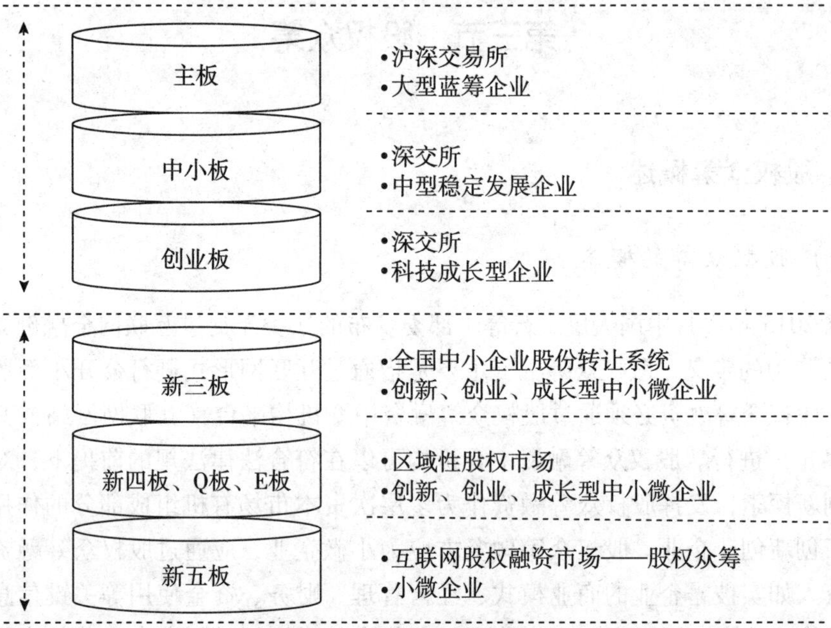

图 9－7　我国资本市场分类

中非常重要的一环。其中，新四板是在深圳前海股权交易中心挂牌上市，而 Q 板、E 板是在上海股权交易所挂牌上市。

3. 新五板

随着私募股权融资的发展，继新四板以后，官方以及媒体纷纷提出了新五板的猜想。2015 年 6 月 7 日，中国人民银行金融研究所所长姚余栋在“互联网＋金融千人会”上指出，要将股权众筹打造成为中国资本市场的“新五板”，由此可以看出，股权众筹将会成为中国资本市场重要的一环，对于完善境内资本市场有重大意义。

（三）股权众筹发展的政策背景

股权众筹涉及公众筹资、证券发行销售与股权转让，其实质属于资本融资领域。在股权众筹发展之初，并没有专门法律法规对此做出规定，只能参照已有法律法规，如《中华人民共和国证券法》（以下简称《证券法》）、《中华人民共和国公司法》（以下简称《公司法》）。其中，涉及股权众筹业务的主要有《公司法》对于公司人数的限制、《证券法》对于公开发行股票的规定等。

2014 年 8 月，中国证券监督管理委员会通过《私募投资基金监督管理暂行办法》，对私募基金及其申请运作进行了明确的定义，同时也界定了合格投资者为投资于单只私募基金的金额不低于 100 万元且符合下列相关标准的单位和个人，具体标准如下：净资产不低于 1000 万元的单位；金融资金不低于 300 万元或者最近 3 年个人年均收入不低于 50 万元的个人。

2014 年 12 月，中国证券业协会发布《私募股权众筹融资管理办法（试行）（征求意见稿）》（以下简称《管理办法》）明确了股权众筹平台的合法地位，界定了股权众筹行业的发展方向，并从股权众筹平台、融资者与投资者、备案登记、信息报送、自律管理等方面明确了行业细则。《管理办法》要求股权众筹平台进行备案登记，申请成为证券业协会会员。截至 2015 年 1 月，已有 8 家股权众筹平台申请成为中国证券业协会会员，而天使汇平台在《管理办法》出台前已申请加入了中国证券业协会。《管理办法》对合格投资者设定了较高的准入门槛，需要个人投资者符合“金融资产不低于 300 万元人民币或最近三年个人年均收入不低于 50 万元人民币”的要求。条件较严苛的投资者门槛将普通大众拒于股权众筹门外，不符合互联网众筹的普惠精神和众筹的本意，不利于众筹行业的创新发展。相比其他互联网融资方式，股权众筹由于投资成功率较低、风险更高，因此应该严格众筹平台以及融资小微企业的信息披露，加强对投资者的风险告知，使投资者充分了解投资的风险性，降低交易欺诈风险，而《管理办法》中并没有特别强调众筹平台与融资小微企业的风险告知义务。

2015 年 7 月，《关于促进互联网金融健康发展的指导意见》明确了股权众筹融资业务由证监会负责监管。2016 年 10 月，证监会印发《股权众筹风险专项整治工作实施方案》，以稳步开展股权众筹风险专项整治，促进互联网股权融资规范发展。

以上诸多文件的出台均是在肯定互联网股权投融资这种新型业务形态对促进我国创新创业、丰富资本市场层级体系的作用的基础之上，逐步完善监管体系，所以规范是为了更好的发展，监管部门的政策制定意图主要在于风险防范、方向指引、行为规范。

二、股权众筹的分类

（一）私募股权众筹和公募股权众筹

按照众筹行为的性质，股权众筹可被分为私募股权众筹和公募股权众筹。前者指把众筹行为仍界定为私募行为的股权众筹，我国目前的股权众筹都是私募性质。与之相反，像美国、英国等股权众筹发展较快的国家，都是将众筹行为界定为公募性质，众筹平台可向公众进行募集。

（二）有担保股权众筹和无担保股权众筹

按有无担保，股权众筹可被分为有担保股权众筹和无担保股权众筹。有担保股权众筹主要是指在股权众筹业务中加入了担保元素，即由推荐项目并对项目进行担保的众筹投资人或机构作为保荐人，若众筹项目失败，则保荐人赔付全额投资款，保荐人就是担保人。无担保股权众筹则指不含担保元素的股权众筹。我国目前绝大多数股权众筹都属于后者。

（三）线上股权众筹和线下股权众筹

按股权众筹业务开展的渠道，股权众筹可被划分为线上股权众筹和线下股权众筹。线上股权众筹主要是指融资人、投资人以及股权众筹平台之间所有的信息展示、交易往来都是通过互联网完成的，当下许多股权众筹的绝大多数流程都是通过线上完成的。线下股权众筹又称圈子众筹，主要是指在线下基于朋友、同学等熟人圈子而开展的一些小型众筹活动。

（四）综合型股权众筹和垂直型股权众筹

按众筹平台的经营范围，股权众筹可被划分为综合型与垂直型。综合型股权众筹平台，其经营范围较广，基本很少涉及具体行业的划分，目前我国发展较大的股权众筹平台基本都是综合型平台。垂直型股权众筹平台，其经营范围则有明确的行业划分，其只专注于某一个行业领域。

三、股权众筹的模式分析

（一）无领投方式

无领投方式股权众筹的运作流程如图 9 - 8 所示。

（1）融资者提出申请。融资者将拟融资项目信息（包括项目介绍、筹资金额、出让股权比例、联系方式等）上传到股权众筹平台。

（2）平台对项目进行审核。平台对项目进行筛选与审核，包括约谈项目负责人、核对申请材料、项目尽职调查等。

（3）发布融资项目。项目通过筛选与审核后，平台将项目的详细信息与融资情况对外发布，供投资人网上浏览。

（4）投资者进行项目评估。用户注册个人信息并申请成为投资人，之后可以对股权众筹平台上的项目信息进行浏览。

（5）投资者认筹。投资者根据股权众筹平台上的项目信息并结合自身投资经验，对合适的项目进行投资。

需要注意的是：在筹资日期内，募集资金如果未达到预定目标，该项目的众筹被视为不成功。

（二）领投 + 跟投方式

领投 + 跟投方式股权众筹的运作流程如图 9 - 9 所示。

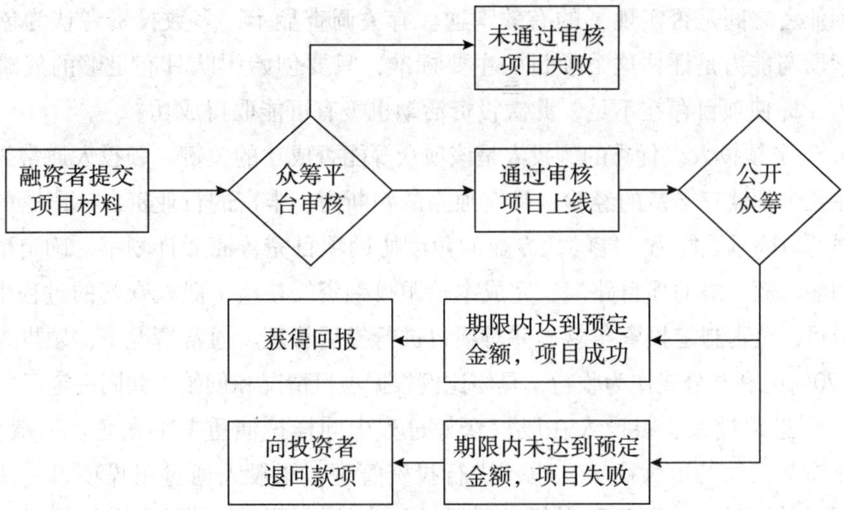

图 9－8　无领投方式股权众筹的运作流程

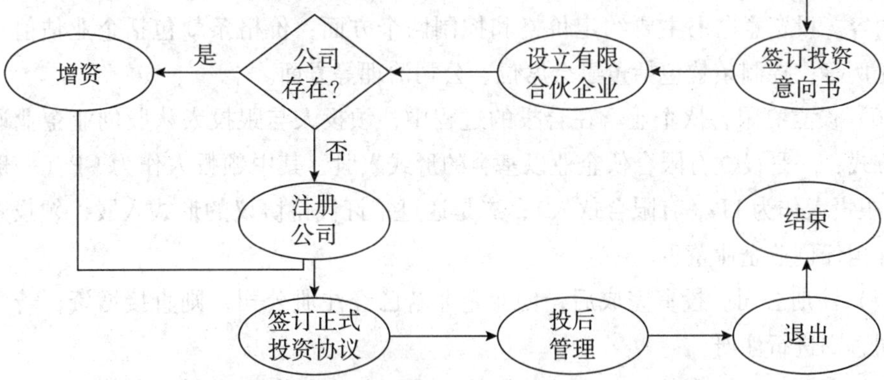

图 9－9　领投＋跟投方式股权众筹的运作流程

值得注意的是，在具体操作过程中，由于项目、平台等的差异，以下顺序或有调整：①项目筛选→②创业者约谈→③确定领投人→④引进跟投人→⑤签订投资意向书→⑥设立有限合伙企业→⑦注册公司/工商变更/增资→⑧签订正式投资协议→⑨投后管理→⑩退出。

（1）项目筛选。创业者要将项目的基本信息、团队信息、商业计划书上传至股权众筹平台，由平台的审核团队对项目做出初步质量审核，并帮助其完善必要信息，提升商业计划书质量。

（2）创业者约谈。有合作意向的投资者（主要是一些天使投资者）会与创业者取得联系，并就项目的具体情况进行洽谈。一般来讲，项目投资是否成功主要取决于投资者与创业者之间是否实现了的有效沟通。有关调查显示，多数投资者认为创始团队成员的素质与能力是评估这个项目的主要标准，只要创始团队具有足够的战略眼光和学习能力，即使项目存在不足，此次投资活动也极有可能取得成功。

（3）确定领投人。优秀的领投人是该项众筹能否成功的关键。领投人通常为职业投资人，在某个领域有丰富的经验，具有独立的判断力、丰富的行业资源、广泛的影响力以及很强的风险承受能力，能够从专业的角度协助项目完善商业计划书，确定估值、投资条款和融资额，协助项目路演，完成本轮跟投融资。在整个股权众筹的过程中，领投人领投项目，负责制定投资条款，并对项目进行投后管理。通常情况下，领投人可以获得5%～20%的利益分成作为收益，具体比例根据项目情况和创始人共同决定。

（4）引进跟投人。跟投人在股权众筹过程中同样扮演重要的角色。一般情况下，跟投人不参与公司的重大决策，也不进行投资管理。跟投人通过跟投项目，获取投资回报。同时，跟投人有义务和责任对项目进行审核，领投人对跟投人的投资决定不负任何责任。

（5）签订投资意向书。投资意向书是投资人与创业企业就未来的投资合作交易所达成的原则性约定，除约定投资人对被投资企业的估值和计划投资金额外，还包括被投资企业应负的主要义务和投资者要求得到的主要权利，以及投资交易达成的前提条件等内容。投资意向书主要约定价格和控制两个方面：价格条款包括企业估值、出让股份比例等；控制条款包括董事会席位、公司治理等方面。

（6）设立有限合伙企业。在合投的过程中，领投人与跟投人认股创业企业通常有两种方式：一是设立有限合伙企业以基金的形式入股，其中领投人作为GP（一般合伙人），跟投人作为LP（有限合伙人）；二是通过签订代持协议的形式入股，领投人负责代持并担任创业企业董事。

（7）注册公司。投资完成后，创业企业若已经注册公司，则直接增资；若没有注册公司，则进行注册。

（8）签订正式投资协议。正式投资协议主要规定投资人支付投资款的义务及付款后获得的股东权利，并以此为基础规定与投资人相对应的公司和创始人的权利及义务。协议内的条款可以由投融资双方根据需要选择增减。

（9）投后管理。除资金以外，投资人利用自身的经验与资源为创业者提供投后管理服务可以帮助创业企业更快成长。另外，类似于云筹这样的股权众筹平台，也会在企业完成众筹后，为创业者和投资人设立投后管理的对接渠道。

投后管理服务包括发展战略及产品定位辅导、财务及法务辅导、帮助企业招聘人才、帮助企业拓展业务、帮助企业再融资等方面。

（10）退出。退出是投资资金流通的关键所在，只有完成了有效的退出才能将初创企业成长所带来的账面增值转换为投资人的实际收益。主要的退出方式包括VC（风险投资机构）接盘、并购退出、管理层回购、IPO（Initial Public Offerings，即首次公开募股）、破产清算等。京北众筹是境内第一家分别与上海股权托管交易中心、北京股权交易中心建立战略合作关系的众筹平台。投资者除以上退出渠道外，还可以将所持股权在这两家股权交易中心挂牌交易，投资退出渠道更丰富。

四、我国股权众筹平台的发展特征

根据《管理办法》第5条对股权众筹平台的界定，股权众筹平台的性质是提供信息发布、需求匹配、协助资金划转服务的中介机构。我国《证券法》第10条对公开发行证券行为进行了规定，凡是向不特定对象发行证券，或是向特定对象发行证券累计超过二百人的，都属于公开发行行为，需要经过证券监管部门的核准。在目前法律框架下，股权众筹有可能涉及非法发行证券的嫌疑，国内具有影响力的股权众筹平台包括天使汇、大家投，二者的比较如表9－4所示，它们都是通过打造封闭社区并采取“线上＋线下”“领投＋跟投”“企业入股”等方式进行创新项目的股权众筹运作，以规避相应的法律风险和政策风险。

表9－4 天使汇股权众筹平台与大家投股权众筹平台的比较

		天使汇	大家投
项目资料完善		领投人协助完善项目资料	平台方协助完善项目资料
项目估值		领投人协助确定估值与投资条款、融资额	采用市场竞价机制，融资者公开报价，投资者有两次估值出价机会
项目出让股份比例		—	10%～30%
项目融资时限与金额		30天，允许超募	4个月内，可以超募到120%，不能超过1000万元
领投人规则	资格	门槛较高，至少有1个项目退出的投资人，符合天使汇《中国天使众筹领投人规则》	门槛较低，有一定的天使基金从业经历或创业经验
	投资限额	项目融资额度的5%～50%	项目融资额度的5%～50%
	回报	按投资比例分配	返还本金后投资收益的80%按投资比例分配
	奖励	来自跟投人5%～20%的利益分成；来自项目方1%的股权奖励	投资收益的15%作为管理奖励（至2016年1月1日）
跟投人规则	资格	具有一定的资金实力，对投资风险有充分的认识，符合天使汇《合格投资人规则》	没有任何限制
	投资限额	—	最低为项目融资额度的2%
	回报	80%～95%的利益分成按投资比例分配	返还本金后投资收益的80%按投资比例分配

续 表

		天使汇	大家投
投资者持股方式		投资者超过10人设立有限合伙企业; 10人以下协议代持	投资者设立有限合伙企业
融资金额给付		一次性给付，没有银行托管	一次性给付、每半年给付50%、每季度给付25%三种方式，兴业银行托管
平台内股权转让		设有有限合伙人份额转让系统	设有股权转让模块
平台收费	融资者	超过2倍认购意向，佣金全免；未超过2倍认购意向，收取融资金融的2%	收取融资金额的5%
	投资者	一次性收取1%的股权	不收取任何费用
投资者保护机制		—	设有风险补偿基金，仅当司法机关认定的诈骗时使用

（一）打造封闭社区

打造封闭社区即是股权众筹平台的项目信息不面对互联网公众公开，股权众筹平台对投资者设定了一定的门槛，只有通过审查和认证的合格投资者才能注册成为股权众筹平台的会员。融资项目信息只有在会员登录后才可以看到，并且任何项目都不得以书面或者口头的方式承诺任何形式的股权或资金回报。这样一来，通过采取会员制的方式，封闭社区构建了一个私密特定的投融资认证圈子，将众筹对象从不特定对象转化为特定对象，并通过控制投资者人数在一定程度上规避了被认定为非法集资与非法证券发行的法律风险。同时，封闭社区的方式也便于提高投资决策的执行效率和项目融资成功率。

（二）“线上+线下”模式

“线上+线下”模式是指股权众筹平台在线上的功能仅涉及项目相关信息的展示与融资信息的披露。如果项目融资成功，股权转让的相关操作是由项目发起企业与意向投资人按照《证券法》的规定在线下直接协调完成的，通常是以增资扩股的方式确定股东身份与权益，符合《公司法》关于股权投资操作的相关规定。而众筹平台并没有直接参与股权的发行与转让，并不属于证券中介公司，从而避免了非法公开发行的嫌疑。

（三）“领投+跟投”模式

“领投+跟投”模式是指由多个投资者共同对一个项目进行投资的联合投资模式。领投人通常都是有独立的判断能力、丰富的行业资源及经验的职业投资人，负责项目的评估考察、尽职调查、估值议价、投后管理等工作，是股权众筹融资的核心角色；跟投人一般不具有专业投资背景但具备资金实力，选择跟进投资。这样的投资模式一方面可发挥领投人的专业技能，另一方面也分散了投资风险。当认投意向满额后，一般由包括领投人与跟投人在内的所有投资人共同成立一个有限合伙企业，以企业的名义来入股项目融资企业，成为项目融资企业的一个股东出现在股权结构中。成立有限合伙企业将众多的投资人汇集成一个整体，最大幅度地简化了项目融资企业的股权结构，并能高效管理多个股东的利益分配问题。

五、未来股权众筹的模式创新

股权众筹自兴起以来，在坚守红线的同时，一直没有停止创新的脚步。比如，36氪股权众筹制定了定向邀请和老股发行等特殊游戏规则。未来，股权众筹将有更多的创新空间。具体体现在以下四个方面。

（1）可转债。在现行法律法规体系下，我国的可转债指的是上市公司发行的可转债，但该模式也可以用于非上市公司，其好处是可以化解投资人的股权投资风险，在投资期结束后，若投资人愿意将债权转为股权成为公司股东，则可以行使权利。若到期后并不看好公司，则可以拿回本金及收益。该模式赋予了投资人可选择的权利，等于投资人拥有一个具有附加值的债权。该模式可以作为股权众筹的补充，对丰富股权众筹产品、满足投资者个性化需求及投资偏好具有较大的作用，但面临一定的法律风险。

（2）股权期权。在现行的法律法规框架下，股权众筹受制于200人上限约束问题，对于部分需要突破200人的项目制约很大。若采用股权期权的办法，对于参与众筹者，承诺给予期权，设定一个条件或期限，待条件成熟时以约定的价格授予参与人购买一定数量股票的选择权，从而避开200人的上限约束。但是，该方案也面临一定的法律风险。

（3）股权众筹支付对价创新。在目前的股权众筹中，投资人的出资方式为现金。该支付方式显然过于单一，融资公司往往需要的不仅仅是资金，有时也需要专利、品牌或者设备、场地等非金钱性资源。在此情况下，投资人可以考虑多种形式的出资方式，比如场地入资、知识入资、设备入资等多种形式，从而使得股权众筹融资的支付对价更加多元化。

（4）组合式股权众筹。融资方的需求是多元的，众筹融资平台也需要向综合化服务迈进。例如，创业项目在进行股权融资时，也考虑进行部分债权融资；在进行债权融资时，也考虑进行奖励众筹。这些组合的众筹都有各自的优势，对早期项目及刚创立的企业发展来说，具有很大的促进作用。

第四节 网络众筹的优势与风险

一、网络众筹的优势

网络众筹为项目发起者提供了一个更加开放的平台，且因融资速度快、参与感强、传播路径多样而受到融资者和投资者的青睐，其宽松、包容的文化氛围，新型、平等的点对点交易结构使之成为创新的助推器，满足了创新经济、小微经济的融资需要。

（一）更强的融资权利，更广的选择空间

在现有融资模式下，初创企业的融资渠道狭窄有限，基本处于弱势被动的地位。而在众筹模式中，融资者可以通过主动出让商品与股权的方式向公众融资，获得所需的资金，传统融资方式被彻底改变，融资者拥有了更强的融资权利，投融资的地位相对平等。股权众筹模式部分替代了传统证券业，节省了股票在传统公开发行中的路演、寻价、定价的发行流程与发行成本，同时也使融资者对股权有了更大的议价权，众筹融资者可根据企业自身发展状况及市场行情自行决定筹资金额。众筹平台上信息较对称、竞争较充分，有利于股权价格发现。同时，大部分众筹平台是允许超募的，而且不设上限，因此创新项目有可能获得比预定筹资金额更多的资金支持。

（二）改变征信模式，凸显创新价值

2015 年李克强总理在政府工作报告中提出“大众创业，万众创新”的口号，网络众筹的出现，无疑是对这一口号最有力的响应。传统融资渠道发放借贷资金的依据是可量化的信用水平，合格财务报表，抵押担保情况等。而众筹平台上融资成功的关键在于项目的创新性、感染力以及被认可程度。只要是能够打动人的创新创意就能够得到投资者的资金支持与认可，因此网络众筹是一个鼓励创新创业的平台，是一块培养创新创业的热土。众筹平台提供了相对充足的资金，宽松的创业氛围，具有较强的包容性，创新创业者可以更好地发挥自身的创新和研发能力，借助社会资源完成有价值的创新。

（三）实现宣传推广，提供全方位服务

众筹模式在为创业者提供资金支持的同时，也为其提供了营销市场与潜在客户等重要资源。投放在众筹平台上的项目具有很强的广告效应，起到了很好的市场推广宣传作用，增强客户黏性，降低了营销成本。消费者直接从生产者手中购买创新产品，缩短了消费者与生产者之间的距离。同时，在项目研发创造过程中，消费者可广泛参与到项目的咨询、管理、设计等环节，形成了以消费者需求为导向的营销模式，增强

了消费者的经济权力。

网络众筹平台不仅仅具有营销和融资功能，还可以为初创企业提供更多延伸服务与资源。在筹资成功后，许多平台实现孵化器功能，提供了新公司创建注册、战略投资者引入、市场开发等服务，为小微企业的健康发展提供全方位的帮助。股权众筹中的领投人一般都具有非常丰富的投资经验与行业资源，因此“领投＋跟投”方式还可以使融资者获得更多的行业资源、管理经验等附加值。

（四）不需要货币代偿，具有融资成本优势

商品众筹的预期回报是产品或服务，而不是资金。对于融资者而言，商品众筹获得的资金属于预付款性质，不需要还本付息，没有融资成本压力；而且产品生产出来以后，融资者还拥有了潜在的客户群体。股权众筹中筹集的资金属于投资性质而不是借贷性质，权益资本的输入增强了企业的实力，同时不需要偿还本金，没有固定的利息负担，财务风险较低；股权投资者通过股东权益可以获得红利分配权及剩余索取权，但并没有时间上的要求与限制。目前国内大部分的众筹平台提供的基本服务都是免费的，也大大降低了融资者的筹资成本。

（五）有利于多层次资本市场的建立

股权众筹平台的出现，可以鼓励大量非专业的投资人和机构参与到项目投资中，降低投资门槛，形成良好的投资氛围，有利于建设多层次的资本市场。例如，浙江民间资本实力雄厚，但由于产业结构的调整，传统的投资渠道受限，亟需有效疏导民间资本的流动。股权众筹平台有助于引导更多的民间资本进入金融服务领域，使民间投资渠道畅通，改善中小微企业的金融服务，拓宽企业融资渠道。网络众筹平台由于其本身的互联网特性与传统金融服务的深度整合，有利于对传统金融业务形成良好的支撑。因此，众筹融资方式有助于建立更好的金融秩序，提高民间资金向产业资本转化的能力，优化金融生态环境，更好地建设多层次资本市场，使金融市场向更健康、更规范的方向发展。

二、网络众筹面临的风险

我国众筹行业尚处于萌芽期，在信息披露、平台监管、消费者保护等很多方面都存在着不足，其发展方式受到资金供需双方以及监管层的制约，发展过程中也积累了一些问题和风险，面临较大的挑战。

（一）信息披露不充分，导致逆向选择与道德风险

由于缺乏充分的信息披露机制，导致投融资双方较为严重的信息不对称，众筹投

资者处于信息弱势地位。一方面，为了项目顺利上线，融资者有可能故意隐瞒项目的可行性与风险，存在故意误导的嫌疑；同时为了融资成功、获得资金支持，融资者有可能会故意夸大自身的完成能力，易引发逆向选择。另一方面，由于投后的严重信息不对称，投资者遭受道德风险的可能性变大。筹资成功后，众筹平台虽然也起到一定的项目监督与督促的作用，但是对于融资资金一般没有任何监管措施，再加上我国征信体系的不完善，可能会发生项目融资者违约的行为，导致投资者权益受损。平台自身的投后管理较为薄弱，投资者保护与监督管理手段不健全，无法保证融资者严格按照事先的约定合理使用资金，也无法激励融资者尽最大努力保证投资者的利益，易引发道德风险。

股权众筹平台采取的“领投+跟投”机制也存在着领投人与跟投人、跟投人与融资者之间的信息不对称问题，有可能会诱发欺诈行为。跟投人一般不具备专业的投资背景，对项目的商业性与投资风险并没有清晰的把握，领投人利用跟投人对自己专业投资知识的信赖，可以与融资者之间进行恶意串通私下达成某种交易，而对数量众多的跟投人采取欺诈行为。

（二）存在法律风险，诱发非法行为

股权众筹带有明显的私募特征与金融属性，如果缺乏明确的法律法规，可操作性的监管细则，具体明确的监管部门，将有可能涉及非法集资、非法公开发行和欺诈等违法行为。虽然国内大部分的股权众筹平台采取了一定的技术手段，规避了一些法律和政策风险，但依然是游走在法律边缘。一些商品众筹平台在项目上线前，提前归集投资者资金，再吸引项目进行投资或将资金挪作他用，存在非法集资与诈骗的嫌疑。

监管层非常重视对众筹行业的监管规范，《管理办法》在明确股权众筹合法地位的同时，给出了股权众筹在我国的发展方向。但是《管理办法》依然是在《证券法》的法律框架下制定的，有些监管细则过于苛刻严厉，而且没有明确众筹股份的转让退出机制，一定程度上抑制了股权众筹的发展空间，不利于发行便利性，不利于网络众筹行业的创新发展。

（三）众筹机制体系不完善，权利义务界定模糊

传统的商品预售遵守《产品质量法》《消费者权益保护法》等相关法律法规的约束，较好地保护了消费者的合法权益。不同于传统商品市场上的商品预售行为，商品众筹存在预售、投资等性质，没有明确的法律保护，对于投资者的保护以及纠纷的处理都处于模糊状态。

股权众筹情况更为复杂。传统资本市场上的证券公开发行涉及监管部门、承销商、会计师事务所、律师事务所等各个部门，要遵守《证券法》的相关规定，完成尽职调查、信息披露、财务审计、网络路演以及定价、发行流通等各个环节，尽量减少投资

者与发行企业之间的信息不对称，保护投资者权益。而在股权众筹模式中，所有环节都是投融资双方直接协商交流进行的，不存在第三方机构的参与，股权投资者可能会因为缺乏足够的信息而无法准确地进行风险识别与收益判断。另外，股权众筹支持的基本都是初创期小微企业，其成功率较低，投资回报期较长，是典型的高风险投资。但是目前平台和监管部门都没有设定一个明确的退出机制，股权流动性差，进一步加剧了投资者风险。

（四）知识产权保护力度不足

众筹项目的核心是创新创意的展示。为了更好地吸引资金支持，众筹项目会将大量创意细节、设计思路、外观图片、音视频作品等项目创新内容在众筹平台上展示。虽然有些项目在信息披露上也做了一定的技术处理，但创新创意还是有可能被剽窃抄袭，并在市场上被率先发售出来，给项目融资造成巨大损失。国内众筹网站发布的项目同质化现象越发严重，功能外观基本相似的产品大量出现，一部分项目存在抄袭盗用的可能性。我国知识产权相关立法不完善，没有专门针对网络知识产权的保护，而申请专利保护的费用较高、时间较长，国家保护创新创业的环境不完善，不利于网络众筹行业的健康发展。

（五）众筹股东权益难以保障

在委托持股模式下，工商登记证里不会体现众筹股东的名字，只会显示实名股东的名字。尽管法律认可委托持股的合法性，但是还需要证明众筹股东与实名股东之间的委托关系。这种委托关系是众筹股东和实名股东之间的内部约定，而这种约定并没有书面文件或者其他证据证明，仅仅是网站上的一串数字，倘若众筹公司和实名股东否认投资者的股东身份，投资者也无法寻求法律保护。

在很多众筹项目中，众筹股东虽然是公司股东，但是几乎很难行使公司股东的权利，基本上不能亲自参加股东会、参与股东会表决和投票，其股东权益很难得到保障。从众筹公司的角度来说，如果每次股东会都有上百人来参加，对协调和决策也会形成很大障碍，可能导致议题难以达成共识而不能通过。

第五节　网络众筹的发展趋势

近年来，国内外众筹行业取得了飞速的发展。2010 年至 2016 年，全球网络众筹融资规模保持 80% 以上的年复合增长率，于 2016 年达到 1990 亿美元，预计 2025 年全球众筹市场融资规模将达到 3000 亿美元左右。众筹未来的发展趋势也是值得我们关注的重点。

一、科技化

随着互联网与信息技术的发展，利用大数据、区块链、人工智能等前沿技术手段的金融科技站上了风口。众筹平台也要充分利用先进的网络信息技术，在风险控制、智能投顾、降低成本等多方面发挥作用，具体体现在以下几点。

（1）构建大数据平台，优化投融资服务。大数据平台的构建，有利于投资者对众筹项目进行筛选；有利于创业公司对其发展特点、竞争态势、发展战略等做出预测和判断；有利于众筹平台进一步加强风控能力，优化投融资服务。

（2）引入智能创投工具，提升投融资服务效率。随着人工智能的发展及其应用的落地，使得基于大数据分析、量化金融模型以及智能化算法，根据投资者的风险承受水平、财务状况、预期收益目标以及投资风格偏好等要求，为用户提供智能化和自动化的资产配置建议的智能投顾成为行业关注的热点之一。

（3）采用区块链技术，提高平台安全性能。区块链的去中心化、不可篡改、公开透明、真实可信等特点，与股权众筹天然互补。区块链技术能够确保股权交易可追踪，大幅减少权益争议；能够使交易清结算更及时，降低平台成本；能够提高安全性，降低信息安全风险。作为底层架构，区块链技术已经引起了股权众筹行业的重视。

二、垂直化

纵观当今互联网发展格局，垂直网站是未来一大潮流，众筹平台也不例外，垂直化、专业化众筹平台将有更好的发展机会。选择做垂直众筹平台，除了去同质化目的以外，还有两个重要的原因。

（1）垂直平台专一性的特点，使得平台能够规模化、低成本地细分众筹领域，满足个性化需求并形成独具特色的社区文化和基因，从而让投融资关系更加融洽。

（2）垂直平台可以无限大地体现平台的专业性、权威性，定位精准地吸引到特定投资人群反复投资，增加黏性。

三、生态化

股权众筹融资具有高风险性，若要发展，不能仅以一个孤立的平台存在，要发展成为多层次资本市场体系中的一员，必须与其他资本市场建立有机的联系，这就是股权众筹的生态化。股权众筹只有生态化才能发挥其效用，未来生态化的趋势主要表现为如下两大方面。

（1）股权众筹平台将与孵化器、创业训练、天使投资基金、创业者、创业服务者等建立联接，为创业者提供一系列服务，从而培育出大量优质的项目，最大限度发挥平台的作用。

（2）股权众筹平台将与境内的新三板、区域性的产权交易所、证券交易所及境外的各类证券交易市场建立广泛的联系与有效的衔接，成为这些股权交易市场的前端、交易目标的输送者和提供者。这样的有机结合能够使股权众筹市场成为多层次资本市场的一员，与其他股权交易市场有机衔接，以发挥其独特的股权融资作用。

四、国际化

随着经济全球化的深入发展，各国生产要素流动更加自由，市场融合的程度日益加深，行业国际化发展趋势将越来越明显。不论是中国网络众筹项目在国外筹资，还是国外网络众筹项目到中国市场融资都存在较大的发展空间。随着各国政策的逐渐落地和行业的日益成熟，众筹行业将步入规范发展阶段，资源整合和全球扩张将成为大平台下一步的发展重点。一方面，众筹平台将加大资源整合力度，提供更为体系化、专业化、综合化的投融资服务；另一方面，“国际化”作为各大众筹平台战略布局重点，将加快走出去的步伐，扩大平台服务覆盖范围，打破地域限制，实现全球投、全球融。

五、社交化

目前的时代已成为新型的“社区时代”，而基于互联网的所有的经济活动都将在社区之中进行，这为私人订制的个性化需求提供了可能。基于互联网“社区”的众筹也可能将在特定的“社区”中发生与进行，通过“社区”进行众筹将大大提高交易的效率，保证项目的质量，从而减少诚信缺失环境下的虚假和欺诈问题。目前已有许多众筹平台意识到构建社交圈子是平台增加活跃度和用户黏性的关键手段，并开始拓展线上线下的社交版块。

六、移动化

伴随着移动互联网的快速崛起，手机投资逐渐成为中国社会的新常态，如2017年获风投的轻松筹以及小米旗下的小米众筹，均是以移动端作为最主要的信息入口。通过移动互联网随时随地在线以及分享便捷的特点，可以充分利用投资人碎片化的时间，进行内容营销和项目推广宣传。另外，移动互联网技术可以更好地获取投资人的位置信息、生活轨迹、社交活动等，深入分析挖掘用户的偏好属性，设计研发更加贴近用户生活场景的众筹产品，这是传统PC端无法获得的信息。移动端已成为众筹投资最主要的方式，未来将出现更多主打移动端的众筹平台。

第六节　网络众筹的案例分析

一、奖励众筹平台

（一）综合类——京东商品众筹

京东商品众筹成立于2014年7月，虽然成立的时间不长，但是京东众筹依托其强大的品牌效应，广阔的交易平台，优质的客户资源，一体化的服务，在累计融资项目数量、融资金额规模等方面已经迅速成长为我国最具有影响力的众筹平台。

京东商品众筹平台共有智能硬件、流行文化、生活美学、公益和其他五个大类，所有项目都需要平台审核后才能上线。每个项目都设有目标金额和融资时限，如果在预设时间内达到或者超过目标金额，则该项目融资成功；如果项目融资失败，则已投支持款项将被全额退还。投资者一旦支付支持款项后，除非项目宣告失败，否则不能单方面取消支持。京东众筹对筹款成功的项目实行收费制度，收取项目筹集金额的3%作为服务费。京东众筹融资款项的交付采取了两阶段支付的方式。项目筹款成功后，先交付扣除服务费以外剩余款项金额的70%，剩余30%的款项作为保证金，在项目成功及投资者得到承诺回报后，才能支付给融资者，京东商品众筹运作流程及盈利模式如图9－10所示。一旦项目失败，则不会支付保证金部分，而未得到承诺回报的投资者将获得退款。这样两段式的支付方式一方面对融资者有一定的正向激励作用，另一方面也部分保护了投资者的相关利益。此外，为了保护投资者权益，在项目募集期收到的所有支持款项均由“网银在线”第三方支付机构进行监管。

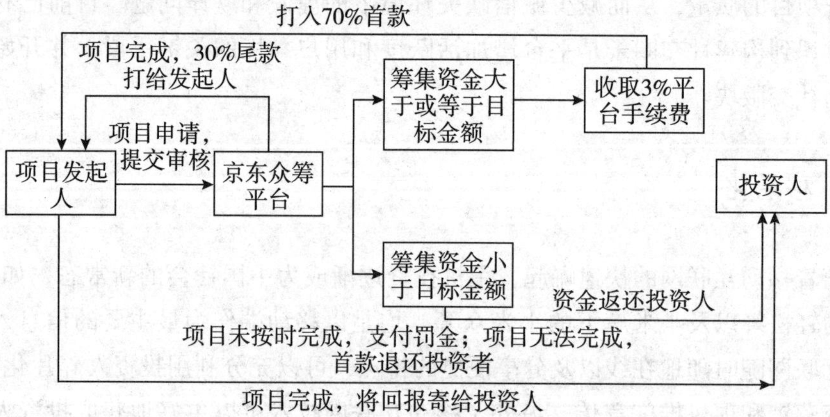

图9－10　京东商品众筹运作流程及盈利模式

对于融资小微企业，京东众筹不仅提供了融资渠道，也提供了孵化器功能。凭借其强大的供应链及资源整合能力，京东众筹为小微企业提供了资金、生产、销售、法律、审计等各种服务，扶持小微企业快速成长。京东智能云、超级App、云开放平台等京东优势领域的服务资源为促进智能硬件领域的小微企业发展提供了良好的技术基础。对于投资者，平台给予其极大的参与权，设立了“项目话题区”的机制加强投融资双方沟通交流，增强了项目融资的灵活性，而且在项目初期，投资者还可以亲自参与产品的设计、生产、定价等环节，满足投资者高层次的消费需求。

2017年，京东众筹在融资金额、成功项目数量、成功项目支持人次上都位居前列，其中融资金额17.1亿元，成功项目数4104个。2017年我国众筹行业十大最受欢迎项目中，来自京东众筹的项目有3个，其中京东众筹的“云猫智能门锁指纹密码锁”项目最具人气，投资人次高达19.5万。

（二）垂直类——淘梦网

淘梦网是国内首家垂直型众筹平台，于2012年3月正式上线。淘梦网起初接受各种类型的项目，经过一段时间的摸索和实践开始专注于（微）电影类项目，专业提供众筹和营销发行服务。随着平台的不断发展，淘梦网正逐渐成为一个聚焦影视行业并汇集新媒体、影视创作者、创作机构、影视投资人、影视基金、广告主、粉丝的新媒体生态圈。2015年，淘梦网获得A+轮融资，估值5亿元；2017年11月，淘梦网获得9千万元B轮融资，由华映资本、赛富动势基金、德同资本共同领投。

淘梦网按照内容将电影细分为动画、公益、爱情、感人、创意、励志、动作、恐怖、悬疑、科幻等16种类型。创作团队可以在平台上发布项目计划书以及寻求创作合作、募集资金，典型的有粉丝支持、广告植入、征集剧本、寻找主创等。比较特殊的一点是，很多众筹项目都设有0元的回报档次，即支持者可以通过留言、提意见、场地支援等方式表示精神支持，对应的回报可能是签名、合影、群演等内容。项目筹资成功后，为确保支持者的权益，淘梦网将会根据项目进展将所筹资金分期拨付给发起人。

淘梦网平台不仅能够帮助创作团队启动影视项目，而且可以为创作团队提供作品营销发行和版权交易支持。淘梦网汇集优势发行渠道，通过与视频平台、电视台、网络运营商、境内外影展和比赛等新媒体渠道的合作提供多样化的营销和发行服务。目前，淘梦网已与优酷、土豆、爱奇艺、PPS、腾讯视频等主流视频网站、国内电影大赛和电视节等资源方建立了广泛的合作关系。

截至2015年年末，淘梦网累计支持金额超过540万元，单项支持最高金额为153万元。目前淘梦网每年出品宣发约150部网大[①]、100集网络剧，2016年完成总播放量

---

① 网大是指通过互联网发行、时长达到60分钟、内容完整且基本符合电影叙事规律的网络视听内容。

77.3亿，总票房2.1亿元。2017年继续保持高增长率，预计营收达1.2亿元，2017年上半年淘梦网作品占据爱奇艺网大票房分账份额的40%。

二、股权众筹平台

（一）京东东家

2015年3月31日，取名“东家”的京东金融股权众筹正式上线（后改称私募股权融资平台）。京东东家在业内首推“创投板+消费板”的融资模式，其中创投板采取“领投+跟投”模式，即由专业投资人或投资机构作为领投人，其他投资人进行跟投。作为回报，跟投人将向领投人或领投机构支付投资收益的20%，以此吸纳有丰富经验和战略资源的优质投资者作为领投人，最大限度地提高项目选择的成功率，进而带动更多跟投人的加入。其中，领投人或领投机构负责与企业对接，帮助跟投人进行投后管理。此外，创投板还创新推出“小东家”名额，即每个创投板项目设立1~10个“小东家”名额，“小东家”投资金额在5000~10000元。消费板由投资人定额投资。为了控制风险，东家会对项目严格把关，并对领投人或对领投机构提出较高的要求，要求其必须在风投领域具有丰富经验，有一定的投资经历和从业时长，并且有成功的案例。而对于个人合格投资人的认证条件是最近三年个人年均收入不低于30万元，金融资产不低于100万元。

截至2017年3月，“东家”帮助103个创业创新企业成功融资，总融资成功率达92%，总融资额达到12.6亿元。例如，东家创投板项目星推网络已成功登陆新三板；小帅影院成功对接下轮融资，估值达到当初的4倍，投资人持有期回报率超过300%；消费板“老炮儿”工人体育馆演唱会项目也成功推出，该项目折合包含实物回报后的总年化收益率在100%左右。此外，还有23个项目正筹备登陆新三板。

在项目类型方面，京东东家所选项目大多是以用户需求为核心驱动力的，如品质生活类、服务升级类、智能科技类、社群社交类的项目；在合作机构方面，东家目前已与国内红杉资本、经纬创投、真格基金、IDG资本、戈壁创投等50余家主流投资机构建立合作；在投资人数方面，超6万高净值用户在京东东家平台参与股权投资，重复投资率为30%，10%的投资人在平台投资项目超过5个；在项目退出方面，东家项目的主要退出方式包括IPO、新三板及区域性股权交易中心、并购、后续轮次融资等。

“东家”背后依靠京东金融大平台。京东金融率先推出众创生态圈，打造一站式创业创新服务平台，为所有创业者开放。京东众创生态圈已经覆盖京东资源、投资、服务对接、培训四大体系。其中，京东资源，包含京东商城、京东到家以及京东金融体系内的各个资源，涵盖渠道、物流、仓储、信息、支付等；投资，包括京东众筹雏鹰计划以及京东众创基金，通过直接或者资源投资，帮助企业度过成长的“瓶颈”期；服务对接，涵盖京东金融线上B2B平台以及线下的赴筹者联盟，能够为创业创新企业对接营销、品牌、运营、设计、法律、财务、咨询等；培训体系包含京东众创学院，为创业者提高创业导师和创业者社群。截至2017年3月，京东东家的103个项目中有9成的项目对接了京东众创生态圈资源，京东东家的投后团队为项目的平均增值服务数均值为2~3次。目前，京东商品众筹、股权融资、众创生态圈已经形成“三位一体”格局，通过生态圈的资源对接，提高早期创业公司成功的可能性。

此外，“东家”还设立了国内首个跟投基金——熙金资本跟投基金，该跟投基金的具体运作是在股权融资平台上先期募集跟投基金，投资人把钱投给跟投基金，跟投基金再根据团队的专业判断，将投资人的钱投进不同的项目里，相当于投资了“一揽子”优质创业项目，分担了风险，整个投资过程将变得更高效、更安全。在目前私募股权融资市场培育还没有成熟的前提下，引入跟投基金对行业具有较大帮助。

（二）人人投

人人投总部位于北京，于2014年2月上线，是我国首家专注于线下实体店铺股权众筹的互联网平台，是目前我国实体店铺众筹领域中，融资总额最大、上线项目最多、融资成功率最高、平台用户量最大的平台。截至2017年3月，人人投平台注册用户逾290万人，成功众筹金额达9.3亿元，成功众筹项目384个，融资成功率达90%，单个项目最高众筹金额2800万元，在实体店众筹领域的领先地位十分明显。人人投为创业者提供线上、线下项目路演，寻找融资相关服务；为投资者筛选项目、提供项目运作等投资相关服务，充分实现资本的合理流动和资源的优化配置。针对的项目是以身边的特色店铺为主，投资人主要是以草根投资者为主。全部人人投项目必须具备有2个店以上的实体连锁体验店，项目方最低投资10%。人人投凭借有力的推广平台让项目方在线融资的同时也在进行品牌宣传。

2015年，人人投为提升自身竞争力，采取了一系列措施。首先是诚信体系的建立。2015年上半年，人人投与29家业内知名互联网股权投资平台合作，打造行业联盟，同时与数家投融资机构以及征信等金融类机构合作，完善“黑名单”数据。此外，人人投投入了5000万元组织了追讨团队，虽然追讨团队一直广受争议，但也是目前最直接有效的为投资者维权的方式。

同时，人人投尝试建立互联网非公开股权投、融资生态链，即基于全方位满足平台投、融资双方的需求，通过引进保险、担保、资产处置、基金、征信等业务并进行有效整合的方式，加强完善平台产品、风控、融后等关键环节，降低或转嫁投资者相应的投资风险。2015年12月，人人投已与保险业巨头“中国人保”达成合作协议，生态链迈出了实质性的坚实一步。

在股权融资模式的创新方面，人人投创造了“定向众筹”模式，即项目方向指定地区的投资人进行融资的行为。2015年3月7日，“徒河黑猪”食品有限公司通过人人投平台，以“定向众筹”的方式为即将在北京建立的10家店融资，且只针对北京地区的投资人进行融资。“定向众筹”既能让项目方筹集到所需的资金，也让投资人把制造者、设计者、传播者、销售者、消费者的身份集于一身，降低了双方的沟通成本，使投资人成为项目更紧密的利益相关方。

本章小结

本章主要介绍了网络众筹的基本概念及分类，分析了网络众筹在全球的发展历程及在我国的发展情况，重点阐述了股权众筹的概念及在我国的运营特点，总结了网络众筹的优势，梳理了网络众筹的风险及行业未来的发展趋势，并就京东商品众筹、淘梦网、京东东家、人人投等典型众筹平台进行了案例分析。

思考题

1. 网络众筹融资过程一般由哪几个主体共同协作完成？
2. 网络众筹的四种不同形式都是哪些？各自有什么特征？
3. 在网络众筹过程中，众筹平台是如何保障支持者的权益的？

小组实训研讨题

1. 分别选择一家国内、国外的商品众筹网站，简要介绍其发展情况、服务特色、运营模式以及盈利模式，并进行对比。
2. 分别选择一家国内、国外的股权众筹网站，简要介绍其发展情况、服务特色、运营模式以及盈利模式，并进行对比。
3. 选择一家国内或国外的众筹网站，找到一个感兴趣的项目，关注这个项目的融资进展及运作模式，并撰写该项目的融资进度报告。
4. 你有什么创新或创意要众筹？回答并拟定一个网络众筹项目详细计划。

课外阅读

Pebble 智能手表项目

美国明星级的网络众筹平台 Kickstarter 上有众多产品众筹成功且名声大震，Pebble 智能手表项目就是典型代表。2012 年 4 月 11 日，项目发起人 Eric 抱着试一试的态度将 Pebble 智能手表项目发布到 Kickstarter 网络众筹平台上，希望给自己因为资金困难眼看要“流产”的项目再筹集到 10 万美元的运作资金，借以延续自己的梦想。团队 4 人发现在2小时后奇迹出现了，10万美元筹资目标居然已经完成，且仍在迅速增加；项目发布28小时之后，Pebble智能手表项目融资总额突破100万美元；在随后的37天内，共获得了68929人的资助，累计筹资额达到了1000万美元。

Pebble众筹项目在发布时就设定了相应的回报。

（1）1美元：投资者可以了解到Pebble智能手表的最近进展等独家消息，这一回报类别得到了2615位支持者。

（2）99美元：为投资提供一款零售价为150美元的黑色手表，美国境内免费配送；加10美元可以配送到加拿大；加15美元可以全球配送，这一区间吸引了200位支持者。

（3）125美元：可以从三种颜色的手表中任选一款，美国境内免费配送；加10美元可以配送到加拿大；加15美元可以全球配送，这一区间获得了14350位支持者。

（4）240美元：可以从三种颜色的手表中任选两款，美国境内免费配送；加10美元可以配送到加拿大；加15美元可以全球配送，这一区间获得了4925位支持者。

（5）1250美元：公司可以根据投资者的创意设计制作专有智能手表，同时还能获得5款不同颜色的手表。美国境内免费配送；加10美元可以配送到加拿大；加15美元可以全球配送，这一区间吸引了20位支持者。

Pebble智能手表在成功做了众筹首发后迅速开始社区化工作，硬件爱好者的活跃度还是很高的，而且由于同时占了可穿戴、炫酷、运动这些热潮，外加有屏幕，更容易做内容和运营，这很能聚焦爱好者的人气。爱好者在朋友圈之间推广，同为爱好者的朋友更容易且愿意接受这种推荐，这无疑在潜移默化之间为Pebble手表做了很好的宣传。

Pebble与Kickstarter合作的成功案例引发巨大的示范效应。自Pebble之后，又有众多硬件创新产品项目在Kickstarter平台上迅速涌现。

第十章　互联网消费金融

教学目标与要求

√掌握互联网消费金融的定义及运营模式
√熟悉消费金融与互联网消费金融的发展历程
√了解互联网消费金融的风险、监管及发展趋势

案例导读

随着经济转型对刺激消费、扩大内需日益迫切的需求，居民收入和消费能力的提升，消费观念的转变，我国消费信贷市场规模逐渐扩大。2016 年我国消费信贷规模达到 25 万亿元，占贷款余额的 23.5%，占 GDP 比重 33.7%。京东白条、天猫分期、借呗等金融产品将低收入群体、学生等原本无法从传统金融机构获得消费信贷的群体纳入消费金融市场。近年来，互联网消费金融市场呈现爆发式增长，2017 年，我国互联网消费金融市场放贷规模为 4.4 万亿元。预计到 2020 年，互联网消费金融市场交易规模将突破 30 万亿元。

第一节　互联网消费金融概述

一、消费金融概述

（一）消费金融的定义

在各种消费金融定义中，消费者信贷（Consumer Credit）是使用较多的词汇，是指金融机构向消费者提供的借贷产品和服务，以帮助消费者购买住房、日常消费品、大件耐用品等，从而提高消费者的福利。目前，我国对消费金融并没有统一的定义。2009 年，银监会在《消费金融公司试点管理办法》中，对消费金融公司的业务范围做

了规定："办理个人耐用消费品贷款；办理一般个人消费贷款。"从这个范围来看，消费金融的实质仍然是消费信贷，即为个人消费目的而提供的各种贷款服务。

广义的消费金融包括住房贷款、汽车消费贷款、耐用品消费贷款和旅游贷款等一般性消费贷款；狭义的消费金融不包括住房贷款和汽车消费贷款，主要是耐用品消费贷款和旅游贷款等一般性消费贷款。

（二）境外消费金融的发展情况

1. 美国

消费金融的产生与发展是以美国为代表的发达国家消费者信贷业务呈爆炸式增长为前提的。1919 年，通用汽车金融服务公司成为首家为中产阶级购车者提供信贷服务的公司，购车者不用一次结清所有货款，只需要支付一笔订金即可申请分期付款购买车辆。随着金融创新、科技发展和居民消费意愿逐渐增强，信用卡开始流行起来。1949 年，美国餐饮俱乐部 Diners Club 发行了 Diners Card，使得持卡人可以通过先消费后付款的方式获得酒店和餐馆提供的服务。1951 年，富兰克林国民银行发行了首张信用卡；随后，美国银行发行了 BankAmericard（Visa 卡的前身），曼哈顿银行发行了 MasterCharge（MasterCard 的前身）。20 世纪 80 年代以后，美国大多数州立法授权房屋净值贷款、多种利率的消费贷款组合和更高的利率限额，促进了美国消费金融和消费信贷的蓬勃发展。从广义上来说，这些贷款需求包括房贷、车贷、私人高档消费贷款（如移动房车、小型游船等）、家居贷款、电器贷款、服务型消费贷款（如旅游、度假、结婚和养生计划）等，金融机构也开始积极、创造性地开发并推出形式各异的消费信贷产品，来满足消费者日益增长的消费金融需求。

20 世纪 80 年代，美国三大全国性的信用机构（Epuifax、Experian、Trans Union）的数据库基本实现了覆盖全美所有消费者的全部信用活动记录。美国的信用报告行业虽然高度集中于这三家信用机构，但仍有 400 多家高度垂直细分或区域性的信用报告机构，因而在全国范围内形成了较为完善的征信体系。

20 世纪 60 年代以来，美国在消费金融领域也逐渐建立起较为完善的法律监管体系。比如，1968 年美国颁布了《消费者信贷保护法案》和《统一消费信贷法典》，美国还颁布了《公平信贷结账法案》《平等信贷机会法案》《公平信用报告法案》《公平债务催收作业法案》《公平准备信用交易法》《信贷活动条例》等法律法规，全方面保障消费者获得信贷的机会平等以及权益和隐私不受侵犯。2010 年，美国通过了《多德 - 弗兰克华尔街改革和消费者保护法》，该法案要求在美联储体系下设立消费者金融保护局，对提供消费金融产品和服务的金融机构实施监管，对金融产品的风险进行测试和防范，切实保护消费者利益。

2. 英国

1995 年以来，英国消费信贷的规模开始加速增长；2008 年，英国消费信贷余额达到2035亿英镑的历史高点；金融危机后，英国消费信贷出现负增长。截至2015年年末，英国消费信贷余额占GDP比重为9.6%；从结构上看，英国消费信贷中约1/3是信用卡贷款；从供给主体上看，货币金融机构的市场份额不断下降，其他放款人（包括专业放款人、零售商和保险公司等）的比重不断增加。

英国金融市场行为监管局（FCA）负责监管消费信贷领域，确保相关市场正常运作，保护消费者利益。在法律法规方面，英国于1974年颁布了《消费者信贷法案》，1998年颁布了《数据保护法案》，2006年颁布了《消费者信贷法案》的修订版，2010年颁布了《消费者信贷广告规定》，2012年颁布了《金融服务法案》。

3. 日本

日本是亚洲地区消费金融起步较早的国家，消费信贷市场形成于20世纪50年代。日本的消费金融行业是由商户主导的，其消费金融产品最初为分期付款，后来小贷公司和消费金融公司依托商户发展起来，其信用卡业务也是作为商户发放信贷的工具而出现的，因而商业银行介入消费金融领域较晚，市场占比较小。

日本以其系统化、专业化、规范化的个人信用中介服务机构为支撑，为消费金融发展提供保障。日本主要有三大个人征信机构，分别是PCIC、JICC、CIC。信用中介机构必须严格尊重和保护个人隐私并向会员提供资信服务，而且信息只供给会员用作评估个人信用的参考，会员必须严格保密客户信息。在法律法规方面，日本政府在分期付款扩张背景下于1961年制定了《分期付款销售法》；1983年实施了《贷款业规则法》，明确了放贷企业必须进行注册等规定；2003年颁布了《个人信息保护法》，对个人信息处理者（包括征信机构）应履行的义务等进行了详细规定；2006年颁布并实施了《贷款业法》。

（三）我国消费金融的起源与发展

早在20世纪80年代，我国商业银行就开始开展消费金融业务。1985年，中国建设银行深圳市分行发放了全国首笔个人住房抵押贷款。但受经济发展水平、市场体制及消费观念等因素制约，到1997年年末，全国消费信贷总额为172亿元，仅占金融机构贷款余额的0.2%。

1998年以后，为了应对亚洲金融风暴等影响，针对国内消费市场疲软和通货紧缩的苗头，中央陆续出台了一系列扩大消费的政策措施。例如先后发布了《关于加大住房信贷投入，支持住房建设与消费的通知》（1998年4月）、《个人住房贷款管理办法》（1998年5月）、《汽车消费贷款管理办法》（1998年9月）等。1999年2月又发布了《关于开展个人消费贷款的指导意见》，允许所有中资商业银行开办消费信贷业务，并提出在继续做好个人住房、汽车消费贷款的同时，各银行可在具备条件的地区，试办一些新品种的消费贷款，如耐用消费品贷款、教育助学贷款、旅游贷款等。此后我国消费金融行业进入规模化发展期，到2003年年末，我国消费信贷余额（包含个人住房贷款）达到15736亿元，较1997年增长了90倍。

2003年10月，银监会颁布《汽车金融公司管理办法》。2004年3月，中国人民银行和银监会联合颁布新版《汽车贷款管理办法》，在贷款人和借款人范围、车贷首付比例和年限等方面做出了较大调整，改变了车贷业务由商业银行垄断的局面。2004年8月，我国首家汽车金融公司——上海通用汽车金融有限责任公司成立。2008年，银监会颁发新的《汽车金融公司管理办法》，强化对汽车金融公司、股东及其高管和外包业务的监管。2009年3月，国务院发布《汽车产业调整和振兴计划》，支持国内骨干汽车企业建立汽车金融公司，还鼓励汽车消费信贷模式多元化。同年4月，商务部等八部委联合下发《关于促进汽车消费的意见》，提出稳步发展汽车消费贷款保险业务。

2009年7月，银监会发布《消费金融公司试点管理办法》，正式启动消费金融公司试点审批程序，在北京、上海、天津和成都各设立了一家消费金融公司进行试点。消费金融公司不吸收公众存款，以小额、分散为原则，通过自有资金为我国境内居民提供个人耐用消费品贷款及一般用途个人消费贷款。2013年9月，银监会宣布扩大消费金融试点城市至16个，消费金融被大众所熟知；2015年6月，国务院常务会议决定将消费金融公司试点扩至全国，鼓励符合条件的民间资本、境内外银行机构和互联网企业发起设立消费金融公司，此后互联网企业开始纷纷加入，消费金融呈现井喷式增长。截至2016年4月，共有15家消费金融公司获批成立，如表10－1所示，我国消费金融公司主要发起人多为商业银行，其次为零售类企业及外商。

表10－1　　我国消费金融公司成立情况

名称	注册资本/亿元	注册地	开业时间	主要发起人
北银消费金融公司	8.5	北京	2010年2月	北京银行
锦程消费金融公司	3.2	成都	2010年2月	成都银行
中银消费金融公司	8.89	上海	2010年6月	中国银行
捷信消费金融公司	3	天津	2010年10月	PPF集团
兴业消费金融公司	3	泉州	2014年12月	兴业银行
海尔消费金融公司	5	青岛	2014年12月	海尔集团
招联消费金融公司	20	深圳	2015年3月	招商银行子公司——永隆银行、中国联通
湖北消费金融公司	3	武汉	2015年4月	湖北银行
苏宁消费金融公司	3	南京	2015年5月	苏宁云商
马上消费金融公司	3	重庆	2015年6月	重庆百货
中邮消费金融公司	10	广州	2015年11月	中国邮政储蓄银行
杭银消费金融公司	5	杭州	2015年11月	杭州银行

续 表

名称	注册资本/亿元	注册地	开业时间	主要发起人
华融消费金融公司	6	合肥	2016 年 1 月	华融资管
晋商消费金融公司	5	太原	2016 年 2 月	晋商银行
盛银消费金融公司	3	沈阳	2016 年 2 月	盛京银行

2016 年 3 月，中国人民银行、银监会联合印发《关于加大对新消费领域金融支持的指导意见》，提出推动专业化消费金融组织发展，鼓励消费金融公司针对细分市场提供特色服务，通过金融债券发行、同业拆借、信贷资产证券化等方式，拓宽消费金融机构多元化融资渠道。

总的来看，随着国民消费能力的持续提升、互联网技术的发展、征信和法律法规体系的完善，我国消费金融将进入新的发展阶段。

二、互联网消费金融概述

（一）互联网消费金融的定义

互联网消费金融是指利用互联网及相关信息技术，为个人与家庭提供消费金融产品与服务的信用活动。其主要体现为传统消费金融活动各环节的电子化、信息化、网络化，以及在此过程中业务流程、模式等方面的改进与创新，是“互联网 + 消费金融”的新型服务方式。通常，互联网消费金融具有金额小、期限短、无须办理烦琐的贷款手续等特点，受到消费者的广泛欢迎。

（二）我国互联网消费金融的发展

2013 年以来，我国陆续出现了一些消费领域的互联网金融融资平台，例如由个体网络借贷平台撮合的出国留学、培训、婚庆等贷款就具有消费信贷的性质。2014 年 2 月，京东发布了消费金融产品——京东白条，随后，阿里和苏宁也分别推出了自己的互联网消费金融产品。电商巨头的进入，让更多人开始关注互联网消费金融领域，广阔的市场空间也成为创业公司的沃土。

2015 年 7 月，央行发布了《关于促进互联网金融健康发展的指导意见》，一方面明确了互联网消费金融的业务边界及监管要求；另一方面不仅鼓励消费金融机构依托互联网技术，积极开发基于互联网技术的新产品与服务，而且支持消费金融机构与互联网企业开展合作，拓宽金融产品销售渠道，创新财富管理模式。此后，越来越多的商业银行、消费金融公司、电商平台等机构开始抢占互联网消费金融市场，一定程度上改变了消费金融行业的发展格局，如图 10 - 1 所示。目前，互联网消费金融涵盖了购物、租房、装修、旅游、教育等各个垂直细分领域，覆盖了白领、蓝领、大学生及农民等各类人群。例如以大学生为主要用户的趣分期、专注于蓝领人群的买单侠、租房分期市场的斑马王国、装修领域的小窝金融等。

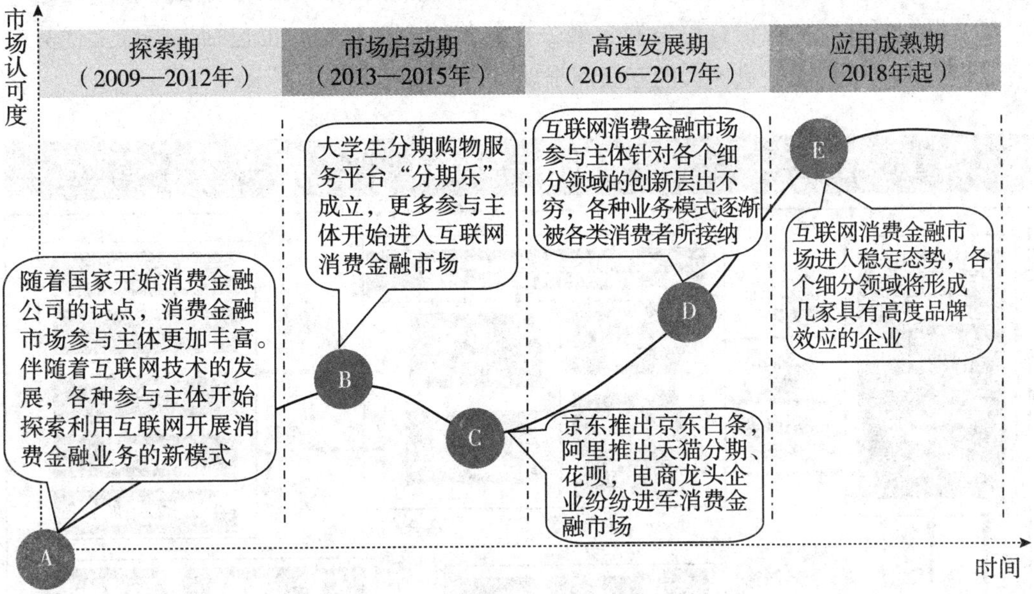

图 10－1　我国互联网消费金融发展路径

（三）互联网消费金融的优势

1. 获客能力强

传统消费金融机构主要通过地推、上门推销的方式开展业务，而互联网消费金融主要运用大数据和海量的用户数据进行有针对性的推送和主动授信，通过营销活动能够使存量用户迅速转化为有效的金融客户。

2. 产品设计更加场景化

传统消费金融机构需要客户到网点申请办理，而且要频繁往返网点进行签约、提现。而互联网消费金融是以无形的方式嵌入到消费场景中，申请更便捷，使用更方便，在购物和支付行为中让客户体会不到申请贷款的难度和困扰。

3. 风险管理更加技术化

互联网消费金融采用大数据技术构建有效的风控模型，并不断利用云计算、区块链、数据挖掘、人工智能等先进技术丰富和完善系统评估的数据维度、策略体系，不断提升系统风控的质量和效率，将传统金融机构需要大量人力服务的业务，转变成无须人工审核的线上自动化贷前风险识别、贷中与贷后风险管理。

第二节　互联网消费金融的运营模式

互联网消费金融已经成为我国金融行业的一大热点，各类主体都在积极争夺这一市场：既包括传统商业银行、消费金融公司等传统金融机构，也包括占据线上优势的互联网商业巨头以及数量庞大的互联网金融平台，如图 10－2 所示。

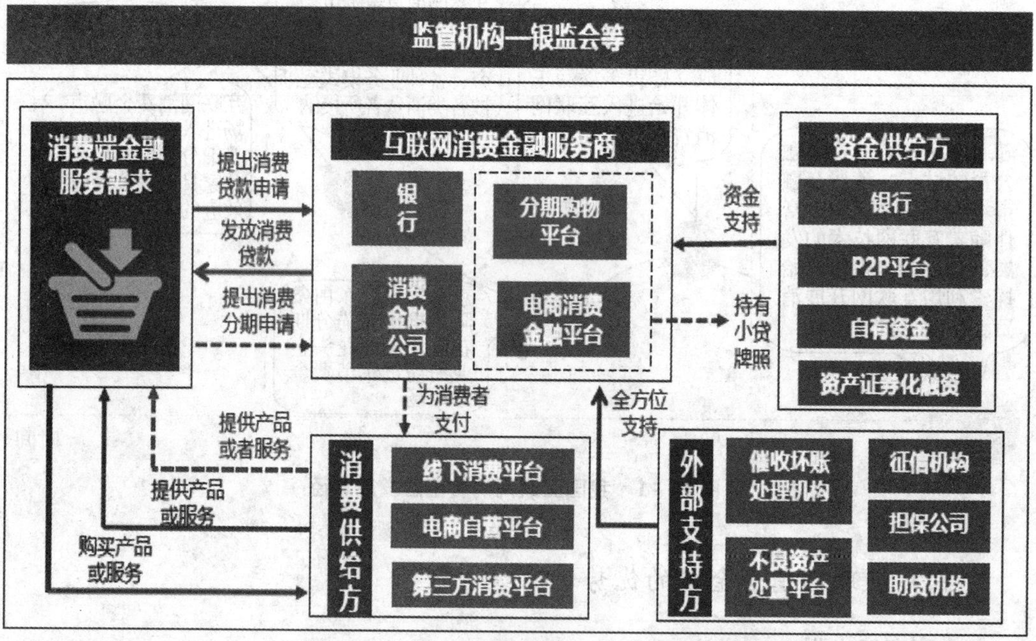

图 10－2　我国互联网消费金融行业图谱

资料来源：《中国互联网消费金融市场专题分析 2018》，Analysys 易观，http：//www. analysys. cn。

一、商业银行

目前的消费金融市场以房贷、车贷、信用卡为主，传统商业银行仍然占据着绝对的霸主地位。不过在互联网金融的冲击下，传统银行也在设法应对，积极布局互联网消费金融。银行发展互联网消费金融主要有以下途径。

（1）自建电商平台，嵌入购物分期等消费金融产品或服务。例如：2012 年，建设银行推出的“善融商务”商城，交通银行推出的“交博汇”；2013 年，农业银行推出“E 商管家”；2014 年，工商银行“融 e 购”正式上线。但相比互联网电商平台，银行在电子商务的品类管理、客户服务、用户体验、营销活动等方面都较为欠缺，依靠自建电商平台的方式来发展互联网消费金融的难度较大。

背景资料

工商银行“融 e 购”

为了分享更多消费红利，工商银行将原来几乎不产生价值，只是作为回馈客户、兑换礼品的积分商城，改造为类京东模式的电商平台。工银 e 支付、网银支付、逸贷等业务的推出，意味着工行的积分、分期付款都可以在这个平台上使用。

“购物可贷款，积分能抵现”是融 e 购最大的撒手锏，很快就将一批工行优质客户吸引过来。融 e 购平台上的商家多为工行选择邀请入驻，并给予他们 3 年全免交易费用的优待。目前，工行融 e 购商城汇集了数码家电、汽车、金融产品等几十个行业、数百个知名品牌、上万件畅销商品，有机整合客户与商户，有机链接支付与融资，统一物流、资金流与信息流，打通了消费和金融的两端。

（2）开发基于互联网的消费金融产品。例如：工商银行的“逸贷”、建设银行的“快 e 贷”、招商银行的“闪电贷”、中信银行的“信金宝”等，如表 10－2 所示。以建行的“快 e 贷”为例，客户可以全流程线上自助贷款，包括实时申请、批贷、签约、支用和还款。银行开发的互联网消费金融产品在用户体验上虽然有所提高，但仍然延续了过去的高门槛，大量缺乏信用记录的用户仍然被排斥在外。

表 10－2　　部分商业银行互联网消费金融产品

	工商银行逸贷	建设银行快 e 贷	招商银行闪电贷	中信银行信金宝
额度	最高 20 万元	1000～5 万元	1000～30 万元	最高 30 万元
申请条件及流程	18～70 岁；资信良好的优质客户；工行借记卡、存折、信用卡持卡人	25～60 岁；信用状况良好；持有建行个人金融资产（包括存款、理财产品等），或建行住房贷款客户等	招行收付易 POS 客户或招行代发工资客户	23～60 岁；代发工资客户，工资卡上每月收入大于 3000 元；工作城市在中信银行指定的城市范围内
还款方式	按月等额还款	到期还款；随借随还	等额还款；一次性还本付息	按月还本付息；可提前还款，但需付罚金
利率	基准利率上浮 10%	年利率通常 7.2%	一般不超过 0.05%/日	月手续费率 0.85%
期限	6 个月、12 个月、24 个月、36 个月	最长 1 年，循环使用	12 个月、24 个月	12 个月、24 个月、36 个月
放款时间	实时	实时	60 秒	3 天内

续 表

	工商银行逸贷	建设银行快 e 贷	招商银行闪电贷	中信银行信金宝
申请渠道	网上银行、手机银行、短信银行、POS（工行）	网上银行、手机 App	网上银行、手机银行、自助终端	银行网点、电话、网页，最终需到实体网点签约

（3）银行与电商平台合作推出消费金融产品，如中信银行和京东合作推出“小白卡”，打通京东和中信银行的产品体系、风控体系、用户体系，用户可以通过在网上消费、借助消费数据通过京东的审批模型，申请到“小白卡”，享受“京东白条＋信用卡”的双重账期。

（4）与其他公司合作成立互联网消费金融公司也是银行布局消费金融的重要途径。

总体来看，商业银行开展互联网消费金融业务侧重于对传统消费金融产品和服务的改善升级，更多的是防守存量阵地，这就留下了大量的市场空白。

二、消费金融公司

消费金融公司的兴起正好赶上互联网时代的浪潮，在产品设计、交易系统和风控技术等方面可以直接实现“互联网＋”的跨越。2015 年 1 月，重庆百货与其他五家公司共同发起设立了我国首家互联网消费金融公司——马上消费金融股份有限公司，通过搭建互联网平台，从基础设施、平台、渠道、场景四个方面扩展互联网平台业务。

相比传统银行的个人消费信贷业务，消费金融公司在组织架构的灵活性、信贷审批效率等方面更具优势。同时，消费金融公司的业务范围是全国性的，而且拥有银监会批准的牌照，因此参股消费金融公司受到不少商业银行及非金融企业的青睐。目前一些互联网化程度比较高的消费金融公司已经直接实现了信用贷款申请的全程线上化，如兴业消费金融的网络贷，招联金融的零零花等。

三、电商平台

随着互联网消费的崛起，电商平台交易额迅速增长。电商平台在聚集起庞大交易规模的同时也形成了一条比较完整的产业生态，以阿里、京东、苏宁为代表的电商平台开始依托这种优势推出互联网消费金融产品与服务。电商企业通过交易平台分析消费者的交易数据及其他外部数据，提供给消费者数额不等的信用额度，消费者可以在信用额度内在该电商平台进行消费，由电商平台成立的消费信贷公司或第三方进行资金垫付，消费者在约定的还款期限内还款，电商平台收取一定比例的服务费。

这种模式使得电子商务交易平台、资金提供方和消费者三方构成了一个良性的生态循环系统，如图 10－3 所示，而电商平台是其中的核心参与方。电商平台直接面对消费者，在商品渠道、支付渠道上掌握了消费者的信息流、商品流、资金流信息，为其进行大数据风控提供了条件。同时，这些信息也是电商企业参与消费金融市场的核心竞争力，利用这些信息可以分析消费者的消费习惯、消费特点等，可以成功地将消费需求与互联网消费金融产品联系起来。

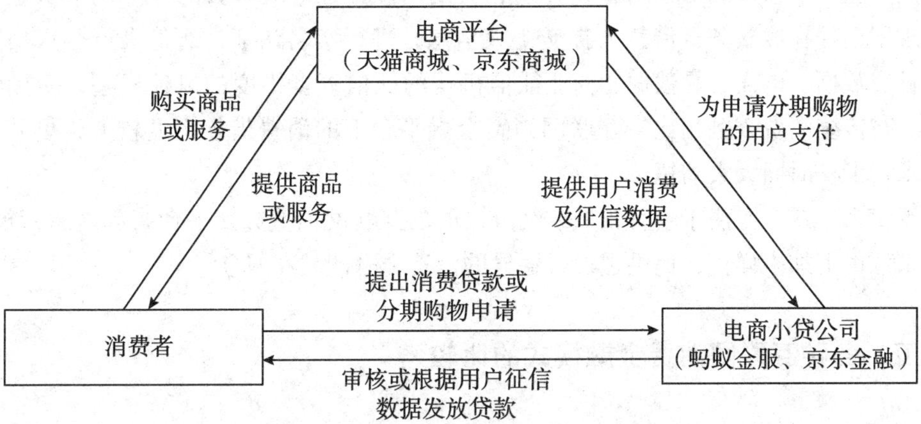

图 10－3　电商平台互联网消费金融运行模式

2014 年以来，各大电商企业纷纷涉足消费金融领域，如京东白条、蚂蚁花呗、苏宁任性付等，如表 10－3 所示。

表 10－3　　　　主流电商平台互联网消费金融产品比较

	京东白条	蚂蚁花呗	苏宁任性付
消费场景	京东商城自营商品、部分第三方商户的实物商品和 170 手机号购买	淘宝、天猫商城（部分商户、商品不支持），唯品会、亚马逊等 40 余家电商平台	苏宁易购、苏宁云商、部分合作商，虚拟商品除外
手续费（月）	0.5%～1%	2.5%～8.8%	0.498%
分期付款特点	最长 30 天延后付款期，30 天免息；3～24 个月分期付款	每月 10 日固定日期还款；最长免息期达 41 天，最短免息期 11 天	30 天免息；指定商品“三零”分期（零首付、零利息、零手续费）；最长分期 5 年（特殊商品）
逾期费率（日）	0.03%	0.05%	0.05%
最高信用额度及特点	1.5 万元，大多数用户不超过 1 万元，普通用户只有 6000 元	从几千元到 3 万元不等，钻石级买家 8000 元，三星级买家 1000 元	V1 用户 3000 元，V2 用户 5000 元，V3 用户 8000 元，最高可达 20 万元

四、互联网消费金融平台

很多互联网金融平台以个人用户的信用消费金融为发展方向，在小额信贷领域针对不同类型的借款人和借款用途设计了相关的借款产品。大多数的互联网消费金融平台实现了全程在线服务，借款人提交个人信息，进行实名认证，通过央行个人信用报告、社交数据、电商交易数据、商业征信机构的征信等多维度的风控模型，做到快速授信。与传统消费金融相比，互联网消费金融平台上的消费借款额度较低，更贴近消费需求，审核时间大大缩短。

近年来，众多专注于垂直领域或细分人群的互联网消费分期平台兴起，运营模式、资金来源也更加多样化，提供了形式各异的消费金融产品和服务。

五、各种互联网消费金融模式的比较

（1）商业银行消费贷款业务模式较为成熟，是房贷、车贷的主要借款端，有庞大的客户存量，资金成本低。但是与互联网的结合度、关联度不高，缺乏线上消费场景，审批要求严格，风险容忍度低，放款周期较长，客户体验差。

（2）消费金融公司的产品服务受众群体较狭窄，客源需要重新积累，业务办理效率较低，多数没有线上消费场景，亟须利用牌照、股东等各种有利资源来创新发展。

（3）电商平台模式的线上用户覆盖优势明显，与互联网消费的关联度最高，业务创新与大数据应用等技术实力较强，但是线下消费影响偏弱，缺乏金融牌照，因而只能与其他金融机构合作。

（4）互联网消费金融平台专注于垂直细分市场，有利于其了解该领域的资金需求特点和风险特征，但其资金成本最高，风控能力最弱。

以上四种互联网消费金融模式在客群覆盖、审贷模式、资金来源方面均有不同，如表 10－4 所示。

表 10－4　各种互联网消费金融模式的比较

	商业银行	消费金融公司	电商平台	互联网消费金融平台
客群覆盖	传统存贷业务已经积累了庞大的客群，品牌认知度高，开发潜在客户的信任成本较低	处于市场拓展和提升品牌效应阶段，市场接受程度不高，覆盖用户群体较小	通过自身平台及支付、小贷等延伸业务，覆盖大量的消费者，与线上消费、年轻客群的结合度最高	针对性覆盖细分市场消费者、电商用户，实际可控的用户数量不多

续　表

	商业银行	消费金融公司	电商平台	互联网消费金融平台
审贷模式	拥有成熟的征信和审贷体系，能够对接央行个人征信系统，风控能力强，但是效率偏低，对用户消费意愿的影响力不足	对用户信用风险的容忍度高于银行，审批程序也比银行更有效率，更愿意从事风险较高的高利润业务	主要借助用户的消费记录、第三方征信平台进行征信和审批，部分电商还开展征信业务	面对个人的征信体系基础和建设难度较大，但互联网特色的消费金融运作相对于传统金融机构更有效率
资金来源	资金来源于储户的存款，较为充足与稳定，融资成本最低	不能吸收存款，除资本金外，可以通过境内同业拆借、向境内金融机构借款以及经批准发行金融债券进行融资，融资成本较高	资金来源于股东资金、合作金融机构的资金、资产证券化产品，资金实力和融资成本要强于消费金融公司	资金来源于股东资金和投资机构，融资成本最高

第三节　互联网消费金融的风险与监管

一、互联网消费金融的风险

（一）消费者面临的主要风险

1. 被不当诱导的风险

消费金融是新生事物，用户以年轻人为主，好奇心强、乐于尝试，但是风险防范意识和金融消费经验不足，易被过度广告、过度营销所影响，导致过度负债，轻则影响个人财务和信用，重则影响正常工作、生活和学习等。

2. 个人信息泄露的风险

用户在申请消费信贷时需要提供大量的个人资料，这些资料为消费金融服务机构所掌握。相当一部分机构对用户信息安全的重视度不足，缺乏足够的技术能力和内部规范，甚至存在出售用户信息牟利的行为，加之监管困难，极易导致个人信息泄露，给消费者带来意料之外的风险。

3. 被不当催收的风险

消费金融的借款额度小，催收成本相对较高，因此大部分机构在遇到消费者违约时以软催收（如电话、短信、邮件、社交平台）措施为主，看似温和，但由于生活网络化的加深，这些措施的过度使用同样会给消费者带来超过其应受惩戒的伤害。同时，部分机构因为掌握线下渠道，可以与消费者实地接触，或者委托当地机构实地催收，更可能给消费者带来软硬暴力的直接伤害。

（二）消费金融机构面临的主要风险

1. 信用风险

消费金融产品绝大部分都是小额无抵押无担保的纯信用贷款，而且部分互联网消费金融平台可能会出现过度授信现象，因此信用风险是消费金融机构面临的主要风险。由于互联网消费金融的审批流程一般比较简洁、快速，业务扩张速度快，传统经验不易发挥作用，而新的模型算法尚未经过充分验证，借款人自身的信用风险不容忽视。另外，行业内还存在着大量新兴的消费金融机构，其成立时间较短，缺乏相关的人才、技术储备，仅依靠渠道、流量或网络运营优势介入消费金融业务，在我国个人征信体系和信息共享机制尚不完善的情况下，导致自身审核能力较弱，极易造成坏账。

2. 法律合规风险

虽然银监会已经出台了关于消费金融的管理办法，但并没有对互联网模式下消费金融的主体资质、经营行为、违法处罚等进行全面规范。比如，商业银行与消费金融公司开展消费金融业务，有相关的监管规定及准入门槛，服务主体拥有经营牌照，不存在经营资质的合规性问题；以电商小贷公司为主体开展的消费金融业务，虽然拥有放贷资质，但存在其经营范围能否包括消费信贷、是否可以跨区域经营等问题；互联网金融平台开展的消费金融业务，没有正规放贷牌照，目前处于监管空白，存在一定的法律合规性风险。

除了机构资质，互联网消费金融的创新行为也有可能涉嫌违法。比如2014年3月，微信、支付宝与中信银行联合推出的虚拟信用卡业务被叫停；2016年3月，以“消费金融”名义发放的“首付贷”业务因增大了住房金融的系统性风险被叫停。

3. 操作风险

互联网消费金融行业属于新兴行业，由于缺乏相应的监管，在业务运营过程中有可能存在诸多的操作风险。①劝诱性宣传。部分消费金融机构以低息、便捷、时尚等为诱饵，劝诱消费者申请消费贷款，甚至激发消费者的攀比、虚荣心理，诱使其承担不必要的借款负担，甚至导致过度消费和过度借贷。②信息披露不足。一些机构对消费金融产品和服务的信息披露存在不明确甚至故意隐瞒的问题，如在贷款利率、逾期利率、相关服务费用等关键信息方面存在披露不足的问题，造成“低息”假象。③不当催收。一部分互联网消费金融机构将催收业务外包给第三方催收机构，而第三方催收机构良莠不齐，可能会采取一些不当手段，损害消费者的合法权益。

4. 竞争风险

随着国家加大对消费金融行业的支持力度，越来越多的机构和平台进入消费金融领域。参与主体数量的快速增加，使得一些消费领域中的目标客户产生重叠，获客与渠道竞争越来越激烈。在缺乏监管的情况下，市场的无序盲目竞争将进一步加剧消费金融行业的风险，进而损害消费金融机构与消费者双方的权益，对行业健康发展的舆论环境和政策环境造成了不良影响。

二、互联网消费金融的监管

互联网消费金融的规模虽然尚小，但其扩张速度极快，在缺乏适度监管的情况下，应当加强以下几个方面的工作。

（一）保护消费者的合法权益

消费金融牵涉面广，且客户群体过于集中在年轻人、中低收入群体，信息辨别能力较弱、金融知识欠缺、风险承受能力较差、维权能力有限。相对消费金融服务机构，消费者处于弱势地位，合法权益容易受到侵犯而难以主张，因此互联网消费金融的监管首先应以保护消费者的合法权益为前提。

（二）打击恶意欺诈、骗贷等违法行为

信用风险首先来自恶意欺诈、骗贷、逃贷等行为，且恶意欺诈者的行为具有示范效应，极大地提升了互联网消费金融机构的风险管理成本和经营成本，加重了整个行业的负担。严厉打击恶意欺诈、骗贷等行为，将在实质上降低机构内的操作成本、机构间的交易成本和消费者的借款成本，提升行业效率。

（三）规范市场竞争

监管缺失下的恶意竞争必将导致市场逆向选择，伤害正当经营机构及相关合作机构，损害消费者的合法权益，抑制真正的模式创新和技术创新。规范市场竞争、维持良好的市场秩序是互联网消费金融健康发展的助推剂。

（四）建立健全行业基础设施和制度

建立健全行业基础设施和基本制度是互联网消费金融健康发展的基石。加强互联网消费金融的基础设施建设包括征信数据共享、资金与信息安全管理、消费者法律援助等方面；加强基本制度建设包括业务经营指引制度、机构违规运营检举与惩戒机制、消费者权益保护机制、机构间信息交流制度、业务数据报送制度、机构正常退出制度等。

第四节　互联网消费金融的发展趋势

一、拓宽融资来源，降低融资成本

境内外的消费金融机构有一个共同特点，就是不吸纳存款。缺少稳定和庞大的存

款这一资金来源，不仅限制了消费金融的发展，同时给融资成本带来了不确定性。我国的消费金融机构除了依靠出资者提供的启动资金和利用银行同业拆借等融资手段外，应广开思路，广泛开拓融资渠道和产品；政府和金融监管部门也应为其提供更好的筹融资环境，大力推广资产证券化等创新金融产品的发展。

二、加强消费金融机构的风险控制

支持民营个人信用机构的发展，充分利用大数据的技术手段，积累有效的个人信用评价机制，与央行的征信体系形成有效互补。在共享信用体系的基础上，消费金融机构应该争取建立独立的风险评估部门和完善的风控措施，合理利用包括保险、担保等在内的风险分散手段，有效管理消费金融业务，避免信用风险与流动性风险。

三、明确定位，走特色化发展道路

在客户定位上，消费金融机构应明确定位于中低消费人群，通过拓展业务合作和销售渠道，锁定潜在客户，加强营销力度。在产品设计上，消费金融机构应通过对消费市场和居民需求进行细分和研究，根据市场需求的特点探索与之相适应的业务和产品结构，按照客户家庭分层设计更多个性化的信贷产品，不断丰富产品功能，为客户提供全面化、专业化、标准化、自动化的便捷高效的融资服务。

第五节 互联网消费金融的案例分析

一、商业银行

传统商业银行提供互联网消费金融服务大多依托于信用卡开展业务或是将传统消费金融产品互联网化，而新兴的互联网银行提供的互联网消费金融产品具有一定的创新性。

微粒贷

微粒贷是深圳前海微众银行旗下的一款纯线上个人小额信用循环消费贷款产品，因为微众银行是互联网银行，所以其消费贷款属于银行贷款范畴。2015 年 5 月，微粒贷先后上线 QQ、微信，利用社交大数据优势抓住有需求的客户，为用户提供最低 500 元、最高 30 万元的贷款服务，满足客户在日常生活中的个人消费或临时的资金周转需求。

微粒贷产品的操作流程极其简单快捷，授信审批时间仅需 2.4 秒，40 秒之后便可实现资金到账；最吸引人的莫过于贷款申请无抵押无担保，随借随还，按日计息，既为客户免去了逾期还款之忧，还降低了客户的融资成本，极大提升了用户体验。在追求便利、快捷、灵活的同时，“微粒贷”进一步优化个性化服务，为听障人士专门设立了手语服务人员，通过视频以及短信进行咨询和交流。

在信用风险管理上，“微粒贷”运用了一套基于社交数据的模型，称为“白名单”主动授信制度。所谓“白名单”，就是基于大数据层层筛选出一些“优良客户”，对这些“优良客户”采用用户邀请制，即只有受邀用户才可以在手机 QQ 的“QQ 钱包”内以及微信的“微信钱包”内看到“微粒贷”入口。如果客户申请贷款，微众银行便进一步向央行采集信用记录并结合其社交数据、生活轨迹等，得出综合评分，最终决定放贷额度。有了这样多环节、多方面、主动的贷前识别，便能更精确地识别客户，有效防范信用风险与盗号欺诈风险。

微粒贷业务发展十分迅速，2017 年第一季度，微粒贷累计发放贷款 3000 亿元，开通用户突破 2000 万人，平均每笔借款金额 8200 元左右，覆盖全国 31 个省市，567 座城市。

二、消费金融公司

（一）捷信消费金融有限公司

捷信消费金融有限公司是最早四个试点消费金融公司中唯一一家外资独资的公司，是捷克 PPF 集团旗下的全资子公司。捷信目前的消费金融产品有两类：现金贷和商品贷。现金贷是直接将现金借给借款人，而商品贷是帮助借款人分期购买商品。目前捷信消费金融产品种类比较全面，基本覆盖了现有市场上主流的消费场景，比如家用电器、3C 产品、家具、教育培训、美容、婚庆等。但是，捷信消费金融主要通过和线下销售商合作来开展业务，如国美和迪信通等，消费者必须到线下销售网点才能享受到服务。其业务模式是线下消费者有分期需求后，通过店内销售人员的指引完成线下签约，再由销售人员在终端上传资料到捷信审批。通过审批后消费者可下载捷信还款 App，在 App 内部做确认还款。

捷信还推出了一系列方便消费者的服务条款，如“15 天犹豫期”服务：办理了捷信贷款产品的消费者，在 15 天之内可以单方面终止合同，只需归还本金，不用缴纳任何服务费用。另外，还有“灵活还款服务包”可以使消费者根据自身情况灵活变更还款日期，方便现金周转。截至 2017 年 6 月，捷信在中国的业务已覆盖 29 个省区，312 个城市，拥有 8 万多名员工，超过 22 万个贷款服务网点。

（二）北银消费金融有限公司

北银消费金融有限公司成立于 2010 年 3 月，是经中国银监会首批获准筹建、由北京银行发起设立的国内首家消费金融公司，是一家专为我国境内居民个人提供以消费为目的的贷款的非银行金融机构。2013 年，北银消费金融公司与全球最大消费金融公司——西班牙桑坦德消费金融公司，以及利时集团、联想控股、大连万达等一批国内知名民营企业签署股份认购协议，并与西班牙桑坦德消费金融公司签署全面战略合作协议。

其产品的种类包括直接支付类、受托支付类、循环信用类。这三类产品的本质是现金贷、代付消费贷款和循环使用的消费贷款，如表 10－5 所示。

表 10－5　　北银消费金融产品

产品类型	产品名称	覆盖场景
直接支付类	轻松 e 贷、极速贷、轻松贷、白领贷、惠农贷、尊享时贷、助业贷	现金贷款
受托支付类	轻松付、易分期	线下经销商出售的家电和 3C 产品
循环信用类	Mini 循环消费贷	现金贷款、随借随还、类似信用卡

北银消费金融有限公司提供的产品类型较为丰富，但还是以现金贷为主，受托支付类的贷款较少。在现金贷款业务中，一些贷款项目要求借款人必须有一张北京银行的银行卡。北银消费目前还在不断扩张线下的消费渠道，准备与更多消费渠道合作。同时，北银消费也开始重视线上消费贷款业务。消费者可以通过其官网或者 App 在线申请现金贷款。此外，其微信公众号中有分期商城，一些产品可以直接通过商城分期购买。其中有一款针对境外游做存款证明的贷款，属于比较特别的消费金融产品。总之，北银消费的消费金融产品目前以现金贷为主，同时也在结合银行的资源布局线上和线下的受托支付类贷款。

三、电商平台

（一）京东白条

京东金融的消费金融产品是以京东白条为载体，从线上往线下、从京东电商生态向京东外生态延伸的过程。作为消费金融行业领先品牌，2014 年 2 月，白条在京东商城上线，为用户在购物时提供“先消费，后付款”“30 天免息，随心分期”服务，成为行业创新典范。

最先推出的京东白条是为在京东商城购物的用户提供分期服务，其产品背后的逻辑在于京东凭借其对供应商的议价能力，出让其与供应商的账期利益针对用户做的赊购业务，从而使用户可以享受分期购物的服务。2015 年，白条开始走出京东，以开放合作的姿态融入更多场景，为用户提供信用消费贷款。目前包括与银行携手打造的白条联名信用卡，与第三方商户合作提供的“白条”分期旅游、租房、装修、购车、教育等服务，并设有专门为校园和乡村人群提供的消费金融支持，如表 10－6 所示。从用户的覆盖面来看，京东白条的逻辑非常清晰。首先通过京东白条覆盖年轻白领，再用校园白条覆盖大学生群体，最后通过农村金融下沉到农民群体。此外，对于有大额信用卡的群体，白条也可以通过产品的多样化进行覆盖，例如安居白条和汽车白条。

表 10－6　　京东白条旗下产品

产品名称	产品简述
京东白条	可为用户提供在京东商城购物 30 天延期付款及分期的服务
校园白条	针对大学生群体的“京东白条”
白条联名卡	与中信银行推出的信用卡，相对于一般信用卡有更长账期
旅游白条	提供旅游分期服务
安居白条	提供装修贷、租房分期的服务
汽车白条	提供购车分期服务，易鑫车贷流量入口
京东金采	针对企业用户的“京东白条”
农村金融	针对特定农户的生产贷款和针对乡村推广员的白条产品

京东白条业务不需要人工审批，都是通过风控大数据模型来识别用户。后台风控系统会根据购物习惯、信用状况、收货地址稳定程度等，结合多种因素和数据去“识别”用户，然后迅速给出“白条”是否可激活的评定结果。

2016 年，白条开始去京东化策略，升级品牌并独立域名，于 9 月正式推出线上线下均能任性使用的“白条闪付”产品。只要是在可以支持闪付的 POS 机商户，将已开通白条闪付功能的白条添加到 Apple pay、华为 pay、小米 pay 等手机钱包里，即可在全国千万家商户使用。

（二）蚂蚁花呗

蚂蚁花呗是蚂蚁金服推出的一款消费信贷产品，申请开通后，将获得 1000～50000 元不等的消费额度。用户在消费时，可以预支蚂蚁花呗的额度，享受“先消费，后付款”的购物体验。

2015 年 4 月，蚂蚁花呗正式上线，主要用于在天猫、淘宝上购物，受到广大消费者的喜爱。凭借其庞大的天猫、淘宝用户群体，蚂蚁花呗较易推广，获客成本极低。为了更好地服务消费者，蚂蚁花呗开始打破购物平台的限制，将服务扩展至更多的线上线下消费领域。目前，蚂蚁花呗已经走出阿里系电商平台，共接入了 40 多家外部消费平台：大部分电商购物平台，比如亚马逊、苏宁等；本地生活服务类网站，比如口碑、美团、大众点评等；主流 3C 类官方商城，比如乐视、海尔、小米、OPPO 等官方商城；以及海外购物的部分网站。

蚂蚁花呗根据消费者的网购情况、支付习惯、信用风险等综合考虑，通过大数据运算，结合风控模型，授予用户不同的消费额度，并且额度是动态变化的。蚂蚁花呗的额度依据用户在平台上所积累的消费、还款等行为授予，用户在平台上的各种行为是动态和变化的，相应的额度也是动态的，当用户一段周期内的行为良好，且符合提额政策，其相应额度则可能提升。

2016 年 8 月 4 日，蚂蚁花呗消费信贷资产支持证券项目在上海证券交易所挂牌，这也是上交所首单互联网消费金融 ABS。

四、互联网消费金融平台

（一）买单侠

买单侠是秦苍科技自主研发设计的一整套分期创新解决方案。最初买单侠是以微信服务号为载体为消费者提供手机分期服务。其产品模式是让用户在线下的手机销售商场选好手机产品后，关注买单侠微信号，再填写用户信息。如果用户通过审批则可以直接通过银行卡接收到贷款，然后用户在商户的 POS 机上刷卡，获得想购买的手机产品。

买单侠的特点在于对用户和店员均实施风控，同时改善用户贷款体验，一般来说用户在 15 分钟之内就能得到审批。从用户覆盖度来看，买单侠主要针对二、三线城市的蓝领做手机的消费分期业务。目前，买单侠已经开始对部分借款人提供 3000 元以下的现金贷款业务。

（二）趣分期

趣分期是我国较早专门做大学生消费分期的公司，最初只针对 3C 产品。其消费产品模式是搭建一个消费分期网站，大学生用户可以直接在分期网站选择商品分期购买，也可以从京东或者天猫上复制想要购买的产品链接到趣分期的网站上进行申请。之后，由大学生所在学校的线下风控人员上门审核借款人身份并与借款人签订《借款合同》。最后，趣分期将购买的商品邮寄到用户的地址，借款人按期还款。趣分期主要有三类产品，除了最初提供的 3C 产品的分期，还增加了全品类的商品分期、现金贷产品以及为拿到单位录取通知的大学生提供的 Offer 贷款。获得 Offer 贷款的大学生可以在实习期间还付利息，正式工作后偿还本金，如表 10－7 所示。

表 10－7　趣分期产品

产品名称	应用场景
趣白条	现金贷
分期购物	全网商品分期购物，不仅限于 3C
Offer 贷款	211、985 应届毕业研究生获得 Offer 才能申请的现金贷款

趣分期可以直接通过 App 借款，但是如果没有风控人员的实地审核，得到的授信额度就较少。由于趣分期得到了阿里的投资，因此可以对接支付宝，还可以通过授权得到用户的芝麻信用分数作为授信参考。

本章小结

本章分析了消费金融行业在境外的发展历程及在我国的发展情况，重点阐述了我国互联网消费金融的运营模式及各自的运营特点，总结了互联网消费金融的优势，梳理了互联网消费金融行业存在的风险、监管及发展趋势，并就微粒贷、捷信消费金融有限公司、北银消费金融有限公司、京东白条、蚂蚁花呗、买单侠、趣分期等典型互联网消费金融机构与产品进行了案例分析。

思考题

1. 什么是互联网消费金融？它对于促进我国经济发展有何意义？
2. 互联网消费金融与传统消费金融相比，有哪些优势？
3. 互联网消费金融有哪几种模式？
4. 互联网消费金融未来有怎样的发展趋势？

小组实训研讨题

1. 以蚂蚁花呗为例，总结我国互联网消费金融业务的发展情况。
2. 选择一款互联网消费金融产品，简要介绍其发展情况、服务特色、运营模式以及盈利情况。

课外阅读

京东白条 ABS 产品发行

2015 年 10 月 28 日，京东金融发行的资本市场第一个基于互联网消费金融的资产证券化产品（ABS）——“京东白条应收账款债权资产支持专项计划”在深交所正式挂牌。京东金融 CEO 陈生强与京东白条 ABS 的管理方——华泰证券资产管理公司总经理崔春共同敲响当天的开市钟。

陈生强表示，京东白条 ABS 在深交所挂牌，成为能在市场上自由交易的资产品类，是目前资产证券化市场在互联网消费金融的首次尝试。与此同时，这次和华泰资管的资产证券化合作，打开了一条新的资金渠道，对京东金融的未来发展具有非常重要的战略性意义。这次京东白条的资产证券化实际上对整个互联网消费金融行业来讲，也是一个新的突破。陈生强认为，京东白条ABS的顺利发行及挂牌交易，体现了京东金融所具备的大数据风控体系已经得到市场认可。

陈生强透露，京东白条刚上线的时候，其风控模型有50个左右的变量，而到现在，其构建的大数据风控模型已经囊括了1000个左右的变量。截至目前，京东金融已经完成1亿用户的信用评估。

在挂牌仪式上，深圳证券交易所总经理助理刘海波表示，京东白条作为面向消费者的消费金融业务，让用户在网上消费的同时享受先消费后付款的赊销服务，这是融合电子商务与互联网金融的创新业务。在当前经济新常态下，京东白条应收账款债权资产支持专项计划的发行，充分发挥了互联网创新和驱动的作用。①

① 本文引自黄倩蔚、彭琳：《互联网金融试水资产证券化》，《南方日报》2015年10月29日。

第十一章　互联网金融监管

教学目标与要求

√了解国外互联网金融的监管实践

√熟悉我国互联网金融的监管情况

√了解我国互联网金融监管的发展方向

案例导读

2016年10月30日，华信集团旗下的网络借贷平台——罗斯金融部分项目出现逾期，合作企业负责人被曝“跑路”，投资人维权无门。在此背景下，不少罗斯金融投资者自发组织了一次投资者维权，让其股东华信集团成为舆论焦点。该起事件仅仅是众多网贷平台“跑路”的一个缩影。正是由于缺少监管与相应的法律规范，一些网络借贷平台从“自融”开始，融资雪球越滚越大，事后卷款而逃，给投资者带来了损失。因此，建立合适的监管体系，采取恰当的监管措施，是保障互联网金融规范发展的内在要求。

第一节　境外互联网金融的监管实践与启示

一、美国互联网金融的监管实践

美国实施功能性监管，并且奉行的原则是多头监管、权力分散、相互制约与平衡，实行联邦与州政府共同管理模式。对于金融创新，监管当局基本持审慎宽松态度，在坚持金融消费者保护的前提下，针对金融创新出现的新问题和新情况，在现有的法律框架基础上采取补充、修订、豁免的方式进行完善，将新兴的金融创新纳入监管范畴内。

（一）网络银行业的监管

20 世纪 90 年代中期，网络银行兴起以后，美国监管部门认为网络银行这种金融创新可以降低金融机构与金融消费者的交易成本，有利于改善金融服务，因此采取了支持与鼓励的态度。另外，消费者保护是美国金融监管的首要任务，因此为了适应网络银行的发展，美国与时俱进地对原有法律法规进行了修订、补充和完善，并订立了一些新的法律加强对网络安全、电子签名等新出现的问题进行规范监管。

1. 监管机构

涉及网络银行业的监管机构包括货币监理署（OCC）、美联储（Fed）、联邦存款保险公司（FDIC）、财政部储蓄机构监管局（OTS）、全国信贷联盟署（NCUA）、联邦金融机构审查委员会（FFIEC）等全国性的监管机构。如果网络银行是州立注册的，还需要接受各州监管机构的监管。2008 年次贷危机之后，美国针对监管体系的漏洞颁布了《多德－弗兰克华尔街改革和消费者保护法》并设立了协调联邦与州监管机构间沟通和信息分享的金融稳定监管委员会（FSOC）以及实施消费者教育计划的消费者金融保护局（CFPB）。2011 年 7 月，美国联邦贸易委员会（FTC）也开始对网络银行业执行调查职责和采取执法手段。

2. 法律法规

美国从 20 世纪 90 年代中后期开始，针对网络银行业的发展情况和发展特点，及时地制定了一些针对性较强、具有可操作性的法律法规，为网络银行业的风险管理提供了法律框架，如表 11－1 所示。

表 11－1　美国网络银行业的法律法规

法律名称	颁布机构	颁布时间	法律内容
《电子资金转移法》	美国国会	1978 年批准，1989 年修订完成	保护消费者不受非授权电子资金交易的损失
《网络信息安全稳健操作指南》	美联储	1997 年 12 月	网络银行信息监管规则
《技术风险管理——个人电脑银行业务》	货币监理署	1998 年 2 月	网络银行业务技术风险管理
《电子银行业务——安全与稳健审查程序》	联邦存款保险公司	1998 年 6 月	电子银行业务监管规则
《电子签名全球与国内贸易法案》	美国国会	2000 年 10 月	保障电子记录和电子签名的法律效力

续　表

法律名称	颁布机构	颁布时间	法律内容
《外包技术服务风险管理》	联邦金融机构审查委员会	2000 年 11 月	网络银行外包技术风险管理
《统一货币服务法》	统一州法全国会议委员会	2001 年 1 月	第三方支付机构监管框架
《网络银行最终规则》	货币监理署	2002 年 5 月	网络银行的经营业务、数据处理业务、信息产品业务、副产品销售等业务的检查与监管
《2015 年消费者隐私权法案》草案	美国国会	2015 年 3 月	保护消费者个人信息隐私权利

3. 市场准入与内部控制

传统金融机构开展网络银行业务，不需要重新注册和审批，只要定期提交网络银行业务检查报告与数据即可；对于纯粹虚拟网络银行的设立，需要按照新设立银行的标准进行注册和审批，并满足其他特定条件。网络银行应具有内部监控机制，利用实时跟踪技术对可能发生的风险进行识别与监控，对已发生的风险进行纠正恢复。

（二）网络借贷行业的监管

美国对网络借贷行业的监管延续了金融监管的传统，采取以行为监管与消费者保护为特征，多部门分头监管，联邦政府与州政府共同监管的模式。

1. 监管机构

从美国网络借贷平台的运行模式以及借贷双方的参与方式可见，借款人和投资者处于信用链条的两端，没有直接借贷关系，而是通过网络借贷平台出售的收益权凭证建立关系。2008 年 10 月，美国证券交易委员会（SEC）以《1933 年证券法》为依据，认定网络借贷平台发行出售的收益权凭证属于证券交易行为，因此网络借贷平台要同传统证券商一样必须在 SEC 进行登记注册，并通过信息披露和反欺诈条款保护投资者。同时由于网络借贷平台要在美国各州开展业务，所以要满足以北美证券管理协会（NASAA）为代表的各种证券监管部门实施的地域准入监管，获取在当地开业的运营资格。因此，网络借贷平台需要在美国各州逐个进行登记注册以获取在各地展业的资格。为保护金融消费者权益，根据《多德－弗兰克华尔街改革和消费者保护法》成立的消费者金融保护局（CFPB）对涉及网络借贷行业金融消费者领域的产品和服务也具有监管权力。CFPB 有权力要求网络借贷平台及时充分披露相关信息，以帮助消费者理解其中的条款、成本和风险，同时建立数据库收集整理金融消费者投诉并做出反应。在网络借贷平台中组织和发放贷款的 Webbank 商业银行必须遵守《金融服务现代化法案》中的金融隐私条例，并接受联邦存款保险公司（FDIC）的监管。联邦贸易委员会（FTC）实际上不是一个监管机构，而是一个执法机构，对金融服务领域的歧视与欺骗性行为进行调查执法。网络借贷平台参与了第三方债务催收活动，因此需要接受 FTC 的调查监督并受理金融消费者的投诉，如表 11－2 所示。

表 11－2　美国网络借贷行业的监管机构

监管机构	监管内容
美国证券交易委员会（SEC）	市场准入监管，收益权凭证联邦政府层面的注册登记
北美证券管理协会（NASAA）	地域准入监管，收益权凭证州政府层面的注册登记
消费者金融保护局（CFPB）	金融消费产品和服务保护
联邦存款保险公司（FDIC）	监管非联邦储蓄系统的州立银行，监管 Webbank
联邦贸易委员会（FTC）	非银行金融服务提供商的执法工作，网络借贷行业消费者投诉

从表中可见，美国网络借贷行业存在着若干监管部门，一定程度上造成了监管重叠、监管浪费，降低了监管效率，而且增加了网络借贷平台的负担，缺乏灵活性。2011 年 7 月，美国政府责任办公室（GAO）提供了另外一种监管思路，即设立一个单独部门对网络借贷行业进行统一监管。新的监管思路可以回避多头监管的问题，但是有可能会对行业发展造成不确定性，同时还存在着监管转移成本。短期来看，美国对网络借贷行业的多头监管模式不会有太大的变化，同时监管部门也会继续观察是否有必要制定新的监管规则和模式。

2. 法律法规

网络借贷平台上的借贷交易和权证发售与传统金融渠道中的行为是一样的，因此美国并没有专门制定有关网络借贷行业的法律法规，数量众多的现有联邦和州监管法律法规为网络借贷行业提供了法律框架，如表 11－3 所示。除表中适用于网络借贷行业的联邦政府层面的法律外，还有一些州政府监管部门对本州内经营信贷业务、债务催收等方面的法律。这些现有的法律从界定网络借贷产品的属性，披露真实、完整信贷信息，禁止歧视与欺诈行为，监管债务回收方式，保护消费者个人隐私，反洗钱等方面提供了法律依据。

表 11－3　美国网络借贷行业的法律法规

法律名称	法律内容
《1933 年证券法》	界定网络借贷产品属性，强制信息披露
《1934 年证券交易法》	要求网络借贷平台进行登记注册，强制信息披露
《真实信贷法案》	借款人有权及时获知相关信息及信贷处理方式，为投资者提供统一、可理解的信息披露

续　表

法律名称	法律内容
《公平信用机会法案》	规定反歧视条款
《公平信用报告法案》	保证信用信息公平、及时和准确使用
《公平债务清收做法法案》	为债务清收过程提供指引
《银行保密法》	执行反洗钱程序
《电子资金转移法》	保护消费者不受非授权电子资金交易的损失，给予消费者电子转账的权力
《电子签名全球与国内贸易法案》	保障电子记录和电子签名的法律效力
《联邦贸易委员会法》第五条	禁止不公平或欺诈性条款
《金融服务现代化法案》	保证客户信息安全

3. 市场准入

现有和新开办的网络借贷平台都需要在美国证券交易委员会（SEC）注册成为证券经纪商并接受 SEC 监管。但其注册费用很高，大概为 400 万美元，大大提升了网络借贷平台的运营成本。而且根据《1933 年证券法》的规定，网络借贷平台如果不是全国性证券交易所的上市公司，想要在各州展业就必须到当地证券监管部门逐一登记，获得批准后才可以得到向该州居民发售收益权凭证的允许，同时还要遵守各州的监管要求和监管法律。2008—2009 年，Prosper 和 Lending Club 相继在 SEC 注册成为证券经纪商。截至 2011 年 3 月末，已有 30 个州和哥伦比亚特区通过了 Prosper 和 Lending Club 一家或两家公司的注册申请。2014 年 12 月，Lending Club 在纽交所成功上市，拥有了在各州逐一登记的豁免权，为其在各州拓展业务提供了新途径。高昂的入市门槛阻止了一些不够优秀的市场进入者，对美国网络借贷行业的市场结构产生了重要影响，美国网络借贷行业在近 10 年的发展过程中已经形成了集约化的格局。

4. 信息披露

同 SEC 监管的其他证券公司一样，Prosper 和 Lending Club 也要遵守充分信息披露的原则，以保证投资者能够获得真实、全面、充足的信息与风险提示，缓解信息不对称，做出合理的投资判断。Prosper 和 Lending Club 必须要向 SEC 提交证券发行说明书与补充材料。发行说明书包含了几乎所有网络借贷平台的相关信息，如平台运作基本情况与具体细节，收益权凭证的基本条款，投资人风险提示等。补充材料则是对不断更新的每一笔借贷与凭证出售进行补充，逐日报送到 SEC 并向公众公布，需要披露的信息包括借贷期限、利率、出价历史、投资人回报率等产品概述以及投资者购买凭证的相关风险等。另外，平台还在贷款列表中提供了与贷款相关的信息，如借款人愿意公布的不具有个人识别信息的贷款目的、工作状态、收入情况等个人信息，以及以匿名方式公布的借款人信用报告。制度化的信息披露保证了信息在发生错误、遗漏、误导性的时候，投资者可以得到相应的法律保护，有利于提高网络借贷产品的透明度和标准化，有利于提高行业的自律性。

（三）网络众筹行业的监管

1. 美国股权众筹监管法律的确定

在美国原有证券法律框架下，股权众筹平台进行的证券发行与股权转让都是违法的。面对众筹融资的实践发展，美国进行了积极的立法尝试，为股权众筹的合法地位与规范化发展提供了法律框架和依据。2011 年 11 月，美国众议院通过了《企业融资法案》，为众筹获得联邦证券监管的豁免提供法律保证。该法案对众筹企业的融资总额、融资者义务、合格投资者标准等方面都进行了限制性规定，保护了投资者。2012 年 4 月，《JOBS 法案》颁布，使小企业尤其是新兴成长型企业可以通过众筹方式获取股权资本，明确了融资者、投资者、众筹平台三方的权利与义务，确立了众筹平台的合法性，为众筹行业的发展提供了监管指引。作为证券市场的主要监管者，美国证券交易委员会（SEC）负责《JOBS 法案》的落实及法规、监管细则的制定。2013 年 10 月，SEC 依据《JOBS 法案》发布了关于众筹融资的指导规则，对众筹平台行为规范、投资限制、发行要求、信息披露等方面作出了详细的规定，力图在投资者保护与融资便利之间进行平衡。

2. 美国股权众筹监管细则的规定

《JOBS 法案》为了保护投资者利益，从以下几个方面对众筹行业进行了限制性的规定。①对股权众筹平台资格的认定。《JOBS 法案》明确免除了股权众筹平台在 SEC 注册登记成为证券经纪商和交易商的要求，但是众筹平台仍然需要接受 SEC 的监管，同时必须在美国金融业监管局（FINRA）进行登记，注册成为全国性证券交易协会成员。②对众筹平台的业务范围进行了严格限制。《JOBS 法案》明确规定了众筹平台的业务边界，不允许众筹平台拥有、管理、处理平台上交易的证券或投资基金，不能代持或管理众筹平台投资者资金，不能提供咨询服务，不能向投资者提供投资建议或推荐意见。③对众筹平台从业人员的限制。《JOBS 法案》禁止众筹平台和众筹企业有利益关系，禁止平台的管理层与内部人员利用在其平台上发行和交易的筹资企业获取经济利益，同时禁止众筹平台用夸大、虚假信息误导投资者。④对合格投资者的限制，主要是从投资者年收入、投资额度等方面进行规定，以降低投资者可能遭受的损失。⑤严格的信息披露。严格信息披露的要求既包括众筹平台又包括发行企业。众筹平台遵守信息披露义务包括对投资者的风险告知和证券交易行为的披露。同传统证券商一样，众筹平台有义务对发行企业的招股说明书、财务报表和其他文件进行尽职调查。发行企业向 SEC 和投资者的信息披露包括企业经营运行的年度报告，备案信息包括企业具体情况、财务状况、股东背景、投资者权利和未来风险告知。

二、英国互联网金融的监管实践

（一）网络借贷行业的监管

1. 正规监管机构的监管

2005 年，网贷行业诞生于英国，虽然英国宽松的法律政策环境认可其合法地位，但在其发展初期也存在监管模糊的问题，没有一个权威机构对其进行监管。英国公平交易办公室根据《消费者信贷法》将网络借贷认定为消费信贷范畴，要求网贷平台向公平交易办公室申请信贷许可证并接受其管理。2008 年次贷危机之后，英国对本国的金融监管体制进行了改革，取消金融服务管理局（FSA），在英格兰银行下成立了金融政策委员会（FPC）、审慎监管局（PRA）、金融行为监管局（FCA）。2014 年 4 月，FCA 接替英国公平交易办公室对消费信贷领域进行监管，从而成为网络借贷行业的主要监管机构，形成目前英国网贷行业的统一监管模式。

为了适度保护消费者以及促进有效竞争，2014 年 4 月，FCA 结合反馈意见正式实施了《关于网络众筹和通过其他方式发行不易变现证券的监管规则》（以下简称《众筹监管规则》），FCA 将纳入监管的众筹分为两类：借贷型众筹与股权型众筹，并制定了相应的监管标准。FCA 认为不管是个人对个人的借贷还是个人对企业的借贷都属于借贷型众筹。针对借贷型众筹的监管要求包括最低资本金要求、客户资金保护规则、平台破产保护机制、消费者诉讼规则、信息披露、定期报告制度等，该规则明确了网络借贷行业的监管框架与标准，并安排了过渡期，有利于网络借贷行业的可持续发展。

2. 自律行业协会的监管

行业自律管理是英国网络借贷行业监管的一大特色。在正规监管机构监管模糊时期，为了保障行业的健康发展和保护客户利益，2011 年 8 月，英国最大的三家网贷机构（Zopa、Funding Circle、Rate Setter）自发成立了非官方非营利的自律性行业协会组织——英国 P2P 金融协会。协会于 2012 年 6 月出台了《P2P 融资平台操作指引》，从高管人员资格、平台管理架构、最低资本金要求、客户资金隔离制度、风险管理能力、反洗钱反欺诈措施等方面制定了自律性监管细则，使服务信息透明公开，规范英国网络借贷市场秩序，在正规监管机构明确监管职责之前保障英国网络借贷行业的健康有序发展。

（二）网络众筹行业的监管

2014 年 4 月，FCA 开始对各种类型的众筹活动进行统一监管，明确了以 FCA 为主要监管机构、以《众筹监管规则》为全国性监管办法的统一监管模式。相比借贷型众筹，股权众筹的投资成功率更低、回报时间更长、风险更高，因此在借贷型众筹监管规则的基础上又强调了股权众筹合格投资者准入门槛，对股权众筹投资者的投资额度、年财富收入进行限定，并通过个人信息申报和在线问卷调查等方式判别合格投资者，加强对投资者的保护。英国也是最早拥有众筹行业协会进行自律监管的国家。

三、欧盟互联网金融的监管实践

由于欧盟超国家组织的特殊性，各成员国之间的金融市场规则与监管框架体系各不相同。欧盟本身制定一些具有共性的监管法律，但是具体的法律规则还是由欧盟各国根据自身实际情况进行制定。

（一）欧盟层面的监管法律

股权类众筹的证券发行说明书应该符合《招股说明书指令》中关于证券发行的相关条例规定，而额度在10万~500万欧元的发行行为由成员国国内立法进行规范。借贷类众筹中的消费贷款应遵守《消费者信贷指令》相关要求，如果借贷过程涉及抵押担保，还要符合《抵押贷款指令》规定。为保证交易的安全性，互联网融资平台还要遵守《金融工具市场指令》中关于信息披露、内控管理、风险评估、信息安全等方面的要求。针对互联网金融平台上的电子合同、电子签名以及契约的合规有效性，欧盟制定了《电子商务指令》，对各互联网金融平台进行约束，同时规范信息披露，防止欺诈、侵权、虚假夸大信息传播等的发生。另外，《第三版反洗钱指令》《不公平合同条款指令》《金融服务远程销售指令》《统一专利一揽子协定》分别从反洗钱、不公正合同条款、远距离订立合同、保护创意创新型企业和项目的知识产权等方面对互联网金融做出统一规定和监管。欧盟各成员国的合作和跨境业务十分重要，欧盟各征信机构建立了信息共享数据库，防范与检测跨国性金融风险的发生。

（二）欧盟各国的监管法律

针对网络众筹这种新型融资方式，欧盟于2013年陆续发表《众筹在欧盟》《释放众筹在欧盟的潜能》《众筹监管评述——解读欧洲、北美和以色列现有涉及众筹的监管制度》等文件和报告，表现出欧盟对于众筹监管的积极态度。鉴于目前欧盟各国众筹市场发展不均衡，欧盟各国还没有达成共识，欧盟整体层面还没有相关立法规则。但一些欧盟国家已经开始进行尝试，其中，意大利和法国已经取得了相应的立法成果，明确了本国众筹市场的监管框架；德国、芬兰等主管部门发布了简要的指导意见；西班牙提出了促进企业融资的发展草案。

1. 意大利关于股权众筹的监管立法

2012年12月，意大利通过了《第221/2012号成长法》（简称221号法律），允许初创企业在线进行融资，并对创新型初创企业从企业存续期、营业地、公司股权分配、管理团队成员构成等方面进行了明确，允许初创企业在12个月内的最高募集资金为500万欧元，同时规定众筹融资平台必须要在意大利证券交易委员会（CONSOB）进行登记注册。2013年6月，意大利证券交易委员会根据221号法律发布了针对借款人为创新和科技类初创企业的《关于创新型初创企业通过网络平台融资的规则》，成为欧洲地区首个有关股权众筹的法律，明确了股权众筹平台的注册标准和服务范围，规定了平台相关义务，同时对项目发起人、投资者、发行条件进行了具体规定。该法规为充分保护金融消费者权益，要求平台对其管理情况、股权配置、认购协议等信息进行严格披露并采取定期报告制度。该法规对于投资者资格采取了开放态度，并没有设立限制，同时采用税收优惠方式鼓励投资者。总之，意大利的众筹监管法规确定了众筹平台的法律地位和法律性质，提供了监管标准与指导，在有力保护投资者的基础上，彰显了利用股权融资方式扶持初创企业的决心。

2. 法国关于网络众筹的监管立法

2014年5月，法国财政部和经济部联合业内行业组织、监管机构共同制定了《参与性融资法令》，并于2014年10月生效。该法令首次将三种不同模式的众筹监管包括在内，并将众筹监管制度分为两大类：第一类是证券模式的股权众筹，第二类是借贷与捐赠类众筹。股权众筹被定义为“参与性投资顾问”，必须在法国金融市场监管局（AMF）进行注册，并对平台注册条件、金融证券发行条件以及《招股说明书指令》中的相关条款豁免做出了具体细化的规定。借贷与捐献类众筹被定义为“参与性融资中介”，必须在法国金融审慎监管局（ACPR）进行注册，并对投资者投资额度与企业融资上线进行规定。该法规同时对两类众筹在破产应对措施、职业保险办理、尽职调查、风险提示、非法金融活动等方面做出了统一的规定。《参与性融资法令》首次覆盖了众筹的三大模式，并针对不同类型的众筹平台进行细化分类监管，为众筹行业构建了一个良好的发展环境。

法国由业内众筹平台成立了法国参与性融资协会，制定了《职业行为守则》，对成员的运行情况进行监督管理，并设立了纠纷解决与仲裁机制，加强行业自治与自我管理，为众筹市场参与者增添保障机制。

四、国外互联网金融的监管启示

美、英及欧盟各国互联网金融起步较早，发展较快，具有较为完善的内控机制与外部法律监管机制，值得我国互联网金融行业与监管部门借鉴。

（一）监管主体明确

由于互联网金融可以降低金融服务成本，提高服务效率，有利于金融消费者，因此各国都采取了支持鼓励的态度，给予了较为宽松的政策环境。虽然各国采取了不同的立法与监管措施，但都有一个清晰的监管定位与监管主体，将互联网金融行业纳入到监管范畴内。为了保护消费者以及引领行业健康可持续发展，各国都表现出积极、主动的监管态度，逐渐建立完整的监管框架和监管法律体系。比如，美国联邦最高法院根据两个判例认定网络借贷平台发行的票据属于证券性质，因此美国证券交易委员会（SEC）及时介入到网贷行业的监管当中，启动监管程序，要求在 SEC 上进行登记注册，同时美国消费者金融保护局（CFPB）以及美国联邦贸易委员会（FTC）也都相继加入到监管行列。

（二）及时补充完善法律法规

美、英及欧盟各国金融领域现有的基础性立法已经相当完善，而且在消费者权益保护、电子信息保护、第三方支付、电子签名、消费信贷、金融服务、公平借贷、反洗钱反欺诈等方面的法律法规，已经构成互联网金融市场交易主体运行的重要法律法规制度基础。此外，立法机构及时调整完善法律法规体系，针对原有法律体系不能覆盖的互联网金融新业态及时立法，补充细则，延伸扩充现有法律体系，完善监管制度法规，为互联网金融机构、市场相关参与者提供操作性强、具体细化的规范指导。比如 2014 年 10 月生效的《参与性融资法令》为法国监管部门的监管执法以及互联网金融机构的依法运营提供了法律保障。

（三）成熟的社会征信体系

美、英及欧盟各国成熟、规范、市场化的社会征信体系为互联网金融快速发展提供了保障。美、英及欧盟各国都拥有以商业信用评级机构为主体的较为完善的征信体系，可以提供具有公信力、商业化的第三方信用评估报告。此外，信用评级与信用提升工具实现了机构与客户间的信用信息对称。在美国，借款人凭个人社保号码即可获得个人信用记录与信用得分，为借款人信用等级确认以及平台信用风险管理提供了基础。在英国，互联网金融机构与专业信用评级机构的合作也大大提高了借贷效率与风控管理水平，减少了互联网金融机构的征信成本。

（四）强化行业自律

美、英及欧盟各国都通过行业自律协会的方式进行行业自律，引导行业规范发展。行业自律的优势在于行业内的自我监督管理效果更明显，行业成员参与性、自觉性更高。在英国互联网金融发展早期，政府部门还没有专门出台有关网络借贷和网络众筹行业的监管政策时，英国的网络借贷行业与网络众筹行业就成立了自己的行业协会，制定了指导性的监管意见并做出详细的规定，建立了自我约束机制。法国的众筹行业组织在自我治理与纠纷仲裁等方面也发挥了积极作用。

（五）内控措施得当

在较为完善的法律监管体系下，美、英及欧盟各国的互联网金融机构自身也设立了较为全面的风险防范手段，制定内部监管规定，规范交易行为，违约率普遍较低。比如美国 Lending Club 网络借贷平台设立了破产隔离保护计划，投资者的资产不会因为网络借贷平台本身破产而受到损失；即使平台破产，都会有第三方机构接管平台的运营，继续为借贷双方服务。

第二节　我国互联网金融的监管实践

伴随着网络技术与信息技术的进步，尤其是大数据、云计算、区块链、搜索引擎技术的突破与运用，基于互联网的金融服务模式在我国异军突起。我国政府部门和监管机构始终采取积极、开放的态度，重视互联网金融的发展，但同时，也充分意识到互联网金融存在的风险隐患，尤其是非正规金融机构主导的个体网络借贷和股权众筹融资由于较低的准入门槛、不充分的信息披露诱发的一些非法金融行为及可能产生的具有传染性的金融风险。

一、政府监管与法律法规

（一）中央政府层面

2015 年 7 月 18 日，中国人民银行等十部委联合发布《关于促进互联网金融健康发展的指导意见》（以简称《指导意见》），明确互联网金融监管部门为“一行三会”——中国人民银行、银监会、证监会、保监会，同时财政部也参与监管。“一行三会”在作为中国传统金融业监管部门的基础上继续履行中央政府层面对互联网金融的监管职责，将互联网金融的监管融入了原有监管体系。此《指导意见》被视为互联网金融“基本法”，2015 年也被称为我国互联网金融监管元年。在具体的监管行为中，国务院办公厅于 2016 年 10 月发布了《互联网金融风险专项整治工作实施方案》，对互联网金融风险专项整治工作进行了全面部署，要求各监管部门在各自监管领域内展开清理整顿。

从各监管部门对互联网金融各业态监管的分工来看，中国人民银行负责监管互联网支付业务，银监会负责监管网络借贷业务、互联网信托和互联网消费金融业务，证监会负责监管股权众筹融资业务、互联网基金销售业务，保监会负责监管互联网保险业务，财政部负责互联网金融从业机构财务监管政策，如图 11 - 1 所示。各监管部门相互协作、形成合力，充分发挥金融监管协调部级联席会议制度的作用，构建了国家层面的政府监管协同体。

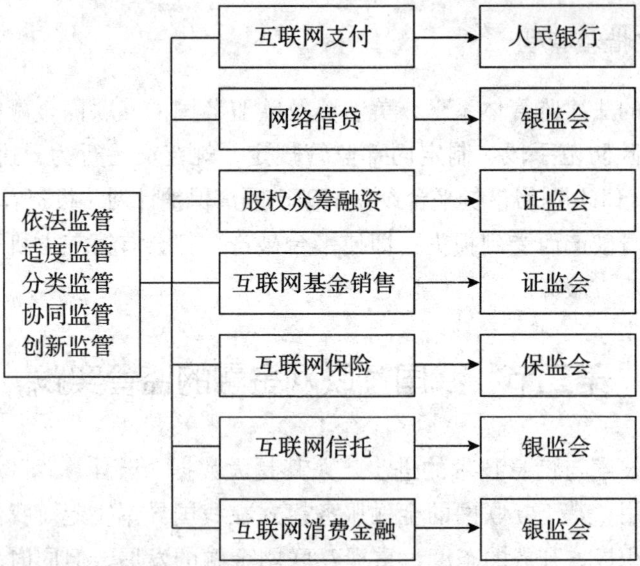

图 11－1　我国互联网金融分类监管

近年来，我国关于互联网金融主要业态的监管细则陆续出台，并将引领互联网金融行业稳定、规范、健康发展，如表 11－4 所示。

表 11－4　2014—2017 年我国互联网金融监管法律法规

涉及业态	发布机构	发布时间	法律法规	核心内容
互联网金融	中国人民银行	2015 年 7 月	《关于促进互联网金融健康发展的指导意见》	明确规定“一行三会”分别对互联网金融七大业态领域进行监管
	国务院办公厅	2016 年 10 月	《互联网金融风险专项整治工作实施方案的通知》	对互联网金融风险专项整治工作进行了全面部署
互联网支付	中国人民银行	2014 年 3 月	《关于手机支付业务发展的指导意见》	对部分手机支付业务进行了明令禁止；对第三方支付做出限制，包括第三方支付转账、消费等
		2014 年 3 月	《关于暂停支付宝公司线下条码（二维码）支付业务意见的函》	紧急暂停支付宝、腾讯虚拟信用卡业务和线下条码（二维码）支付
		2015 年 12 月	《非银行支付机构网络支付业务管理办法》	建立了支付机构网络支付业务分类监管机制，坚持支付账户实名制底线

续　表

涉及业态	发布机构	发布时间	法律法规	核心内容
互联网支付	中国人民银行	2016 年 8 月	《条码支付业务规范》（征求意见稿）	明确指出支付机构开展条码业务需要遵循的安全标准
		2017 年 1 月	《中国人民银行办公厅关于实施支付机构客户备付金集中存管有关事项的通知》	对支付机构客户备付金实施集中存管
网络借贷	银监会	2016 年 8 月	《网络借贷信息中介机构业务活动管理暂行办法》	界定了网贷业务的展业范围，确立了网贷监管体制，明确了网贷业务规则
		2016 年 11 月	《网络借贷信息中介备案登记管理指引》	规定备案是资金存管及增值电信业务许可前提
		2017 年 2 月	《网络借贷资金存管业务指引》	明确了网贷资金存管业务应遵循的基本规则和实施标准
		2017 年 6 月	《关于进一步加强校园贷规范管理工作的通知》	暂停网贷机构开展在校大学生网贷业务，逐步消化存量业务
		2017 年 8 月	《网络借贷信息中介机构业务活动信息披露指引》	明确了网络借贷信息中介机构业务活动中应当披露的具体事项、披露时间、披露频次及披露对象等
	中国互联网金融协会	2017 年 9 月	《互联网金融个体网络借贷资金存管业务规范（征求意见稿）》	对存管人资质、业务管理、业务运营等业务规范作出明确详细的要求
		2017 年 9 月	《互联网金融个体网络借贷资金存管系统规范（征求意见稿）》	对存管系统如账户、资金、交易、标的管理等功能性要求以及信息安全、性能等非功能性要求作出详细要求
		2017 年 9 月	《互联网金融信息披露个体网络借贷》	对从业机构信息、平台运营信息和项目信息披露的基本内容和要求进行规定
		2017 年 12 月	《互联网金融个体网络借贷借贷合同要素》	规范了网贷行业借贷合同的必备要素

续 表

涉及业态	发布机构	发布时间	法律法规	核心内容
网络借贷	互金整治办	2017 年 11 月	《关于立即暂停批设网络小贷公司的通知》	各省立即暂停批设网络小贷公司
		2017 年 12 月	《关于规范整顿“现金贷”业务的通知》	明确了现金贷业务开展原则，以及规范了小贷公司、银行业金融机构、网贷平台参与现金贷的方式
股权众筹融资	中国证券业协会	2014 年 12 月	《私募股权众筹融资管理办法（试行）（征求意见稿）》	从股权众筹平台、融资者与投资者、备案登记、信息报送、自律管理等方面明确了行业细则
	证监会	2016 年 10 月	《股权众筹风险专项整治工作实施方案》	稳步开展股权众筹风险专项整治，促进互联网股权融资规范发展
互联网基金	证监会	2015 年 12 月	《货币市场基金监督管理办法》	对投资范围与投资限制、基金份额净值计价与申购赎回、宣传推介与信息披露等进行规定
互联网保险	保监会	2015 年 7 月	《互联网保险业务监管暂行办法》	从经营原则、经营区域、信息披露、经营规则、监督管理等多方面对互联网保险经营进行了规范
		2016 年 1 月	《关于加强互联网平台保证保险业务管理的通知》	重点对互联网平台选择、信息披露、内控管理等提出明确要求
		2016 年 10 月	《互联网保险风险专项整治工作实施方案》	对互联网高现金价值业务、保险机构依托互联网跨界开展业务、非法经营互联网保险业务进行重点整治
		2017 年 9 月	《关于在互联网平台购买保险的风险提示》	对消费者在互联网平台购买保险进行风险提示

续　表

涉及业态	发布机构	发布时间	法律法规	核心内容
互联网货币	中国人民银行	2017 年 9 月	《关于防范代币发行融资风险的公告》	不得非法从事代币发行融资，加强代币融资交易平台的管理
	互金整治办	2017 年 9 月	《关于进一步开展比特币等虚拟货币交易场所清理整治的通知》	对比特币等虚拟货币交易场所清理整治

（二）地方政府层面

互联网金融将很多民间非正规金融活动转移到了互联网平台上，这在缓解地方中小企业“融资难”的同时，也为区域金融体系带来了新的风险。由于地方金融监管部门往往处于金融办和金融管理局“一套班子、两块牌子”的状态，这意味着除了一般意义上的监管职能外，地方金融监管部门往往还兼具“指导、规划、管理、服务”等职能，承担着发展和监管辖区内互联网金融的双重角色。各地政府纷纷出台了鼓励互联网金融发展的管理政策，从投入资金额度、落户政策、财政贡献、小微企业服务等多方面对互联网金融企业提供了相应的补贴和奖励，旨在推动本地区互联网金融发展的同时平衡好发展与监管的关系，如表 11－5 所示。

表 11－5　　2013—2016 年地方性互联网金融管理政策

地区	时间	管理政策
北京市	2013 年 8 月	《石景山区支持互联网金融产业发展办法（试行）》
	2013 年 10 月	《海淀区关于促进互联网金融创新发展的意见》
	2013 年 12 月	《关于支持中关村互联网金融产业发展的若干措施》
	2016 年 1 月	《关于积极推进“互联网＋”行动的实施意见》
上海市	2014 年 8 月	《关于促进上海市互联网金融产业健康发展的若干意见》
	2014 年 9 月	《长宁区关于促进互联网金融产业发展的实施意见》
	2016 年 2 月	《上海市推进“互联网＋”行动实施意见》
天津市	2014 年 2 月	《天津开发区推进互联网金融产业发展行动方案（2014—2016）》
浙江省	2014 年 11 月	《杭州市关于推进互联网金融创新发展的指导意见》
	2015 年 2 月	《浙江省促进互联网金融持续健康发展暂行办法》
福建省	2015 年 3 月	《福建省政府关于加快互联网经济发展十条措施》
江西省	2016 年 1 月	《关于促进全省互联网金融业发展的若干意见》

续 表

地区	时间	管理政策
陕西省	2016 年 1 月	《关于促进互联网金融产业健康发展的意见》
深圳市	2014 年 3 月	《深圳市人民政府关于支持互联网金融创新发展的指导意见》
广州市	2014 年 6 月	《广州市支持互联网金融创新发展试行办法（征求意见稿）》
	2014 年 7 月	《关于促进广州民间金融界互联网金融创新发展的若干意见》
	2015 年 1 月	《广州市关于推进互联网金融产业发展的实施意见》
贵阳市	2014 年 6 月	《关于支持贵阳市互联网金融产业发展的若干政策措施（试行）》
南京市	2014 年 7 月	《关于加快互联网金融产业发展的实施办法》
武汉市	2014 年 8 月	《武汉市政府关于支持互联网金融产业发展实施意见（征求意见稿）》
青岛市	2014 年 10 月	《鼓励发展新型业态和商业模式若干政策措施》
成都市	2014 年 11 月	《成都高新区推进“三次创业”加快金融业发展的若干政策》

2016 年以来，随着互联网金融专项整治的开展和国家密集出台相关监管政策，各地方政府也积极响应国家监管层要求，陆续出台相关监管政策，规范当地互联网金融的发展，特别是网络借贷平台聚集地，如广东、上海、北京、深圳、浙江、江苏等均根据监管层要求先后出台了当地网络借贷行业监管文件，如表 11－6 所示。

表 11－6　　2017 年各地区个体网络借贷行业相关监管文件

发布时间	监管文件	发布机构
2017 年 2 月	《网络借贷信息中介机构备案登记管理暂行办法》	厦门市金融办
2017 年 2 月	《广东省〈网络借贷信息中介机构业务活动管理暂行办法〉实施细则（征求意见稿）》	广东省金融办
2017 年 2 月	《广东省网络借贷信息中介机构备案登记管理实施细则（征求意见稿）》	广东省金融办
2017 年 4 月	《厦门市网络借贷信息中介机构备案登记法律意见书指引》	厦门市金融办
2017 年 4 月	《厦门市网络借贷信息中介机构专项审计报告指引》	厦门市金融办
2017 年 5 月	《〈网络借贷信息中介机构业务活动管理暂行办法〉广西壮族自治区实施细则（征求意见稿）》	广西壮族自治区金融办
2017 年 5 月	《广西壮族自治区网络借贷信息中介机构备案登记管理实施细则（征求意见稿）》	广西壮族自治区金融办

续 表

发布时间	监管文件	发布机构
2017 年 6 月	《上海市网络借贷信息中介机构业务管理实施办法（征求意见稿）》	上海市金融办
2017 年 7 月	《北京市网络借贷信息中介机构备案登记管理办法（试行）（征求意见稿）》	北京市金融局
2017 年 7 月	《深圳市网络借贷信息中介机构备案登记管理办法（征求意见稿）》	深圳市金融办
2017 年 7 月	《关于互联网平台与各类交易场所合作金融业务相关情况的通知》	深圳市金融办
2017 年 11 月	《关于网贷机构备案公示的通知》	厦门市金融办
2017 年 12 月	《浙江省网络借贷信息中介机构备案登记管理实施细则（试行）（征求意见稿）》	浙江省金融办
2017 年 12 月	《江苏省网络借贷信息中介机构备案登记管理暂行办法（征求意见稿）》	江苏省金融办

二、行业自律

相比正规监管，行业自律的作用范围和空间更大、效率更高、自觉性更强。从国际实践经验来看，作为金融创新的互联网金融在各国发展的初期都未受到正规监管部门的监管，而自律规范、行业监督大多是由行业自律组织完成的。在监管细则尚未明确、互联网金融行业处于自发成长阶段时，行业自律组织在互联网金融运营中发挥了重要的监督作用，直接影响行业发展的方向与质量。比如在网络借贷发展初期，英国监管部门并没有出台针对性的监管政策，英国最大的三家网络借贷平台于 2011 年 8 月自发成立了英国 P2P 金融协会，设立了最低行为标准和平台运营原则，进行自我约束自我监管，以保护金融消费者利益，从而基本保障了网络借贷行业在英国的有序健康运行。

在我国，随着互联网金融的发展，各互联网金融业态内的领先企业陆续发起成立了一些区域性的自律性组织，在互联网金融行业规则和标准的制定中也进行了初步的尝试。2012 年 12 月，国内首个网络借贷行业企业自律性组织“网络信贷服务业企业联盟”在上海成立；2013 年 12 月，上海信贷服务业企业联盟发布了网络信贷行业准入标准；2015 年 1 月，国内首家众筹行业组织“深圳市众筹同业公会”成立，并发布了众筹行业自律公约。这些自律组织和规则标准在对本地区的互联网金融行业进行自律管理，引导行业有序健康发展等方面发挥了一定的作用和影响力。但是这些区域性的自律组织结构较为松散，参与的企业机构不够广泛，自律作用不强。随着互联网金融行业的快速发展，有必要建立全国范围内的自律协会组织，制定统一的自律性规范，以提高整个行业的风控能力。

（一）全国性行业自律组织

中国互联网金融协会是按照2015年7月18日中国人民银行等十部委发布的《关于促进互联网金融健康发展的指导意见》的要求，由中国人民银行会同银监会、证监会、保监会等国家有关部门组织建立的国家级互联网金融行业自律组织。2015年12月31日，经国务院批准，民政部通知中国互联网金融协会准予成立。2016年3月25日，中国互联网金融协会在上海黄浦区召开成立会议暨第一次全体会员代表大会，会议签署了《中国互联网金融协会会员自律公约》《互联网金融行业健康发展倡议书》。

中国互联网金融协会的宗旨是对互联网金融行业进行自律规范；为会员服务，维护会员的合法权益；维持互联网金融行业的正当竞争秩序，推动行业健康有序发展。协会的职责是按业务类型，制订经营管理规则和行业标准，推动机构之间的业务交流和信息共享；明确自律惩戒机制，提高行业规则和标准的约束力；强化守法、诚信、自律意识，树立从业机构服务经济社会发展的正面形象，营造诚信规范发展的良好氛围。

中国互联网金融协会对会员的审核十分严格，包括对合规经营、关联企业、金融产品、创新能力、社会影响力、股东和管理层等多个维度信息、数据的深入调查。截至2017年3月，协会共有408家会员单位。总体来看，会员单位大致可以分为三大类：P2P网络借贷、网络众筹、互联网支付等新兴互联网金融机构，银行、证券、保险等传统金融行业，互联网金融外围服务机构。其中，P2P网络借贷企业在协会成员中占比最高，达到26.47%。共有105家P2P网络借贷企业加入协会，是我国同期P2P网络借贷平台总量的4.50%；第二位的是银行及信用社，占比19.12%；第三位是信息服务及互联网机构，占比11.03%，如图11-2所示。可见，协会的会员单位基本覆盖了互联网金融的主流业态和新兴业态。

（二）地方性行业自律组织

作为全国性的行业自律组织，中国互联网金融协会对互联网金融行业的自律发展具有较大的行业引领作用，但地方性行业自律组织为实现基础更广泛的行业自律提供了保障。在中国互联网金融协会成立以前，很多省市就先行先试，在辖区内建立了地方性互联网金融行业协会，为互联网金融行业自律做了一些有益的尝试。在中国互联网金融协会成立以后，各地方协会继续发挥地方行业自律的优势，推动了地方互联网金融生态的构建。

作为较早成立的地方行业协会之一，广东互联网金融协会成立于2014年5月，协会成员涵盖了互联网金融机构、传统金融机构、金融研究教育机构等，以期聚集民间

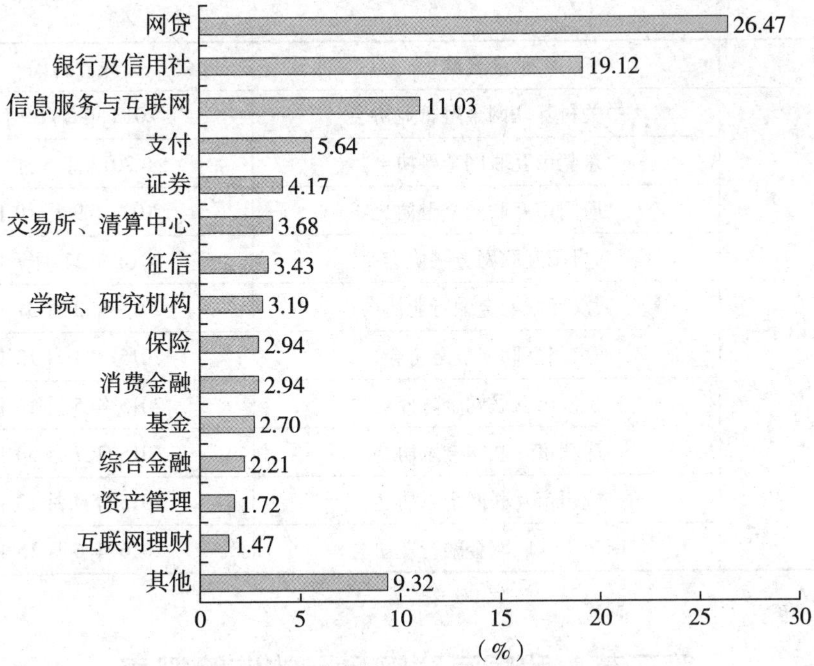

图 11－2　中国互联网金融协会会员业务分类

互联网金融智慧，助力互联网金融发展。随后，上海、江苏、浙江等互联网金融发展较为发达的地区相继成立互联网金融协会，希望发挥协会职能，建立有序的市场环境，助推互联网金融行业的健康发展，如表 11－7 所示。

表 11－7　　中国地方性互联网金融协会一览表

	协会名称	成立时间
省、自治区及直辖市级	广东互联网金融协会	2014 年 5 月 18 日
	江苏省互联网金融协会	2014 年 12 月 16 日
	北京市网贷行业协会（2017 年 9 月更名为北京市互联网金融行业协会）	2014 年 12 月 26 日
	上海市互联网金融行业协会	2015 年 8 月 6 日
	浙江互联网金融联盟	2015 年 9 月 29 日
	福建省互联网金融协会	2015 年 12 月 23 日
	江西省互联网金融协会	2015 年 12 月 25 日
	广西互联网金融行业协会	2016 年 1 月 11 日
	内蒙古互联网金融协会	2016 年 3 月 24 日
	安徽省互联网金融协会	2016 年 11 月 9 日
	山西省互联网金融协会	2016 年 11 月 29 日

续 表

	协会名称	成立时间
市级及以下	中关村互联网金融行业协会	2013 年 8 月 9 日
	东莞市互联网金融协会	2014 年 6 月
	厦门市互联网金融协会	2014 年 9 月 10 日
	贵阳互联网金融协会	2014 年 11 月 7 日
	武汉互联网金融行业协会	2015 年 3 月 31 日
	广州互联网金融协会	2015 年 4 月 10 日
	长沙市互联网金融商会	2015 年 5 月 16 日
	深圳市互联网金融协会	2015 年 7 月 30 日
	杭州市互联网金融协会	2015 年 9 月 13 日
	南宁市互联网金融行业协会	2016 年 6 月 15 日

第三节　我国互联网金融的监管探索

作为一种全新的融资模式，互联网金融在改善融资环境，提高资源配置效率，丰富金融市场层次和产品方面发挥了积极的作用，成为传统金融体系重要而有益的补充。但同时，相比传统金融风险，由于互联网金融早期监管的缺失、较低的准入门槛，以及互联网传播的广泛性、快速性和开放性，互联网金融行业的风险更具隐蔽性、复杂性、传染性和爆发性。在支持互联网金融创新发展的同时，保护金融消费者的利益，防止区域性、系统性金融风险的爆发是监管部门的当务之急。

一、互联网金融的监管原则

（一）适度监管，服务实体经济

互联网金融，其本质是金融，其目的是服务实体经济。互联网金融不能脱离金融监管，要明确监管红线，坚决打击利用互联网金融进行的各种金融领域的违法犯罪行为，稳定金融市场，维护金融秩序。然而，互联网金融毕竟是一种新生的金融创新，其生存和发展需要相对宽松的监管环境，不合理、不科学、过度的金融监管将会抑制互联网金融的创新空间，阻碍金融市场效率的提高。因此在互联网金融发展的初期阶段，寻找适度监管的方法、技术、手段将十分重要。既要给互联网金融行业发展提供空间，又得对互联网金融可能引发的整体风险进行及时有效的控制，在鼓励创新和规范发展之间找到适当、适度的监管办法，并在监管过程中注意自我调整和自我完善。

（二）防范系统性风险，保持金融市场稳定

金融监管的重要目标就是防范系统性、整体性、全局性金融风险的爆发，保持金融市场的稳定运行。互联网金融对于金融体系的系统性风险具有双面性的作用。一方面，互联网金融利用先进的数据处理技术，搭建网络征信体系，缓解信息不对称，扩大了金融供给，推进实体经济发展，有利于降低系统性金融风险发生的概率。另一方面，由于互联网金融的监管环境还不够成熟，监管技术还不够先进，对传统金融活动造成了一定的冲击和压力，增加了传统金融机构冒进经营的动力，有可能增加传统金融机构道德风险问题发生的概率。同时，由于网络积聚性、传染性的特点，由单个互联网金融企业或单个互联网金融产品造成的个别风险极易发生连锁放大效应，形成系统性金融风险。对于不能割裂的金融市场，监管部门应该积极关注互联网金融的发展动态，区分创新模式与非法行为的界限，及时发现新问题、新风险，有效监督、干预和引导，防止系统性风险的发生，维护金融体系稳定。

（三）监管一致，创造公平竞争的市场环境

互联网金融创新是渠道、技术、模式、对象等方面的创新，其服务功能并没有超越金融范畴，提供的产品也与传统金融的本质相同。因此针对互联网金融的监管就应该采取与传统金融体系一致的监管标准，防止互联网金融企业进行监管套利，获取超额利润，降低监管成本，破坏市场秩序。比如，目前传统小额贷款公司与网络小额贷款公司，两者在经营业务范围、融资渠道上都存在着不同的展业标准，有碍市场公平竞争，损害监管有效性。因此不管互联网金融企业还是传统金融机构，凡是执行相同的功能、提供相同的业务，都应该采取大致相同的监管标准。另外，有些互联网金融企业同时开展线上和线下业务操作，对其也应当采取相同的监管标准，以维护市场公平竞争的环境。

（四）充分信息披露，保护金融消费者权益

准确、及时、充分的信息披露可以让市场参与各方获得及时可靠的信息，缓解参与各方的信息不对称，提高互联网金融行业透明度，有利于参与主体做出合理的评价与判断，发挥市场本身的外部监管作用。保护金融消费者首先是保护其资金的安全。对于过度夸大、交易欺诈、资金传输过程中可能面临的资金损失应该采取强制性的监管措施。其次是信息的安全，尤其是借款人信息安全。加大监管力度防止互联网金融企业由于主客观因素导致的隐私泄露，维护信息安全。

二、互联网金融的监管措施

（一）进一步补充完善相关立法

补充完善我国互联网金融的相关立法，既要积极主动，又不能操之过急，应当积极审慎地从以下三个方面展开。①补充完善金融领域的基础性法律法规。根据金融市场及互联网金融发展的新情况与新特点，对已有的基础性法律法规进行修订完善，如《商业银行法》《证券法》《保险法》《担保法》《票据法》《合同法》《支付结算法》《反洗钱法》等。修订《知识产权保护法》，加强对网络知识产权的保护，为互联网金融打造更安全的支持环境。为了形成完整的金融法律体系，应加强立法建设，比如尽快出台《放贷人条例》，以保护民间借贷尤其是个体网络借贷参与方的合法权益。只有完备的法律体系才能对整个金融领域起到良好的监督、指导和服务作用。②更新完善原有的互联网金融法规。比如《电子银行业务管理办法》《电子银行安全评估指引》、《电子签名法》等法规设立的时间较早，过于笼统与单薄，可操作性不强，与新出现的一些业务形态产生了冲突和摩擦，不能适应互联网金融新形式的发展要求，应该根据互联网金融的新变化和新发展更新完善原有法规。③针对新出现的互联网金融业态紧密跟踪并进行立法尝试。目前，我国虽在互联网支付、互联网保险、网络借贷、股权众筹融资等领域发布了一些业务规范和管理办法，但我国尚无针对互联网金融行业的法律法规。对于互联网基金销售、互联网信托、互联网消费金融、互联网货币等新兴互联网金融业态可以进行立法尝试，在组织形式、经营模式、业务运作、风险防范、监督管理等方面从法律角度给予明确，降低互联网金融面临的法律风险，为互联网金融的规范发展提供法律保障。

（二）加强金融监管协调与合作

互联网金融兼具互联网与金融两个行业的特点，交易方式多样化、参与主体多元化、金融服务一体化，因此单一的主体监管体系不能达到监管要求。在监管过程中应注重加强各个监管机构之间的协调，形成既有专业分工又有合作协调的监管格局，打破以往的行业监管界限。加强各部门在信息共享、风险管理、互联网金融运营管理等方面的沟通，提高监管效率。2013 年 8 月，为充分发挥金融监管协调作用，国务院批准建立以“一行三会”、外汇局等部级机构组成的金融监管部际协调机制，主要针对交叉性金融产品、跨市场金融创新进行统一协调监管，建立多层次、多渠道的监管合作。除了金融监管部门的横向协调之外，金融监管还应包括纵向和外向的监管协调。纵向监管协调即加强中央和地方监管部门之间的协调合作，以防范区域性金融风险的发生；外向监管协调主要以打击互联网金融非法活动为重点，加强金融监管部门与司法部门、公安部门、工信部门、工商部门之间的协调合作。

（三）打造独立共享的互联网金融征信平台

作为传统征信体系的重要补充，互联网金融征信也是我国开展小额信贷业务的重要依据。因此应利用互联网金融的征信优势，大力发展互联网金融行业内的信用信息平台建设，实现行业内信息共享，增加行业透明度，并最终将游离在外的互联网金融征信数据接入央行征信系统。可以由中国人民银行牵头，由独立于金融交易的第三方机构为经营主体，以会员制的形式吸引众多互联网金融机构加入，共同搭建互联网金融征信平台。建立起互联网金融信用信息的征集、评价及跟踪体系，实行互联网金融机构定期信用信息报送机制，建立行业内信息共享机制。平台除定期发布最新的信用信息外，还可以为互联网融资提供信用认证、信用评估和信用咨询等相关信用服务，防范信用风险。打破互联网金融机构与传统金融机构之间的信息壁垒，沟通线上与线下的信用数据，当条件时机成熟以后，可以将互联网征信数据逐渐接入到央行征信系统中，打造完整的征信体系。2017 年 11 月，中国互联网金融协会正式通过对“互金协会参与发起设立个人征信机构的事项”的立项，中国互金协会与 8 家个人征信业务机构共同发起成立市场化个人征信机构——信联（后正式确定名称为“百行征信”）。发起方还包括芝麻信用、腾讯征信、深圳前海征信、鹏元征信、中诚信征信、中智诚征信、考拉征信、北京华道征信。

（四）加强行业协会的自律规范作用

2016 年 3 月中国互联网金融协会成立以来，对行业的自律管理、风控能力的提高、行业有序健康发展发挥了积极的作用和影响力。同时，地方性行业自律组织也为本地区的互联网金融行业的健康发展提供了有力的支持。中国互联网金融协会可以吸收已成立的各区域性自律组织作为分支机构，制定统一的自律性规范，要求互联网金融企业加入行业协会，接受行业协会的监督和指导，提高整个行业的风控能力。①行业协会应该在准入门槛、资金安全、信息安全、信息披露、退出机制、风控机制等方面制定统一的行业标准；②实行信息共享制度，建立信用数据共享平台，以降低单个机构的征信成本和坏账损失；③建立评级指标体系，实时监测行业内互联网金融企业运营并定期发布风险评级；④可以建立同业风险基金，一旦出现违约问题或机构倒闭，可以进行及时提供援助，防止系统性、全局性风险的发生。通过行业协会的自律规范，形成统一的行业标准，引导互联网金融企业合法合规经营，带动互联网金融行业自我发展和成熟。

同时，行业协会还应该承担行业研究、市场调研的工作，与政府监管部门保持良好顺畅的沟通，主动及时将行业实践中出现的新业态、新问题、新情况与有关部门进行交流，使监管部门充分认识到互联网金融机构在资金筹集、资金配置、信用评估、风险评价等方面的特殊性，增进理解，达成共识，以规避行业运营中的相关法律风险。

相比正规监管机构，行业自律组织掌握的行业运营数据更全面、更真实、更具时效性，可以为监管部门设计监管规则提供参考依据。另外，全国性与地方性的自律组织之间也应当加强沟通协调，加强自律性与声誉建设，提高同业监管效率。

（五）提升互联网金融机构自身风险防范能力

（1）应建立机构内部的风控管理机制。美国 Lending Club 网贷平台具有较为完善的内部风险管理机制，包括对借款人资质审查的限制、合格投资者门槛、独立的结清算制度、涉及债权转让的二级市场交易体系、破产隔离保护计划等。我国互联网金融机构也应当借鉴国外的先进经验，在信息安全、资金安全、投资者保护等方面加强内部机制建设，建立切实可行具有操作性的线上线下风险保障机制，控制信用风险，保护融资渠道的畅通。

（2）加强与第三方独立机构的合作。2017 年 2 月，《网络借贷资金存管业务指引》规定从业机构应当选择符合条件的银行业金融机构作为资金存管机构。因此，从业机构应该与银行业建立良好的资金托管关系。同时，互联网金融机构应与实力雄厚具有融资性担保资格的小贷公司或者担保公司合作，由独立第三方担保机构为互联网融资业务提供担保服务，防范信用风险。此外，互联网金融企业应与独立的审计机构、律师事务所、信息系统安全评价等第三方机构开展合作，定期进行内部审计并披露相关信息，检查债务债权关系，保持信息公开。

（3）强化信息披露。互联网金融行业的健康发展应该建立在信息对称的基础上，如果互联网金融机构再通过隐藏信息建立信息优势而获利，显然不利于互联网金融行业阳光化、正规化发展，也违背了“开放、共享、平等、自由”的互联网精神。互联网金融机构应严格遵守已发布的相关管理办法，大胆披露运营数据与经营管理等相关信息，接受外部公众的监督，通过透明化的运营机制、多元化的金融产品、个性化的客户体验和完善的风控管理能力提高其市场竞争力。

本章小结

本章介绍了国外互联网金融的监管实践及对我国的启示，并结合我国当前互联网金融监管情况和发展趋势，总结出适合我国自身发展特点的互联网金融监管策略。

思考题

1. 互联网金融监管的国际实践有哪些？
2. 各主要国家在互联网金融监管经验上有何异同？

小组实训研讨题

1. 互联网金融监管的国际经验对我国有什么启示？
2. 如何构建及完善我国的互联网金融监管体系？
3. 如何看待我国互联网金融未来的监管趋势？

课外阅读

新金融要求监管创新

2015 年，《关于促进互联网金融健康发展的指导意见》（以下简称《指导意见》）的发布，标志着中国正式开始建设互联网金融监管体系。从法律制度、征信体系、安全技术、服务对象及监管框架等角度来看，新金融要求监管创新既要有效防范风险，又不能抑制有益的创新，不能降低市场活跃性。

《指导意见》对互联网金融给出了明确定位，“互联网金融是传统金融机构与互联网企业利用互联网技术和信息通信技术实现资金融通、支付、投资和信息中介服务的新型金融业务模式”。

从法律制度角度来看，政府监管部门应尽快进一步完善与金融互联网化有关的法律法规，比如个人信息安全和征信方面的法律。通过法律明确划定非法与合法的界限，为行业发展提供官方引导。这需要监管部门不断审时度势、与时俱进，鼓励创新、识别风险。

从征信体系角度来看，一是拓展官方征信机构的数据来源，使评估结果更加准确、全面；二是鼓励民营征信平台的发展，构建一套完整的个人征信体系，从而有效降低行业信用风险。

从安全技术角度来看，监管部门不仅要为互联网金融行业制定统一的技术规范，同时也要借鉴发达国家的先进经验，增加科研投入，积极培养人才，为行业打造一个良好的技术发展环境。

从服务对象角度来看，互联网金融需要更加重视对金融消费者和中小投资者的保护。他们在金融活动中处于弱势地位，保护他们的合法权益应成为监管工作的重中之重。

从监管框架来看，很多互联网金融创新源于实体经济的金融需求，与企业日常工作实践存在紧密联系，在一定程度上可以视为“内生”或“自发”。这一特征使得对互联网金融实施准入监管比较困难，负面清单管理模式更合适。另外，一些互联网金融活动天然具有混业特征，分业监管框架也很难适用。

蓬生麻中，不扶而直；白沙在涅，与之俱黑。中国互联网金融的健康发展，离不开科学有效的监管机制。一个公平、高效的互联网金融市场将会惠及更多民众，为中国经济的发展注入新能量。①

---

① 本文引自谢平：《金融互联网化浪潮——变革与监管》，《博鳌观察》2016 年第 4 期。

参考文献

［1］艾瑞咨询．2017 年 Q1 中国第三方支付季度数据发布研究报告［R］．2017.

［2］艾瑞咨询．2017 年中国网络借贷行业研究报告［R］．2017.

［3］艾瑞咨询．2017 年中国互联网消费金融行业报告［R］．2018.

［4］安德森．长尾理论［M］．乔江涛，石晓燕译．北京：中信出版社，2012.

［5］巴曙松等．小微企业融资发展报告：中国现状及亚洲实践——2013 金融转型中的小微融资创新［R］．博鳌亚洲论坛 2013 年年会，2013.

［6］贝多广，罗煜．补充性货币的理论、最新发展及对法定货币的挑战［J］．经济学动态，2013（9）：4 –10.

［7］贲圣林，张瑞东．互联网金融理论与实务［M］．北京：清华大学出版社，2017.

［8］BR 互联网金融研究院．互联网金融报告 2017［M］．北京：中国经济出版社，2017.

［9］柴珂楠．欧盟众筹金融监管法律框架及评析［J］．南方金融，2014（7）：40 –47.

［10］陈敏轩，李钧．美国 P2P 行业的发展和新监管挑战［J］．金融发展评论，2013（3）：1 –34.

［11］龚鹏程，臧公庆．美国众筹监管立法研究及其对我国的启示［J］．金融监管研究，2014（11）：42 –60.

［12］陈一稀，魏博文．电商系网络银行的金融生态问题探析［J］．上海金融，2014（4）：47 –51 +46.

［13］董昀，辛超．现代支付体系发展若干专题文献评述［M］//杨涛，程炼．中国支付清算发展报告（2013）．北京：社会科学文献出版社，2013.

［14］冯果，袁康．境外资本市场股权众筹立法动态述评［J］．金融法苑，2014（2）：387 –405.

［15］冯科，宋敏．互联网金融理论与实务［M］．北京：清华大学出版社，2016.

［16］顾晨．欧盟众筹市场与监管制度研究［J］．金融法苑，2014（2）：364 –386.

［17］姜建清．金融高科技的发展及深层次影响研究［M］．北京：中国金融出版

社，2000.

［18］姜奇平．长尾战略［M］．北京：中信出版社，2007.

［19］金宏伟．长尾理论只是对二八定律的补充［J］．中国中小企业，2007（1）：70－73.

［20］李东荣．我国电子现金发展相关问题研究［J］．金融研究，2014（3）：1－10.

［21］李东荣．中国互联网金融发展报告 2015［M］．北京：社会科学文献出版社，2015.

［22］李东荣．中国互联网金融发展报告 2016［M］．北京：社会科学文献出版社，2016.

［23］李钧．互联网金融是什么?［N］．第一财经日报，2013－3－15（8）.

［24］李钧，长铗．比特币［M］．北京：中信出版社，2014.

［25］李佩佩．“长尾理论”的内涵与应用分析［J］．东南传播，2008（2）：74－75.

［26］李雪静．双边市场的平台竞争研究［M］．上海：上海大学出版社，2014.

［27］梁家全，陈智鹏．论众筹投资者的法律保护：以美国 JOBS 法案为例［J］．金融法苑，2014，15（1）：44－61.

［28］梁剑，吴肇庆．互联网金融教程［M］．成都：四川大学出版社，2015.

［29］林毅夫，孙希芳．信息、非正规金融与中小企业融资［J］．经济研究，2005（7）：35－44.

［30］零壹研究院．众筹服务行业年度报告 2015［M］．北京：东方出版社，2015.

［31］零壹研究院．中国 P2P 借贷服务行业发展报告 2016［M］．北京：中国经济出版社，2016.

［32］刘洋．互联网消费金融［M］．北京：北京大学出版社，2016.

［33］刘轶，赵宣，罗春蓉．P2P 网络借贷研究：一个文献综述［J］．金融理论与实践，2015（6）：106－112.

［34］吕祚成．P2P 行业监管立法的国际经验［J］．金融监管研究，2013（9）：98－110.

［35］罗明雄，唐颖，刘勇．互联网金融［M］．北京：中国财政经济出版社，2013.

［36］莫易娴．P2P 网络借贷国内外理论与实践研究文献综述［J］．金融理论与实践，2011（12）：101－104.

［37］牛瑞芳．中国农村手机银行发展问题研究［J］．新金融，2012（2）：54－56.

［38］牛瑞芳．我国网络借贷行业的发展问题及对策研究［J］．会计之友，2014（19）：15－17.

［39］牛瑞芳．美国网络借贷行业的发展及对我国的启示［J］．西南金融，2015

(5)：43 -46.

［40］牛瑞芳．互联网金融的小微企业融资研究［M］．北京：经济管理出版社，2015.

［41］牛瑞芳．互联网金融支持小微企业融资的经济分析——基于“长尾理论”的视角［J］．现代经济探讨，2016（7）：47 -51.

［42］平新乔．“新经济”的经济学——从《信息规则》谈起［J］．国际经济评论，2000（4）：19 -24.

［43］祁明，肖林．虚拟货币：运行机制、交易体系与治理策略［J］．中国工业经济，2014（4）：110 -122.

［44］券业星球．2018 中国互联网证券年度报告［R］．2018.

［45］芮晓武，刘烈宏．中国互联网金融发展报告 2014［M］．北京：社会科学文献出版社，2014.

［46］史浩．互联网金融支付［M］．北京：中国金融出版社，2016.

［47］帅青红，苗苗．网上支付与电子银行［M］．北京：机械工业出版社，2015.

［48］帅青红，李忠俊，彭岚，陈彩霞．互联网金融［M］．大连：东北财经大学出版社，2016.

［49］宋玲等．互联网金融年鉴 2016［M］．北京：经济管理出版社，2016.

［50］王海岳．武断的假设：对长尾理论的逻辑批判［J］．生产力研究，2008（4）：1 -4.

［51］王谦，戢增艳．网络货币的产生与应对策略研究［J］．经济学家，2015（9）：86 -95.

［52］网贷之家．2017 年中国网络借贷行业年报［R］．2018.

［53］乌家培．网络经济及其对经济理论的影响［J］．学术研究，2000（1）：5 -11.

［54］吴洪，方引青，张莹．疯狂的数字化货币——比特币的性质与启示［J］．北京邮电大学学报（社会科学版），2013，15（3）：46 -50.

［55］吴军．浪潮之巅［M］．北京：电子工业出版社，2011.

［56］吴青劼，洪涛，马骏．长尾理论综述［J］．周口师范学院学报，2010（1）：124 -129.

［57］吴晓求等．中国资本市场研究报告（2014）互联网金融：理论与现实［M］．北京：北京大学出版社，2014.

［58］肖本华．美国众筹融资模式的发展及其对我国的启示［J］．南方金融，2013（1）：52 -56.

［59］谢平，邹传伟．互联网金融模式研究［J］．金融研究，2012（1）：11 -22.

［60］谢平，邹传伟，刘海二．互联网金融手册［M］．北京：中国人民大学出版社，2014.

［61］许伟，王明明，李倩．互联网金融概论［M］．北京：中国人民大学出版社，2016.

［62］杨才勇等．互联网消费金融：模式与实践［M］．北京：电子工业出版社，2016.

［63］盈灿咨询.2017 年众筹行业年报［R］.2018.

［64］赵岳，谭之博．电子商务、银行信贷与中小企业融资——一个基于信息经济学的理论模型［J］．经济研究，2012（7）：99-112.

［65］中国保险行业协会.2017 中国互联网保险行业发展报告［R］.2017.

［66］中国互联网络信息中心．第 41 次中国互联网络发展状况统计报告［R］.2018.

［67］中国金融认证中心.2017 中国电子银行调查报告［R］.2017.

［68］中国人民银行.2017 年支付体系运行总体情况［R］.2018.

［69］周光友．互联网金融［M］．北京：北京大学出版社，2017.

［70］Peter Renton. Lending Club 简史［M］．第一财经新金融研究中心译．北京：中国经济出版社，2013.

［71］Anderson C. The Long Tail［J］. Wired, 2004,（10）：170-177.

［72］Anderson C. The Long Tail：Why the Future of Business is Selling More［M］. New York：Hyperion Books, 2006.

［73］Armstrong M. Competition in Two-sided Markets［R］. Presented at "The Economics of Two-sided Markets" Conference Held at the University of Toulouse, 2004.

［74］Arthur WB. Positive Feedbacks in the Economy［J］. Scientific American, 1990, 262（2）：92-99.

［75］Curran K, McCartney D, Elder K. The Power of Long Tail［J］. Journal of Information Technology Impact, 2006, 6（3）：129-134.

［76］David PA. Clio and the Economics of QWERTY［J］. The American Economic Review, 1985, 75（2）：332-337.

［77］Davidow H W. The Virtual Corporation：Structuring and Revitalizing the Corporation for the 21st Century［M］. New York：Harper Collins Publishers, 1992.

［78］Demange G, Gale D. The Strategy Structure of Two-sided Matching Markets［J］. Econometrica, 1985, 53（4）：873-888.

［79］Economides N. The Economics of Networks［J］. International Journal of Industrial Organization, 1996, 14（6）：673-699.

［80］Economides N, Katsamakas E. Two-sided Competition of Proprietary vs. Open Source Technology Platforms and the Implications for the Software Industry［J］. Management Science, 2006, 52（7）：1057-1071.

[81] Elberse A. Should You Invest in the Long Tail? [J]. Harvad Business Review, 2008, 86 (7/8): 88 -96.

[82] Evans DS. The Antitrust Economics of Two - sided Markets [J]. Yale Journal of Regulation, 2003, 20 (2): 325 -381.

[83] Farrell J, Saloner G. Standardization, Compatibility, and Innovation [J]. Rand Journal of Economics, 1985, 16 (1): 70 -83.

[84] Hatton K, Hattori T. Mathematical Analysis of Long Tail Economy Using Stochastic Ranking Process [EB/OL]. (2008 - 04 - 11). http://www.researchgate.net/publication/46462660_Mathematical_analysis_of_long_tail_economy_using_stochastic_ranking_processes.

[85] Katz ML, Shapiro C. Network Externalities, Competition and Compatibility [J]. American Economic Review, 1985, 75 (3): 424 -440.

[86] McKnight LW, Bailey JP. Internet Economics: When Constituencies Collide in Cyberspace [J]. Internet Computing, 1997, 1 (6): 30 -37.

[87] Moore GE. Cramming More Components onto Integrated Circuits [J]. Electronics Magazine, 1965, 38 (8): 114 -117.

[88] Naisbitt J. Megatrends - Ten New Directions Transforming Our Lives [M]. New York: Warner Books, 1982.

[89] Rochet JC, Tirole J. Platform Competition in Two - sided Markets [J]. Journal of the European Economic Association, 2003, 1 (4): 990 -1029.

[90] Rysman M. Competition between Networks: A Study of the Market for Yellow Pages [J]. Review of Economic Studies, 2004, 71 (2): 483 -512.

[91] Schwienbacher A, Larralde B. Crowdfunding of Small Entrepreneurial Ventures [J]. SSRN Electronic Journal, 2010 (9).

[92] Shapiro C, Varian R H. Information Rules: a Strategic Guide to the Network Economy [M]. Cambridge, MA: Harvard Business School Press, 1999.

[93] Shy O. The Economics of Network Industries [M]. Cambridge, UK: Cambridge University Press, 2001.

[94] Toffler A. The Third Wave [M]. New York: William Morrow and Company, 1980.

[95] William H. Davidow. The Virtual Corporation: Structuring and Revitalizing the Corporation for the 21st Century [M]. New York: Harper Collins Publishers, 1992.